인터뷰

인터뷰

질적연구 인터뷰 기법 배우기

3판

InterView

Learning the Craft of Qualitative Research Interviewing

SVEND BRINKMANN | STEINAR KVALE

정승은 · 신수진 · 권유림 · 김건희
김윤주 · 박금주 · 서금숙 · 차지영 공역

圖書出版 하나醫學社

DEN KVALITATIVA FORSKNINGSINTERVJUN, third edition, 9789144101675
by Steinar Kvale & Svend Brinkmann

This translation of the title is published by arrangement with Studentlitteratur, Sweden.
This Korean edition was published by HANA MEDICAL PUBLISHING CO. in 2019 by arrangement with Studentlitteratur, Sweden through KCC(Korea Copyright Center Inc.), Seoul.

◆ 목차 ◆

서론

1부 연구 인터뷰의 개념화

Boxes

Tables

Figures

3판 서문

나는 착잡한 심정으로 InterViews 3판을 작업해 왔다. 한편으로는 이 책을 최신 상태로 유지하게 되어 기쁘고, 전 세계 독자들의 지속적인 관심에 감사드리지만, 다른 한편으로는 2008년에 사망한 제1저자 Steinar Kvale의 책을 작업하는 것이 다소 이상하게 느껴졌다. 2판은 Steiner가 짧은 기간 동안 병을 앓다가 갑작스럽게 죽음을 맞이하기 직전에 완성되었다(슬프게도 그는 실제 지면으로 출판된 책을 보지 못했다). 1판에서 2판으로 개정된 내용은 상당했다. Steinar가 대부분의 아이디어를 개발하고 내가 대부분의 글을 쓰면서 함께 2년 동안 긴밀하게 협력했다. 2판에서 3판으로 옮겨갈 때, 나는 혼자 일해야 했지만, 다행히도 내게 "내면화된 Steinar Kvale"이 많은 조언을 해주었다. Steinar는 수년간 나의 지도교수이자 멘토였고, 나는 학문적 이슈에 대한 그의 취향과 선호를 꽤 잘 알고 있다고 생각한다. 그래서 나는 이 원고를 작업하는 동안 여기에 없는 그와 계속 상의해 왔다. 나는 그가 선호하는 선택이라고 생각하는 것을 항상 따른 것은 아니지만, 그가 나를 용서할 것이라고 확신한다. 나는 이 책 전반에 걸쳐, 심지어 내가 전적으로 책임져야 할 새로운 장과 섹션에서도, 우리의 양식을 보존하기로 마음먹었다. 나는 이것을 통해 내가 그에게서 학문적으로 생각하고 글 쓰는 법을 배웠다는 점에서 Steinar에게 얼마나 깊은 은혜를 입었는지를 드러내는 것이라고 생각한다(대화하는 사상가들에서, 나는(I) 항상 우리(we)를 의미한다).

나의 작업은 질적 인터뷰에 대한 현상학적 사고와 인본주의적 사고에 많은 빚을 지고 있는 이 책의 1판과 2판의 유산을 존중하는 동시에, 항상 현상학적 의제와 완전히 조화를 이루는 것이 아닌 나 자신의 생각도 포함하고 있다. 이것은 어떻게 보면 3판이 2판보다 일관성이 떨어질 수 있음을 의미하며(2판이 1판보다 일관성이 떨어졌던 것처럼), 3판은 독자들에게 이전 판보다 더 많은 선택과 딜레마를 제시한다. 나는 이것이 활기차고 빠르게 움직이는 질적 인터뷰의 분야를 반영한다고 믿는다. 그리고 나는 한편으로는 인터뷰하는 기법에 대해 잘 입중된 관행을 존중하면서, 다른 한편으로는 혁신 - 도발일지라도 - 사이에서 균형을 이루기를 바란다. 나는 전통적인 입장에서 벗어날 생각은 없지만, 오히려 질적연구 인터뷰 진행자의 도구 상자를 넓히고 싶다. 따라서 나는 질적연구 인터뷰의 중심인 주제, 개념 또는 현상들에 대해(예: 맥락, 패러다임, 코딩) "찬성과 반대"에 대해 토론하는 Box를 많이 포함시켰다. 이것은 아마도 2판에서 3판까지 가장 눈에 띄는 변화일 것이며, 이것이 독자들이 스스로 생각하고 자신의 연구방법을 비판적으로 반영하도록 유도할 수 있기를 바란다. 찬성과 반대의 Box는 연구 사례에 직접적으로 적용되지 않을 수도 있지만, 그럼에도 불구하고 사람들이 어떻게 생각하는지 알 수 있을 것이다. 인터뷰에 대한 보다 기계적인 접근법을 찾는 독자도 이 책을 읽음으로써 이익을 얻을 수 있다. 왜냐하면 이러한 인터메조를 건너뛰는 것이 전적으로 가능하며, 표준 사례에서 7단계로 진행되는 인터뷰 연구를 보여주는 기존의 교육적 도구를 유지했기 때문이다(나는 이것이 종종 지저분한 기법(craft)의 복잡성에 반한다는 것을 알고 있다).

일반적으로 2판에서 3판으로의 개정은 1판에서 2판으로의 개정보다 적다(2판을 준비할 때 본질적으로 새로운 책을 썼다). 1판과 2판 사이의 기간에 비해 2판과 3판 사이에 경과한 시간이 절반도 안 되기 때문에, 당연하다. 다양한 "찬성과 반대" Box에서 수많은 딜레마와 논쟁을 부각시키는 것 외에도, 맥락으로서의 인터뷰에 대한 새로운 5장에서는 인터뷰 진행자와 인터뷰 대상자의 입장(위치)과 주관성, 인터뷰 상황 자체의 맥락적 특징에 대해 논의하였다. 또한 이 맥락적 특징이 인터뷰의 지식 생산에 어떠한 영향을 미치는지에 대해서도 논한다. 인터뷰 이야기에 대한 2가지 상반된 개념, 과거의 경험에 대한 보고서와 상황으로 야기된 설명 간의 구별을 새롭게 소개한다. 또한, 3판에서는 주요 참고문헌을 업데이트하고 해당 분야에서 새로운 직책을 기입하는 것 외에도, 인터뷰 자료의 코딩과 분석, 인터뷰 연구의 글쓰기와 이번 판에서 지배적이었던 심리학 분야 이외에의 많은 분야에서 질적연구 인터뷰의 개념화 등에 더 많은 관심을 기울인다.

감사의 글

나는 SAGE의 Vicki Knight에게 3판 개정을 위해 격려해 주고, 과정 내내 도움을 준 것에 대해 감사하고 싶다. SAGE의 Jessica Miller와 Amy Schroller도 작업을 원활하게 처리할 수 있도록 도와주었고, Mark Bast는 완벽한 카피 에디터였다. 또한 나와 수년간 질적연구에 대해 토론해 온 Aalborg 대학의 동료들, 특히 변함없는 지지를 보내고 좋은 분위기를 위해 항상 중요했던 Lene Tanggaard에게 감사한다. 또한 나는 Jaan Valsiner, Thomas Szulevicz, Brady Wagoner, Vlad Glaveanu와의 대화를 통해 매우 큰 도움을 받았다. 3판을 위해 중요한 조언을 해준 2판의 독자로는 Claus Elmholdt, Lone Hansen, Lisbeth Grønborg, Merete Poulsen, Maria Virhøj Madsen, Sidsel Carré가 있다. Carsten Østerlund와 그의 박사과정 학생들 또한 이 원고에 대해 중요한 피드백을 주었다.

이 책에 대해 아낌없이 많은 의견과 제안을 해주신 리뷰어들에게 감사를 전한다:

Jeanne E. Bitterman, Columbia University

Clare Choak, University of Greenwich

Kathleen deMarrais, University of Georgia

Jeannine Dingus-Eason, St. John Fisher College

Astrid Eich-Krohm, Southern Connecticut State University

Valerie Howells, Eastern Michigan University

Asma Rauf, University of Essex

Jean Richey, University of Alaska Fairbanks

Jon Wergin, Antioch University

역자 서문

이 책의 역자들은 Brinkmann과 Kvale 박사님의『InterViews: Learning the Craft of Qualitative Research Interviewing』3판의 번역서 출간에 참여하게 되어 무척 기쁘게 생각합니다. 그동안 역자들을 포함한 많은 질적연구자들은『InterViews: An Introduction to Qualitative Research Interviewing』1판의 번역서인 신경림 교수님의『인터뷰: 내면을 보는 눈』을 통해 질적연구를 위한 자료수집의 방법으로서 인터뷰에 관한 개념적이고 실제적인 내용을 접했습니다. 1판의 저자이신 Kvale 박사님은 2001년 한국질적연구센터가 주최한 질적연구방법론 워크숍을 통해 "Data Collection for Qualitative Research: Interview Method"라는 주제로 우리에게 인터뷰와 관련된 설명과 예시들을 전해주셨습니다. Kvale 교수님은 2판이 출간되기 전에 안타깝게도 우리의 곁을 떠나셨습니다. 이후 3판이 출간되었을 때 1판과 2판에 비해 많은 변화가 있다는 것을 알게 되었습니다. 3판은 Kvale 박사님의 제자이며 이 책의 제1저자이신 Brinkmann 박사님께서 인터뷰의 폭넓고 깊이 있는 이해를 위해 역사적이고 철학적인 측면을 다루셨습니다. 또한, 인터뷰가 일상화되어 있는 사회 속에서 질적연구 인터뷰 수행에 따른 방법론적이고 윤리적인 이슈를 다루며, 인터뷰 연구의 7단계에 따른 보다 실용적인 내용을 포함하고 있습니다. 이처럼 3판은 질적연구에서의 인터뷰와 관련된 최신의 내용으로 업데이트되었기에 역자들은 설레는 마음으로 번역 작업에 임하게 되었습니다. 그러나 역자들은 3판의 내용을 독자들에게 고스란히 전달하기 위해 정확하고 세심한 번역에 대한 부담감이 날로 커졌음을 고백합니다. 이를 극복하기 위해 역자들은 3판을 반복적으로 계속 읽어 나가기도 하고 이전으로 되돌아와 다시 읽기도 하는 등 단어 하나, 문장 하나의 의미를 제대로 이해했는지, 우리말로 어떻게 표현하는 것이 정확한지에 대한 역자 자신의 내적 고민과 역자들 간의 수많은 논의를 통해 번역 작업을 마무리하게 되었습니다.

이번 3판은 서론에서 인터뷰 연구를 소개하는 장으로 시작하여, 1부에서는 질적연구 인터뷰의 특징, 인터뷰의 인식론적 이슈와 윤리적 이슈, 맥락으로서의 질적연구 인터뷰를 다루는 4개의 개념적인 장으로 구성되며, 2부에서는 인터뷰 연구의 주제 선정과 설계, 인터뷰 수행, 인터뷰 변형, 인터뷰의 질, 인터뷰 필사, 인터뷰 분석을 위한 준비, 의미 중심의 인터뷰 분석, 언어 중심의 인터뷰 분석, 인터뷰의 절충적 분석과 이론적 분석, 타당도의 사회적 구성, 인터뷰 지식의 보고, 그리고 인터뷰에 관한 대화를 다루는 12개의 실용적인 장으로 구성되었습니다. 각 장에는 질적연구 인터뷰와 관련된 다양한 "찬성과 반대"의 box를 통해 반성과 비판, 나아가서 토론의 장을 마련하고 있습니다. 그리고 인터뷰의 역사적인 사례뿐 아니라 다양한 분야에서의 실제적인 사례를 통해 인터뷰 기법을 간접적으로 배울 수 있을 것입니다. 특히 부록에서는 인터뷰 기법의 개념을 이해하고 실제로 연습해보는 학습 과제가 제시되어 있으므로 인터뷰 기법을 직접 학습해보는 기회를 놓치지 않기를 바랍니다.

3판의 번역서 출간을 앞두고 바라건대, 다양한 분야의 커뮤니티에 있는 교수, 학생, 연구자 및 임상 실무자 등 많은 분에게 이 책이 질적 인터뷰의 기법을 익히는 데 도움이 되는 유용한 학습서로 다가가기를 기대합니다. 마지막으로 이 책의 저작권을 확보하여 새로운 번역서로 출간될 수 있도록 성심껏 도와주신 소정영 대표님과 세심하게 편집해주신 하나의학사의 모든 분께 깊은 감사를 드립니다.

2019년 12월

역자 일동

서론

사람들이 자신이 속한 세상과 그들의 삶을 어떻게 이해하고 받아들이는지 알고 싶다면 그들과 이야기를 나누어본다면 가능할 것인가? 대화는 인간 상호작용의 기본 방식이다. 인간은 서로 이야기한다. 그들은 상호작용하고 의문을 제기하며 질문에 답한다. 대화를 통해 우리는 다른 사람들을 알아보고 그들의 경험, 감정, 태도, 그리고 그들이 살고 있는 세계에 대해 알게 된다. 인터뷰 대화에서 연구자는 사람들이 자신의 살아가는 세계에 대해 말한 것을 묻고 듣는다. 인터뷰 진행자는 그들의 꿈, 두려움, 희망에 대한 그들만의 생각을 그들만의 언어로 경청한다. 그리고 그들의 학교생활과 직장생활, 가족과 사회생활 경험에 대해 배운다.

이 책은 독자들에게 인터뷰 연구의 여정을 안내한다. 연구자가 연구 목표를 달성하기 위해 따라갈 수 있는 경로를 설명하고 인터뷰 기법을 익히는 데 도움이 되는 개념과 도구를 제공한다. 이 책의 1부인 개념적인 장에서 우리는 인식론적이고 윤리적인 이슈를 반영하기 위한 개념적 틀을 제시하였다. 2부의 실제적인 장에서는 인터뷰의 특정 작업에 대해 설명하고 인터뷰 기술을 습득하기 위한 연습을 제안한다. 우리는 인터뷰 조사를 개념화하고 설계하는 것으로 시작한다. 그런 다음 인터뷰 상황을 논의하고, 인터뷰 형식을 제시하며, 구술 인터뷰에서 작성된 필사본을 다룬다. 다음으로 인터뷰 텍스트를 분석할 수 있는 다양한 분석 도구에 대해 설명한다. 마지막으로 인터뷰 연구의 타당성을 확인하고 보고하는 방법에 대해 논의한다.

연구로서 인터뷰에 관한 세 가지 주요 관점이 이 책을 관장하고 있다. 우리는 인터뷰를 기법으로 간주하고 인터뷰 연구자의 장인 정신을 강조한다. 우리는 지식에 대한 개념이 방법에 대한 이슈보다 우선이라고 이해하고, 현상학, 해석학, 실용주의 철학, 내러티브 및 담론적 접근과 같은 인터뷰에 의해 생성된 지식에 적합한 인식론적 입장을 드러낸다. 그리고 우리는 윤리적 측면에 중점을 두면서 인터뷰를 역사적, 문화적, 물질적 상황에 놓여있는 인간 상호작용을 연구하는 사회학적 연구로서 이해한다.

1장
인터뷰 연구 소개

이 장에서는 연구 인터뷰를 대화 형식으로 다루고 인터뷰 시퀀스의 예를 제시한다. 인터뷰의 역사를 간략히 설명하고 현재의 인터뷰 사회를 설명한다. 연구목적으로 대화를 사용할 때의 방법론적, 윤리적 이슈를 개략적으로 설명하고 책의 개요와 함께 이 장을 마무리할 것이다.

연구로서의 대화

질적연구 인터뷰는 대상자(subjects)의 관점에서 세상을 이해하고, 경험의 의미를 펼치며, 과학적 설명에 앞서 살아있는 세계를 밝혀내려고 한다. 대상자라는 용어는 질적연구에 연구참여자(participants)를 지칭하는 것으로 최근의 경향에서는 벗어난 말 같지만, 이 책에서는 질적인 면밀한 연구는 인과관계에 의해 기계적으로 통제되는 대상이 아니라 행동하고 적극적으로 의미를 만들어나가는 데 참여한다는 점을 강조하기 위해 '대상자(subjects)'라는 용어를 사용한다. 연구 인터뷰에서 우리는 사람들이 경험을 나타내는 방법을 알고 싶고 그 행동의 이유를 분명하게 알고 싶기 때문에 사람들과 이야기한다. 그러나 사람, 즉 우리의 연구대상자는 담론, 권력관계, 이데올로기의 대상이 되기도 하며, 이데올로기와 같은 것들은 대상자가 스스로 만들어낸 것이 아님에도 불구하고 우리 삶에 영향을 미칠 뿐만 아니라 우리가 말하고 생활하는 방식을 구성하기도 한다. 그래서 인터뷰에서 우리는 사람들을 "저작자(authored author)"라고 생각한다. 우리는 이러한 이중적인 의미가 인터뷰에서 대상자를 의미하는 좋은 단어라는 것을 발견한다.

인터뷰는 간단하고 직선적인 작업으로 보여질 수도 있다. 녹음이 잘되는 좋은 녹음기를 구하고 누군가에게 흥미로운 주제에 관한 경험에 대해 이야기해보도록 하거나, 자신의 인생이야기를 하도록 격려하는 것이 쉬워 보이기도 한다. 이 책은 인터뷰가 간단해 보이지만, 인터뷰를 잘하는 것이 어렵다는 기본전제를 가지고 시작한다. 대부분의 성인은 이미 질문을 통해 답을 구해야 하는 과정에서 필요한 덕목을 알고 있는 존재이나, 연구 인터뷰에서는 질문하는 본성과 덕목에 더하여 대화기술이 함양되어야 하며, 바로 이 부분이 어려운 점이다.

일상생활, 문학작품, 전문직 영역에서 다양한 형태의 대화가 일어난다. 일상적인 대화는 채팅, 소규모 그룹 대화에서부터 뉴스, 분쟁, 공식 협상 또는 깊은 인간관계에서 나누는 대화까지 폭넓은 범위를 가지고 있다. 문학작품에서 다양한 종류의 대화는 드라마, 소설, 단편소설에서 발견되며 여기서는 좀 더 길거나 짧은 대화들이 포함된다. 전문직 영역의 대화에서는 저널리즘 인터뷰, 법적 관계 심문, 학문적 구술시험, 철학적 대화, 종교적 고백, 치료적 대화, 그리고 여기에서 논의된 질적연구 인터뷰가 포함된다. 이러한 대화 장르는 다양한 규칙과 기술을 사용한다.

다양한 형태의 인터뷰는 다른 목적을 가지고 있다. 저널리즘 인터뷰는 사회에서 중요한 사건을 기록하고 보고하는 수단이며, 치료적 인터뷰는 삶 속에서 쇠약해지는 상황을 개선하기 위해 노력하며, 연구 인터뷰는 지식을 창출할 목적을 가지고 있다. 그러나 질적연구 인터뷰가 때로는 저널리즘 인터뷰와 유사하기도 하고, 때로는 질적 인터뷰가 인간의 삶을 변화하는 치료적 과정으로 묘사되기도 하므로, 이러한 인터뷰 형태를 성급하게 완고히 구분하여 생각할 필요는 없다.

연구 인터뷰는 일상생활의 대화를 기반으로 하는 동시에 전문적인 대화이다. 이는 인터뷰 진행자와 대상자 사이의 상호작용에서 지식이 구성되는 과정이다. 인터뷰는 글자 그대로 상호간의 관점(inter-view)이며 서로의 관심 주제에 관해 대화하는 두 사람 간의 견해 차이(inter-change)가 있다. 인간의 상호작용과 지식의 창출이라는 상호 의존성은 이 책 전반에 걸친 주요 주제이다. 다음에서는 일상 속에서 알게 되는 앎과 체계적으로 검증된 지식,

두 가지를 포괄적으로 종합하는 의미로 지식이라는 용어를 사용한다.

Figure 1.1의 모호한 그림은 덴마크의 심리학자인 Rubin의 시각적 형태(게슈탈트) 인식에서 그림/바탕(figure/ground) 현상의 사례로 소개되었는데, 이 그림은 얼굴이나 꽃병으로 보일 수도 있지만 동시에 둘 다로 보일 수는 없다. 상호 관점(inter views)으로서 인터뷰 대화에 대한 현재의 관점을 설명하기 위해 이 그림을 사용하였다. 우리는 모호한 그림의 두 얼굴에 초점을 맞출 수 있고, 그들을 인터뷰 진행자와 인터뷰 대상자로 보고, 두 사람 사이의 상호작용을 인터뷰로 생각할 수 있다. 또는 우리는 두 얼굴 사이의 꽃병에 초점을 맞출 수 있으며, 인터뷰 진행자와 대상자 간의 관점 사이에서 구축된 지식을 의미하는 것으로 간주할 수 있다. 알고 있는 사람과 알게 되는 사람, 지식의 구축자와 구축된 지식, 그리고 인터뷰의 대화 맥락을 규정하는 행위자와 행위자가 말하는 것을 조직화하는 맥락이 번갈아가며 나타나고 있다. 인터뷰의 이 두 측면 - 개인적인 상호관계와 그것을 이끌어내는 관점 간 지식 - 이 책의 각 장은 개인 상호작용과 그 상호작용을 통해 형성된 지식에 초점을 둔다.

Figure 1.1 Inter Views로 보여지는 연구 인터뷰

인터뷰의 3가지 시퀀스

연구방법으로 인터뷰를 사용하는 것은 이상한 일이 아니다. 인터뷰는 구조와 목적을 가진 대화이다. 인터뷰는 일상적인 대화에서 일어나는 자연스러운 의견 교환을 넘어서 철저히 검증된 지식을 축적하려는 의도를 가지고 신중하게 질문하고 경청하는 접근법이 된다. 연구 인터뷰는 동등한 파트너 간의 대화가 아니라 연구자가 상황을 정의하고 제어하기 때문에 가능하다. 연구 인터뷰를 하는 사람은 인터뷰 주제를 소개하고 질문에 대한 답변을 비판하기도 하며 추적하기도 한다. 연구 인터뷰의 한 형태(생활세계에 대한 반구조적 인터뷰, semistructured life world interview)가 이 책의 주요 초점이다. 현상의 의미를 해석하기 위해서 인터뷰 대상자의 생활세계에 대한 생생한 설명을 듣기 위한 목적으로 인터뷰를 정의할 수 있다.

Box 1.1 성적평가에 대한 인터뷰

인터뷰 진행자:	성적에 대해 언급했었는데, 좀 더 말해주시겠어요?
학생:	성적은 종종 부당해요. 왜냐하면 아주 자주 - 아주 자주 - 당신이 얼마나 많이 이야기하고 얼마나 많이 선생님의 의견에 어느 정도 동의하는지의 이슈이기 때문이죠. 예를 들어, 나는 선생님의 이데올로기에는 반대하지만, 검증된 이데올로기의 근거를 가지고 의견을 말할 수 있다고 칩시다. 그러면 선생님은 그게 선생님이 선택한 최고의 이데올로기이기 때문에 당연히 선생님이 말하는 게 옳고 내가 말하는 것은 틀린 것이라고 말할 거예요.
인터뷰 진행자:	그게 성적에 어떻게 영향을 줍니까?
학생:	글쎄요. 선생님은 나를 바보라고 생각할 것이기 때문에 잘못된 답을 쓴 학생이라고 할 거예요.
인터뷰 진행자:	이것은 학생만의 가정이지 않을까요?
학생:	아니요, 구체적인 예들이 많이 있어요.

질적연구 인터뷰가 어떤 모습일지에 대한 기본적인 아이디어를 주기 위해, 우리는 서로 다른 연구 프로젝트에서의 3가지 인터뷰 시퀀스(sequesces)를 제시한다. 덴마크의 고등학교에서의 성적평가, 포스트모던 사회에서의 직장 상황에 대한 캐나다인 교사의 견해, 그리고 프랑스 교외의 생활 조건으로 억압받는 청소년의 견해 3가지 연구 인터뷰이다. 다음 단락은 질적연구 인터뷰에 대한 첫인상을 보여준다.

Box 1.1의 인터뷰 시퀀스는 Kvale (1980)이 주도한 연구 중 덴마크 고등학교에서 성적평가의 효과에 관한 것이다. 인터뷰는 연구 프로젝트에 참여한 학생이 수행하였다. 이 연구의 전반적인 디자인은 나중에 제시되며(Box 6.4), 이 책 전체에 걸쳐 이 연구를 참조한다. 우리는 인터뷰 진행자의 개방적 질문에 대한 대답으로 학생이 성적평가 경험에 있어 중요한 차원을 소개하는 방식을 보게 된다. 불공평하며, 이에 따른 불공정한 이유를 몇 가지 제시한다. 인터뷰 진행자는 답변을 추적하고 구체적인 내용을 묻고 학생이 말한 것을 의심하는 역질문을 통해 학생의 생각을 시험한다. 다소 직설적인 이 질문은 일상 대화의 상호성과 대조된다. 인터뷰 진행자는 주도권을 가진 위치에 놓이고 상호 교환되는 주제를 결정함으로써 무대를 정하며, 질문은 인터뷰 진행자가 하고, 대답은 인터뷰 대상자가 한다. 연구자는 주제에 대한 자신의 입장을 밝히지 않고 학생이 성적에 대한 자신의 견해에 대해 인터뷰 진행자에게 질문하지도 않는다.

다음 시퀀스는 캐나다 교사의 직장 상황에 대한 Hargreaves (1994) 인터뷰 연구와 포스트모던 사회에서의 학교 리더십 변화의 경험에 대한 것이다. 등장한 핵심 주제 중 하나는 개인주의와 공생 간의 긴장이었다.

Box 1.2에 인용된 교사는 팀워크에 대한 학교행정의 요구사항에 대해 다소 비판적이다. 그것은 통제 매커니즘으로 간주되며 개인 교사의 창의적인 교육방식을 저해한다고 생각한다. 인터뷰 진행자는 교사의 의견을 듣는 것뿐만 아니라 정교한 의견 진술을 요청하고, 누구도 자신이 반드시 팀워크에 참여해야 한다고 생각하지 않는 이유에 대한 교사의 주장을 받아들인다. Hargreaves는 팀워크에 대한 인터뷰 시퀀스와 또 다른 인터뷰 시퀀스를 "억지로 꾸며낸 동료애"의 표현으로 해석했다(14장, "이론적 독해로서의 인터뷰 분석" 참조).

Box 1.2 팀워크에 대한 인터뷰

교사:	그것은 점점 더 권장되고 있습니다. 그들은 모든 교육과정을 마쳤습니다. 그들은 당신이 팀으로 일하기를 원합니다.
인터뷰 진행자:	그게 좋다고 생각하세요?
교사:	게인이 프로그램을 수정할 수 있는 창의력을 허용하는 한. 그렇지만, 만약 그들이 모든 것을 고정시키고 싶다면. 똑같이. 그건 아닌 것 같아요. 그건 비참할 거예요. 왜냐하면 그렇게 되면 당신은 단지 남의 두뇌활동이라는 해변에 앉아서 뒤로 기대어 쉬기만 하는 전혀 생각이라는 것을 하지 않는 사람들을 얻게 될 것이고, 그건 모두에게 좋은 일이 아니에요.
인터뷰 진행자:	그 순간에 그러한 공간이 주어졌다고 느끼나요?
교사:	다른 파트너 교사와 함께라면. 그러한 어떤 사람들을 알고 있다면. 나는 하지 않을 거예요. 미쳐버릴 거예요.
인터뷰 진행자:	그게 어째서...?
교사:	기본적으로 통제하려 합니다. 그들은 먼저 아이디어를 원해요. 그리고 나는 그들의 교수법 스타일에 꼭 맞아야 하고, 그들의 시간과 일정에 딱 들어 맞아야만 할 것입니다. 그리고 나는 누구도 그런 식으로 일해야 한다고 생각하지 않습니다.

출처: *Changing Teachers, Changing Times: Teachers' Work and Culture in a Postmodern Age* (pp. 178–179), by A. Hargreaves, 1994, New York: Teachers College Press.

다음 시퀀스는 프랑스 사회학자 Pierre Bourdieu와 그의 동료들에 의한 억압된 젊은이들의 조건에 관한 대규모 인터뷰 프로젝트에서 나온 것이다.

Box 1.3 두 청년과의 인터뷰

인터뷰 진행자: **(Pierre Bourdieu)**	당신은 여기가 재미없다고 말했습니다. 왜 그런가요? 그게 무엇인가요? 당신의 직업 아니면 여가시간을 말하나요?
François:	네. 일과 노는 거 둘 다요. 이 근처에는 별 게 없어요.
Ali:	레저 활동이 없어요.
François:	우리는 이 레저센터를 갖고 있지만, 사람들은 불평해요.
Ali:	멋지지 않다고요. 사실이에요.
인터뷰 진행자:	왜 불평할까요?
François:	우리는 공원 주위를 돌아다니기 때문에 저녁에는 우리 주변에 아무것도 없어요. 밖이 너무 추울 때는 복도로 가야 해요. 너무 시끄러우면 그들은 경찰도 불러요.

[...]

인터뷰 진행자:	당신은 저에게 모든 이야기를 해주지 않는군요.
Ali:	우리는 항상 폭행을 당하고 있어요. 어제 우리는 아파트에 있는 한 남자가 진짜로 보디빌더 같은 남자가 최루가스 같은 것을 던졌어요.
인터뷰 진행자:	왜요? 무엇을 하고 있었죠?
François:	아뇨. 아무것도요. 우리가 현관에 있을 때 그는 바로 위에 있었고요. 우리가 안에서 얘기하면 우리한테 소리 질러요.
인터뷰 진행자:	하지만, 낮에도 밤에도 이런 일이 일어나나요?
François:	아니요. 저녁에.

인터뷰 진행자:	늦은 저녁에요?
François:	늦게 한 10시나 11시쯤이요.
인터뷰 진행자:	알다시피. 그는 잠깐 눈을 붙일 권리는 있어요. 최루가스는 너무했지만, 만약 밤새도록 그의 신경을 거슬리게 했다면, 그 사람이 어디서 나왔는지 알겠죠?
Ali:	네. 그렇지만 그냥 내려와서 말할 수도 있었을 텐데.
인터뷰 진행자:	네. 물론이에요. 내려와서 그냥 다른 곳으로 가라고 말하면 돼요.
Ali:	최루가스 대신에.

출처: *The Weight of the World: Social Suffering in Contemporary Society* (pp. 64–65), by P. Bourdieu et al., 1999, Stanford, CA: Stanford University Press.

Box 1.3의 상황은 Bourdieu와 그의 동료들이 프랑스의 이민자와 가난한 사람들의 상황에 대해 보고한 방대한 인터뷰 자료 중 하나에서 취해진 것이다. 인터뷰에서 두 젊은이들은 음침한 생활 조건 아래 프랑스 북부 교외 주택에서 살고 있다. 10년 후인 2005년 말, 이 프랑스 교외 지역에서 젊은이들 사이에 큰 반란이 일어났고, 그들은 비참한 상황과 경찰의 학대에 항의했다. 이 인터뷰에서 Bourdieu는 중립적인 질문자가 아니지만 청년의 상황에 대한 자신의 태도와 감정을 표현하고 비판적으로 그들의 상황에 직면한다.

이 세 가지 인터뷰는 학교 성적, 학교 지도력의 변화, 통탄할만한 교외 생활 조건과 같은 삶의 중요한 이슈를 다룬다. 인터뷰 진행자 중 누구도 Bourdieu의 표현처럼 "테이프 녹음 사회학"과 같이 단순히 듣고만 있지는 않는다. 인터뷰 진행자는 대상자의 답변을 적극적으로 따라가고 있으며, 인터뷰 내용을 명확히 하고 확장하고자 한다. 이것은 교사의 성적이 편향되어 있다고 생각하는 덴마크 학생들에게 중요한 질문을 던지며, 캐나다 교사가 팀워크를 거부하는 이유를 얻고, 청년들이 프랑스 교외에서 희롱당한 무고한 희생자로서 도전하게 된다. 우리는 이 책의 뒷부분에서 인터뷰 과정에서 사회적 상호작용과 지식 생성으로 돌아간다.

역사와 사회과학에서의 인터뷰 연구

대화는 체계적인 지식을 얻는 고전적인 방법이다. 고대 그리스에서 Thucydides는 펠로폰네소스 전쟁 참가자들을 인터뷰하여 전쟁의 역사를 쓰고 Socrates는 그를 대적하는 소피스트들과의 대화를 통해 철학적 지식을 발전시켰다. 그러나 **인터뷰**라는 용어의 기원은 오히려 최근이다. 이 용어는 17세기에 사용되기 시작했다.

Box 1.4에서 볼 수 있듯이, 인터뷰가 대중적인 형태의 사회적 관행으로 당연시되고 있는 것은 아니다. 초기 저널리즘의 이러한 진술에서 지적했듯이 인터뷰는 부도덕과 불행을 초래할 수 있는 다소 "위험한 관행"으로 인식되었다. 인터뷰에 대한 이러한 태도는 서양 세계의 많은 사람들이 신문, 잡지, 토크쇼 등에서 기꺼이 인터뷰를 하는 현재의 시대와 상당히 대조적이다.

질적 인터뷰는 20세기 전반에 걸쳐 사회과학에 광범위하게 사용되었다. 연구 인터뷰에 관한 체계적인 고찰이 지난 수십 년 동안의 현상이었지만, 인류학자와 사회학자들은 오랫동안 비공식 인터뷰를 통해 정보 제공자로부터 지식을 얻었다. 특히 1930년대와 1940년대 시카고에서의 도시 경험을 연구한 사회학의 시카고학파는 질적연구 인터뷰에서 후기 관심사의 중요한 선구자로 언급될 수 있지만, 시카고학파 연구자는 방법론적 숙련도에서는 다소 부족했지만 "그저 그들이 해야 할 일을 했다"(Warren, 2002, p.86). 수량적인 답변뿐 아니라 정해진 형식과 질문 순서에 따르는 설문 조사 인터뷰는 이 책에서 다루어지는 개방형 질문의 질적 인터뷰보다 사회과학에서 빈번하게 사용되었다. 교육과 건강과학 분야에서 질적 인터뷰는 수십 년 동안 흔히 사용된 연구방법이었다. 심리학에서 살펴보면, 심리학 역사 전반에 걸쳐 질적인 인터뷰가 과학적이고 전문적인 지식 창출의 주요 방법이었지만, 연구방법으로서의 인터뷰는 최근까지 심리학적 연구방법에 관한 교과서에서 거의 언급되지 않았다. 여기서 심리학 영역에서 역사적으로 중요한 인터뷰 연구의 4가지 사례를 간략하게 언급하고자 한다.

Box 1.4 저널리스트 인터뷰

최초의 저널리스트 인터뷰는 19세기 중반에 등장했다. 이런 형태의 인터뷰는 옥스퍼드 영어 사전에 "언론의 대표자와 출판을 위한 성명서를 얻고자 하는 사람 사이의 공식적인 회의를 목적으로 한 면대면 만남"이라고 정의되어 있다(Murray, Bradley, Craigie, & Onions, 1961). *New York Herald Tribune* 편집장인 Horace Greely는 저널리스트 인터뷰를 소개한 것에 대한 공로를 인정했다. 몰몬교의 지도자인 Brigham Young과의 인터뷰는 1859년에 출판되었다(Silvester, 1993 참조). 신문에서 인터뷰를 사용하게 되면 신속하게 알게 되지만 다음과 같은 인용문에서 증언하듯이, 그것 또한 논란의 여지가 있다.

> 인터뷰는 새 시대 [저널리즘] 최악의 특징이다. 이는 인터뷰하는 사람의 격을 떨어뜨리고, 인터뷰 대상에게 역겨운 일이며, 대중은 귀찮아진다.
>
> \- Le Figaro, 1886

> 왜 인터뷰를 거부할까? 비도덕적이기 때문에! 이건 범죄이다. 내 자신에 대한 범죄만큼이나 많은 범죄, 폭행, 유혹이 많은 형벌이다. 비겁하고 사악하다. 존경할만한 사람은 인터뷰를 요구하지도 않을 것이고, 거의 인터뷰에 임하지도 않을 것이다.
>
> \- Rudyard Kipling, 1892

> 인터뷰를 받는 것은 자기표출의 장점이 있다. 내 감정을 표현해야만 하며, 나 자신에 대해 뭔가를 배우게 될지도 모른다. 그것은 나 자신을 더욱 자각적으로 인식하게 하고, 내 자신의 불행을 더 잘 인식하게 한다.
>
> \- Tennessee Williams, ca. 1982

출처: *The Penguin Book of Interviews: An Anthology From 1859 to the Present Day*, edited by E. Silvester, 1993, London: Penguin.

Freud의 정신분석이론은 그의 환자들과의 치료적 인터뷰에 폭넓게 기초를 두고 있었다. 각 환자와 한 시간에 걸친 수백 사례의 인터뷰는 환자의 자유로운 관계 형성과 치료자의 "균등한 관심(even-hovering attention)"에 근거했다(Freud, 1963). 이러한 질적 인터뷰는 꿈과 정신, 성격, 성에 관한 새로운 심리학 지식을 창출했으며 수백 년이 지난 후에도 여전히 심리학 교과서에서 중요한 위치를 차지하고 있다. 정신분석학은 정신 요법의 전문영역에 지속적인 영향을 미치고, 다른 학문 분야와 대중의 관심을 가지며, 철학자들에게 도전의 기회를 제공한다.

Piaget (1930)의 아동발달이론은 자연스러운 환경에서 어린이들과의 인터뷰를 기반으로 했으며, 이는 종종 간단한 실험 과제와 함께 수행되었다. 그는 정신분석학자로서 훈련을 받았으며, 그가 "임상 방법"이라고 부른 것은 정신분석적 인터뷰에서 영감을 얻었다. 그는 아이들이 사물의 무게와 크기에 대해 자연스럽게 이야기하도록 하는 자연주의적 관찰, 간단한 실험과 인터뷰를 종합적으로 사용하여 아동의 사고가 전개되는 방식에 주목했다.

1920년대에 Hawthorne Chicago 공장의 Western Electrical Company에서 조명의 변화가 생산에 미치는 영향에 대한 실험을 수행한 결과 예기치 않은 결과가 발생하였다. 공장에 조명이 증가할 때 작업 성과와 작업자 사기가 개선되었으며, 조명이 감소할 때 이 또한 감소했다. 이러한 예상치 못한 연구결과물은 지금까지 수행된 가장 대규모의 인터뷰 연구가 수행되는 결과를 가져왔다. 21,000명 이상의 근로자가 한 시간이 넘는 시간 동안 인터뷰를 했으며 인터뷰 필사본은 질적, 양적으로 분석되었다. Hawthorne 연구는 Mayo가 시작하여 Roethlisberger와 Dickson (1939)이 수행하였다. 연구자는 치료 인터뷰에서 영감을 받았고 Janet, Freud, Jung 특히 아동을 인터뷰하는 임상적 방법인 Piaget의 영향을 언급했다. Mayo가 말했듯이 인터뷰를 수행하는 사람들에게 "듣는 법, 방해를 피하는 방법 또는 조언을 제공하는 법, 참여자의 자유로운 표현을 중단하게 만드는 인터뷰를 피하는 방법"을 교육해야만 했다(Mayo, 1933, p. 65).

소비자가 구매하는 상품의 디자인과 광고에 관한 연구는 1950년대 이후 개별적인 인터뷰와 포커스그룹 인터뷰를 통해 광범위하게 시행되었다. 이 연구 분야의 선구자인 Dichter (1960)는 그의 저서 *The Strategy of Desire*에서 1939년 자동차 구매와 관련한 소비자의 동기에 대해 인터뷰한 연구를 보고했으며, 100가지가 넘는 상세한 대화 인터뷰를 보고했다. 한 가지 중요한 발견은 자동차의 중요성이 기술적 특징을 넘어서서 어떻게 그 "성격"을 포괄하게 되는지에 대한 것이다. Dichter는 그의 인터뷰 기법을 정신분석학자와 Carl Rogers의 비방향성 치료에서 영감을 얻어 "심층 인터뷰(depth interview)"라고 묘사하였다.

이 역사적인 인터뷰 연구들은 변화를 가져왔고, 오늘날 남성, 여성과 아동이 사고하는 방식에 영향을 미치고, 근로자와 소비자의 행동을 통제하기 위한 치료 및 기술과 같은 사회적인 행동에 큰 영향을 미쳤다(Kvale, 2003). 인터뷰를 통해 주요 경험적 근거들을 이끌어낸 Freud와 Piaget은 여전히 과학적 문헌에서 가장 많이 인용되고 있는 심리학자이며, 환자 및 아동과의 인터뷰에 대한 그들의 해석은 우리가 성격 형성과 어린 시절을 이해하는 방식에 큰 영향을 끼쳤다. 그러므로 *Time*지가 선정한 20세기 가상 영향력 있는 100인 중 상위 20인의 "과학자와 사상가"로 경제학자 Keynes, 심리학자 Freud와 Piaget 3명이 포함되었다 ("Scientists and Thinkers", 1999). Hawthorne의 연구는 근로자를 관리함에 있어 딱딱한 "인간공학(human engineering)" 방식보다는 감정적인 "인간관계(human relations)"를 고려하는 방식으로의 전환을 가져옴으로써 산업과 생산조직에 큰 영향을 미쳤다. 상품마케팅은 특히 소비자 집단의 구매 행동에 대한 최대 예측 및 통제를 위해 포커스그룹과 같은 질적 인터뷰에 크게 의존하고 있다.

사회과학에서 질적 인터뷰는 인터뷰 조사를 수행하는 방법론적 문헌의 확대와 병행하여 연구방법 그 자체로 폭넓게 활용되고 있다. Glaser와 Strauss가 *The Discovery of Ground Theory: Strategies for Qualitative Research* (1967)에서 보고한 병원에서 수행된 사회학 연구는 사회과학의 질적연구 운동을 개척했다. 연구자들은 병원 세계에 대한 현장 연구에 질적 인터뷰를 통합하였다.

체계적으로 연구 인터뷰를 도입한 두 가지 중요한 초창기 저서는 Spradley (1979)의 *The Ethnographic Interview*와 Mishler (1986)의 *Research Interviewing: Context and Narrative*이다. 연구 인터뷰의 범위에 대한 개요는 Fielding (2003)의 4부작 *Interviewing*과 Gubrium, Holstein, Marvasti, McKinney (2012)가 편집한 *Handbook of Interview Research*를 참조하면 된다. 질적연구 대해서는 Denzin과 Lincoln (2011)의 *The SAGE Handbook of Qualitative Research*를 참조하면 된다. 다음 장에서는 질적연구 인터뷰에 대한 다른 개념을 제시한다.

참여자 관찰에서 인터뷰, 담화 분석에 이르기까지 질적인 방법은 1980년대 이후 사회학 연구의 주요 방법이 되었다. 질적연구 관한 저서의 급속한 증가는 이러한 경향을 반영한다. 따라서 SAGE 간행물 중 하나인 SAGE Publications의 경우 1980년부터 1987년까지 10권의 저서가 출간되었는데 1995년부터 2002년까지 130권의 저서가 출간된 것에서 보다시피 급격히 성장하였다(Seale, 2004).

기술적, 철학적, 문화적 사유가 질적연구 인터뷰를 증가하게 하는 요인이 될 수 있다. 1950년대 소형 휴대용 테이프 녹음기가 출시됨에 따라 인터뷰 기록이 손쉽게 이루어졌다. 1980년대 컴퓨터 프로그램은 필사한 인터뷰의 질적 분석을 용이하게 했다. 철학과 인문학으로의 사회과학 개방은 현상학과 해석학뿐만 아니라 내러티브, 담론, 대화, 언어형태 분석도 연구결과로 가능하게 했다(Schwandt, 2001 참조). 현대 사회과학에 영향을 미치는 철학의 광범위한 움직임은 인터뷰 연구와 관련된 지식의 핵심적 측면을 강조한다. 이러한 측면은 의식과 생활세계에 대한 현상학적 설명이며, 텍스트의 의미에 대한 해석학적 해석이자, 지식의 사회구성에 대한 포스트모더니즘을 의미한다. 근본적인 철학적 입장은 서로 다를 수 있으나, 그들은 공통적으로 과학적 근거를 측량화한 사실에만 기초하는 사회과학 방법론적 실증주의에 대한 반감을 가지고 있다.

따라서 오늘날 질적연구방법은 교육학, 심리학, 인류학, 사회학, 미디어 연구, 인간지리학, 마케팅, 경영 및 간호과학 등 다양한 분야에서 일반적인 풍조가 되고 있다. 질적방법의 인기가 높아지는 배경에서 질적연구의 위치가 어느 정도인지 알 수 있다(Nielsen et al., 2008). 이러한 입장에서, 세상의 과정과 현상은 이론화되기 전에 설명되어야 하고, 설명되기 전에 이해되어야 하며, 양적인 측면을 추정하기보다 먼저 구체적인 속성으로 여겨져야 한다. 질적 입장은 인간의 사고, 학습, 인식, 행동, 그리고 인간으로서의 자신을 이해하는 방법의 문화적, 일상적, 상황적 측면에 초점을 맞추고 있으며, 인간의 삶을 연구하는 "고도의 기술적인(technified)" 연구접근법에는 반한다.

인터뷰 사회

인터뷰는 공통적 문화의 일부가 되었다. 현대사회의 TV에서 나타나는 토크쇼에서 볼 수 있듯이 우리는 "인터뷰 사회(interview society)"(Atkinson & Silverman, 1997)에 살고 있으며, 이 사회는 자아의 생성에 초점을 두고 인터뷰는 자아가 공적인 사회로 개방되는 사회적 기술로서 역할을 담당한다. Box 1.5에서는 인터뷰 연구사의 관점에서 본 현대 인터뷰 사회에 대한 특징을 제시한다. Atkinson과 Silverman은 인터뷰 사회를 "대상자의 개인적, 사적인 자아를 드러내기 위한 면대면 인터뷰의 만연"(p. 309)으로 간주하지만, 우리는 이 용어를 다양한 사회적 영역에 대한 인터뷰의 확산으로 광범위하게 사용하고자 한다.

Box 1.5는 첫 번째 저자의 인터뷰 사회에서 하루를 설명하고 있다. 다양한 인터뷰 형식이 나타났으며, 일부는 비공식적이며 목표는 단순히 대화 자체(예: 저녁 식사에서의 대화)였으며, 일부는 특정 목표(예: 정보 제공, 관리 감독 또는 접대를 위한)를 가진 전문적인 대화로 구성되었다. 저널리즘 인터뷰는 19세기에 다소 위험한 관행으로 여겨졌지만, 20세기에는 인간관계에서 있을 수 있는 것으로 쉽게 받아들여졌다. Atkinson과 Silverman(1997)은 현대 인터뷰가 많아진 것을 시대정신으로 평가했다. 우리는 소비자 사회의 경험 경제인 인터뷰의 부상을 위한 더 중요한 근거가 있다고 덧붙이고자 한다. 서구 경제에 필수적인 소비자의 경험과 생활양식에 대한 지식을 바탕으로 소비자 경험, 특히 포커스그룹 형태의 질적 인터뷰는 소비자 행동을 예측하고 통제하는 주요 접근법이 되었다.

사람들은 이제 개인 면대면 인터뷰가 완전히 흔하고 자연스럽게 발생한다고 생각하지만, 이 특정한 형태의 인간관계를 당연한 것으로 여기지 않도록 매우 주의해야 한다. Briggs(2007, p. 556)는 이 형태의 관계는 의사소통 과정의 사회적 구성을 지칭하는 특정 "소통(communicability)영역"과 관련이 있다고 주장했다. 이것은 문화 역사적 관습의 산물이며, 종종 당연한 것으로 여겨지는 다양한 역할, 직책, 관계 및 기관의 형태를 가능하게 하는 사회 영역 내에 배치된다.따라서 질적 인터뷰의 의사소통의 현재 영역에 진입할 때 열리는 특정한 권리, 의무, 행동레퍼토리가 있으며 그 밖의 다른 것은 닫힌 채로 있다.

Box 1.5 인터뷰 사회에서의 하루: 한 개인의 설명

대부분의 아침처럼, 나는 라디오 시계 때문에 깨어났다. 정치인이 왜 자신이 정당을 떠났는지에 관해 인터뷰를 한다. 인터뷰 진행자는 정치인의 결정에 대한 정치적 이유뿐만 아니라 미래에 대한 개인적인 동기, 경험, 희망에 관심이 있다. "결정을 내린 후 어떻게 느꼈는지 말씀해 주세요." 그런 다음 신문의 주요 헤드라인을 통해 대부분의 기사에 인터뷰 내용이 실려 있음을 알게 되었다.

나는 아이들을 주간보호센터에 보낸다. 선생님과 아이들을 돌보는 발전적인 기회를 늘리려는 목적으로 아이에 대해 자세히 인터뷰한다. 최근의 교육에 대한 몇 가지 문헌을 읽으면서, 그녀의 대화기술이 긍정적인 경험과 내러티브에 중점을 둔 인터뷰 스타일이며 주목할 만한 탐구라는 것을 인식한다.

일터로 와서, 내가 쓴 책에 관해 인터뷰하길 원하는 기자와 미팅 스케줄을 잡았다. 오늘날 경쟁하는 목소리로 불협화음을 내는 언론 세계에 대해 재미있는 생각이 든다. 언론인들은 항상 인터뷰하려는 새로운 시각을 찾고 있다. 나는 미묘한 인터뷰 기법을 포함해야 하는 학생관리 세션에 참여한다. 이것의 목표는 평가를 하거나 혼란스러운 질문을 하기보다는 학생의 학업과정에 도움이 되는 질문을 제시하는 것이다.

일을 마치고 아내에게 하루가 어땠는지 물어보고 아내의 경험에 대해 이야기한다. 학교 교사인 아내는 학생들이 수업 시간에 무언가를 말하게 하기 위한 방안을 가지고 어려움을 겪었다는 이야기를 전한다. 그녀는 어떻게 질문 기술을 향상시킬 수 있을까? 그녀가 내 경험에 대해 물었을 때 전화가 우리를 방해한다. 시장 조사관이 아침 식사 제품에 관한 소비 습관에 대해 인터뷰하고 싶어 한다. 나는 대답하기를 주저하고 대화를 빨리 끝내버리기로 결정했다.

TV에서 뉴스를 보면서 나는 비즈니스 리더, 정치인, 평범한 남성과 여성과의 인터뷰에서 의견을 표현하는 것이 더 행복해 보인다. 교통사고 목격자가 인터뷰를 하고, 다른 정치인이 자신이 특정 정치인의 신뢰에 대해 어떻게 느끼는지 인터뷰한다. 뉴스 후, 나는 호스트가 30분 안에 3가지의 인생 이야기 인터뷰를 할 수 있는 TV에서 진행되는 많은 고백 토크쇼 중 하나를 본다. 나는 내가 경험한 대화 폭격들 때문에 잠들 수 없는 것 같았고, 결국 내가 가장 좋아하는 Woody Allen의 DVD 중 하나를 봤다. 나는 Allen의 영화가 인터뷰 사회를 완벽하게 표현한다는 결론에 도달했다. 거의 모든 장면에서 사람들은 걷고, 먹고, 파티하고, 치료하고, 성관계를 유지하면서 끊임없이 이야기하고 서로를 인터뷰한다. Allen의 캐릭터는 경험, 욕구, 그리고 의심이 끊임없이 공유되고 말하면서 자신을 표현하고 구성하는 진정한 대화 현실에 살고 있다. 나는 마침내 2.7kg 짜리 *SAGE Handbook of Qualitative Research*를 손에 들고 잠들었다.

이 의사소통의 분야에 대해 많은 것이 사소한 것처럼 보일 수 있다. 인터뷰 진행자는 질문하고 인터뷰 대상자가 답변하며, 대상자는 일반적으로 낯선 사람에게 말하지 않을 개인 정보를 제공하고, 자신의 삶의 전문가로 자리매김한다. 그러나 지식 생산 과정에서 이 분야의 역할은 인터뷰 연구자들이 다루기 힘들다(Brinkmann, 2013, p. 27). 우리는 인터뷰의 "마법"을 거의 고려하지 않는다. 낯선 사람이 참여자에게 자신을 연구자라고 소개하기 때문에 자신의 삶에 대해 너무 많은 것을 말하고 싶어 한다는 것은 마법과 마찬가지이다. Briggs (2007)가 경고한 바와 같이, 우리는 이러한 관행을 자연스럽게 받아들이기보다는 과학 지식 생산에서의 역할을 담당하기 위해 낯선 "인터뷰 문화"를 다루는 문화인류학자와 같이 자신을 이해하고 평가해야 한다.

연구 인터뷰의 방법론적 이슈와 윤리적 이슈

우리는 이제 더 넓은 사회 현장에서 인터뷰의 광범위한 역할을 논의하는 것에서 이 책 전체에 걸쳐 다루는 방법론적, 윤리적 관심사를 묘사하는 것으로 전환하고자 한다. 현상학에서 영감을 받아 생활세계를 탐색하는 반구조적 인터뷰(semistructured life world interview)를 기반으로 한 연구 인터뷰가 우리의 초점이지만, 인터뷰를 수행하고 분석하는 다른 방법들도 다룬다. 현상학자들은 일반적으로 인간 대상이 어떻게 삶의 세계 현상을 **경험**하는지 주제화에 관심이 있는 반면, 해석학자들은 의미의 **해석**을 다루고 담론분석가는 언어와 담론적 관행이 인간이 사는 사회 세계를 **구성**하는 방법에 초점을 맞춘다.

이 책은 질적연구 배경 철학 사이의 이러한 인식론적, 존재론적 차이점에 관한 의문을 해결하고자 하는 것이 아니라 실용적 접근 방식을 가지고 있다. 이 접근법으로 인터뷰 수행과 분석 방법에 대해 고찰하는 것은 연구자가 알고자 하는 것에 기초한다. 알고 싶은 것이 주로 구체적인 에피소드, 특정 현상의 의미, 특정 개념의 이해, 설득력 있는 구성 과정 또는 기타 사항에 대한 경험인가? 아니면 또 다른 것? 우리의 목표는 독자에게 특정 철학적 선입견을 강요하는 것이 아니라 인터뷰를 수행할 때 해야 할 일에 대해 구체적 정보에 입각한 선택을 하는 데 도움이 되는 것이다.

일상적인 대화를 연구 인터뷰로 다루는 것의 친밀성은 특정 단순성을 함의할 수 있지만 이 단순성은 실체가 없는 환상이다. 그럼에도 불구하고 연구 인터뷰의 인기에 기여했을 것이다. 사전 준비나 성찰 없이 인터뷰 자체를 시작하기는 너무 쉽다. 초보 연구자는 하나의 좋은 아이디어를 가지고, 녹음기를 들고, 나가서 일부 주제를 찾아서 질문을 시작할 수 있다. 녹음된 인터뷰는 필사되고, 여러 페이지의 필사본을 분석하는 동안 인터뷰의 표면적인 목적과 내용에 대한 수많은 이슈가 발생한다. 그러한 즉흥적인 인터뷰 연구가 가치 있는 정보로 이어질 가능성은 거의 없다. 이러한 인터뷰는 주제에 대한 실질적인 새로운 지식을 생성하기보다는 일반적인 의견과 편견을 재현할 수 있다. 인터뷰는 강력하고 귀중한 연구를 수행하는 흥미로운 방법이 될 수 있다. 이야기의 전개와 새로운 통찰력은 인터뷰 상호작용에서 두 당사자 모두에게 보상이 될 수 있다. 필사된 인터뷰를 읽으면 연구자가 잘 알려진 현상에 대한 새로운 해석에 영감을 줄 수 있으며 인터뷰 보고서는 상당한 새로운 지식을 현장에 제공할 수 있다.

방법론을 지향하는 초보 연구자는 인터뷰 프로젝트에서 기술적이고 개념적 이슈에 대해 많은 질문을 할 수 있다. 예를 들어, 인터뷰 프로젝트는 어떻게 시작되나? 몇 개의 주제가 필요한가? 주요 질문에 대해 주제에 영향을 미치지 않도록 하려면 어떻게 해야 하나? 인터뷰가 주제에 유해할 수 있을까? 인터뷰의 필사가 반드시 필요한가? 인터뷰는 어떻게 분석하나? 내 해석은 주관적인가? 주제의 실제 의미를 알 수 있는가? 광범위한 인터뷰 텍스트를 어떻게 보고해야 하는가?

예를 들어 설문 조사 등에서 위와 비슷한 질문이 제기된 경우 설문조사 표준에 대한 기술이나 설문 조사 원칙에 대한 권위 있는 서적을 참고하면 답변을 얻기가 상당히 쉬울 것이다. 이 책에서 알 수 있듯이 표준 규칙이나 일반적인 방법론적 규칙이 거의 없는 질적 인터뷰 연구의 기법은 상황이 상당히 상반된다. 면접 조사는 잘만 수행된다면 예술이 될 수 있는 기술이다. 다양한 종류의 연구 인터뷰는 광범위한 인간 대화에 접근한다. 인터뷰 분석의 형태는 텍스트를 읽는 방법과 크게 다를 수 있다. 질적 인터뷰는 **비구조적**(*unstructured*) 또는 **비표준화된**(*nonstandardized*) 인터뷰라고도 한다. 이러한 형태의 인터뷰를 수행하기 위한 사전 구조화 또는 표준화된 절차가 거의 없기 때문에 인터뷰 중에 체계적인 결정을 내리는 데 많은 방법이 필요하다. 이를 위해서는 인터뷰 진행자는 높은 수준의 기술이 필요하며, 인터뷰 주제에 대해 잘 알고 있으며 사용 가능한 방법론적 전략에 익숙해야 하며 대화를 통해 지식을 생산하는 개념적 문제를 이해해야 한다.

이 책에서 우리는 인터뷰에 대한 무방법론 접근법의 자유로운 즉흥성과 연구자의 전문 기술과 장인정신에 가까운 모든 방법론을 통합한 엄격한 인터뷰 구조의 사이를 조정하고자 한다. 인터뷰는 조사의 단계와 이용 가능한 방법론적 전략을 통해 진행되어야 할 일부 결정에 대해 설명하고, 특정 질문 방식과 인터뷰 분석을 위한 여러 가지 선택사항에 대해 설명한다. 그러나 질적인 연구 인터뷰 실습에서 조리실습책과 같은 접근법을 찾고 있다면, 이 책을 읽는 것이 어려울 수 있다. 표준 절차와 고정 규칙 대신에, 앞서 제기된 질문과 같은 질문에 대한 답변은 인터뷰란 연구의 구체적 목적과 주제에 따라 달라지므로 인터뷰는 일부 "종속적인" 속성을 가지고 시작하기에 상황에 따라 다르다고 말할 수 있다.

윤리적 이슈는 인터뷰 연구 전반에 스며들어 있다. 이러한 연구에 의해 생성된 지식은 인터뷰 진행자와 대상자의 사회적 관계에 달려 있으며, 이 지식은 인터뷰 진행자가 나중에 공개적으로 사용하기 위해 기록된 사적 사건에 대해 주제가 자유롭고 안전한 무대를 만들 수 있는 능력에 달려 있다. 이것은 다시 흥미로운 지식 추구에 대한 연구자의 관심과 인터뷰 대상의 완전성에 대한 윤리적 존중 사이에 미묘한 균형이 필요하다. 연구 인터뷰에서 지식과 윤리 추구 사이의 긴장은 Sennett의 2004년 저서 *Respect*에 잘 표현되어 있다.

> 심층 인터뷰(In-depth interviewing)는 독특하고 종종 좌절하게 만드는 예술과 같다. 질문을 하는 여론 조사원과는 달리 심층 인터뷰 진행자는 사람들이 제공하는 답변을 연구하려고 한다. 연구하기 위해 면접관은 명백하게 인간이 아닌 로봇처럼 반응할 수는 없다. 그는 개방적인 반응을 얻기 위해 스스로 무언가를 주어야 한다. 그러나 대화는 한 방향으로 나열된다. 요점은 친구들에게 편하게 하는 방식으로 대화하지 않는다는 것이다. 인터뷰 진행자는 너무 자주 자신이나 친구가 대화하는 선을 넘어서면서 대상을 불쾌하게 했다는 것을 알게 된다. 이 기술은 피사체가 현미경 아래에서 곤충처럼 느끼지 않고 사회적 거리를 보정하는 것으로 구성된다(pp. 37-38).

이 책의 개관

이 책 전체에서 우리는 연구목적을 위한 인터뷰 습득을 안내하기 위해 3가지 주요 내용을 따른다. 우리는 기법(craft), 지식 창출 그리고 사회적 관행으로서 인터뷰에 접근한다.

기법으로서의 인터뷰

인터뷰는 연구자의 실제 인터뷰하는 기술과 개인적인 판단에 달려 있다. 규칙이 통제된 방법의 명시적인 단계를 따르지 않는다. 인터뷰의 질은 생산된 지식의 강점과 가치에 의해 판단된다. 실습을 통해 배우게 되는 기법으로서 인터뷰의 개념은 사회과학의 방법론적 실증주의와 대조되며 특정 개념의 규칙과 미리 정해진 단계에 따른 연구 개념과 대조된다. 실용적 기술 접근에서, 우리는 일부 규범적인 과학 이론에서 인터뷰 방법의 규칙을 도출하려고 시도하지 않고 유능한 인터뷰 연구자의 인터뷰 방식을 배우려고 시도한다. 이 책은 모범 사례를 통해 배우는 것을 장려한다. 인터뷰 연구의 사례를 제시하고 논의하는데, 그중 일부는 각 분야에 상당한 차이를 가져 왔다. 인터뷰 실습에서 파생된 인터뷰에 대한 경험 규칙이 제시되며 인터뷰 장인(이 책에서 사용된 **장인**(*craftsman*)이라는 용어는 두 성별의 인터뷰 진행자에게 적용됨)의 인터뷰 수행과 분석의 주요 단계에 대해 도구 상자에 다양한 기법을 제공한다.

인터뷰 기술은 인터뷰 연습을 통해 학습되고, 인터뷰 기술 향상을 위한 교과서가 있다는 모순(paradox)도 있으며, 구두로 전해진 인터뷰 기술을 서면 형식으로 다루고 있다는 또 다른 모순도 있다. 우리는 마지막 장에서 이 모순으로 되돌아가지만, 이 책 전체에서 우리는 기술이 배우는 방식을 인터뷰하는 것을 배우기 위한 제안을 함으로써 모순에 관여한다. 이 책은 꼭 필요한 길의 방향과 장비를 제공하는 인터뷰 프로젝트의 실제 단계를 통한 여정을 묘사한다. 이 장에서는 인터뷰 기법의 복잡한 기술을 검토하여 별개의 단계로 나누고, 사례를 제시하며, 실용적, 개념적, 윤리적 이슈를 지적한다.

지식의 사회적 생산으로서의 인터뷰

인터뷰는 인터뷰 진행자와 대상자가 관계를 통해 지식을 생산하는 적극적인 과정이다. 인터뷰 지식은 대화 관계에서 만들어지기에 맥락적, 언어적, 서술적, 실용적이다. 여기에 제시된 인터뷰 지식의 개념은 정량화된 정보를 따르는 방법론적 실증주의적 지식 개념과 대조된다. 이 책은 현상학, 해석학, 실용주의, 포스트모던적 사고와 같은 인터뷰 연구에서 생산된 지식에 공통된 철학을 제시한다. 우리는 다양한 인터뷰 지식 개념이 어떻게 다양한 형태의 인터뷰와 인터뷰 분석으로 이어지는지를 보여준다. 어떤 사람들은 질적연구 인터뷰 관행이 응답자의 깊이에서 기존의 의미 단위를 발굴하는 것으로 간주하는 반면, 다른 사람들은 연구자가 매력적인 이야기를 자유롭게 구성할 수 있는 무한하고 창조적인 과정이어야 다. 어떤 사람들은 인터뷰 대화를 과거 사건의 경험과 직접적으로 연결되는 결과로만 보고, 또 다른 사람들은 특정 대화 상황에만 맞는 설명으로 이해해야 한다고 주장한다. 우리는 주제나 연구자에게만 알려진 의미와 서술을 찾기보다는 이 책에서 대화를 통해 아는 과정은 지식의 협력자로서 인터뷰 진행자와 대상자를 포함하여 상호주관적이고 사회적이라고 주장한다. 그리고 인터뷰 대화를 보고서나 설명으로 생각하는 것을 한 번에 선택하는 것이 아니라 인터뷰 자료를 이해하려고 할 때 두 차원이 거의 항상 관련이 있다고 주장한다.

사회적 관행으로서의 인터뷰

인터뷰는 지난 몇 세기의 새로운 관행(practice)이다. 오늘날 그것은 인터뷰 사회라고 불리는 것에 있어 보편적인 사회적 관행이 되었다. 탐구 모드로서의 인터뷰는 역사적, 사회적 맥락에 포함된다. 인터뷰 진행자와 대상자의 상호작용은 윤리적인 이슈로 가득 차 있으며, 인터뷰 조사 출판은 보다 광범위한 사회 정치적 관심을 수반한다. 우리는 인터뷰 조사의 사회적 영향뿐만 아니라 특정 인터뷰 관행의 윤리적 이슈를 다루고 특히 윤리적 방식의 연구로서의 인터뷰에 대한 믿음으로 이슈를 제기한다. 우리의 사회적 관행으로서의 인터뷰 개념은 많은 교과서의 이상주의와 대조되는데, 이는 대부분 아이디어의 맥락 내에서 그리고 인간관계 내에서 순수하고 진정한 상호작용으로 인터뷰하는 것을 제시한다. 이 책은 인터뷰 상황의 힘 비대칭성을 다루고 인터뷰 연구에 대한 사회적 영향과 사회적 결과에 대한 광범위한 영향을 포함한다. 이러한 사회적 영향과 결과는 기관윤리위원회와 근거기반 실무가 연구 인터뷰에 미치는 영향을 포함한다. 결과적으로 인터뷰는 인간에 대한 우리의 개념을 구체화하고 인간 행동에 대한 지식을 제공하고 인터뷰에 대한 공공인식을 계몽한다.

1부: 연구 인터뷰의 개념화

이 책의 개념 부분에서는 연구목적으로 대화를 사용하는 것과 관련된 주요 이슈를 다룬다. 인터뷰 지식의 생산에서 이론과 실천이 관련되어야 한다는 것은 사실주의로 보일 수 있지만, 이론과 실제의 개념이 어떻게 관련되어 있는지 살펴보면 이슈가 더욱 복잡해진다.

우리는 풍부하고 다양한 대화를 표시하고 연구 인터뷰의 예를 제공한다. 철학적 대화와 치료적 인터뷰에 대비가 이루어진다. 우리는 포스트모더니즘적 사고와 현상학적, 해석학적, 실용적 철학과 같은 질적 인터뷰에 개방적인 철학적 접근을 묘사한다. 우리는 또한 연구 인터뷰가 방법 또는 기술로 간주되어야 하는지 묻는다. 규칙에 의해 통제되는 방법으로서 연구 인터뷰의 개념은 인터뷰 지식의 질이 인터뷰 장인의 기술과 개인적 판단에 기초하는 기법으로서의 인터뷰를 이해하는 것과는 다른 인터뷰 관행으로 이어질 것이다.

또한 연구윤리 행동에는 규칙 준수 및 윤리 규범 준수 이상이 포함된다고 주장하며 연구 인터뷰에서 윤리적 이슈를 다루고 있다. 윤리는 인터뷰 연구의 기본이다. 그것은 윤리적 규칙을 넘어 사회 연구에서 광범위한 윤리적, 사회 정치적 불확실성 분야를 포괄하는 것이다. 갈등 상황에서 따라야 할 규칙에 대한 결정은 연구자의 경험과 개인적 판단에 달려 있다. 마지막으로, 우리는 질적인 인터뷰를 인간 상호작용과 지식 생산에 대한 구체적인 맥락으로 제시하여 인터뷰 진행자와 대상자 모두에게 다양한 주제가 될 수 있게 한다.

인터뷰를 통해 인터뷰를 배우고자 하는 독자는 지금 책 읽기를 중단하고 부록의 학습 과제로 넘어가야 한다. 부록에서는 학습에 관심이 있는 사람들을 위해 기법을 비슷하게 따라하는 방식으로 연습을 제안한다. 이 부록 학습에 몇 주를 보낸 후, 가급적이면 동료들과 함께 이 책을 다시 읽고 인터뷰를 연습함으로써, 1부의 개념적 장에 제시된 이론적 고찰을 이미 시작했을 수도 있다. 2부의 실제 장에서 인터뷰를 수행하는 것에 대해 많은 실제적인 것을 제시한다.

2부: 연구 인터뷰의 7단계

2부는 인터뷰의 실제 단계를 자세하게 다룬다. 이 장은 (1) 인터뷰 프로젝트 주제 선정, (2) 설계, (3) 인터뷰, (4) 필사, (5) 분석, (6) 확인, (7) 보고의 7단계로 구성된다. 인터뷰 이전에 인터뷰 주제를 개념화하고 인터뷰를 시작하기 전에 7단계로 전체 인터뷰 프로젝트를 계획하는 것의 중요성이 지적되었다. 이 장은 인터뷰 장인에게 인터뷰 여정 단계를 위한 도구 상자를 제공한다. 우리는 생활세계 인터뷰에 대해 자세히 설명하지만, 더 많은 대면 인터뷰뿐만 아니라 이야기와 토론과 같은 다른 방식의 인터뷰도 다루어진다. 인터뷰 분석에 있어서는 대화, 이야기, 설득력 있는 접근 방식의 언어 분석뿐만 아니라 코딩 방식, 범주화, 의미 응축 및 의미 해석이 묘사된다.

결론

결론인 17장에서, 우리는 이 책 전체에 걸쳐 3가지 주요 내용, 즉 기법으로서의 인터뷰, 지식 생산 활동 및 사회적 관행으로 요약했다. 우리는 현재 수행되고 있는 질적 인터뷰에 대해 여러 가지 중요한 질문을 제기하며, 인터뷰 연구의 질을 개발할 수 있는 가능성을 제시한다. 우리는 지식과 지식에 의존하는 지식과 지식을 생산함으로써 인터뷰 연구에 대한 실용적 검증을 강조함으로써 결론을 내린다.

1부

연구 인터뷰의 개념화

이 책의 첫 번째 부분에서는 연구 인터뷰의 주요 이슈, 특히 인식론(질문이란, 질문을 통해 무엇을 알 수 있는가?)과 윤리(질문을 하면서 책임감을 어떻게 느끼게 되는가?)에 관한 논의를 한다. 우리는 질적연구 인터뷰를 특정 형태의 대화로 다룬다. 2장에서, 우리는 질적연구 인터뷰를 이해하는 방식을 예시하고 개괄하고 그것을 철학적 대화와 치료적 인터뷰와 관련시킨다. 그런 다음 3장에서 인터뷰 지식의 창출에 관한 인식론적 질문을 다룬다. 4장에서는 인터뷰의 사회적 관행의 윤리적 차원을 다루고, 5장에서 인터뷰 상황의 특정한 맥락적 특징에 대해 논의한다. 우리는 연구 인터뷰 연습에 대한 이러한 개념적 이슈의 의미를 지적하고, 2부에서 인터뷰 조사의 7단계와 관련하여 더 자세히 질적연구 인터뷰의 관행을 다룬다.

인터뷰 기법을 위한 실용적인 기술을 습득하는데 참을성이 부족한 독자는 왜 자신이 그렇게 복잡하고 미묘한 이슈에 신경을 써야 하는지를 물어볼 수 있다. 그리고 이들은 실전 인터뷰에 무턱대고 임해서는 안된다. 왜 이렇게 복잡하고 미묘한 이슈에 신경을 써야 하는지에 대한 한가지 대답은 유능한 장인이라면 자신이 작업하는 재료와 목표 제품에 대해 잘 알고 있어야 한다는 것이다. 연구 인터뷰 진행자는 언어와 지식을 가지고 작업하며, 완성된 산물도 마찬가지로 언어 형태의 지식이다. 유능한 인터뷰 진행자는 자신이 작업하는 자료의 미묘한 차이와 문제점, 그리고 전달하는 산물의 가치와 강도에 익숙하다.

사회과학 연구와 철학에 익숙하지 않은 독자는 2부로 직접 이동하여 연구 인터뷰 실습을 7단계로 진행한 다음 인터뷰 연습에 더 익숙해지면 개념적 이슈로 돌아갈 수 있다.

2장

질적연구 인터뷰의 특징

이 장은 현상학적 접근법에 기반한 연구 인터뷰로 시작한다(후반 장에서는 생활세계에 대한 현상학적 인터뷰의 대안을 제시한다). 현상학에 대한 간략한 개요는 질적연구 인터뷰에서 현상학에서 영감을 얻은 묘사를 따른다. 질적 인터뷰에서 공감과 평등에 대한 공통적인 강조와 대조적으로, 우리는 연구 인터뷰의 힘 비대칭성을 지적한다. 그런 다음 철학적 대화와 치료적 인터뷰라는 2가지 다른 형태의 인터뷰와 비교하여 연구 인터뷰의 특정 특성을 강조한다. 우리는 철학적 대화의 논리적/인지적 방식과 치료적 인터뷰의 정서적/개인적 방식과 연구 인터뷰에서 상호작용과 이해의 방식을 비교하고 대조한다. 우리는 Socrates의 철학적 대화를 제시한 다음, 이 Socrates 방식의 인터뷰 조사의 논리에 대해 논의하고 현재 연구 인터뷰와의 관계를 보여준다. 마지막으로, 치료적 인터뷰를 제시하고, 치료적 인터뷰에서 이해의 한 가지 양식을 설명하고, 연구 인터뷰의 역사에 대한 시사점을 언급한다.

학습에 관한 질적연구 인터뷰

여기서 논의된 질적연구 인터뷰의 목적은 참여자 자신의 관점에서 일상생활의 주제를 이해하는 것이다. 이 구조는 일상적인 대화에 가깝지만 전문적인 인터뷰에는 구체적인 접근 방식과 질문 기술이 필요하다. 다음의 인터뷰 내용은 Giorgi (1975)의 "An Application of Phenomenological Method in Psychology"라는 논문에서 발췌한 것이다. 인터뷰를 안내하는 연구질문은 무엇이 일상 세계에서 학습을 구성하는가? 이다. 학생이 진행한 인터뷰의 전반부에서 연구질문이 재현된다.

R (연구자):	학습이 일어난 상황을 가능한 한 상세하게 설명해주시겠습니까?
S (대상자: E. W., 24세, 여자, 주부, 교육연구자)	가장 먼저 떠오르는 것은 Myrtis의 인테리어 장식에 대해 배운 것입니다. 그녀는 내가 물건을 보는 방식에 대해 말해주었습니다. 다른 방을 바라보는 그녀의 시각이 바뀌었습니다. 그녀는 당신이 방에 들어왔을 때 적어도 의식적으로 눈에 띄지 않는 수직선과 수평선이 몇 개인지 알지 못한다고 말했습니다. 그러나 실내 장식 분야에서 무슨 일이 일어나고 있는지 알고 있는 사람을 데려가면 올바른 수의 수평선이 있는지 직관적으로 느낄 것입니다. 그래서 저는 집에 갔고 예전에는 인지하지 못했던 거실의 선을 보기 시작했고 가로 및 세로줄의 수를 세었습니다. 기둥... 벽에서 튀어나온 것처럼 이전에는 수직으로 생각한 적이 없었습니다. (웃음) 그러다 거실 디자인에 문제가 있는 것을 발견했습니다. 가로줄이 너무 많고 세로줄이 충분하지 않았습니다. 그래서 나는 물건을 옮기고 모양을 바꾸려고 노력했습니다. 나는 몇 가지 가구를 옮기고 여러 개의 틈새를 꺼내고 특정 줄을 강조되었던 것을 원래대로 돌리고... 이건 정말 다르게 보였습니다. 남편이 몇 시간 후에 집에 왔기 때문에 나는 "거실을 보세요. 완전히 달라졌어요."라고 말했어요. 재미있게도 남편은 이것을 알아채지 못했고, 내가 바뀐 부분을 짚어주었을 때, 그는 내가 했던 것과 같은 방식으로 그것을 보지 않았습니다. 그는 물건이 달라진 것을 보았고 물건이 움직이는 것을 보았지만 수평선에 강조 표시가 있고 수직에 더 중점을 둔 것을 입으로 말하지는 못했습니다. 그래서 나는 무언가를 배웠다고 느꼈습니다.

R: 그 경험의 어떤 부분을 배우고 싶습니까?

S: 방이 가로와 세로 선으로 구성되어 있다는 지식 부분. 다른 방에 적용하는 것, 적용할 때 꽤 오랫동안 내가 이해하지 못했던 그 무언가 콕 집어 말하기가 어렵네요. 실제 학습은 방에 대해 수평과 수직이었다고 생각합니다. 내가 깨달은 배움은 방을 바라보는 방법이었습니다.

R: 그러면 Myrtis에게서 배운 것은 즉, 학습이라는 것은 적용하려고 시도할 때 배운 것이다…라고 말할 수 있습니까?

S: 적용했을 때, 내가 그것을 적용했을 때 배웠다고 느낀 것 같습니다. 나는 그 지식을 알게 되는 것을 통해서만 배운다고 생각했었는데, 하지만 지식을 적용하면서 그 생각은 떠나갔고, 나는 적용하던 그 당시에 그것을 배웠다고 솔직하게 말할 수 있습니다(pp. 84-86).

이 인터뷰는 일상생활에서 한 여자가 배우는 상황에서 학습의 구성 요소를 조사했다. 학습이 발생한 상황을 설명해달라는 개방적인 질문으로 시작되었다. 여자는 자신이 이야기할 수 있는 학습 상황, 즉 실내 장식을 선택했다. 그녀는 이것을 자신의 말로 자유롭고 광범위하게 묘사했다. 그 대답은 자연스럽게 이야기의 형태를 취했으며, 하나의 학습 에피소드에 대한 내러티브였다. 인터뷰 진행자의 첫 번째 질문은 인터뷰의 주제로 학습을 소개했다. 그녀의 다음 질문은 대상자의 답변에서 출발했다. 학습이라는 주제에 집중하기 위해서 참여자의 학습 스토리의 다양한 측면에 대해 답변하도록 질문하였다.

이 인터뷰는 대상자의 경험에 중점을 둔 반구조적 연구 인터뷰의 좋은 예시를 제공한다. 인터뷰 진행자의 질문은 12장에서 심층 분석되는 대상자의 학습 경험에 대한 인지적 명료화를 목표로 했다. 이런 종류의 인터뷰는 대상이 가능한 한 자유롭게 설명하도록 하는 것이지만, 전제 조건이 완전히 없는 것은 아니다. 예를 들어, 시작 질문은 학습이 "발생하는" 것으로 구성되는데, 이는 아직 모든 사람이 합의하지 않는 학습의 특정 관점을 나타낸다 (사람들은 학습이 "완료된 것"이라고 강조한다). 이것은 질적 인터뷰가 주제를 유도하거나 영향을 미치지 않을 것이라는 중요한 논의를 보여준다(9장에서 명시적으로 설명함). 인터뷰 방식은 우리가 이제 이야기하고자 하는 현상학에서 영감을 얻었다.

질적연구 인터뷰의 현상학과 이해 방식

현상학은 1900년경 Edmund Husserl에 의해 철학으로 정립되었으며 Martin Heidegger에 의해 실존철학으로 발전한 다음 Jean-Paul Sartre와 Maurice Merleau-Ponty에 의해 실존적이고 변증법적인 방향으로 발전했다. 현상학의 주제는 의식과 경험으로 시작되었고, Husserl과 Heidegger에 의해 인간의 생활세계를 포함하도록 확장되었으며, Merleau-Ponty와 Sartre에 의해 역사적 맥락에서 신체와 인간의 행동을 고려하여 더욱 확장되었다.

현상학적 접근법은 일반적인 비 철학적 의미에서 질적연구에서 널리 사용되어왔다. 사회학에서 현상학은 Alfred Schutz에 의한 사회 세계의 Husserl 기반 현상학에 의해 매개되었고, Berger와 Luckmann (1966)의 *The Social Construction of Reality*와 Garfinkel (1967)의 사회 질서의 실제적 생산에 대한 그의 문화기술지방법론 연구에서 자세히 설명되었다. 일반적으로 질적 탐구에서 **현상학**(*phenomenology*)은 배우와도 같은 관점에서 사회적 현상을 이해하고 대상자가 경험한 세계를 설명하는데 관심이 있는 용어로, 중요한 점은 사람들이 그것을 인식하는 것이라고 가정한다. 일상 세계에서 현상의 의미에 대한 개방적이고 현상학적인 접근법은 인터뷰를 분석하는 방법을 설명할 때 다시 언급된다(12장의 의미 응축).

현상학은 대상자의 생활세계에 대한 경험적 의미에 중점을 두면서 질적연구 인터뷰에서 이해의 방식을 명확히 하는 것과 관련이 있다. 질적연구에 대한 현상학적 철학의 의미는 Duquesne University의 일련의 연구에서 개발되었다. van Kamm (1959)의 "the experience of really being understood" 연구를 시작으로, 이 방법은 현상학적 심리학자 Giorgi 등에 의해 더욱 적용, 체계화되고 반영되었다(Fischer & Wertz, 1979; Giorgi, 1970; Giorgi & Giorgi,

2003). Giorgi에 따르면 "현상학은 어떤 사물, 사건 또는 사람이 의식으로 나타나는 구조 및 의식변화의 구조에 대한 연구"이다(Giorgi, 1975, p. 83).

Box 2.1 현상학적 방법

Merleau-Ponty (1962)에 따르면 중요한 것은 주어진 것을 정확하고 완전하게 기술하는 것이다. 즉 설명하거나 분석하기보다는 기술하는 것이다. 공개 기술(open description)에 대한 정확한 지침을 제공하는 것은 불가능하며, Spiegelberg (1960)는 은유를 사용하여 그 방법을 보여준다. 예를 들어 "사태 자체의 본질", "보는 것과 듣는 것", "눈을 크게 뜨고", "생각하지 말고 보십시오" 등이 그것이다.

현상학적 철학에서 객관성은 탐구된 현상에 대한 충실도의 표현이다. 목표는 별도의 현상을 기술하는 것에서 공통의 본질을 찾는 것으로 옮겨 가서 **본질을 탐구**하는 것이다. Husserl은 본질을 "환상적인 자유변경(free variation in fantasy)"을 연구하는 한 가지 방법이라고 불렀다. 이것은 주어진 현상을 가능한 형태로 자유롭게 변화시키는 것을 의미하며, 다른 변형을 통해 일정하게 유지되는 것은 현상의 본질이다.

현상학적 **환원**(*reduction*)은 경험의 내용의 존재 여부에 대한 판단의 중단을 요구한다. 환원은 현상의 본질에 대한 선입견 없는 기술에 도달하기 위해 괄호 안에 있는 현상에 대한 상식적이고 과학적인 지식을 제공하려는 시도인 "괄호치기(bracketing)"로 묘사될 수 있다.

Box 2.1에서는 Spiegelberg (1960)를 기반으로 기술, 본질 탐구, 현상학적 환원을 포함하는 현상학적 방법을 소개했다. 곧, 우리는 현상학에서 영감을 얻은 관점으로 질적연구 인터뷰에서 더 구체적으로 이해하는 방식을 묘사한다.

생활세계에 대한 반구조적 인터뷰는 대상자의 관점에서 살아있는 일상 세계의 주제를 이해하려고 시도한다. 이러한 종류의 인터뷰는 기술된 현상의 의미에 대한 해석과 관련하여 인터뷰 참여자의 생활세계에 대한 기술을 얻으려고 한다. 일상적인 대화에 가깝지만 전문적인 인터뷰로서 목적이 있으며 구체적인 접근 방식과 기술이 필요하다. 그것은 반구조적이다 - 그것은 매일 개방적 대화나 비공개 설문지가 아니다. 특정 주제에 초점을 맞추고 제안된 질문을 포함 할 수 있는 인터뷰 지침에 따라 수행된다. 인터뷰는 일반적으로 기록되며, 기록된 텍스트와 녹음은 함께 이후의 의미 분석을 위한 자료를 구성한다.

다음에, 우리는 현상학적 관점에서 12가지 측면 또는 핵심 단어를 자세히 설명함으로써 반 구조적 질적 인터뷰를 더욱 특징짓는다.

생활세계(*Life World*). 질적연구 인터뷰의 주제는 인터뷰 대상자의 일상생활이다. 편견 없는 기술을 얻으려는 시도는 과학 세계와 관련하여 Lebenswelt-생활세계-의 재현을 수반한다. 생활세계는 일상과 마주하고 설명과 상관없이 직접적이고 즉각적인 경험을 할 수 있는 세상이다. 질적 인터뷰는 생활세계의 주요 경험에서 출발하여 현상학에 대한 Merleau-Ponty (1962) 프로그램을 실현한 것으로 볼 수 있다.

> 세상에 대한 나의 모든 지식, 심지어 나의 과학적 지식은 내 자신의 특정한 관점이나 과학적 상징이 무의미한 세상의 일부 경험에서 비롯된 것이다. 과학의 전체 우주적 세계관은 직접 경험한 토대에서 세워졌다. 과학 자체를 철저히 조사하고 그 의미와 범위에 대해 정확한 평가에 도달하려면 세계의 기본 경험을 다시 깨우기 시작해야 한다. 과학은 이차적인 표현방식이다(p. viii).

지리학자의 지도는 교외를 추상화한 것으로, 숲, 산이나 강이 무엇인지 처음 알게 되었다. 이러한 현상학적 접근법에서, 참여자들의 생활세계 경험에 대한 질적연구는 사회 세계의 보다 추상적인 과학 이론의 기초가 된다. 인터뷰는 이러한 의미에서 실험과 설문지에서 얻은 몇 가지 기본적인 과학적 양적 사실에 추가된 몇 가지 재미있는 호기심 만이 아니다. 질적 인터뷰는 사람들의 생활세계 경험에 대한 특권적 접근을 제공하는 연구방법이다.

의미(*Meaning*). 인터뷰는 대상자들의 생활세계의 중심 주제의 의미를 이해하려고 한다. 인터뷰 진행자는 말한 내용의 의미와 말한 내용을 등록하고 해석한다. 인터뷰 주제에 대해 잘 알고 있어야 하며, 발음, 얼굴표정, 기타 비언어적 표현을 관찰하고 해석할 수 있어야 한다. 일상적인 대화는 종종 사실적인 수준에서 이루어진다. 학생은 "시험성적이 말해주는 것처럼 내가 멍청하지는 않아요. 그렇지만 공부습관은 나빠요."라고 답할 수 있다. 그러면 일반적인 반응은 다음과 같은 사실과 관련이 있을 수 있다. "몇 점을 받았나요?" 또는 "당신의 학습 습관은 무엇입니까?"- 중요한 정보를 얻을 수도 있는 질문이다. 그렇지만 의미 지향적 답변을 유도하는 질문은 "학점이 성적의 적절한 척도가 아니라고 생각하는가?"와 같은 것이 될 것이다. 질적연구 인터뷰는 사실적인 수준과 의미 수준을 모두 다루려고 한다. 의미 수준에서 인터뷰하기가 어렵다. 인터뷰 진행자는 "행간"이라는 말뿐만 아니라 명시적인 설명과 의미를 들어야 한다. 인터뷰 진행자는 함의적인 메시지를 공식화하고, 주제에 인터뷰 대상자가 말한 내용의 해석에 대한 즉각적인 확인 또는 미확인을 위해 "다시 보내기"를 시도할 수 있다.

질적(*Qualitative*). 질적 인터뷰는 일반적인 언어로 표현된 지식을 추구한다. 수량화를 목표로 하지 않는다. 인터뷰는 대상자의 삶의 다양한 측면에 대한 미묘한 설명을 목표로 한다. 숫자가 아닌 단어와 함께 작동한다. 질적 인터뷰에서 해석을 의미하는 기술의 정확성과 엄격성은 수량적 측정의 정확성과 일치한다.

기술적(*Descriptive*). 질적 인터뷰 진행자는 참여자의 경험과 느낌, 행동 방식을 가능한 정확하게 기술하도록 격려한다. 질적연구는 자료의 명확한 분류화로 끝나는 것이 아니라 질적 다양성, 현상의 많은 차이와 종류를 묘사하는 미묘한 설명에 초점을 둔다. 대상자들이 왜 경험하고 행동하는지에 대한 질문은 연구자가 주로 탐구하는 주제이다.

특수성(*Specificity*). 일반적인 상황이 아니라 특정 상황과 행동에 대한 설명이 도출된다. 특정 상황과 사건에 대한 포괄적인 설명을 바탕으로 연구자는 "성적에 대한 당신의 의견은 무엇입니까?"와 같은 질문에서 얻은 일반적인 의견 대신 구체적인 수준의 의미에 도달할 수 있다. 이러한 유형의 일반적인 의견을 묻는 질문은 그 자체로 관심 있는 정보를 도출할 수 있다.

의도적인 순진함(*Deliverate naiveté*). 질적 인터뷰 진행자는 기존의 범주나 속성을 드러내는 해석보다는 새롭고 예기지 않은 현상에 개방성을 나타낸다. 질적 인터뷰는 인터뷰 대상의 삶의 중요한 주제에 대해 가능한 포괄적이고 가정적인 설명을 얻으려고 시도한다. 인터뷰 진행자가 분석을 위해 준비된 범주와 관련하여 미리 구성된 질문을 제기하기보다는 의도적인 순진한 전제와 괄호치기가 새롭고 예기치 않은 현상에 대한 개방성을 의미한다. 인터뷰 진행자는 호기심이 많고, 말하고 있는 것과 말하지 않은 것에 민감해야 하며, 인터뷰 중 자신의 전제와 가설에 비판적이어야 한다. 따라서 전제 조건은 연구자 자신의 전제에 대한 비판적 인식을 의미한다.

초점(*Focus*). 인터뷰는 특정 주제에 중점을 둔다. 이것은 표준이 되는 질문으로 엄격하게 구성되지도 전체적으로 완전히 "비지시적"인 것도 아니다. 개방적인 질문을 통해 인터뷰는 연구주제에 초점을 둔다. 그런 다음 질문 주제에서 중요하다고 생각되는 차원을 제시하는 것은 주제에 달려 있다. 인터뷰 진행자는 대상자를 특정 주제로 이끌지만 이러한 주제에 대한 특징적인 의견을 제시하는 것은 아니다.

모호함(*Ambiguity*). 인터뷰 대상자의 답변이 모호한 경우가 있다. 하나의 진술은 여러 가지 해석 가능성을 함의할 수 있으며, 대상자는 인터뷰 중에 명백하게 모순되는 진술을 할 수도 있다. 질적연구 인터뷰의 목적은 주제에 대한 명백하고 수량적인 의미로 끝나는 것이 아니다. 인터뷰 진행자의 임무는 모호성과 모순된 진술이 면담 상황에서의 의사소통 실패로 인한 것인지 또는 대상자의 삶의 상황에서 진정한 불일치, 모호함 및 모순을 반영하는지 여부를 가능한 한 명확하게 하는 것이다. 대상자들의 모순은 면담에서의 잘못된 의사소통이나 성격으로 인한 것이 아니라 그들이 사는 세계에서 느끼는 객관적인 모순을 적절히 반영한 것일 수 있다.

변화(*Change*). 인터뷰 과정에서 대상자는 주제에 대한 설명과 태도를 변경할 수 있다. 대상자들은 자신이 설명하는 주제의 새로운 측면을 발견하고 그들이 이전에 알지 못했던 관계를 갑자기 보게 될 수 있다. 따라서 질문은 대상자에 의해 묘사된 주제의 의미가 더 이상 인터뷰 후에 동일하지 않게 되는 성찰 과정을 유발할 수 있다. 인터뷰는 인터뷰 진행뿐만 아니라 대상에게도 학습 과정이 될 수 있다.

민감성(*Sensitivity*). 동일한 인터뷰 가이드를 사용하는 다른 인터뷰 진행자는 인터뷰 주제에 대한 다양한 민감성과 지식으로 인해 동일한 주제에 대해 다른 진술을 할 수 있다. 따라서 음악을 듣는 귀가 없는 인터뷰 진행자는 특히 음악의 의미에 대해 보다 집중적으로 조사하려고 하는 경우 대상자로부터 음악 경험에 대한 미묘한 설명을 얻는데 어려움을 겪을 수 있다. 대상자 간에 재현 가능한 자료를 얻는 일반적인 방법론적 요구사항을 따라야 한다면, 인터뷰는 음악 경험에 대한 이해를 평범한 사람이 이해할 수 있는 더 피상적인 측면으로 제한하고 표준화해야 한다. 인터뷰 주제에 대한 민감성 및 예지에 대한 요구는 앞서 주장한 가정 없는 태도와 대조된다. 이 두 측면 사이의 긴장은 인터뷰 진행자 측의 의도적인 순진한 요구사항으로 표현될 수 있다.

대인관계 상황(*Interpersonal situation*). 연구 인터뷰는 두 사람의 상호작용에서 지식이 구축되는 인터뷰이다. 인터뷰 진행자와 대상자는 서로 관련하여 행동하며 서로에게 영향을 미친다. 상호작용은 인터뷰 진행자뿐만 아니라 대상자에서도 불안을 유발하고 방어 기전을 유발할 수 있다. 인터뷰 진행자는 대상의 개인적 경계에 대한 잠재적인 윤리적 위반에 대해 알고 인터뷰에서 대인관계 역학을 다룰 수 있어야 한다. 연구 인터뷰에서 생성된 지식은 인터뷰 진행자와 대상자 사이에 만들어진 특정 상황에서 상호작용 자체로 구성된다. 다른 인터뷰 진행자와는 다른 대화가 만들어지고 다른 지식이 만들어질 수 있다.

긍정적인 경험(*Positive experience*). 잘 수행된 연구 인터뷰는 자신의 삶의 상황에 대한 새로운 통찰력을 얻을 수 있기에 대상자에게는 드물고 풍부한 경험일 수 있다. 다른 사람이 한 시간 이상 동안 관심을 보이고 대상자에 대해 가능한 한 자신의 경험과 견해를 깊이 이해하려고 시도하는 것은 일상생활에서 흔하지 않은 경험일 것이다. 실제로, 대상자가 대화를 계속하려 하고 인터뷰를 통해 얻은 자신의 삶에 대한 통찰력을 더 탐구하기를 원할 수 있기 때문에 질적 인터뷰를 끝내기가 어려울 수 있다.

여기서 우리는 현상학에서 영감을 받아 반구조적이고 공감적인 생활세계 인터뷰에서 이해의 방식을 묘사하려고 시도했으며, 이는 일상생활에서의 학습에 대한 현상학적 인터뷰로 예시되었다.

Box 2.2는 질적 인터뷰와 관련하여 현상학에 관한 논의 포인트를 제공한다. 우리는 7장에서 질적연구 인터뷰를 수행하는 방법에 대한 영감으로 현상학으로 다시 돌아온 반면, 다른 방식의 인터뷰는 8장에서 다룬다.

Box 2.2 현상학: 찬성과 반대

현상학이 질적연구 발전에서 극히 중요했고, 분석단계와 절차 수립과 관련하여 질적연구를 합법적인 과학적 노력으로 만드는 데 기여했지만, 연구에 대한 개인주의적이고 본질적인 접근 방식을

(계속)

선호하는 것으로 비판을 받았다. 주어진 것을 기술하는 현상학적 주장에 주로 비평과 관련이 있다. 현상학자들이 20세기에 그들의 방법을 개발하는 것과 동시에 다른 철학자들은 현상학적 방법을 "주어진 신화"(Sellars, 1956)로 본 것을 공격하고 있었다. 현상학자들은 아무것도 단순하게 주어지지 않았으며 모든 이해는 관점이며 해석에 달려 있다고 주장한다.

또한 현상학적 분석의 목표가 경험의 본질을 밝히는 것이라는 Husserl의 가정은 포스트모더니즘적 사고의 반본질주의적 입장에 불편하게 앉아있게 되었다. 그리고 경험의 핵심 개념조차도 해체의 대부 Jacques Derrida에 의해 의문을 제기하고 해체되었다. Jacques Derrida는 아이디어로서의 경험이 존재의 형이상학으로 비난한 것과 관련이 있다고 주장했다(Derrida, 1970; St. Pierre, 2008). 존재의 형이상학은 앎이 있는 대상자에 존재하는 것에 대한 지식을 근거로 한다. 그러나 Foucault, Deleuze, Derrida와 같은 후기 구조주의 철학자들에 따르면, 이것은 알려진 근거나 기초가 없기 때문에 환상이다. St. Pierre (2008)는 더 나아가서 다른 중요한 질적 **음성** 개념(말하는 참여자와 그녀의 이야기를 담은 특권)은 **경험**과 존재의 의문스러운 형이상학에 관한 **내러티브**라고 주장한다. 그녀는 심지어 질적연구라는 아이디어는 알고 있는 참여자와 그 경험에 대한 현대인의 호기심에 너무 밀접하게 묶여 있음을 발견하기 때문에 "후기 질적연구"로 나아가야 한다고 제안하기도 한다(St. Pierre, 2011).

다음 장에서는 질적연구라는 개념으로 돌아간다. 여기서 우리는 옹호자들이 1인칭 경험을 연구할 수 있는 능력, 엄격한 방법론, 그리고 많은 형태의 질적연구를 확고하게 확립하는 데 성공했다고 주장함으로써 현상학에 대한 논쟁을 요약할 수 있다. 비평가들은 특히 후설 방식의 일부 현상학을 특징으로 하는 본질주의(essentialism)와 경험의 아이디어를 공격한다. 그러나 우리는 Derrida 자신의 파괴적인 후기 구조주의(이후의 장에서 다루게 되는)는 Husserl의 후계자 Heidegger 덕분에 현상학에서 파생되었으며, 이는 현상학과 그 비평가 사이에는 단순한 것도 그냥 주어진 것도 없다는 것을 나타낸다.

질적연구 인터뷰에서 힘의 비대칭

앞서 열거된 12가지 측면에서 설명한 상호 이해와 개인 인터뷰 상호 작용을 고려할 때, 우리는 연구 인터뷰를 평등주의 파트너 간의 완전히 개방적이고 자유로운 대화로 간주해서는 안된다. 여기서 우리가 특징화한 공감적 현상학적 생활세계의 인터뷰는 조화롭게 보일 수 있으며, 이러한 이슈와 다른 방식의 질적연구 인터뷰와 관련하여 힘의 이슈는 거의 다루어지지 않았다. 그러나 연구 인터뷰는 특정한 전문적인 대화이며, 일반적으로 연구자와 대상자 사이에 명확한 힘의 비대칭성이 포함된다. 어느 한쪽의 우세함이 없는 합의와 공감의 영역으로 연구 인터뷰에 대한 오해의 가능성을 바로 잡기 위해 Box 2.3에서 질적연구 인터뷰의 일부 힘의 비대칭을 지적했다.

Box 2.3 질적연구 인터뷰에서 힘의 비대칭

인터뷰는 비대칭적 힘의 관계가 내재되어 있다. 연구 인터뷰는 평등한 파트너 사이에서 열린 일상적인 대화가 아니다. 인터뷰 진행자는 과학적 능력을 가지고 인터뷰 상황을 시작하고 정의하며, 인터뷰 주제를 결정하며 질문을 제기하고 후속 답변을 결정하고 대화를 종료한다.

인터뷰는 일방적인 대화이다. 인터뷰는 한 방향으로 진행되는 질문이다. 인터뷰 진행자의 역할은 질문하고, 인터뷰 대상자의 역할은 대답하는 것이다.

인터뷰는 도구적 대화이다. 연구 인터뷰에서 대화의 도구화가 이루어진다. 좋은 대화는 더 이상 그 자체의 목표가 아니라 연구자에게 연구 관심사에 따라 해석하고 보고할 설명, 내러티브, 텍스트를 제공하는 수단이다.

인터뷰는 조작적 대화일 수 있다. 연구 인터뷰는 어느 정도 숨겨진 의제를 따를 수 있다. 인터뷰 진행자는 대상자가 무엇을 했는지 알지 못한 채 "간접적으로 방향을 찾는"시도를 하면서 정보를 얻고자 할 수 있다.

인터뷰 진행자는 독점적 해석권을 가지고 있다. 연구자는 일반적으로 대상자의 진술에 대한 독점적 해석을 가지고 있다. "위대한 해석자(big interpreter)"로서, 연구자는 참여자가 실제로 무엇을 의미했는지 해석하고 보고할 수 있는 독점적 권한을 유지한다.

역제어*(Countercontrol)*. 인터뷰 진행자의 지배력에 대한 반응으로 일부 대상자는 정보를 보류하거나 주제 주변을 맴돌며, 일부는 연구자에게 질문하기 시작하고 자신의 질문과 해석에 항의하기 시작하거나 드문 경우에 인터뷰를 철회할 수 있다.

예외. 일부 인터뷰 진행자는 질문하고, 해석하고, 보고하는데 있어 연구자와 대상자가 평등하기 위한 협업 인터뷰로서 인터뷰 상황의 힘의 비대칭을 줄이려고 시도한다.

Box 2.3에 요약된 연구 인터뷰 진행자에 있어 힘의 관계 비대칭성은 우리가 개방적 이해의 방식과 인터뷰의 밀접한 개인적 상호작용에만 초점을 맞추면 쉽게 간과된다. 인터뷰 진행자가 의도적으로 힘을 행사할 필요는 없다. 설명(description)은 인터뷰의 구조적 위치에 관한 것인데, 예를 들어 대상자는 인터뷰 진행자가 듣고 싶어하는 것을 다소 의도적으로 표현할 수 있다. 인간의 대화와 관계에 힘이 내재되어 있다면 연구 인터뷰에서 힘을 반드시 제거해야 한다는 것이 아니라 연구자가 인터뷰 지식을 생산하는 데 있어 힘의 역할을 반영해야 한다는 것이 요점이다. 질적연구 인터뷰에서 힘의 관계를 인정함으로써 생산된 지식의 의미에 대한 인식론적 이슈와 힘의 비대칭성을 책임감 있게 다루는 방법에 대한 윤리적 이슈가 제기된다. 우리는 인식론과 윤리에 관한 다음 두 장에서 이러한 질문으로 돌아간다.

철학적 대화, 치료적 대화 및 연구 인터뷰

질적 인터뷰를 특징짓는 한 가지 방법은 인터뷰에 가깝지만 여전히 다른 대화 관행과 대조하는 것이다. 따라서 이해의 방식과 연구 인터뷰에서 구체적인 상호작용을 강조하기 위해 이제 Socrates의 (사랑에 대한) 철학적 대화(philosophical dialogue)와 (증오에 대한) 치료적 대화(therapeutic conversations)를 비교하고자 한다.

Box 2.4 사랑에 대한 철학적 대화

소크라테스는 이렇게 말했다. "나의 친구여, 그러한 경우에 사랑은 아름다움에 대한 사랑이 아니라 추악함에 대한 사랑이 되어서는 안됩니까?" 그가 동의했다.

"그럼 우리는 그가 부족한 것과 그렇지 않은 것을 사랑한다는 데 동의했습니까?"

"그렇습니다" 그가 대답했다.

"사랑이 부족하고 없는 것은 아름다움입니까?"

"사랑은 필요합니다" 그가 대답했다.

"자, 이제 아름다움이 없고 지혜롭지 않은 것이 아름답다고 말할 것입니까?"

"그렇지 않습니다."

"그렇다면 여전히 사랑을 아름답게 할 수 있습니까?"

아가톤은 말했다. "소크라테스, 나는 내가 무슨 말을 했는지 전혀 모르겠습니다."

출처: *V. Lysis, Symposion, Gorgias* (p. 167), by Plato(translated by W. R. M. Lamb), 1953, Cambridge, MA: Harvard University Press.

Plato의 *Symposion*은 극적인 형태의 철학적 대화이다. 대화의 파트너는 공식적으로 동등한 수준에 있다. 토론 중인 지식의 본질과 참여자의 질문과 답변의 논리에 대한 상호 의문이 있다. *Symposion*에서 Socrates는 사랑에 대한 아가톤의 연설을 출발점으로 삼는다. 그는 요약된 형태로 주요 요점을 반복하고, Agathon의 말을 해석하며 상대방의 해석에 대한 확인(confirmations) 또는 불확실성(disconfirmations)을 요구한다. Socrates는 순진하고 무고한 모습으로 시작하여 에로스에 대한 Agathon의 견해를 칭찬한 후, Agathon의 입장에서 모순을 발견했다. 이 철학적 대화는 논란의 여지가 없는 논증을 통해 진정한 지식을 추구하는 가혹한 형태의 상호작용이다. Socrates는 자신을 법적인 심문관과 비교했으며, 상대방은 그를 전기 장어에 비유했다. 윤리에 관한 4장에서는 Socrates가 상대방을 조사하는 또 다른 예를 보여주고 있다.

일부 질적연구자들은 최근 Socrates의 문답법 연습에서 영감을 얻었다. Dinkins (2005)는 Socrates 인터뷰의 일반적인 원칙을 설명했다. 그녀는 "소크라테스의 해석에 대한 해석(Socratic-hermeneutic interpre-viewing)"이라고 한다. 대화에서 Socrates의 "방법(method)"은 목표를 향해 정해진 절차를 따르는 일반적인 의미의 방법이 아니다. 오히려 자신의 진술을 규범적으로 고려하여 사람을 조사하는 것이다. Socrates 대화는 어떤 기계적인 의미의 방법이라기보다는 기본적인 이해의 방식이다. Dinkins (2005)의 공연에서, Socrates의 조사는 다음과 같이 진행된다.

1. Socrates는 Socrates가 탐구하고 싶은 행동을 취하거나 진술하는 사람을 만난다.
2. Socrates는 그 사람에게 관련 중심 개념의 정의를 물어본 다음, 정의를 제공한다.
3. Socrates는 응답자(또는 Dinkins의 용어에 따라 "공동탐구자")와 함께 정의의 일부 결과를 추론한다.
4. Socrates는 추론 결과와 응답자의 다른 신념 간의 가능한 갈등을 지적한다. 응답자에게는 신념이나 정의를 거부할 수 있는 선택권이 주어진다.
5. 일반적으로, 응답자는 신념이 인식론적 또는 실존적으로 지나치게 중심적이어서 포기되기 때문에 그 정의를 거부한다.

6. 새로운 정의가 제공되고, 그 단계를 반복한다.

그러나 오늘날의 연구 인터뷰는 이것보다 훨씬 덜 고통스러운 경향이 있다. 인터뷰 대상은 일반적으로 상대방이 아닌 정보제공자 또는 파트너로 간주된다. 인터뷰 진행자는 인터뷰 대상자의 세계에 관한 지식을 얻기 위해 질문하고 대상자가 한 말에 대해 논리와 진실을 강력하게 주장하지 않는다. 게다가 인터뷰 진행자가 조사 대상 주제에 대한 자신의 개념이 갖는 강점을 주장하거나 대상자의 신념을 바꾸려고 시도하는 것은 일반적으로 연구 인터뷰의 범위를 넘어선다. 인터뷰 진행자는 일반적으로 주장하기보다는 수용적이어야 한다(Wengraf, 2001).

또한 Socrates 대화에서 발견된 지식의 아이디어와 질적 인터뷰에서 널리 퍼진 아이디어 사이에는 차이가 있다. 인터뷰 연구에서 창출된 지식의 대부분은, 특히 현상학적 지식은 사람들의 경험, 욕구, 의견에 관한 것이라고 할 수 있다. 고전 그리스 철학의 용어를 사용하자면 이러한 종류의 지식은 **독사**(*doxa*)라고 표현한다. 즉 인터뷰 대상자의 경험과 의견에 관한 것이며, 때론 배우는 것이 매우 흥미롭고 중요하지만 고전 철학의 렌즈를 통해 볼 때 드물게 **에피스테메**(*episteme*, 대화와 변증법적 질문을 통해 타당한 것으로 밝혀진 지식)로서의 지식이다.

Socrates 대화의 목적은 대화 파트너를 독사(*doxa*)에서 에피스테메(예를 들어, 단순히 의견을 **제시**한 상태에서 질문에 **의문**을 제기할 수 있고 자신의 주장을 **정당화**할 수 있는 상태)로 옮기는 것이었다(Brinkmann, 2007a). 따라서 Socrates는 사랑의 본질에 대한 Agathon의 견해가 에피스테메가 아니라 독사(*doxa*)였기 때문에 정당화될 수 없음을 보여주었고, 아가톤은 자신이 무슨 말을 하는지 몰랐음을 인정해야 했다. 우리가 Socrates를 따르면 질적 인터뷰는 독사(*doxa*)인 동시에 에피스테메적 지식이 될 가능성이 있는 것 같다. 즉 사람들의 경험, 내러티브, 희망, 그리고 꿈(the doxa)에 대한 중요한 설명과 이야기를 이끌어낼 수 있지만, 대화에서 설득력 있게 정당화되는 지식, 에피스테메를 생성하는 대화 방식으로 사용될 수도 있다.

후자의 예로 *Habits of the Heart*(Bellah, Madsen, Sullivan, Swidler, & Tipton, 1985)에 보고

된 바와 같이 Robert Bellah와 그의 동료들이 수행한 인터뷰를 언급할 수 있다. 이 책에서 북아메리카의 가치와 성격에 관한 연구 부록에서 저자들은 사회과학과 그 방법론에 대한 관점을 "공공 철학으로서의 사회과학"으로 요약했다. 그 책은 200명 이상의 참여자들과 나눈 인터뷰의 경험적 자료들로 구성되었다. 그중 일부는 두 번 이상 인터뷰했다. Socrates 대화에서 영감을 얻은 연구자들은 사회적 가치와 목표에 대한 대중의 대화를 이끌어가기 위해 응답자와 적극적으로 인터뷰하는 것에 참여했다. 그러한 활발한 인터뷰는 인터뷰 진행자와 대상자 간의 합의를 목표로 하는 것은 아니며, 인터뷰 진행자는 대상자가 말하는 것에 의문을 제기할 수 있다. 그들의 책, 한 예에서, 인터뷰 진행자는 대상자가 어떤 시점에서 다른 사람에 대한 책임을 지는지를 발견하려고 시도한다.

Q: 무슨 책임이 있습니까?
A: 나는 내 행동과 내가 하는 일에 책임이 있습니다.
Q: 다른 사람에게도 책임이 있다는 의미입니까?
A: 아니요.
Q: 여동생을 지키는 사람입니까?
A: 아니요.
Q: 형제를 지키는 사람?
A: 아니요.
Q: 당신은 남편을 책임지고 있습니까?
A: 아닙니다. 남편은 스스로 결정을 내립니다. 그는 자신의 사람입니다. 그는 자신의 행동을 합니다. 나는 그것에 동의하거나 동의하지 않을 수 있습니다. 내가 그것이 역겨울 것 같다면, 그것을 벗어날 책임이 있고, 더이상 다루지 말아야 합니다.
Q: 자녀는 어떻습니까?
A: 나는… 나는 아이들의 법적 책임이 있다고 말하고 싶지만, 어떤 의미에서는 아이들의 행동에 책임이 있다고 생각합니다(Bellah et al., 1985, p. 304).

여기서 인터뷰 진행자는 다른 사람에 대한 책임이 없다는 응답자의 주장에 반복적으로 이의를 제기한다. 인터뷰의 Socrates 원칙을 염두에 두고, 우리는 인터뷰 진행자가 응답자의 책임감에 대한 정의 사이에서 모순을 나타내고 있다고 보았다. 참여자가 오직 자신에 대해서만 책임을 져야 하고 자녀에 대해서는 최소한의 (법적) 책임감을 느끼는 모순이 있었다. 개인주의적 책임 개념은 **터무니없는** 일이지만, 그녀의 제한된 책임 정의는 분명히 그녀가 포기하고 싶지 않은 인간의 삶에서 중요한 역할을 한다. 이 적극적인 Socrates 방식의 인터뷰는 우리에게 **우선 80년 중반** 미국인의 독사(*doxa*)의 개인주의적 신념에 관한 중요한 지식을 제공하고, **둘째로** 규범적-인식적 의미에서의 책임에 대한 생각에 중요한 지식을 제공한다고 주장할 수 있다. 대부분의 독자는 응답자가 틀렸다는 주장으로 이전의 순서를 높이 평가할 것이다. 그녀는 다른 사람들, 특히 자녀를 분명히 책임지고 **있다**. 최소한 독자는 개인의 신념뿐만 아니라 시민권, 미덕, 책임, 윤리에 관한 실천적 토론에 초대된다. *Habits of the Heart*의 저자는 "**개인의** 의견을 요약하는" 고정된 질문에서 생성된 "투표된 데이터(poll data)"와 달리, 적극적인(우리의 용어로, 인식적인) 인터뷰는 "**대중의** 대화와 논쟁의 가능성을 창출한다"(Bellah et al., 1985, p. 305).

이 책을 소개하는 장에서 Bourdieu(1999)의 *The Weight of the World*에서 인터뷰의 시퀀스를 설명했다. 논의 중인 주제는 정의나 미덕과 같은 보편적인 철학적 이슈는 없었지만, Bourdieu는 질문자로서 청년의 말에 비판적으로 도전하고 있음을 분명히 알 수 있다. 일부 Socrates 대화와 Bellah의 연구에서 수행된 인터뷰와 같이, 이 대화는 법적 심문 형태에 접근한다(Bourdieu는 다음 예시와 같이 응답자들과 대면한다. "당신은 나에게 모든 이야기를 하지 않고 있습니다…", "하지만 그것은 낮 동안, 밤에 일어난 일입니까?"). *The Weight of the World*에 보고된 연구는 Socrates가 아테네 시민들과의 대화와 같이 개념적인 인터뷰 나 "엘리트 인터뷰"로 제한될 필요는 없다는 표시로 받아들일 수 있다. 도전 과제에 대한 의견과 신념, 그리고 중요한 지식은 때때로 도전적인 응답자로부터 좋은 이유를 제시하기 위해 발전한다(1장에서 논의된 성적 연구의 발췌 부분 참조).

우리는 질적 인터뷰에서 이들 중 하나만 찾아야 한다고 주장하려고 독사(*doxa*)와 에피스테메를 구별 짓는 차이점을 소개하지는 않았다. 반대로, 우리는 자신의 지식에 따라 인터뷰 실습에서 두 가지 모두를 추구할 수 있다고 생각하지만, 많은 인터뷰 연구에서 인터뷰를 수행하는 가장 좋은 방법으로 독사(*doxa*)에 대한 편견을 가지는 것이라고 말할 수 있다. 즉 질적 인터뷰 텍스트는 참여자들이 이유를 제시하거나 질적 인터뷰에서 비생산적인 방식인 추상적 이슈를 반영하도록 요구하는 질문의 사용을 자주 생각나게 한다. 우리는 이제 에피스테메와 인식적 인터뷰에 대한 철학적 논의를 남기지만, 5장의 독사(*doxa*) 개념과 8장의 인터뷰 변형에 대한 보다 공감하고 수용적인 인터뷰 스타일의 대안으로 활발한 인터뷰 방식으로 돌아간다.

치료적 인터뷰와 연구 인터뷰

Freud에 의해, 그리고 나중에 Rogers와 다른 많은 사람들에 의해 개발된 치료적 인터뷰는 역사적으로 질적 인터뷰가 어떻게 구성되고 수행되는지에 영향을 미쳤다. 우리는 이제 연구 인터뷰와 치료적 인터뷰의 정서적 개인적 상호작용을 비교하고 대조한다.

Box 2.5 증오에 대한 치료적 인터뷰

대상자(S):	**(2분간 침묵하며 인터뷰 진행자를 바라보지 않음)** 당신은 내가 오고 싶은 거라고 느끼지만 **그렇지 않습니다!** 더 이상 오지 않을 겁니다. 도움되는 게 없어요. 나는 당신을 좋아하지 않습니다. 난 당신이 미워요! 당신이 태어나지 않았길 바래요.
상담자(C):	당신은 저를 몹시 미워하는군요.
S:	나는 당신을 호수에 던져버릴 것 같아요. 내가 끝내줄게요. 당신은 사람들이 당신을 좋아할 거라고 생각하지만, 그렇지 않아요. 당신은 여자들에게 매력적일 거라고 생각하지만, **그렇지 않아요**... 당신이 **죽었으면** 좋겠어요.
C:	당신은 나를 **비난**하고 정말로 나를 없애고 싶어하는 것 같습니다.

S:	당신은 내 아버지가 나와 함께 나쁜 일을 했다고 생각하지만, 아버지는 그러지 않았어요. 당신은 그가 좋지 않은 사람이라고 생각하지만, 그는 좋은 사람이었습니다. 당신은 내가 성관계를 원한다고 생각하지만, **아니에요.**
C:	당신은 내가 당신의 모든 생각을 **절대적으로 잘못 표현한다고** 생각합니다.

[...]

S:	내가 똑바른 게 아니라고 생각하지만, 난 바르게 행동하고 있어요. 난 당신이 싫어요. 내가 가진 모든 것은 고통, 고통, 고통뿐입니다. 당신은 내가 내 인생을 지시할 수 없다고 생각하지만, 할 수는 있습니다. 당신은 내가 잘못한다고 생각하지만, 할 수 있습니다. 내가 환각을 겪었다고 생각하지만, 그렇지 않았습니다. 난 당신이 싫어요**(긴 일시정지. 긴장하고 지친 자세로 책상에 기댐).** 내가 미쳤다고 생각하지만, 난 아니에요.
C:	당신은 내가 미쳤다고 생각합니다.
S:	(일시 정지) 나는 묶여 있고 이것을 느슨하게 할 수 없어요! **(절망적인 어조와 눈물, 일시정지)** 나는 환각을 겪어나가야만 합니다!

[...]

S:	나는 사무실에서 이것을 어딘가에 없애야 한다는 것을 알았습니다. 나는 내려와서 말할 수 있다고 느꼈어요. 이해하실 줄 알았습니다. 나는 나 자신을 미워한다고 말할 수 없었어요. 사실이지만 말할 수 없었어요. 대신에 내가 당신에게 말 할 수 있는 모든 추악한 것들을 생각했습니다.
C:	자신에 대해 느낀 것을 말할 수 없었지만, 당신은 이제 말할 수 있습니다.
S:	나는 우리가 바닥으로 추락한다는 것을 알고 있어요...

출처: *Client-Centered Therapy* (pp. 211–213), by C. Rogers, 1956, Cambridge, MA: Houghton Mifflin.

Carl Rogers는 모든 인터뷰가 지시성(sense of direction)을 내포한다는 통찰력을 가지고 처음에는 "비지시적(nondirective)"이라고 명명했으며(Rogers, 1945), 이후 "대상자 중심(client centered)"으로 변경된, 개방적 대상자 중심의 인터뷰 양식 개발에 선구적인 치료사였다. Rogers는 정신분석의 무의식적이고 추측에 근거한 해석에 대한 Freud 이론에 비판적이었다. 대상자 중심의 치료와 정신분석의 이론적 개념이 매우 다름에도 불구하고 Box 2.5에 제시된 대상자 중심의 인터뷰는 정신분석적 인터뷰 실무와 매우 유사하다. 이것은 치료사의 몇 가지 신중한 반응뿐만 아니라 강한 정서적 상호작용과 관련이 있다. 인터뷰는 Rogers의 치료적 인터뷰 기술을 적용한 상담사가 진행했으며, 이는 인터뷰의 초기 사용에서 영감을 얻은 접근법이었다(수용적이고 공감적인 연구자와 함께 응답자 스스로 자유롭게 표현하는 것을 허용하였던 사회과학 연구방법으로 비지시적 접근에 대한 Rogers (1945)의 문헌 참조).

이 세션에서 대상자는 처음부터 우위를 점하고 그녀의 주요 주제인 "가증스러운 상담사"를 드러내며 그녀가 그를 증오하는 정도를 표현한다. 상담사는 대상자의 진술을 반영하고 바꾸어 표현하며 감정적인 측면을 강조한 반응을 한다. 상담사는 정상적인 대화와 마찬가지로 자신에 대한 많은 비난을 이슈 삼지 않는다. 이 시퀀스에서 상담사는 명료화를 위해 질문은 물론 해석 또한 하지 않는다. 결국 "그녀가 모든 것을 얻었다"라고 말한 후, 대상자는 자신에 대한 상담사의 이해능력을 인식하고 "나는 내가 미웠다고 말할 수 없었어요... 그래서 당신에게 말할 수 있는 가장 나쁜 것에 대해 생각했어요"라고 말하며 대상자 스스로 해석한다. 우리는 상담사의 중재가 완전히 비지시적이지 않았음을 알 수도 있다. 대상자는 치료받고 싶지 않았고, 치료는 아무런 도움이 되지 않았고, 아버지가 대상자에게 잘못했다는 치료사의 믿음에 반대하는 여러 주제들을 늘어놓은 반면에, 상담사는 자신에 대한 대상자의 부정적인 진술을 지속적으로 반복하고 요약해서 대상자의 자기 증오에 대한 감정적 통찰력을 이끌어 주고 있다.

치료적 인터뷰는 철학적인 대화에서 사용되는 논리적인 논증보다는 정서적인 개인적 상호작용을 통해 변화하고자 한다. 그 변화는 기본적으로 개념적인 것이 아니라 정서적이고 개인적인 것이다. 비록 치료적 인터뷰의 주된 목적이 환자가 고통을 극복하도록 돕는 것이지만 인간 상황에 대한 지식 생산이라는 부작용을 초래해왔다. 치료적 인터뷰와 연구를 위한 인터뷰 모두 이해와 변화의 증가를 가져올 수 있으나 연구를 위한 인터뷰에서는 지식 생산에, 치료적 인터뷰에서는 개인적 변화에 중점을 둔다.

Carl Rogers와 Sigmund Freud는 인성과 치료라는 다른 이론을 가지고 있었지만, 현재와 의식적인 경험을 강조한 Rogers와 과거와 무의식적 경험을 강조한 Freud는 여러 면에서 유사하다. 따라서 정서적인 치료 세션은 이미 정신분석적 세션의 일부였다. 지식 생산이 주된 목적이 아닌 정신분석적 인터뷰는 인류에 대한 중요한 새로운 지식을 제공하는 심리적인 방법이었다. Freud는 "그것은 실제로 연구와 치료가 함께 진행되는 정신분석의 탁월함 중 하나이다"라고 언급하면서 치료적 인터뷰를 연구방법으로 간주하였다(1963, p. 120).

Box 2.6 정신분석적 연구 인터뷰

개별 사례연구. 정신분석적 치료는 수년에 걸쳐 환자 개인에 대한 집중적인 사례연구이다. 환자의 생활세계와 과거에서 얻은 광범위한 지식은 치료사에게 환자의 꿈과 증상을 해석하기 위한 독특하고 풍부한 전후 맥락을 제공한다.

개방적 인터뷰 방식. 정신분석적 인터뷰는 치료적 시간이라는 구조화된 환경에서 이루어지며 내용은 자유롭고 비지시적이다. 그것은 정신분석 이론에 기반을 두고 있으면서 여전히 개방적으로 진행된다. 환자의 자유로운 연상은 치료사의 "한결같이 맴도는 관심"에 해당한다. Freud는 치료 중 과학적으로 사례를 공식화하는 것에 대해 경고했다. 왜냐하면 그것은 "뜻하지 않게 진행되기도 하고, 어떤 놀라움으로 다가오게 되며, 어떤 기대도 없이 열린 마음을 보여주는"다양한 치료적 태도를 방해할 것이기 때문이다(Freud, 1963, p. 120).

의미의 해석. 정신분석 기술의 본질적인 측면은 환자의 진술과 행위의 의미에 대한 해석이다. 정신분석적 해석은 모호함과 모순, 꿈 또는 증상의 다층적 의미에 개방되어 있다. 정신분석적 해석은 계속해서 재해석될 수 있는 폭넓은 전후 맥락을 요구한다. "그와 같은 꿈의 완벽한 해석은 총체적인 분석의 완성에 일치할 것이다. 처음에 메모를 한다면 몇 달 후에 결국 이해하는 것이 가능할 것이다"(Freud, 1963, p. 100).

시간적 차원. 정신분석 치료는 수년에 걸쳐서 전개되어 과거, 현재, 미래의 독특한 조화를 이루는 역사적 차원을 가지고 있다. Freud의 혁신은 유의미한 역사적 관점에서 인간 현상을 본다는 점에 있다. 과거의 기억은 치료적 변화의 능동적인 힘이며, 치료는 과거의 억압과 무의식적인 의식 형성에 대한 현재의 저항을 극복하는 것을 목적으로 한다.

인간 상호작용. 정신분석 치료는 상호 간의 개인적 개입과 함께 정서적인 인간 상호작용을 통해 이루어진다. Freud는 분석가가 환자에게 시간을 허용하고, 환자에게 진지한 관심을 기울

(계속)

이고, 재치 있게 행동한다면, 치료사에 대한 환자의 깊은 애착 관계가 형성된다는 것을 확인하였다. 사랑에서 분노에 이르는 강한 감정은 아동기의 부모에 대한 감정이 치료사에게 "전이(transference)"된 것으로 해석한다. 치료사는 더 깊은 자기 지식과 변화에 대한 환자의 감정적인 저항을 극복하기 위한 수단으로서 이 전이를 의도적으로 사용한다. 치료사에 대한 환자의 정서적 유대감의 강도에 따라 환자의 다양한 깊이의 성격이 드러난다. 치료자 자신의 감정을 환자에게 전이시키는 것인 "역전이(countertransference)"는 제거되지 않지만 치료 과정에서 성찰된 주관성으로 사용된다.

조사의 주제로서 병리학. 정신분석 치료의 내용은 위기에 처한 환자의 비정상적이고 비합리적인 행동, 명백히 무의미하고 기괴한 증상과 꿈이다. 병리적 행동은 일반인의 눈에 덜 띄는 갈등을 확대하는 돋보기로 작용한다. 신경증과 정신병은 정상 행동의 극단적인 형태로, 이것은 환자가 속한 문화에서 잘못된 것에 대한 특징적인 표현이다.

변화의 시도. 환자와 치료사의 상호 관심은 신경 증상으로 인한 환자의 고통을 극복하는 것이다. 자발적으로 치료를 받으려 했음에도 불구하고 환자는 자기 이해와 행동의 변화에 대한 뿌리 깊은 저항을 보인다. "정신분석의 전체 이론은... 사실 우리가 환자의 무의식을 의식하도록 시도할 때 환자가 보여주는 저항을 인지하는 것을 기반으로 하고 있다"(Freud, 1963, p. 68). 이해가 변화로 이어질 수도 있으나, 정신분석에서 지식에 대한 암묵적 이론은 현상을 변화시키려는 시도로 현상을 근본적으로 이해할 수 있다는 것이다.

Box 2.6은 Freud의 치료적 기술에 대한 저술을 바탕으로 정신분석적 인터뷰의 7가지 특성을 제시하고 있다(Kvale, 2003 참조). 정신분석적 인터뷰의 주요 특징은 연구 인터뷰의 윤리적 한계를 벗어나지만 그럼에도 불구하고 현시대 인터뷰 연구자는 정신분석적 인터뷰와 다른 치료적 형태의 인터뷰에서 배울 수 있다. 정신분석적 인터뷰는 연구 인터뷰의 이해방식과 관련이 있지만 대조적이다. 치료적 인터뷰의 목적은 환자의 변화를 촉진하는 것이고 개별 환자로부터 얻은 지식은 성격 변화를 유도하는 수단이 된다. 정신분석적 과정을 통해 얻은 인간 상황에 대한 일반적인 지식은 환자가 신경증의 고통을 극복하도록 돕는 것에 대한 부가적인 효과이다. 집중적인 개별 치료적 관계는 고통스럽고 숨겨진 기억과 더 깊숙한 수준의 성격을 개방할 수 있으며, 이는 짧은 연구 인터뷰를 통해서는 접근할 수 없다. 질적 연구 인터뷰에서는 조사된 현상에 대한 지식을 얻는 것이 목적이고 인터뷰 대상의 변화는 부가적인 효과이다.

연구방법으로의 정신분석은 많은 문제점이 있으며, 정신분석적 지식이 과학적 상태인지에 대한 논쟁이 있다(예: Fisher & Greenberg, 1977). 그러나 과학적 방법으로 받아들여지지 않고 일반적인 지식 생산이 부가적인 효과로 나타나는 치료적 인터뷰가 심리학 분야에서 가장 실용적인 지식의 일부를 생성해왔다는 것은 계속되는 하나의 역설이다. 정신분석은 심리학의 한 분야로 처음 시작된 지 1세기 이상이 지난 지금도 심리치료에 전문적인 영향을 강하게 미치고 있으며 일반 대중, 다른 과학자와 철학자에게 지속적으로 관심을 받고 있다. 현재 심리학 교재의 중심 영역은 꿈과 신경증, 성생활, 아동 발달과 성격, 불안과 동기부여, 그리고 무의식적인 힘에 관한 정신분석적 인터뷰를 통해 얻은 최초의 지식에 기반하고 있다.

정신분석적 치료의 중요한 지식 생산에도 불구하고 심리학적 방법에 관한 교재에 정신분석적 지식이 획득된 주요한 방법으로 정신분석적 인터뷰는 없었다. 철학자는 일반적으로 정신분석적 이론의 예측적이고 환원주의적 경향에 비판적이지만, 정신분석적 인터뷰에서의 개인적인 상호작용의 고유한 본질과 인간 상황에 관한 지식에 대한 기여뿐 아니라 개인적인 변화의 가능성을 성찰해 왔다. 정신분석을 드러내는 철학 교재 중에는 Sarte (1963)의 *The Problem of Method*에서 정신분석과 마르크스주의에 대한 실존적 중재, Ricoeur (1970)의 현상학적이고 해석학적인 *Freud and Philosophy:An Essay on Interpretation,* 그리고 *Habermas* (1971)의 *Knowledge and Human Interests*에서 해방적 사회과학 모형으로써의 정신분석학에 대한 비판적 해석학적 분석이 있다.

연구 인터뷰와 정신분석적 인터뷰 사이의 근본적인 차이에도 불구하고 윤리적으로나 방법론적으로 연구 인터뷰 진행자는 치료적 인터뷰에서 개발된 질문하기와 해석하기 방식에서 배울 수 있다. Hollway와 Jefferson (2000)이 개발한 자유 연상 인터뷰(free association interview)는 주목할 만한 사례이다. 그들은 질적 인터뷰 진행자는 항상 대상자에 대한 명시적이거나 암묵적 이론을 가지고 있으며, 이 이론은 "방어 대상(the defended subject)"이라는 정신분석적 사고에 기반을 두고 있다고 주장한다. 그들은 "대상자는 자신의 특정 부분을 알지 않도록 동기화되어 있다… 그와 같은 지식을 회피하는 전기적 설명(biographical accounts)을 만든다"고 믿고 있다(p. 169). 따라서 대상자의 자유 연상을 해석하기 위해서 연구자는 정신분석 이론에 정통해야 한다.

이전 장에서는 Rogers의 비지시적 인터뷰에서 영감을 얻은 마켓 인터뷰는 물론 Piaget와 Hawthorne 연구의 인터뷰 기술에 관한 정신분석적 인터뷰의 영향에 대해 설명하였다. Elton Mayo는 Hawthorne의 연구에서 사용된 정교한 인터뷰 방법을 개발한 심리학자이며, 인터뷰 진행자를 위한 조언은 여기서 언급될 가치가 있다.

Box 2.7에 있는 Mayo의 인터뷰 접근방법은 정신분석 치료법과 "정서적 자본주의(emotional capitalism)"라 불리는 사회의 떠오르는 정서적 기풍에 크게 영향을 받았으며(Illousz, 2007), 인터뷰 진행자에 대한 권고는 놀라울 정도로 최신의 것으로 보인다. Mayo의 인터뷰 방법은 큰 변화 없이 오늘날 질적 인터뷰에 관한 대부분의 입문서에서 볼 수 있다.

Box 2.7 Elton Mayo의 인터뷰 방법

1. 인터뷰 대상자에게 모든 주의를 집중하고, 그렇게 하고 있음을 분명히 하라.
2. 말하지 말고 경청하라.
3. 절대 논쟁하지 말고, 조언하지도 말아라.
4. 다음을 경청하라.
   (a) 대상자가 말하고 싶어 하는 것
   (b) 대상자가 말하기를 원하지 않는 것
   (c) 도움 없이 대상자가 말할 수 없는 것
5. 당신이 듣고 있을 때, 당신 앞에 설정된 패턴(개인적)을 잠정적이고 이후의 수정을 위해서 구성하라. 이것을 검증하기 위해 때로 언급되었던 것을 요약하고 의견을 말하라(예: "당신이 나에게 말하고 있는 것이 이것인가요?"). 항상 신중한 주의를 기울여라. 즉 추가하거나 왜곡하지 않는 방식으로 명확히 하라.
6. 언급된 모든 것들이 개인적인 비밀로 고려되고 누구에게도 누설되어서는 안 된다는 것을 기억하라.

출처: *The Social Problems of an Industrial Civilization* (p. 65), by E. Mayo, 1933, New York: Macmillan.

연구도구와 사회적 관행으로서의 질적 인터뷰

방금 언급된 인터뷰에 대한 광범위한 현상학적 접근(Mayo의 사례에서 적용된 목적을 위한 인터뷰도 포함)은 인터뷰를 순수한 연구도구로서, 인터뷰 대상자의 말을 경험에 대한 기술적인 보고서로 설명하는 경향이 있다. 반면에, 담론 연구와 대화분석을 통해 성장하는 다른 분석적인 접근방식은 인터뷰를 사회적 실천으로, 인터뷰 담화(talk)는 담론적인 설명(accounts)으로 접근한다. 다른 분석적 접근(예: 담론분석과 대화분석에 관하여 특정 학파에서 발견된 접근)인 반면에, 사람들이 경험했던 것에 가장 근접할 수 있는 정확한 설명을 위해 인터뷰하는 현상학적인 접근은 사람들이 인터뷰라는 형식을 통해 자신을 표현하는 방식에 중점을 두고 자기 자신을 발견하는 상황에 의해 발생된 것을 설명한다. Table 2.1에서 질적 인터뷰에 대한 2가지 접근방식을 비교하였다(Brinkmann, 2013, p.37).

Table 2.1 질적 인터뷰에 대한 2가지 개념		
인터뷰의 개념	연구도구	사회적 관행
인터뷰 자료의 개념	보고, 자원으로서의 인터뷰 자료	설명, 주제로서의 인터뷰 자료
분석적 초점	살아있는 경험 - "무엇"	상황적 상호작용 - "어떻게"
주요 도전	인터뷰 대상자 보고의 타당도	인터뷰 대상자 설명의 관련성
패러다임 배경	현상학, 근거이론	담론 분석, 대화 분석

Talmy (2010)와 Rapley (2001)의 연구에 따라 Table의 두 측면을 구성하였고, 이는 질적 인터뷰에 대한 현재 논의에서 일반적인 논점을 반영하고 있는데, 이 책을 통해 다른 방식으로 논의될 것이다. 인터뷰 자료가 인터뷰 외부에 존재하는 인터뷰 대상자의 실재(reality)를 반영할 수 있다고 가정하는 인터뷰 진행자는 일반적으로 인터뷰 대상자가 그 실재를 기술하는 방식에 대한 인터뷰 진행자의 영향을 최소화하고자 한다(예: 경험의 현상학적 본질). 인터뷰는 인터뷰 진행자를 위한 연구도구가 되고, 인터뷰 진행자는 인터뷰 대상자의 보고에 대

한 영향을 가능한 줄이기 위해 수용적으로 행동하는 것을 배울 필요가 있다. 결과적으로, 연구도구로서 인터뷰하기에 접근하는 경우, 인터뷰 대상자의 보고에 대한 타당성은 중요한 방법론적 이슈가 된다(1장 참조). 그리고 인터뷰는 일반적으로 과거에 경험했던 것과 관련되기 때문에 주로 경험한 것을 기억할 수 있는 대상자의 능력을 고려해야 한다.

인터뷰에서 기억의 역할에 대해 논의한 연구자는 드물지만 Thomsen과 Brinkmann (2009)은 인터뷰 대상자의 과거 사건에 대한 회상과 보고의 타당도를 높이고자 한다면 인터뷰 진행자가 다음 사항을 반영할 것을 제안하고 있다.

- 회상할 수 있는 시간을 허용하고 인터뷰 대상자에게 이것이 일반적이라고 안심시킨다.
- 예를 들어 "의사소통 경험"보다는 "의사/간호사와 마지막으로 이야기한 시간"과 같은 구체적인 단서를 제공한다.
- 단서를 도출하기 위해 특정 기억에 대한 전형적인 내용 범주를 사용한다(예: 현재 하고 있는 활동, 위치, 사람, 타인과 자신의 감정)
- 최근의 구체적인 기억을 질문한다.
- 전후 맥락에 대한 단서로서 관련이 있는 확장된 시간대와 주요 사건을 사용한다. 예를 들어, 오래된 기억을 회상할 수 있도록 "당신이 X에서 일할 때"라고 언급한다.
- 인터뷰 대상자에게 특정 기억에 대한 자유롭고 상세한 해설을 요청한다.

이 지침은 인터뷰 대상자의 설명이 타당하고(인터뷰 대상자의 설명이 연구자가 의도한 것이라는 의미임) 생활세계 현상에 대한 "체험"에 근접하다는 것을 보증하도록 도움을 주는 것을 의미한다.

인터뷰는 "무엇"을 가능한 정확하게 보고하기 위해 설계된 연구도구로 간주하는 접근에 반해, 보다 구성주의적이고 상호작용주의적 관점으로 보는 사람들은 인터뷰 담론의 "어떻게"에 더 많은 관심을 갖는 경향이 있다. 그들은 인터뷰를 사회적 관행, 특정 유형의 상황적 상호작용을 위한 장소로 간주한다. 이러한 관점에 따라 인터뷰 자료는 "인터뷰 대상자와 인터뷰 진행자에 의해 구성된 실제"를 반영한다(Rapley, 2001, p. 304). 따라서 대화 상황 밖의 실제를 옳게 반영하는 타당한 보고를 얻는 것 뒤에 있는 야망은 의문시되며, 주요 도전은 과거에 대한 정확한 기억을 얻는 것에서 인터뷰 담론 분석의 관련성을 설명하고 정당화하는 것으로 옮겨간다. 인터뷰에서 언급된 것이 이러한 사회적 관행 자체의 산물이라면, 처음부터 인터뷰를 실시하는 것이 적절한 이유는 무엇인가? 이 질문에 일부 질적 인터뷰 진행자는 인터뷰가 자신 외부의 실제와 깔끔하게 연결되지 않으면 대신에 사회적 변화를 일으키거나 촉진하는데 이용될 수 있다고 답한다(Denzin, 2001).

Table 2.1의 우측에 기술된 전통적인 관점에 속한 사람들은 인터뷰 담론은 설명(accounts)으로 이해되어야 한다고 주장한다. 자극되었을 때 표현될 수 있는 인터뷰 대상자의 과거 경험을 나타내는 보고서와 달리, 설명은 "인터뷰 대상자를 자극하는 질문에 대한 규범적으로 지향하고 설계된" 답변이다(Talmy, 2010, p. 136). 인터뷰 대상자의 담론을 설명으로 이해하는 것은 일반적으로 담론을 상황의 일부에 영향을 주고 어떤 것을 행하는 일종의 사회적 행동으로 간주하는 것을 함의한다. 인터뷰에 대한 이러한 관점은 다수의 담론 분석학자와 대화 분석학자에 의해 공유되는데, 이는 인터뷰 담론을 상황적 상호작용으로 분석하고 화자의 진술문에서 나타나는 담론의 특징에 대해서만 묘사하면서 자신들을 의도적으로 제한한다.

이 책은 어떤 접근도 극단적으로 해서는 안 된다는 균형 잡힌 입장을 취하고 있다. 실제로 과거에 대한 미숙한 보고의 대화 채널로서 인터뷰를 보는 관점에 이슈가 있다(진지하게 생각해보면, 인간의 기억에 대한 구성주의적 역할, 인터뷰하는 것에 대한 사회적 실천은 언급된 것을 중재하는 방법에 대해 우리는 지나치게 많이 알고 있다). 그러나 과거 경험을 보다 정확하게 또는 덜 정확하게 언급하는 것을 부인하는 것과 관련된 이슈도 있다. 인간 의사소통의 대부분은 과거 사건을 나타내기 위해 언어를 사용할 수 있고, 비록 순수할 필요도 없지만 오염되지 않은 형태일 필요는 없다는 전제를 기반으로 한다. 극단적으로, 두 접근방법은 거의 터무니없는 것이 되고, 사실 두 접근방법은 질적 인터뷰의 모순된 차원보다는 보완적인 차원을 강조한다고 믿고 있다. 인문과학과 사회과학은 사회과정에 대한 개인주의 또는 집단주의 관점, 선택 의지 또는 구조, 사회에 대한 물질주의 또는 이상주의 관점을 고려하는 연구자들과 이원론으로 가득하다. Table 2.1의 두 측면 사이에 이원론을 구축하는 것은 이러한 이론적 이원론의 방법론적 변형인 것으로 보이며, 이는 인간의 담론과 상호작용의 의미(what)와 방법(how)의 상호 공조를 이해함으로써 극복되어야 한다. 인간의 담론은 동시에 사람들이 상황에 따라 분명히 말하고 설명하는 보고서로 생각할 수 있다. 구체적인 연구과제는 당연히 이러한 차원 중 하나에만 초점을 맞출 수 있지만, 주어진 분석에 두 가지를 모두 포함시킬 수도 있다.

이 장에서는 현상학적인 생활세계 인터뷰를 이해하는 방식의 사례를 제시하고 소개하려 하였다. 우리는 철학적 대화와 치료적 인터뷰가 관련이 있지만 대조적인 인터뷰 형태로 끌어들여 현재의 연구 인터뷰를 이해하기 위한 그것들의 관련성을 지적하였다. 우리는 이 책 전체에 걸쳐 관련될 질적 인터뷰에 대한 대조적인 접근법을 제시하면서 마친다. 다음 장에서 연구 인터뷰를 통해 얻은 지식의 본질을 살펴볼 것이다.

3장

인터뷰의 인식론적 이슈

질적연구는 우리에게 흥미진진한 인간 세계를 보여주고, 질적 인터뷰는 우리의 대화적 현실에 관해 근거 있는 지식을 제공해줄 수 있다. 따라서 연구 인터뷰는 지식 생산 활동이라고 할 수 있는데, 이슈는 질적연구 인터뷰가 우리에게 줄 수 있는 지식의 형태를 어떻게 특징짓느냐 하는 데 있다. 이 장에서는 연구 인터뷰의 인식론적 이슈에 대해 다룬다. 인식론은 지식에 대한 철학으로서 지식이 무엇이고 지식을 어떻게 얻는가 하는 논의가 오랫동안 이어져 오고 있다. 이 책 전체에서 질적 인터뷰 지식의 인식론적 추정이 연구 인터뷰를 그려보고 실행하는 것과 명확한 관계가 있음을 제시하고 있다. 이는 인터뷰 대상자의 즉흥적인 내러티브가 사실을 찾아내는 과학적 작업에서 벗어나는 것으로 볼 것인지, 내러티브가 과연 인간 지식에서 필수적인 측면인지 등의 이슈와 관련이 있다.

Box 3.1에서 인식론에 대해 비판적으로 논의한 후, 우리는 인터뷰 진행자를 광부와 여행자, 이렇게 두 가지의 은유(metaphor)로 제안하고, 포스트모더니즘적 사고와 지식에 대한 해석학적 실용주의적 개념에 기대어 인터뷰에서 생성되는 지식을 포스트모더니즘 시대의 지식 개념과 연관시켜 논한다. 이러한 인식론적 입장에서 영감을 받아 인터뷰 지식의 7가지 주요 특징을 생산성, 관계성, 대화성, 맥락성, 언어성, 내러티브, 실용성으로 기술한다. 이어서 연구란 규칙과 과학적 지식의 지배를 받는 정량적 성질의 것으로 그리며, 질적 인터뷰를 적법한 연구방법에서 배제하는 실증주의 철학에 대해서 알아본다. 이 장의 마지막에서는 과연 질적 인터뷰가 하나의 방법으로 여겨지는 것이 최선인지, 아니면 하나의 기법으로 보는 것이 합당한지에 관한 질문을 던진다.

Box 3.1 인식론: 찬성과 반대

이 장에서 우리가 의도하는 것처럼 질적 인터뷰에 대해 인식론적 이슈를 제기하는 것은 가치가 있다고 믿는다. 그러나 철학의 인식론적 분야에서 일고 있는 찬반 논쟁을 간단히 짚고 넘어가는 것 역시 도움이 될 것이다. 인식론은 현대 철학의 중심에 있지만, 항상 그랬던 것은 아니다. 고대 그리스 철학자들은 현실 세계의 본질적인 특징에 대한 탐구, 즉 형이상학을 중요시했고 중세 이후에 이르러서야 Descartes를 비롯한 다른 철학자들 사이에서 인식론이 우세해지기 시작했던 것이다. 그 후로부터 철학자들은 이 세계가 궁극적으로 어떻게 이루어졌는지를 궁금해하기보다는 인간이 자신들의 세계를 어떻게 아는가에 대해 질문하기 시작했고, 그들의 포부는 지식에 대한 명확한 근거를 찾는 데 있었다.

Charles Taylor는 그의 유명한 에세이에서 "인식론 극복하기"의 필요성을 주장했다. 인식론적 전통(영국 경험주의자를 통해 Descartes에서 현대 철학에 이르는)에서는 허탕으로 끝날 가능성이 높은 지식의 영구적 근거를 추구할 뿐만 아니라 지식이 현실을 제대로 재현한다고 묘사하기 때문이다(Taylor, 1995). 20세기 철학자 중 Heidegger, Merleau-Ponty, Wittgenstein, Dewey 등과 같이 인식론적 전통의 근본주의(fundamentalism)와 재현주의(representationalism)를 따르지 않는 이들에 의하면 우리는 고립된 지식인이 아니라 활동하고 체화된 사회적 존재로서 이 세계에 있는 것이다. 만일 그렇다면, 우리는 아마도 형이상학이나 존재론, 즉 Heidegger (1962)가 했던 질문 "이해하는 자의 존재 양식은 무엇인가?"에서 시작해야 할지 모른다. 이러한 관점에서 우리는 추상적이고 체화되지 않은 현상으로서가 아니라 살아가고, 활동하고, 앎을 간직한 인간에 대한 질문에서 지식에 관한 연구를 시작해야 한다(Heidegger가 그의 대표작 *Being and Time*에서 시작하는 대규모의 프로젝트가 바로 이것이다).

최근 다른 철학자와 사회과학자들은 Taylor와 마찬가지로 서양 철학에서 인식론적 틀이 갖는 이슈를 극복하기 위해 존재론으로 고개를 돌렸다. 질적연구자는 현재 Karen Barad, Bruno Latour, Gilles Deleuze 등 여러 학자들의 존재론 연구에서 영감을 찾고 있다(Coleman & Ringrose, 2013). 질적연구에서 존재론적 방향 전환은 흥미로운 부분으로 이 책에서도 다양한 방식으로 반영될 것이다. 예를 들어 5장에서는 연구 인터뷰의 존재론적 묘사 같은 접근을 시도하는데, 우리 생각에 인식론을 극복하고자 하는 작업이라기보다는 앎을 순수하게 지적이고 무형적인 것으로 보지 않고 어떤 활동, 즉 사람들이 생활에서 수행하는 행위라고 강조하는 해석학적 철학과 실용주의적 철학에 맞게 재설정하는 작업이라고 볼 수 있다.

광부 또는 여행자로서의 인터뷰 진행자

Box 3.1에서 전통적인 인식론의 이미지에 대해 의문을 제기했으니, 이제 인터뷰 진행자를 광부나 여행자로 보고 이 둘의 대조적인 은유는 인터뷰에 대해 각각 **지식 수집** 또는 **지식 구축**의 과정이라는 서로 다른 별개의 인식론적 개념을 보여준다. 광부는 일반적으로 보고할 거리(인터뷰 대상자가 속한 세계의 사실을 반영하는 것)를 찾아 나서는 반면, 여행자는 일반적으로 대화 그 자체와 그로 인해 발생하는 이야기에 더 관심을 둔다는 점에서 이러한 은유는 바로 앞 장의 끝에서 다뤘던 인터뷰의 개념과도 연결되어 있다. 우리가 **은유**라고 할 때 어떤 성질의 것을 다른 성질의 것을 통해 이해한다는 뜻으로, 어떤 성질의 것이 가지고 있는 새로운 측면의 가능성을 강조하는 것이다. 인터뷰에 대한 두 가지 은유가 논리적으로 구별되는 범주는 아니지만, 연구자는 자신이 인터뷰 자리에 동행시키는 지식의 개념이 어떤 것인지를 되돌아볼 수 있다.

광부로 은유한 것에서 지식은 묻혀 있는 금속으로 이해되고, 인터뷰 진행자는 귀한 금속을 발굴하는 광부다. 지식은 대상자의 내면에 있으면서 광부에 의해 오염되지 않은 상태로 발견되기를 기다리고 있다. 인터뷰 진행자는 유도 질문으로 오염되지 않은 대상자의 경험에서 지식 덩어리를 파낸다. 이러한 지식 덩어리는 객관적인 실제 자료나 주관적으로 확실한 의미로 이해될 수 있다. 연구 인터뷰 진행자는 의식적인 경험의 겉 부분을 벗겨내는 반면, 치료적 인터뷰 진행자는 보다 깊이 자리한 무의식의 층을 발굴한다. 지식 덩어리는 구술적 대화에서 글로 작성된 기록에 이르는 필사본을 통해 일정하게 유지된다. 다양한 데이터 마이닝(data-mining) 절차의 도움으로, 오늘날 연구자들은 가급적 컴퓨터 프로그램을 사용해 객관적인 사실이나 핵심 의미를 추출한다.

한편, 여행자로 은유한 것에서 인터뷰 진행자는 멀리 떨어진 다른 나라로 여행길에 올랐다가 집에 돌아와서 그 여정에 대한 이야기를 전하는 여행자이다. 인터뷰 진행자-여행자는 이곳저곳을 돌아다니면서 만나는 사람들과 대화를 시작한다. 여행자는 알려지지 않은 지역에 들어서거나 지도를 갖고 여행지의 여러 지역을 자유롭게 훑어가면서 탐험한다. 인터뷰 진행자인 여행자는 **대화**(conversation)를 뜻하는 "함께 돌아다니다"라는 라틴어 의미에 맞게 현지 거주자들과 함께 걸으며 그들에게 질문하고 그들이 살아온 세계에 대한 자신들의 이야기를 들려줄 것을 권한다. 그중 일부는 인류학자의 경우와 같이 대화 상대와 보다 긴 시간 동안 함께 살아가기도 한다. 독창적인 이야기가 갖는 의미의 잠재력은 여행자가 고향의 청중들에게 다시 가져오는 내러티브에 대한 자신의 해석을 통해 차별화되어 펼쳐진다. 이 여정은 새로운 지식으로 이어질 뿐만 아니라 여행자 자신도 변하게 할 수 있다. 이 여정을 통해 여행자 자신을 새로운 방식으로 이해하게 되는 반추의 과정이 일어나고, 여행자의 고향에서는 당연한 것으로 받아들여졌던 종전의 가치와 풍습이 드러날 수도 있다.

인터뷰 진행자에 대한 광부와 여행자의 은유는 상대적으로 주어지거나 구축되는 것으로 여겨지는 대조적인 인터뷰 지식의 이상적 유형을 나타낸다. 이 둘의 은유는 서로 대안적인 장르를 상징하고 적용되는 규칙 역시 다르다. 광부 접근방식에서는 인터뷰를 자료수집 장소로 간주하고 인터뷰 대상자로부터 타당한 보고를 얻고자 하는 목적으로 수행되는 후반 자료분석 작업과 별개로 취급한다. 여행자 개념에서는 중점이 청중에게 들려져야 할 내러티브에 있으면서 인터뷰와 분석이 지식 구축 과정에서 밀접하게 연결된 단계들로 작용한다. 인터뷰의 데이터 마이닝 개념은 지식이 이미 존재하고 발견되기를 기다린다는 점에서 현대 사회과학의 주류인 현실주의 개념에 가까운 반면, 여행자 개념은 사회학적 연구에 대한 대화적 접근을 포함하는 인류학과 포스트모더니즘의 구성적 이해에 더 가깝다.

우리가 주목해야 할 점은 광부의 은유가 실증주의적 경험주의적 자료수집에만 관련이 있는 것이 아니라 어느 정도는 Socrates가 추구했던 이미 존재하는 진리, Husserl이 찾던 현상학의 정수, 그리고 Freud가 탐험했던 무의식에 묻힌 숨은 뜻과도 관련이 있다는 것이다(Freud가 무의식에 대한 정신분석학적 발굴을 고고학에 은유한 부분 참조). 정신분석학과 같이 사례 역사(case history)의 내러티브 구성이 지식의 여행자 개념과 가까운 일부 전통에서는 두 가지 은유가 모두 내포될 수 있다. 우리는 Bauman(1996)에서 영감을 얻어 여행자를 다시 2가지 유형, 즉 진실을 구하며 환자를 찾아 나서는 순례자와 경험을 쇼핑하는 관광객으로 구분할 수 있다. 순례자의 목표는 공유된 외부 기준에 의해 결정된다(예: 신의 명령에 따라 어떻게 윤리적인 삶을 살 것인가). 반면, 관광객은 취향과 생활양식을 기반으로 심미적인 기준에 따라 스스로 목표를 만들어 낸다. 포스트모더니즘의 소비자 사회에서는 아름다움과 관련된 심미적 기준, 선함과 관련된 윤리적 기준, 그리고 정의와 관련된 정치적 기준 모두 진리와 관련된 인식론적 기준과 경쟁한다. 요약하자면, 광부와 여행자의 은유는 복잡하면서도 이견이 팽배한 인터뷰 지식의 개념을 단순화된 이분법적 형태로 나타낸다고 할 수 있다. 우리는 이제 연구 인터뷰와 관련이 있는 만큼 지식의 보다 정교한 개념에 대해 알아볼 것이다.

인터뷰의 인식론을 논할 때 유념해야 할 부분은 인터뷰가 대화적 행위의 특별한 형식으로서 수 세기 동안 일상생활에서 개발되었고 인식론적 논의로부터 상대적으로 독립되어 있다는 점이다. 그러나 지난 몇 세기 동안 인터뷰는 다양한 전문적 인터뷰의 형태로 제도화가 되었다. 이렇게 다양한 형태의 인터뷰가 특정 이론이나 인식론적 패러다임에서 개발된 것은 아니라 할지라도, 우리는 여전히 인과적으로 다양한 인식론적 입장을 들어 인터뷰에서 생성되는 지식을 개념화할 수 있다. 이러한 입장들을 명확히 한다면 연구 인터뷰에서 보이는 각기 다른 이해와 실행을 해소하는데 필요한 실마리가 될 수 있을 것이다.

포스트모더니즘 시대의 인터뷰

질적 인터뷰와 관련된 지식에서 강조되는 측면들은 철학에 따라 다르다. 이 장에서는 포스트모더니즘 시대의 지식과 인터뷰를 강조하면서 해석학과 실용주의, 특히 포스트모더니즘적 사고를 중점에 둔다. 이 3가지 분야는 그 지리적 태생지가 다른 만큼(포스트모더니즘은 프랑스, 실용주의는 미국, 해석학은 독일과 관련이 있음) 지식의 인식론적 가정 역시 일부 상이하기는 하지만, 여기서는 인터뷰를 통해 지식을 생성하는 작업의 다중적인 측면들을 숙고하기 위한 맥락으로 활용하기로 한다.

질적연구 인터뷰는 사회과학 분야에서 거의 1세기 동안 존재해 왔으나, 최근 몇십 년 전에 이르러서야 방법론적인 논의에서 일반적인 이슈로 부상했다. 이렇게 된 이유 중의 일부는 사회과학자들이 연구 인터뷰에서 생성되는 종류의 지식을 개념화하는 작업과 관련된 철학에 대한 접근성이 없었기 때문일 수 있다. 우리는 다음 지면에서 앞서 언급된 철학적 입장들이 어떤 기준이 되는 개념적 틀을 제공할 수 있으며, 그러한 틀을 통해 질적연구 인터뷰에 의해 생성되는 지식의 성질과 이슈, 강점과 약점을 명확하게 할 수 있다고 주장할 것이다.

해석학(Hermeneutics)이란 텍스트의 해석을 연구하는 학문이다. 해석학적 시각에서 봤을 때 가장 중심이 되는 주제는 의미의 해석이며, 텍스트에서 찾고자 하는 의미의 종류를 특정화하고 텍스트에 제기된 질문에 주목한다. 인문학에서는 지난 몇 세기 동안 해석학 전통에서 대화에 대한 개념과 텍스트에 대한 개념이 중심축을 이루고 있으며, 해석자가 대상 텍스트의 주제에 대해 가지고 있는 선지식(foreknowledge)을 강조한다. 해석학적 해석의 목적은 주어진 텍스트의 의미에 대하여 타당하고 공통된 이해를 획득하는 데 있다. 고전 해석학의 주제는 종교, 법, 문학에 관한 텍스트에 한정되어 있었으나 "텍스트"의 개념이 확장되면서 담화를 포함하게 되었고 심지어는 행위도 포함된다.

이와 같이 Gadamer (1975)는 그의 저서 *Truth and Method*에서 Plato의 대화로 책을 시작하고 역사적으로는 이차적 현상에 불과한 대화와 구술 전통 모두 쓰여진 텍스트를 이해하기 위한 선제 조건으로 간주한다. Gadamer에 의하면 우리는 대화적 존재로서 언어가 우리의 현실이다(Bernstein, 1983). Ricoeur (1971)는 그의 학술논문 "The Model of the Text: Meaningful Action Considered as a Text"에서 인류학적 텍스트 해석의 해석학적 원칙을 사회과학의 대상에 대한 해석 - 유의미한 행위로 연장한다.

인간은 자기 해석적이며 역사적인 존재로서 이해 수단을 전통과 역사적 삶에서 얻는다. 이해란 Gadamer의 유명한 주장처럼 특정한 **편견**(*pre-judices*)에 달려 있다. 그리고 모든 텍스트는 맥락(con-text)에서 그 의미를 끌어낸다. 다른 이들이 무엇을 하고 말하는지, 그들의 행위와 발언이 어떤 의미를 갖는지는 언제나 "다른 의미, 신념, 가치, 관례 등에 대한 배경이나 맥락에 좌우된다"(Schwandt, 2000. p. 201). 질적연구자는 해석학에서 자신의 인터뷰를 텍스트로 간주하여 분석하고, 예를 들면, 인터뷰 상황 속 '지금 여기(*here and now*)' 너머를 바라보면서 역사와 전통에 의해 제공되는 맥락상의 해석학적 지평에 주의를 기울이는 법을 배울 수 있다.

철학적 입장으로서의 실용주의(pragmatism)는 언어와 지식이 현실을 모방하는 것이 아니라 변화하는 세상에 대처하는 수단이라는 관점이 주를 이루며, 포스트모더니즘 시대에 주목을 받게 되었다. 실용주의는 지식이 현실의 재현이라는 견해에 반대하고 실천의 우선성과 연구자에 의해 생성된 사고와 이론의 사용 가치를 강조한다. 실용주의는 본래 19세기에서 20세기로 넘어가는 시점에 Peirce, James, Dewey와 같은 미국 철학자로부터 시작되었고 오늘날에는 여러 학자들 중 Rorty와 Putnam으로 대표된다. Rorty의 신실용주의 철학(neopragmatic philosophy)에서는 대화가 앎의 기본 양식이다. "우리는 지식을 자연을 반영하고자 하는 시도라기보다는 대화와 사회적 관행의 이슈로 보고 있다"(Rorty, 1979, p. 171). 인터뷰 연구자는 실용주의에서 자신이 하고 있는 것의 실질적인 측면들, 자신의 활동에 대한 장인 정신, 그리고 자신이 수행한 연구결과의 사용 가치에 의해 제기되는 가치와 윤리의 이슈에 집중하는 법을 배울 수 있다.

이 책의 실용주의적인 접근방식에서는 인터뷰 연구에 대한 패러다임적 정당화보다 연구 인터뷰 기술에 대한 다양한 인식론적 입장의 실질적인 영향을 더 강조한다. 뒤에 나오는 장에서는 다양한 인식론적 입장이 인터뷰 연구에서 어떻게 각기 다른 개념으로 이어지는지, 그리고 특히 인터뷰 조사 과정 내내 진행 방식에 대해 내려지는 여러 결정들과 관련된 다양한 실천 형식들로 이어지는 사례들을 소개한다. 이는 유도 질문의 사용, 필사본의 성질, 인터뷰 분석의 형태, 그리고 인터뷰 지식의 객관성과 타당도에 대한 이해와 같은 이슈들과 상관이 있다.

해석학과 실용주의 외에도 현상학적 관점과 변증법적 접근법이 질적 인터뷰와 관련이 있는 중요한 철학적 입장이다. 이미 전 장에서 다뤘던 현상학은 의식과 생활세계, 대상의 경험에 대한 개방성, 정확한 설명의 우선성, 선지식의 괄호치기 시도, 설명에서 변하지 않는 본질적 의미 탐구에 초점이 맞춰져 있다. 변증법적인 논점에서는 진술에서 모순된 부분들과 그러한 모순들이 사회적이고 물질적인 세계와 맺는 관계에 집중한다. 현상보다는 새로운 것, 그리고 지식과 행위 간의 고유한 관계를 강조한다. 변증법적 입장은 13장의 인터뷰의 담론분석과 관련해서 다시 한 번 다뤄질 것이다.

포스트모더니즘 사상에는 사고의 보편적인 시스템에 대한 불신이 자리잡고 있다(Lyotard, 1984). 지식과 과학을 통한 진보라는 계몽주의적 신념과 같은 정당화의 메타 내러티브(meta-narratives)에 대한 신뢰성이 결핍되어 있는 것이다. 지식이 현실을 반영한다는 현대의 개념은 현실이 사회적으로 구성된다는 개념에 의해 대체되었는데, 이 개념에서는 사회적 세계에서 일어나는 의미의 해석과 절충에 중점을 둔다. 보편적인 정당화의 메타 내러티브가 해체되면서 지엽적인 맥락과 더불어 행위를 통해 지식이 타당성을 갖게 되는 사회적 현실의 사회적 언어학적 구성이 강조되고 있다. 질적인 다양성과 국지적 의미의 다채성에 대한 개방성이 있고, 지식은 조사자의 관점과 가치에 따라 관점주의적인 성격을 갖는다.

지식에 대한 현대의 보편적 시스템이 위축되면서 국지적이고 복합적이면서 언어가 달라지는 맥락의 내러티브가 두드러지게 되었다. 이렇듯 철학에서 나타난 언어학적 방향 전환은 포스트모더니즘 철학에서 급진화 되었다. 일부 포스트모더니즘에서는 언어가 실제를 구성하고, 각 언어가 각자의 방식으로 실제를 구성한다. 초점을 언어에 두면 객관적 실제라는 생각에서 멀어지고 개별 대상에게도 관심이 멀어지게 된다. 이제는 더 이상 언어를 사용하여 객관적인 세계를 설명하거나 스스로를 표현하는 고유하고 독립적인 자아가 존재하지 않는다. 사람을 통해서 말하는 것은 언어의 구조인 것이다. Lyotard (1984) 역시 저서 *The Postmodern Condition*에서 가장 효율적인 투입-산출 비율을 내기 위해 분투하는 경제적 수행성을 포스트모더니즘 시대에서 가장 결정적인 지식이라고 묘사했다. Lyotard는 지식이 점점 더 상품으로 이해되는 경향에 대해 지식의 상품화라고 부른다.

포스트모더니즘적 인식론에서 우리가 가지고 있는 지식의 확실성(certainty)은 인간 외 실재와 맺는 상호작용의 이슈일 뿐만 아니라 사람들 사이에 일어나는 대화의 이슈이기도 하다. 앎이 있는 주체자는 고립된 섬이 아니라 "관계의 직물"로 존재한다고 여겨진다(Lyotard, 1984, p. 15). 지식은 사람 안에 있는 것도 아니고 외부 세계에 있는 것도 아닌, 사람과 세상 사이의 관계 속에 존재하는 것이다. 현상학적 심리학자 Merleau-Ponty의 작업은 포스트모더니즘적 사고의 전조로 여겨지는데, 그는 저서 *Phenomenology of Perception* (1962)에서 다음과 같이 Sain Exupery를 인용하며 글을 마친다. "인간은 관계의 네트워크에 불과하다." 포스트모더니즘적 인식론에서는 개별 정신 중심에서 사람들 간의 관계로의 이전이 발생했다. "구조주의를 통해 지식의 중심지가 개인에서 관계로 대체 되었다"(Gergen,1994. p. x).

20세기 후반기를 주도한 포스트모더니즘 이론가 중에는 Lyotard, Baudrillard, Derrida,

Foucault를 비롯한 프랑스 철학자가 있는데 이들 모두가 스스로를 포스트모더니즘이라고 분명하게 밝히지는 않는다. 인터뷰에 대한 포스트모더니즘적 접근법에서는 지식을 생산하는 현장으로서 인터뷰에 집중하고 구술 담화와 쓰여진 텍스트 사이의 차이를 포함한 언어학적 상호작용의 측면에 집중하면서 인터뷰 중에 구축된 내러티브를 강조한다. 사회과학에 대한 포스트모더니즘적 접근에 대한 보다 폭넓은 논의는 Rosenau(1992)와 Scheurich(1997)를 참조하고, 질적연구와 관련된 철학적 입장과 이슈를 적절하게 다룬 개요는 Schwandt(2001)를 참조하라.

인터뷰 지식의 7가지 특징

앞서 소개한 철학적 개념에서 영감을 얻어 인터뷰 지식을 이제 7가지 주요 특징으로 설명하고자 한다. 우리의 관점에서는 인터뷰 지식을 생산적, 관계적, 대화적, 맥락적, 언어적, 내러티브적, 실용적 특징으로 구분할 수 있다. 우리는 서로 얽혀 있는 이러한 특징들을 연구 인터뷰의 산물인 지식의 성질을 명확히 하고 지식적 잠재력을 개발하는 출발점으로 삼는다. 이러한 특징들은 인터뷰 지식뿐만 아니라 우리가 인터뷰를 통해 알게 되는 대상들의 특징이기도 하다. 즉 인간 상호작용의 사회역사적 생활세계 자체가 인간에 의해 끊임없이 생성되고 있으면서 동시에 관계적, 대화적, 맥락적, 내러티브적, 실용적 내지는 행위 중심적이라는 것이다. 이 책의 2부에서 인터뷰 프로젝트의 7가지 실행 단계를 논의하는 내내 우리는 여기서 설명한 지식의 측면들을 활용한다.

지식은 생산적이다. 연구 인터뷰는 지식을 생산하는 장이다. 인터뷰 지식은 인터뷰 진행자와 인터뷰 대상자 사이의 상호작용을 통해 사회적으로 구성된다. 지식은 단순히 발견, 발굴되거나 주어지지 않고 질문과 답변을 통해 적극적으로 생성되며, 그 산물은 인터뷰 진행자와 인터뷰 대상자의 공동 작업의 결과인 것이다. 필사, 분석, 인터뷰 보고 등의 과정으로 생산 과정이 계속해서 진행되는 동안 보고된 지식은 관련 절차와 기술의 적용으로 빛깔이 더해진다. 5장에서 우리는 인터뷰의 구체적인 생산의 장을 보다 자세하게 서술하면서 이를 통해 부여되는 주제의 위치를 생각해 본다.

지식은 관계적이다. 인터뷰를 통해 생성된 지식은 상호관계적이고 상호주관적이다. Figure 1.1의 모호한 꽃병/얼굴에서 보듯이 연구자는 인터뷰 진행자와 인터뷰 대상자의 "관점 사이"에서 생산된 지식에 초점을 맞추거나 두 참여자 간의 상호작용에 집중할 수 있다. 치료사는 인터뷰를 진행할 때 대인관계에 주목해 왔다. 따라서 치료적 인터뷰는 대인 관계적 상황으로서 그로부터 생성되는 자료는 객관적이지도 주관적이지도 않고 상호주관적이다(Sullivan, 1954). 연구 인터뷰는 인간 상황에 대한 지식 생산을 목표로 상호접속의 인간망(human web)에서 새로운 관계를 정립한다.

지식은 대화적이다. 과학적 모형에 반영되고 그려질 수 있는 객관적인 현실에 대한 믿음이 상실된 만큼 생활세계의 의미에 대한 담론과 절충에 반드시 주의를 기울여야 한다. 철학적 담론과 연구 인터뷰는 지식에 대한 접근성을 제공하는 대화에 의존한다. 또한 이전 장에서 언급된 Socrates의 고전 철학적 입장에서는 진리와 선, 아름다움에 대한 지식을 생성하는 가장 중요한 방식이 바로 대화였다. Socrates를 좇아가면 우리는 일상 경험에 대한 설명과 내러티브 뿐만 아니라 대화 속에서 담론적 정당성을 갖는 인식론적 지식을 생산할 수 있는 잠재력이 질적 인터뷰에 있다고 이해하게 된다.

지식은 맥락적이다. 해석학적 철학에서는 인간의 삶과 이해가 지금 여기와 시간적 차원 모두에서 맥락적이라는 사실을 강조해 왔다. 어떤 하나의 상황에서 얻어진 지식이 다른 상황 안에 있는 지식에 자동적으로 옮겨질 수 없고 동일한 기준을 적용할 수도 없다는 것이다. 인터뷰는 대인 관계적 맥락에서 행해지고 인터뷰 진술의 의미는 그러한 맥락과 관련이 있다. 인터뷰는 의미의 질적 차이와 뉘앙스에 민감한데, 다양한 맥락과 양식에서는 이를 정량화하거나 동일한 기준을 적용하는 것이 여의치 않을 수 있다. 인터뷰 절차에서 윤리적 판단의 측면과 그로부터 생성되는 지식의 질적 분석적 일반화를 말할 때에는 상황(setting)에 대한 맥락을 깊이 있게 설명할 필요가 있다. 맥락의 이질성 때문에 서로 다른 맥락 사이를 해석하는 것에 대한 이슈가 전면에 대두되는데, 예를 들면 인터뷰 진행자가 대상자와 나눈 대화의 맥락과 생성된 인터뷰 지식의 타당성에 대해 인터뷰 진행자가 다른 연구자들과 나누는 대화의 맥락이 그렇고, 대화의 결과물이 생성된 지식에 대한 대중적 논의로 이어지는 경우가 그렇다.

지식은 언어적이다. 언어는 인터뷰 연구의 매개체로서 인터뷰 과정에서 도구로 사용되며, 그 결과 생성되는 인터뷰 산물인 언어적 구술 진술과 필사 텍스트가 분석 대상이 된다. 구술 언어와 문자 언어처럼 하나의 언어 양식에서 다른 언어 양식으로의 이행은 단순히 글로 옮기는 기술적 이슈가 아니라 구술 언어와 문자 언어의 다양한 성질과 관련된 이슈들을 제기한다. 지식은 언어적 상호작용을 통해 구성되고 참여자들의 담론과 그들의 수고는 그 자체만으로도 주목할 만하다. 언어를 기반으로 한 인터뷰 분석에는 언어적, 대화적, 내러티브적, 담론적, 해체적 분석 등 다양한 접근방식이 있다.

지식은 내러티브적이다. 이야기는 사회적 현실과 우리 자신의 삶을 이해하는 강력한 수단이다. 인터뷰는 우리에게 인간의 의미 세계를 알려주는 내러티브를 끌어내는 열쇠가 되는 현장이다. 개방적 인터뷰에서는 사람들이 자신의 삶에 대한 이야기를 전한다. 예를 들면, 2장에서 현상학적 인터뷰를 진행하던 도중 응답자가 즉흥적으로 자신이 인테리어 디자인을 배우게 된 내러티브를 전했던 경우가 그렇다. 연구 인터뷰는 스토리텔링에 구현된 다양한 국지적 내러티브에 대한 접근성을 제공하고 그 자체가 내러티브 형식으로 보고되기도 한다.

지식은 실용적이다. 인간의 실재가 대화와 행위로 이해될 경우, 지식은 효과적인 행위를 수행할 수 있는 능력이 된다. 오늘날에는 연구가 과학적인가 혹은 진정한 지식으로 이어지는가에 대한 정당성의 이슈가 유용한 지식을 제공하는가의 실용적인 이슈로 대체되는 경향이 있다. 좋은 연구란 효과가 있어야 한다. 그렇다면 어떤 것을 "유용"하다고 할 것인가에 대한 이슈에는 가치와 윤리적 이슈로 가득하다. 이 부분에 대해서는 윤리를 다룬 장을 참조하길 바란다. 실용주의는 우리가 속해 있는 이 세계에서 우리의 대응을 가능하게 하는 것으로부터 개념과 의미의 정당성을 찾을 수 있다고 끈질기게 고집한다.

우리는 이어지는 장에서 이러한 측면들을 다시 살펴볼 것이다. 7장과 8장에서는 인터뷰의 관계성을, 5장에서는 인터뷰의 맥락성을, 13장에서는 인터뷰에 대한 언어적이고 내러티브적 접근방식을, 그리고 15장에서는 타당성에 대한 인터뷰 지식의 실용적 측면을 다룰 것이다.

실증주의 개념에서의 지식과 인터뷰

사회과학에 영향력을 행사해 왔고 질적연구를 정당한 과학적 접근법이 아니라며 배제하고 소외 시키는 데 일조한 실증주의(positivism) 철학 전통은 앞서 소개한 7가지 특징과 대비되기 때문에 여기서 마땅히 다루어야 할 부분이다. 실증주의는 자료가 수량적이어야 한다는 개념을 강조하기 때문에 질적연구 인터뷰에 회의적인 연구자들이 자주 인용하곤 했다. 더 나아가 실증주의에서 말하는 과학적 방법은 연구자의 주관성, 관심, 가치에 중립적이어야 한다. 질적연구의 반론으로 종종 언급되는 실증주의의 중요성 때문에 우리는 본 지면에서 질적 인터뷰의 실천을 부정하지 않는 Auguste Comte의 고전적 실증주의와 사회과학의 보다 제한적인 방법론적 실증주의를 구분하여 간략하게 논하기로 한다.

고전적 실증주의의 재건?

실증주의 철학이 사회과학 분야와 예술에 역사적인 기여를 했다는 사실은 의심의 여지가 없다. Auguste Comte (1798-1857)는 실증주의 철학과 사회학의 창시자이다. 실증주의 철학은 종교적 도그마와 형이상학적 사변에 대항하며 관측 가능한 데이터로의 회귀를 주창했다. 실증주의 과학의 역할은 사회의 확정적인 법칙에 사회적 공학계의 가능성을 제공하는 것이었다.

실증주의적 사회주의의 영향은 사회 현상을 관통하는 질적 분석을 제시한 초기 사회학자 Emile Durkheim의 작업에서 볼 수 있다. 또한 실증주의는 그 영향력이 19세기 문학예술로도 확장되었으며, 노동자와 부르주아의 삶을 자세히 묘사함으로써 신화적이고도 귀족적인 주제에서 새로운 사실주의로 넘어가는 운동을 불러일으켰다(Dale, 1989, 이 역사의 일부분을 특히 영국의 맥락에서 확인). 음악사에서는 담배 밀수업자와 기마 투우사들의 삶을 조명한 Bizet의 오페라 작품 *Carmen*이 실증주의에서 영감을 받은 것으로 그려졌고, Flaubert의 *Madame Bovary*가 실증주의적 소설로 여겨지는 이유는 여주인공의 삶을 현실적으로 묘사했기 때문이다. 특히 점묘법(pointillism)의 감각 데이터를 비롯한 즉각적인 감각의 인상을 고수하는 인상주의 작품들 역시 실증주의에서 영감을 얻었다. 현대 프랑스 작가 Michel

Houllebecq는 자신이 Comte의 실증주의에서 영감을 받았음을 공공연하게 인정한다. 그는 Comte에 대한 최근 책에서 서문을 작성했다(Bourdeau, Braunstein, & Petit, 2003).

초기 실증주의는 페미니즘에 대한 정치적 영감이 되기도 했으며, 여성주의자 Harret Martineau가 Comte의 *Positive Philosophy*을 영어로 번역했다. 철학 분야에서는 현상학적 철학의 창시자인 Husserl이 실증주의가 현상에 충실하다는 것을 의미한다면 우리 현상학자들은 진정한 실증주의자들이라고 말했다. 심지어는 실증주의에서 이론적 실체에 대한 형이상학적 사변보다는 관찰되는 현상을 가까이하라는 Comte의 주장은 상정된 심층 구조보다는 관찰 가능한 표면적 현상을 가까이하는 것의 중요성을 강조하는 포스트모더니즘과 거의 유사하다. 여기서 본질은 표면이다.

방법론적 실증주의

고전 실증주의의 개방적인 접근 방식은 1920년대 Schlick, Carnap, Neurath 등의 철학자들이 회원으로 있던 비엔나 서클(Vienna Circle)의 방법론적 실증주의에서 상실되었다(Radnitzky, 1970; Schwandt, 2001). 과학적 진술의 논리와 타당성에 엄격하게 초점을 맞춘 결과, 특히 20세기 중반 미국에서 사회과학 연구의 방법론적 관료주의가 생겨났다. 관료주의의 특징은 표준화된 절차와 방식, 규칙성, 결정 및 인간미 없는 공평성에 대한 공식적인 규칙, 서면 의사소통, 수량화로 설명할 수 있다.

철저한 실증주의적 인식론은 20세기 중반부터 방법론에 관한 사회과학 교재를 장악하게 되었다. 여기서는 조사 대상이 되는 주제와 관계없이 과학적 연구는 공통의 방법을 기반으로 한다는 "과학의 통일성(unity of science)"이 주창되었다. 방법론적 실증주의에서 과학적 지식은 조사의 내용이나 맥락과는 대체로 상관없는 일반적인 방법론적 규칙을 따라가면 찾을 수 있는 것이었다. 과학적 방식의 본질은 상위의 자연과학에서 찾을 수 있다. 따라서 과학적 진술은 관찰된 데이터를 기반으로 해야 한다. 즉 관찰가능한 자료와 그 의미에 대한 해석은 엄격하게 분리되었다. 과학적 사실은 모호하지 않고, 내적 주관적 혹은 상호주관적으로 재생산될 수 있어야 하며, 객관적이고 수량화가 가능해야 한다. 과학적 진술은 가치중립적이어야 하고 사실은 가치로부터, 과학은 윤리와 정치로부터 구분되어야 한다. 연구자의 주관성에 의한 영향은 없거나 최소화되어야 한다.

연구에서 인간의 주관성을 없애는 것을 시작점으로 삼는 인식론에 의하면 대인적 상호작용을 기반으로 하는 질적 인터뷰는 비과학적이 된다. 인터뷰 자료는 유의미한 진술로 구성되는데 그 자체도 해석을 기반으로 한다. 따라서 자료와 그에 대한 해석은 엄격하게 구분되지 않는다. 수량화된 지식은 인터뷰 연구의 목적이 아니다. 인터뷰 결과는 보통 언어로, 일상 언어로 표현되는 경우가 많다. 인터뷰 진술은 모호하거나 모순될 수 있으며, 연구결과물은 인터뷰 진행자가 인터뷰 주제에 대해 보유한 지식과 민감도의 정도가 상이하다는 등의 사유로 상호주관적 재생산이 이루어지지 않을 수 있다. 결론적으로, 방법론적 실증주의 관점에서 질적 인터뷰의 이해 양식의 주요 특징들은 오류의 원천으로 보일 수 있으며, 따라서 실증주의 관점을 따르는 인터뷰는 사회적 방식이 될 수 없다.

실증주의적 연구에서 사회 연구의 역사적, 사회적 기능의 비평이 과학 영역 밖에 있다고 보기 때문에 사회과학자들이 실증주의적 연구에 무비판적이라는 딱지를 붙이곤 했어도, 사실 사회 연구가 신화와 상식을 넘는 데 공헌한 것은 실증주의자라는 사실을 명심해야 한다. 이들은 과학적 자료에 이르기 위한 투명한 방법의 사용과 보고를 강조함으로써 연구 중 주관적이고 이념적인 편향에 대항하면서 연구결과에 대한 주관적 통제와 비평의 가능성을 열어 둔다.

오늘날 사회과학에서 실증주의를 비판하는 자들은 허수아비를 공격하는 것으로 일축되곤 한다. 현재 과학 철학자들 사이에서 엄격한 방법론적 실증주의 인식론을 주창하는 이들은 거의 없다. 그러나 사회과학 분야 내에서 더 최신의 신실증주의적 입장, 다수의 주류 방법론적 교재들, 그리고 특히 형식을 잘 갖춘 양적연구를 기반으로 근거가 이해되는 근거기반 실무(evidence-based practice)에 관한 새로운 담론 등 일부 분야에서는 실증주의적 과학의 형식적인 방법론적 규칙이 여전히 우세하다.

Box 3.2 근거기반 실무

근거기반 실무 접근법은 영국의 역학자 Cochrane에 의해 1970년대에 개발되었다. 새로운 생물의학 연구의 풍성함과 이러한 연구의 모순에 직면한 그는 의학 연구의 정밀함을 평가하기 위한 모델을 마련하고자 했고, 이는 실무자에게 문서로 충분히 입증된 약물과 의료적 중재안들에는 어떤 것이 있는지를 알려주었다. 그의 노력은 "최적 표준(gold standard)"인 무작위 통제 실험, 전문가 의견, 근거의 제일 낮은 수준에서의 질적연구로 구성된 근거의 위계(evidence hierarchy)라는 결실로 이어졌다.

이러한 엄격한 근거 기준은 아마도 애초에 적용하고자 했던 생물의학 연구에는 적합할 것이다. 그러나 이를 다른 형태의 연구에 추론하면 질적연구가 전반적으로 소외되면서 결과적으로 "근거의 정치학(politics of evidence)"이 되어 버릴 수 있다(Morse, 2006). 탐색적이고 상호작용적이면서 사례 기반의 접근법이 주를 이루는 질적연구는 엄격하게 통제된 실험의 논리와는 맞지 않을 수 있다. 일부 분야에서는 원래의 엄격한 기준을 확대하려는 시도도 있었다. 예를 들면 "환자의 특성, 문화, 선호라는 맥락에서 임상적 전문성을 갖춘 최적 가용 연구의 통합"을 목표로 하는 심리학의 근거기반 실무가 그렇다("Evidence-Based Practice in Psychology", 2006). 그리고 한편에서는 질적연구용 근거기준을 개발하고자 하는 시도들이 진행되고 있는 와중에도 질적연구에 대한 근거기반 실무 운동은 질적연구를 대체적으로 불신하게 만들어 질적연구의 연구 제안서나 연구비 수주는 번번이 거절당하고, 방법론적이면서 정치적인 보수주의에 대한 지지가 이어졌다(Denzin & Giardina, 2006).

Box 3.2는 의학 연구 분야에서 근거기반 실무 운동의 역할과 그것이 질적연구의 정당성과 어떤 관계에 있는지를 묘사한다. 우리는 여기서 물리학이라는 한 과학적 연구실험 분야를 위해 개발된 기준이 일반화되어 전반적인 연구로 확장되면서 질적 사회 연구를 배제했던 방법론적 실증주의와 유사한 부분을 보게 된다. 오늘날에도 이와 마찬가지로 생물의학적 근거 확보를 위해 개발된 방법론적 기준이 사회과학으로 일반화되는 방법론적 제국주의가 일어나고 있으며, 질적연구는 다시금 열악한 위치로 강등될 위기에 처하게 되었다.

방법과 기법 사이의 질적 인터뷰

우리는 질적 인터뷰를 방법(method)으로 볼 것인가 기법(craft)으로 볼 것인가를 논의하는 것으로 이 장을 마무리하고자 한다. 우선 인터뷰를 규칙의 지배를 받는 하나의 방법으로 다룬다. 이는 절차의 표준화와 주관성의 배제라는 실증주의 철학의 특징과 어느 정도 일맥상통하는 부분이다. 그 다음으로 연구 인터뷰를 기법의 측면에서 설명하고, 암묵적으로 맥락에 묶여 있는 측면을 습득하는 방식으로 이 기법을 학습할 수 있는 방법을 간단하게 제시한다.

기법으로서 인터뷰 학습을 위한 실습

독자 중 기법을 학습하는 방식으로 인터뷰 기술(skills)을 학습하고자 하는 이가 있다면 책 읽는 것을 중단하고 다음의 과제를 수행해야 한다.

녹음된 연구 인터뷰 자료를 약 3건 정도 확보하고, 그 내용을 필사하는데 일주일 정도 할애한 다음, 그 과정과 필사 및 인터뷰의 문제점을 생각해보라.

이렇게 직접 실습을 한 후에 이 책의 6~16장에서 제시하는 실무적인 "방법(how to)"을 읽는 것이 좋다. 그러면 아마도 이어지는 지면에 쓰인 대부분의 내용들이 직접 수행했던 실습을 통해 이미 상당 부분 경험한 것임을 알게 될 것이다. 예상되는 학습성과들 중 몇 가지는 Box 3.3 "인터뷰 필사를 통해 인터뷰 학습하기"에 소개되어 있다.

연구 인터뷰: 방법 또는 개인적 기술

아마도 실증주의의 영향 때문에 현대 사회과학에서는 기술보다 방법을 우선시하는 경향이 널리 퍼져 있다. 오늘날 질적 인터뷰 연구에서는 인터뷰를 방법, 특히 필사된 인터뷰를 분석하는 방법으로 강조한다. **방법**이라는 용어는 "목적에 이르는 방식"이라는 그리스 어원의 의미를 따라 넓은 의미로 이해될 수 있다. 그러나 사회과학에 대한 관료적이고 실증주의적인 접근방식에서는 방법이 기계적인 규칙을 따르는 것으로 국한되었다. 다음의 정의를 보면 이를 확인할 수 있다. “방법은 일련의 규칙으로 어떤 목적을 실행하기 위해 기계적인 방식으로 활용될 수 있다. 여기서 기계적인 요소가 중요한 점은 판단을 전제하지 않으며 예술적이거나 다른 창의적인 능력을 전제하지 않는다는 것이다”(Elster, 1980. p. 295).

설문 인터뷰(survey interview)는 방법에 대한 위의 형식적인 정의에 부합하는 편이다. 여기서 인터뷰 진행자는 표준적인 규칙을 따르고 개인의 판단력을 최소화하며 미리 정해진 순서와 단어선택으로 질문을 던진다. 설문 인터뷰에서 생성된 자료는 다른 인터뷰 진행자가 똑같이 재생산할 수 있어야 한다. 설문 연구에서는 질문의 구성과 자료 분석을 위한 통계 기술 수준에 의해 전문성과 장인 정신이 드러나는데, 설문 자료를 생성하는 질문 그 자체는 다소 숙련을 요하는 행위이다. 인터뷰 진행자에게 다양한 질문 기술에 대한 전문성이나 조사 주제에 관한 지식을 요구하지 않으며, 이는 몇 시간 내에 학습이 가능한 부분이다.

그러나 질적연구 인터뷰에서의 지식은 인터뷰 진행자와 인터뷰 대상자 간의 상호작용을 통해 사회적으로 생성된다. 질적 인터뷰에서 바로 이 자료의 생성은 기계적인 규칙 따르기를 넘어 질문을 던지는 인터뷰 진행자의 기술과 개인의 상황 판단에 달려있다. 인터뷰 주제에 대한 지식은 특히 인터뷰 대상자의 답변에 대해 후속적인 이차 질문을 던질 때 필요하다. 질적 인터뷰에서 생성되는 자료의 질은 인터뷰 진행자의 기술과 주제에 대한 지식의 질에 달려 있다. 고도의 자격 요건을 갖춘 인터뷰 진행자가 되기 위해서는 폭넓은 훈련이 필요하다. 방법을 일련의 규칙을 기계적으로 따르는 개념으로 생각한다면 인터뷰 진행자와 인터뷰 대상자 간의 개인적 상호작용을 통해 생성되는 지식은 확실히 과학적 방법의 기준에 맞지 않는다.

연구를 기법으로 여기는 개념에 대한 반론은 미리 정해진 규칙을 엄격하게 따라야만 과학의 진리가 보장된다고 주장하는 방법론적 실증주의의 사상이다. 방법론적인 규칙을 따르기만 한다면 앞서 소개했던 인간미 없고 기계적인 방법의 정의와 마찬가지로 지식 생성에서 개인적인 기술과 능력은 상관이 없다고 주장하는 것이다. 이 사상에 대해 철학자들은 오랫동안 의문을 제기해 왔다. Gadamer (1975)는 *Truth and Method*에서 우리는 이해와 해석을 통해서만 사회적, 역사적 세계를 알 수 있는데, 이는 궁극적으로 방법론적인 규칙으로 코드화될 수 없는 선이해(preunderstanding)와 편견에 달려있기 때문에 인류학에서 지식은 하나의 방법으로 축소될 수 없다고 주장했다. 자연과학계에서는 Feyerabend (1975)가 *Against Method*에서 주요 과학자들이 그들의 문헌에서 체계적인 과학철학의 처방을 따랐다면 핵심적인 발견들이 빛을 볼 수 없었을 것이라고 주장했다. 이러한 발견들은 연구의 표준 규칙들을 따르기보다는 위반한 결과인 경우가 많다는 것이다.

연구도구로서 한 사람의 연구자를 강조하면서 사회 연구에 대해 반(反)방법론적 접근방식을 표한 몇몇 사회 연구자들은 해당 분야에서 상당한 신지식에 기여하기도 했는데, 그 중 인류학자 Jean Lave가 Steiner Kvale과 진행했던 인터뷰를 아래에 소개하기로 한다.

> SK: 인류학적 방법이 있습니까? 만일 있다면 인류학적 방법이란 무엇입니까?
>
> JL : 저는 우리에게 어떤 방식이 있다고 얘기하는 것은 완전히 말도 안 된다고 생각합니다. 첫째, 저는 그 누구도 하나의 방법을 가져야 한다고 생각하지 않습니다. 그렇지만 사회학의 설문이나 질문지 방식, 심리학의 다양한 검사와 실험들을 비롯해 서로 다른 학문 분야의 "방법(methods)"을 특징짓는 "도구(instruments)"가 있다고 한다면 세계를 탐구하는 데 있어 아주 구체적인 기술적 방식들이 있기는 합니다. 인류학자들은 인간을 연구하는 데 있어 이러한 적절한 방식으로 받아들이는 것을 거부합니다. 제가 보기에는 인간 존재를 이해하고 학습할 수 있을 만큼 충분히 복잡한 도구는 다른 인간이 유일하다는 견해가 가장 일반적인 시각이라고 생각합니다. 그러니까 세상 속에서 자신의 삶과 자신의 경험을 활용하는 것입니다(Lave & Kvale, 1995. p. 220).

사회과학에서 다수의 방법론적 글쓰기에 대해 꽤 비판적이었던 Bourdieu도 마찬가지로 한 사람으로서 연구자의 역할, 사회관계에 대한 연구자의 존중심과 민감성을 강조했다. 그는 *The Weight of the World* (1999)에서 다소 주저하며 한 장을 할애해서 인터뷰에 대한 자신의 이해를 설명했다.

> 나는 인터뷰 기술과 관련하여 셀 수 없이 많은 소위 "방법론적" 저술에 의지하는 것이 도움

이 된다고 생각하지 않는다... 어쨌든 내게는 그런 저술이 연구자들이 해오던 것, 그들이 알고 있는 것을 제대로 평가하는 것으로 보이지 않는다. 그들이야말로 연구 대상을 존중하는 마음이 가장 크고 사회적 행위자들이 일상적인 생활을 수행하면서 전개하는 거의 무한에 가깝게 미묘한 전략들을 가장 관심 있게 관찰한다... 이러한 관행에 적합한 과학적 표현은 과학적이기보다는 과학적 방법인 경우가 많은 처방에서도, 신비한 조합을 주장하는 반과학자적인 경고에서도 찾아볼 수 없다(p. 607).

우리는 설문 인터뷰를 엄격한 의미에서 하나의 방법으로 설명하는 것이 적절하다고 할 수 있다 할지라도, 질적연구 인터뷰는 기법에 가깝다는 결론을 내린다. 질적연구 인터뷰를 탁월하게 실천하는 데 필요한 기술과 존중은 방법론적 규칙들로 축소될 수 없다. 다음에서 우리는 연구 인터뷰의 기법을 설명해 보고자 한다.

연구 인터뷰의 기법

한 사람으로서 인터뷰 진행자의 역할이 중요하다고 강조한다고 해서 기술과 지식을 무시하는 것이 아니라는 점을 명확히 해야 한다. 한 사람의 연구자가 주된 연구도구가 될 경우, 연구자의 역량과 장인 정신, 즉 기술과 민감성, 지식은 생성되는 지식의 질을 결정적으로 좌우한다. 또한 연구 인터뷰를 기법으로 보는 개념이 단지 개인의 직관이나 "무엇을 하든 상관없는" 접근법에 기대는 것은 아니라는 점에 주목해야 한다. C. Wright Mills (1959/2000)는 사회 연구를 전체적으로 "지적인 장인 정신(intellectual craftsmanship)"이라고 묘사했다. 따라서 관련된 방법과 이론에 통달하는 것이 연구 인터뷰의 기법에서 중요하기는 하지만 과학적 탐구의 자율적인 우상이 되어서는 안 된다. Mills에 의하면 방법과 이론은 "자신이 살고 있는 나라의 언어와 같아서 말할 수 있다고 해서 뽐낼 수 있는 것이 아니라 할 수 없으면 불명예이고 불편할 뿐"이다(1959/2000, p. 121). 그는 다음과 같이 썼다.

훌륭한 장인이 되어야 한다. 너무 엄격한 절차는 피한다. 무엇보다도 사회학적 상상을 활용하고 개발하도록 한다. 방법과 기술의 우상화를 피한다. 가식 없고 지적인 장인의 재건

> 을 재촉하고 스스로 그러한 장인이 되도록 노력한다. 모든 자가 스스로 방법론가가 되도록 한다. 모든 자가 스스로 이론가가 되도록 한다. 이론과 방법이 다시금 기법을 실천하는 일부가 되도록 한다(Mills, 1959/2000. p. 224).

우리가 여기서 말하는 기법과 장인 정신은 훈련과 광범위한 실천을 통해 얻어지는 실질적인 기술과 개인적인 통찰을 갖고 어떤 생산 형식을 숙달하는 것을 의미한다. 기법은 실무자들의 영역 내에서 도제식으로 학습되며(Lave & Wenger, 1991), 모범 사례의 관찰과 모방, 스스로가 수행한 것에 대한 피드백으로 구성된다. 전통적인 기법에서는 윤리적인 측면, 즉 기법에 대한 개인의 책임감과 충성심을 강조했다. Sennett은 신자본주의 문화에 대항할 가치를 찾고자 하는 시도에서 오래된 기법에 드러나는 헌신으로 회귀했다. "장인 정신은 넓게 보면 무언가를 잘하고자 하는 그 자체의 목적을 위한 수단으로 이해할 수 있다"(2006, p. 194).

인터뷰의 지식은 방법의 명확한 규칙보다 확실한 인터뷰 사례에 더 많이 내포되어 있다. 연구 인터뷰의 실질적인 기술과 개인적인 노하우는 상당 부분 내용과 맥락에 묶여 있다. 인터뷰는 언어를 매개체로 한다. 질문 작성과 같이 인터뷰에서 중요한 측면들 중에는 말로 표현될 수 있는 것도 있지만, 인터뷰 기술에서 말로 표현하기 어려운 관계적이고 암묵적인 측면들도 역시 남아 있다. 특히, 참을성 있게 듣기와 같은 기술이 그렇다. 능숙한 장인은 기술에 집중하지 않고 작업과 소재, 자신이 작업하는 대상에 집중한다. 이는 앞서 설명한 7가지 특징에 해당한다. 자신의 일에 숙달된 인터뷰 진행자는 인터뷰 기술보다 인터뷰 대상자와 추구하는 지식에 대해 더 생각하게 된다.

조사 대상이 되는 주제에 대한 개념적 지식은 인터뷰를 수행하고 분석할 때 질서와 의미를 생성하는 데 도움이 될 수 있다. 다음 단락으로 넘어가기 전에 독자는 아래에 쓰인 숫자를 암기하려고 해보기 바란다.

1491625364964

대부분의 독자들은 위의 숫자들을 암기하기 위해 여러 번 반복해서 연습해야 정확하게 말할 수 있을 것이다. 그런데 수학을 전공하는 학생이라면 한 번 읽어보고도 완벽하게 기억할 수도 있다. 그들은 수학적인 훈련을 받았기 때문에 숫자들이 제곱수 즉, 1의 제곱, 2의 제곱, 3의 제곱 방식으로 이루어졌음을 바로 알아보고 전체 순서를 기억할 수 있는 것이다. 주제에 대한 지식이 있으면 겉으로 보기에는 혼란스럽기만 한 수열에서 원칙을 볼 수 있다. 질적연구에서는 많은 말들을 정리해야 하기 때문에 그러한 원칙을 찾는 것이 더 어려울 수도 있다. 그러나 인터뷰의 매체인 언어 속에서 언어적 역량을 갖고 인터뷰를 접근하려는 시도와 겉으로 보이는 말의 혼돈 속에서 언어의 구조와 기능에 대한 지식을 갖고 구조를 생성하는 수단을 얻으려고 하는 시도는 여전히 그만한 가치가 있다.

전문적인 인터뷰의 기법에는 인터뷰의 인식론적 이슈와 윤리적 이슈, 그리고 인터뷰 관행의 개념 등을 다루는 것과 같이 연구 인터뷰에서 생성되는 지식에 대한 이론적 반영도 포함된다. 질적연구 인터뷰를 방법으로 보는지 기법으로 보는지 하는 것은 단순한 말장난이거나 추상적인 인식론적 이슈가 아니라 연구 인터뷰의 관행과 학습에 확실한 영향을 미친다. 연구 인터뷰를 방법으로 이해하는지 기법으로 이해하는지에는 다양한 실천적 논리가 적용되기 때문에 이 두 가지 접근 방식을 섞어 버리면 실무가 뒤죽박죽이 되고 기대치가 무너진다. 따라서 질문에 대해 미리 정해진 표준 단어선택(wording)과 시퀀스의 방법론적 요건은 설문 인터뷰 방법에서 필요성이 인정되기는 하지만 개인 역량, 질문의 단어선택과 시퀀스에 대한 판단력에 좌우되는 질적 인터뷰 기법의 위력을 차단할 것이다. 연구자의 기술과 노하우에 달려 있는 연구 탐구에 대한 절차와 질문의 명쾌한 고급 공식에 대한 요구는 인터뷰 연구의 개인적 직관, 유연성, 창의성을 소외시킨다.

연구 인터뷰 기법의 학습

Mishler는 질적연구자들이 논리학자보다는 기술 장인에 더 가깝다고 주장했다. 질적연구자의 역량은 관심 현상에 적용되는 구체적인 방법에 대한 맥락적 지식에 의존한다. "숙련된 연구는 하나의 기법이며, 모든 기법이 그렇듯이 역량 있는 연구자들 밑에서 수습(도제, apprenticeship), 실제 경험, 그리고 끊임없는 연습을 통해 학습된다"(Mishler, 1990, p. 422;

Hammersley, 2004, Seale, 2004).

Aristotle이 언급한 바와 같이 지식에는 여러 가지 종류가 있고 학습하는 방법도 다양하다. 수학과 이론은 교재와 학교를 통해서 학습할 수 있는 반면, 실질적인 행위는 연습을 통해서 학습된다.

> 우리는 예술이나 기법을 배울 때 학습을 마친 후 할만한 것들을 직접 수행하면서 배운다. 집을 지으면서 건축가가 되거나 하프를 계속 연주한 결과 하프 연주가가 되는 것이다. 마찬가지로 우리는 공정한 행위를 함으로써 공정해지고, 온화한 행위를 함으로써 온화해지고, 용감한 행위를 함으로써 용감해진다(Aristotle, 1994, p. 73).

좋은 연습이란 단순히 실질적인 행위를 수행하는 것 이상으로 이루어진다. 여기에는 주어진 어떤 맥락에서 행동할 때, 그리고 다양한 목적과 가치 속에서 조심스러운 선택을 해야 할 때 어떤 지식과 기술을 적용할 것인가에 대한 상황 판단도 포함된다.

연구 인터뷰의 기법은 가능하면 경험 많은 인터뷰 진행자들이 속한 커뮤니티 내에서 인터뷰를 진행하는 연습을 통해 학습된다. 양질의 질적 인터뷰를 수행하는데 필요한 기술과 지식, 개인의 판단력은 폭넓은 훈련을 요한다. 유연하고 내용과 맥락에 관련된 인터뷰 기술은 인터뷰를 수행함으로써 얻어진다. 질문을 표현하는 것은 구두로 의사소통이 가능한 반면, 인터뷰 기술의 다른 측면들, 즉 질문의 억양, 대화가 중단되는 시간의 활용, 세심한 경청, 인터뷰 상황에서 좋은 관계 형성하기 등은 연습과 경험 많은 인터뷰 진행자들과의 작업을 통해 얻어지는 무언의 지식에 주로 의지한다. 우리는 앞서 기법을 학습하는 것에 가까운 방식으로 인터뷰를 학습하고자 하는 독자들은 책 읽는 것을 중단하고 필사 과제를 수행해 볼 것을 제안했다. 이 과제는 Tilley (2003)의 연구 "Transcription Work: Learning Through Coparticipation in Research Practice"에서 영감을 받았다. 이 글에서 Tilley는 실무 영역의 수습에 대한 Lave와 Wenger (1991)의 분석내용에 필사를 연결 지어 논했다.

Box 3.3 인터뷰 필사를 통한 인터뷰 학습

녹음된 연구 인터뷰 자료를 약 3건 정도 확보하고, 그 내용을 필사하는데 일주일 정도 할애한 다음, 그 과정과 필사 및 인터뷰의 문제점을 생각해보라.

학습내용:

- 좋은 품질의 녹음된 자료를 확보한다.
- 인터뷰 도중에 대답이 들리지 않는 부분을 명확하게 한다.
- 인터뷰 대상자들이 이해할 수 있도록 명쾌한 질문을 던진다.
- 무엇을 말하는지, 어떻게 말하는지 주의 깊게 듣는다.
- 목소리, 일시정지, 한숨 등을 집중해서 듣고 주제가 매우 중요하다거나 너무 민감한 주제여서 입장이 난처한지 등이 표시되는지 알아본다.
- 지나치게 개인적이거나 비판적인 질문을 해서 윤리적으로 위배될 만한 부분은 없는지 민감하게 파악한다.
- 인터뷰 진술에 후속적인 이차 질문을 한다.
- 인터뷰가 잡담으로 가득해지는 것을 방지한다.
- 인터뷰 진행자의 질문 스타일을 파악하고 장점과 문제점의 차이를 분간한다.
- 구술 언어와 문자 언어 간의 차이를 인식하고 구술 언어를 문자 언어로 옮기는 작업에 대한 지침의 필요성을 인식한다.
- 구술 녹음자료를 가까이 두고 작업할 때 즉흥적으로 의미에 대한 새로운 해석이 발생 할 수 있음을 주목한다.

Box 3.3은 필사 과제를 통해 얻을 수 있는 학습내용을 설명하고 있다. 초보 연구자는 다음 장에서 인터뷰와 필사에 대해 제시하는 내용들 중 상당 부분을 필사하는 일주일 동안 직접 확인했을 것이다. 녹음된 자료를 듣고 인터뷰에 대한 학습을 시작함으로써 초보 인터뷰 진행자들은 인터뷰 기법의 구술 매체에 민감해질 수 있다. 인터뷰 필사를 통한 인터뷰 학습은 발견 학습을 증진시키는데, 이는 자신들이 직접 다룬 실습 과제로 일선에 투입된 초보자들은 생생한 대화를 문자 텍스트로 전환하는 것과 관련된 기술과 딜레마를 발견하게 되기 때문이다. 안전한 필사 상황에서 초보자들은 인터뷰의 미묘함에 대해서도 추가적으로 인식하게 됨으로써 중요한 인터뷰에서 지식 생산의 기회를 망치거나 실제 인터뷰 상황에서 인터뷰 대상자의 사적 영역을 윤리적으로 침범하지 않을 수 있게 된다.

Dreyfus와 Dreyfus (1986)는 명시적인 규칙 따르기와 직관을 모두 아우르는 기술 학습 모델(model of skill learning)을 한 가지 제안했다. 운전하기, 체스 두기, 의학적 진단 내리기, 간호하기 등의 사례를 활용하여 성인의 기술 획득 단계를 초보자(novice), 발전된 초보자(advanced beginner), 유능자(competence), 숙련자(proficiency), 전문가(expertise)의 다섯 단계로 설명하는데, 이는 인터뷰를 학습하는 이슈와도 연관이 있다. 여기서 두드러지는 부분은, "맥락 없는"요소들에 대한 지침과 "맥락 없는 규칙"에 의한 사실을 조합해서 학습하는 초보자는 별개의 주체로서 분석적인 행동이 기술 수준이 높아질수록 능숙하게 정서적으로 집중하는 기술적 행동으로 발전한다는 점이다. 전문가는 폭넓은 경험 사례에서 일반화된 직관적 지식에 의존하여 해결책을 "알게" 되거나 "느낀다". Dreyfus의 모델을 적용해 보면 이 책에서 제안하는 것과 같은 명시적인 지침은 인터뷰 기술의 초보자 수준에 해당하고, 실습을 통해 도달할 수 있는 전문가 수준의 인터뷰는 상당 부분 직관에 의존할 것이다.

연구 인터뷰를 기법으로 생각하면 인터뷰의 기법을 학습하는 가장 이상적인 방식은 연구 수습기간을 통해 인터뷰 실무에 직접 노출되는 것이다. 개인주의적인 Dreyfus의 기술 학습 모델과 달리 도제 학습은 실무 공동체 내에서 이루어지는데 여기서는 초보자들도 명시적인 규칙을 배우면서 시작할 필요 없이 기법의 기초적인 실무에 즉시 몰두할 수 있다. 실무 영역에서 학습하는 인터뷰 수습을 통해 초보자는 연구 실무에 참여하면서 연구를 학습하고 일선에서 활동하는 장인들을 관찰하고 모방하면서 배워 나간다. 수습학습을 통해 기술 획득뿐만 아니라 일선에서 적용하는 가치와 윤리적 행동 규범의 통합을 수반한다(수습 훈련에 대한 일반적인 분석 자료는 Lave과 Wenger (1991)을 참조하고, 자연과학 분야에서 노벨 수상자들의 도제식 훈련에 대한 사항은 Kvale (1997) 및 Zuckermann (1972)을 참조).

모든 초보자들이 인터뷰가 일상적으로 수행되는 연구 집단에서 수습할 수 있는 것은 아니다. 어쩌면 연구자들에게 초보자를 가르칠 시간이 없을 수도 있다. 후자의 경우에 가능한 옵션 중 하나는 기법을 학습하는 수습제도처럼 초보자가 "수업료를 지불"하고 필사 작업과 같이 진행 중인 연구 프로젝트에서 해야 할 단순 작업을 수행하면서 동시에 배우는 것이다. 연구 프로젝트가 분석단계에 이르면 필사본을 코딩하는 작업자가 여러 명 필요할 수 있기 때문에 학습자가 그런 업무를 수행하면서 일선에 진입하는 것이 허용될 수 있는 것이다.

진정한 연구 수습제도는 거의 없으므로 실제 진행하는 연구 실무를 시뮬레이션하는 인터뷰 실습을 통해 인터뷰 기법을 배울 수 있다.

> 실습은 실무를 학습하는 과제를 위해 설계된 상황이다. 실습 세계에 근접한 맥락 안에서 학생들은 수행하면서 배운다. 물론 이들의 실습은 대부분 실제 세계에서의 작업에 미치지 못한다. 그들은 실제를 가장하고 단순화한 프로젝트를 수행하면서 배우거나 철저한 감독 하에 실제 세계의 프로젝트를 수행하면서 배운다(Schön, 1991, p. 37).

Schön은 "학교에 만연한 실천에 대한 인식론이자 특권 지식을 실무의 도구적 이슈에 적용하는 것을 전문적 역량으로 취급하는 기술적 합리성"을 일축한다(1991, p. xi). Schön은 자신의 사례 연구와 건축가, 행정가, 심리치료사 등의 전문가들과 진행한 인터뷰를 기반으로 전문적 앎(professional knowing)이 사실과 규칙, 그리고 규칙이 지배하는 탐구 절차를 초월한다고 설명한다. 전문적 앎은 우리의 행동을 되돌아보는 것 이상의 능력이다. 전문적 행위에서 앎이란 행위 안에 있고, 고유성과 불명확성 및 가치 갈등이 존재하는 혼란스럽고 불명확한 실천 영역을 다루는 능력과 연관이 있다. 실무를 배운다는 것은 실무자들로 구성된 공동체의 전통과 그들이 살고 있는 실제 세계로 입문하는 것이다. 이는 수습제도를 통해 실제 조건과 작업 실무에 직접 공개되거나 다음에 설명할 현실을 시뮬레이션하는 방식의 실습이 될 수 있다.

우리는 성찰적 실무자를 교육하는 Schön의 실습에서 영감을 받아 Box 3.4에 인터뷰 실습을 설명하고 학습내용과 학습기회를 제안했다. 인터뷰 실습과 앞서 설명했던 필사 과제의 초점은 인터뷰 탐구의 2단계, 즉 인터뷰하고 필사하는 법을 학습하는 데 있다. 분석 작업 등 인터뷰 탐구의 나머지 단계 역시 마찬가지로 인터뷰 실습을 통해 학습하거나 일선에서 경험이 더 많은 진행자들을 관찰할 수 있는 기회와 어느 정도는 그들을 보조할 수 있는 기회도 제공하는 연구 공동체의 수습제도를 통해 학습할 수 있다.

인터뷰의 기법에 관한 책을 저술하는 데에는 기법을 위해 실질적인 기술로 구성된 명시

Box 3.4 인터뷰 실습

I. 다른 사람들이 인터뷰하는 것을 보면서 인터뷰에 대해 배운다.

인터뷰를 진행하는 경험이 많은 연구자와 함께 앉아서 인터뷰 상황을 듣고 관찰하면서 기록 작업을 면밀히 수행하고, 공동 인터뷰 진행자로 참여하여 점차 적극적인 자세로 임한다.

학습내용:

- 인터뷰 진행자와 인터뷰 대상자 간에 맺어지는 사회적 관계의 의의
- 인터뷰 진행자가 스스로 질문하는 주제에 대해 잘 알고 있는 것의 중요성
- 인터뷰를 사전에 단계화하고 대본을 짜 보는 작업의 가치
- 실제 인터뷰 상황과 녹음된 인터뷰 간의 차이점

II. 인터뷰를 실습하고 인터뷰를 들으면서 인터뷰를 학습한다.

학습내용:

- 인터뷰의 실질적, 기술적, 사회적, 개념적 이슈에 대해 점진적으로 숙련되는 과정을 통해 자신감을 얻고 안전하고 고무적인 인터뷰 환경을 만든다.
- 질문의 내용, 표현, 순서를 개선할 수 있는 여러 가지 옵션을 정한다.
- 이차 질문을 완전히 익히는 것의 중요성을 인식한다.
- 예비 인터뷰를 몇 개 화면으로 녹화하여 인터뷰 진행자와 대상자의 몸짓언어에 대한 민감성을 향상시킨다.

III. 인터뷰 연구자들이 속한 공동체에서 인터뷰를 학습한다.

학습기회:

- 인터뷰를 듣고 인터뷰 진행자가 인터뷰에 대해 하는 이야기를 듣는다.
- 인터뷰 진행자들이 각기 다른 단계에서 그들의 프로젝트를 진행하는 것을 관찰하면서 인터뷰 탐구의 전반적인 설계에 대한 느낌을 파악한다.
- 경험 많은 인터뷰 진행자들로부터 자신의 예비 인터뷰에 대한 피드백을 받는다.
- 다른 연구자가 자신의 연구주제에 대해 자신을 인터뷰하게 함으로써 연구주제와 관련하여 반영하지 못한 가정과 개인적 편견을 알아본다.

적 지침을 제시하는 것과 암묵적이고 맥락에 묶여 있는 경우가 많은 개인의 노하우 사이에 존재하는 역설이 내포된다. 학생은 장인들이 소속된 연구 공동체 내의 상호작용 속에서 인터뷰를 학습하는 연구 수습제도와 인터뷰 기법을 배울 수 있는 실습은 흔히 접할 수 있는 것이 아니다. 독학해야 하는 상황이라면 인터뷰 기술을 이제 막 배우기 시작한 수준의 초보자들을 위해서는 명시적인 지침과 경험 법칙들이 포함된 매뉴얼이라도 있다면 아무것도 없는 것보다는 나을 것이다. 인터뷰에 관한 책을 읽는 것만으로 좋은 인터뷰 진행자가 되는 법을 배울 수는 없지만, 책은 인터뷰 여정이 어떤 지형에서 진행되는지, 그 여정에서 사용할 수 있는 장비와 도구 상자는 무엇인지에 대한 정보의 일부를 제공해줄 수 있다. 이를 통해 인터뷰 여행자의 여정이 수월해지고 여정을 마무리하며 얻게 되는 지식의 질이 높아질 수 있다.

연구 인터뷰의 기법에 대한 철저한 훈련이 오늘날 사회과학계 방법론적 프로그램에서 흔하게 진행되고 있지는 않다. 아마도 인터뷰를 규칙에 지배되는 자료수집 방법으로 이해하기 때문에 학계에서는 인터뷰 진행자를 위한 확대된 개인 훈련이 거의 강조되지 않고 있다. 필사 작업이나 인터뷰 실습, 이상적으로는 연구 수습제도를 통해 인터뷰 기법을 정복하는 과정은 성가시고 시간만 잡아먹는 것처럼 보일 수 있다. 어떤 경우에는 이렇게 더딘 학습 과정보다는 주말에 진행되는 과정과 개론서만으로 박사학위 프로젝트를 시작하기에 충분하다고 여길 수도 있다.

이와 달리, 인터뷰 진행자에 대한 폭넓은 훈련이 필요한 전문 분야도 있다. 이와 같이 치료적 인터뷰 진행자들, 그리고 고객과 고용주가 자신의 인터뷰에 매기는 가치로 먹고 사는 상업적 인터뷰 진행자들은 인터뷰 기법을 숙달하기 위해 수년의 훈련 기간이 필요할 수 있다. 따라서 심리 분석적 인터뷰를 진행할 수 있는 허가를 받기 위해서는 실무와 이론에 대한 훈련을 수년 동안 받아야 한다. 업계 내 인간관계를 조사한 Hawthorne에 의하면 능숙한 인터뷰 진행자가 되기 위해서는 몇 년의 훈련이 필요한 것으로 나타났다. 오늘날 소비자 연구에서 수행되는 포커스그룹 인터뷰의 경우, Chrzanowska (2002)는 포커스그룹 인터뷰 진행자 자격을 획득하기 위해서는 약 2년간 훈련이 필요하다고 추정했다. 그러나 Sennett (2006)은 그의 저서 *The Culture of the New Capitalism*에서 사람들이 스스로를 장인이라고 생각하기에는 현 소비자 사회가 너무 "성급"하다고 주장했다. Sennett의 논점은 사람들이 유능한 장인이 되기에는 너무 게으르다는 것이 아니라 "경제가 시민들이 장인처럼 생각하기가 어렵다는 정치적 분위기를 만든다"는 것이다(p. 171). 이는 초보자나 "대가(master)"를 막론한 모든 연구자들에게 "연구결과"를 빨리 전달해야 하는 압박을 뜻하기 때문에 어쩌면 연구 분야에서 특히 위험할 수 있는 부분이다.

전문 분야에서 요구되는 장기간 훈련의 예시들을 이유로 누군가 학술적 연구 인터뷰를 마다하는 일은 없어야 한다. 교과목들이 빽빽하게 들어찬 대학 과정에서 이렇게 방대한 훈련이 현실적으로 가능하지 않을 수는 있지만, 그렇다고 고급 인터뷰 기술을 획득하기 위해 필요한 실질적인 훈련을 간과해서는 안 된다. 학위과정에서 연구 인터뷰를 학습하기에는 시간적으로 제약이 있다면 인터뷰 연구의 과학적 지위에 대한 패러다임적 논의에 소요되는 시간을 다소 줄이고, 인터뷰의 대인 관계적 실무를 학습하는 데 좀 더 주의를 기울이는 방법도 고려해 볼 수 있다. 이와 관련하여 어떤 연구 집단이 연구 인터뷰 진행자들의 개인적 기술을 훈련시키는 데 중점을 둔 제안을 했는데, 그 내용은 6장(Box 6.7)에서 확인할 수 있다. 그들의 글은 다음과 같다:

> 여러 학과에서 가공되지 않은 자료를 보호하는 것과 관련된 이슈에 대한 이해가 거의 없는 학생들에게 인간의 자료를 통계적으로 조작할 수 있게 하는 과정을 쉽게 제공하는 것은 안타까운 일이다. 지위와 수준을 막론하고 사람들을 만나는 법과 관계를 형성하는 법, 타인이 사물을 보듯이 그 중요성을 공감적으로 이해하는 방법, 도덕적, 사회적, 미학적으로 평가하지 않고 그들의 태도와 행위를 받아들이는 방법... 인간의 통계자료를 수집하려는 사람은 이 모든 요소들에 통달해야 한다. 이러한 부분들에 대한 훈련이 자료의 수리학적 취급을 다룬 일부 대학 과정을 대체하거나 최소한 선행적으로 이루어질 수만 있다면 우리는 인간의 행동과학에 근접하게 될 것이다(Kinsey, Pomeroy, & Martin, 1948, p. 35).

◆◆◆◆

이 장에서는 주로 포스트모더니즘적, 실용주의적, 해석학적 철학을 참고하면서 질적 인터뷰 연구의 인식론을 다루었다. 우리는 이러한 철학적 입장들이 언어, 내러티브, 인간관계, 맥락을 통해 구성된 질적 인터뷰에 의해 생성되는 지식의 성질을 이해하는 데 도움이 될 수 있다고 주장했다. 우리는 또한 규칙이 지배하는 연구와 양적 과학 지식을 강조한 나머지 질적 인터뷰가 정당한 연구방법으로 인정받지 못하는 데 일조한 실증주의 철학을 소개하였다. 우리는 방법론적 실증주의와는 반대로, 질적인 지식 생성에서 인간의 주체성이 축소 불가능한 역할을 했기 때문에 중립적이고 이익이 배제된 방법을 따르는 양적연구에서 지식이 얻어지는 것은 아니라고 주장했다. 우리는 방법 사용의 차원에서 개념화되는 연구의 탁월성보다는 훌륭한 질적연구가 우수한 장인 정신으로 표시된다는 개념을 소개하였다. 이 주제는 다음 장에서도 이어지는데 사회적 관행으로서의 인터뷰에서 나타나는 일부 윤리적 모호성에 대해서 다룰 예정이다. 여기서 중점이 되는 부분은 윤리적으로 역량 있는 연구의 실천은 윤리적 원칙과 지침을 따르는 것으로 축소될 수 없으며 반드시 인간의 상황 판단 요소들을 포함해야 한다는 점이다.

4장

인터뷰의 윤리적 이슈

이 장에서는 연구목적으로 인터뷰하는 관행에 관련된 윤리적 또는 도덕적 우려에 대해 논한다. 윤리적 이슈가 어떻게 실제 인터뷰 상황을 넘어 인터뷰 조사의 모든 단계에 내재되어 있는지를 보여주는 것을 목표로 한다. 사회과학 연구를 위한 윤리 지침과 사전동의, 비밀유지, 결과, 연구자의 역할에 대한 중요성을 다룬다. 결론의 17장에서는 인터뷰의 도덕적 이슈로 되돌아가서 인터뷰로 생산되는 지식의 보다 광범위한 사회적 효과의 거시적 윤리를 다루기 위해 인터뷰 프로젝트의 미시적 윤리를 넘어선다.

질적연구의 장인 정신을 강조하는 이 책의 실용적인 관점에 따라, 도덕적 행동이 상황에 맞는 판단의 실용적인 기술과 밀접하게 연결되어 있고, 이 판단은 Aristotle (1994)이 어떤 상황에서 가장 중요한 것을 인식하고 대응하는 지적 덕목인 실천지(phronesis)라고 설명했던 것이다. 결과적으로, 특정 상황에서 활약하는 구체적인 힘과 취약점을 파악하도록 할 수 있는 인터뷰 연구자의 실용적 기술에 초점을 두게 된다. 이 장의 마지막 부분에서 구체적인 윤리적 이슈를 다루기 위해 인터뷰 연구자들을 어떻게 교육시킬 수 있는지에 대해 언급한다.

도덕적 탐구로서의 인터뷰

인터뷰 연구는 도덕적 사업이다. 도덕적 이슈는 인터뷰 조사의 결과일 뿐만 아니라 수단과 관련된 것이다. 인터뷰에서 인간의 상호작용은 인터뷰 대상자들에게 영향을 미치고 인터뷰에 의해 생성된 지식은 인간 상태에 대한 이해에 영향을 미친다. 결과적으로, 인터뷰 연구는 도덕적이고 윤리적인 이슈로 가득 차 있다. **윤리**(Ethics)는 성격(character)을 뜻하는 그리스어 **에토스**(ethos)에서 유래했으며, 라틴어 **모레스**(mores)(**도덕성**을 가지고 있음에서 유래)로 번역되었는데, 이는 성격, 관습 또는 습관도 의미한다(Annas, 2001). 윤리가 전형적으로 형식적인 것(예: "윤리 지침")을 가리키고, 도덕은 일반적으로 일상적 행위(예: "일상생활의 도덕성")를 의미하지만, 이 장에서는 **윤리**와 **도덕**을 체계적으로 구별하지 않는다. 대신 인간 존재의 "상식" 즉 인간의 삶은 필요한 방식으로 행동하고, 생각하고, 느끼고, 존재해야 한다는 도덕적 요구를 포함한다는 광의적 정의를 중심으로 논의한다.

연구 프로젝트의 수행은 연구의 사회적 기여와 관련하여 생산된 지식의 가치에 대해 의문을 제기한다. 사회과학 연구는 과학적 이익과 인간의 이익에 기여한다. 따라서 미국심리학회(American Psychological Association)의 윤리 원칙의 초기 버전에 대한 서문은 심리학자들이 인간 행동에 대한 지식과 자신과 다른 사람들에 대한 사람들의 이해에 대한 지식을 증진시키고, 이 지식을 인간의 복지 증진을 위해 사용하는 것에 전념하고 있다는 것을 다음과 같이 강조하였다. "연구를 수행하기로 한 결정은 개인 심리학자가 심리학과 인류 복지에 최선으로 기여하는 방법에 대한 사려 깊은 판단에 달려 있다"(APA, 1981, p. 637).

질적연구는 지식을 획득하고자 하는 바람과 윤리적 우려 사이에 긴장감을 조성할 수 있다. 질적 인터뷰 진행자이자 심리치료사인 Jette Fog (2004)는 인터뷰 진행자의 기본적인 윤리적 딜레마를 다음과 같이 표현하였다. 연구자는 인터뷰 대상자에게 침습적인 위험과 함께 인터뷰가 가능한 한 깊이 있고 탐색적이기를 원하는 반면, 피상적인 경험적 자료를 획득할 위험과 함께 가능한 인터뷰 대상자를 존중하기를 원한다.

Fog (2004)의 예시 중 하나는 다음과 같다. 암과 함께 살아가기에 대한 연구에서 한 여성이 인터뷰를 통해 질병의 재발을 두려워한다는 것을 부인한다. 그녀는 두렵지 않다고 말하며 행복하고 합리적인 것처럼 보인다. 그러나 숙련된 인터뷰 진행자이자 심리치료사인 Fog는 반대로 작은 신호를 감지한다. 이 여성은 매우 빠르게 말한다. 그녀의 미소와 손을 움직이는 방식은 그녀의 말과 무관하다. 그녀의 몸은 경직되어 있고, 자신의 말은 듣지 않는다. 만약 인터뷰 진행자가 인터뷰 대상자의 말을 존중하고 비판적인 치료적 해석 등을 피한다면 서면 인터뷰는 이후 암과 함께 평화롭게 사는 한 여성의 이야기를 들려줄 것이다. 이러한 방식으로 귀중한 지식이 사라질 수도 있었는데, 인터뷰 대상자의 명백한 부정과 방어를 회피하려는 시도에서 얻을 수 있었다. 만약 사회가 치명적인 질병을 가지고 산다는 것이 무엇을 의미하는지 알아내는 것에 관심이 있다면, 연구자는 아마도 여성의 말의 액면 가치를 거슬러 올라가려고 노력해야 한다. 그러나 무엇이 그 여성에게 이익이 되는가? 아마도 그녀에게는 방어가 무너지지 않는 것이 최선일 수도 있고, 아니면 그녀가 자신의 질병의 실체를 직시한다면 더 나은 삶을 살 수도 있을 것이다. 그러한 딜레마를 염두에 두고 이제 인터뷰 연구 중에 발생하는 윤리적 이슈로 넘어가도록 한다.

인터뷰 탐구에서의 윤리적 이슈

인터뷰 연구에서 윤리적 이슈는 “사적인 삶을 연구하고 대중에게 설명하는 것(Birch, Miller, Mauthner, & Jessop, 2002, p. 1)”의 복잡성 때문에 발생한다. 윤리적 이슈는 인터뷰 조사의 전 과정을 거치며, 초기 조사부터 최종 보고까지 잠재적인 윤리적 우려를 고려해야 한다.

인터뷰 연구의 7단계에서 발생할 수 있는 몇 가지 윤리적 우려는 Box 4.1에 제시되어 있다. 이 단계들은 6장 연구설계에서 보다 자세하게 다루어진다.

인터뷰 연구를 위한 윤리 프로토콜 준비 시 방금 제시된 것과 같은 윤리적 이슈를 고려해야 한다. 건강과학과 같은 일부 분야에서는 조사를 실시하기 전에 기관윤리위원회에 인터뷰 프로젝트를 제출하는 것이 의무적이다. 따라서 연구자는 인터뷰 프로젝트 중에 발생할 수 있는 가치 이슈와 윤리적 딜레마를 사전에 숙지해야 하며, 연구 커뮤니티에서 경험이 풍부한 구성원과 상의하는 것 또한 권장한다. 그것이 정규 요건이 아니더라도 조사에서 예상 가능한 윤리적 이슈를 다루는 윤리적 프로토콜을 작성하기 위한 인터뷰 연구를 계획할 때 가치 있을 수 있다. 인터뷰 조사의 여러 단계에서 전형적으로 발생하는 도덕적 이슈에 대한 사전지식으로, 연구자는 연구를 설계하는 동안 성찰적인 선택을 할 수 있고 조사 중에 나타

Box 4.1 연구의 7단계에 따른 윤리적 이슈

주제 선정*(Thematizing)*. 인터뷰 연구의 목적은 탐구된 지식의 과학적 가치를 넘어서서 조사된 인간의 상황을 개선하는 것과 관련하여 고려되어야 한다.

설계*(Designing)*. 설계 단계의 윤리적 이슈에는 연구 참여에 대한 대상자의 사전동의 획득, 비밀유지 확보, 대상자에 대한 연구의 가능한 결과가 고려되어야 한다.

인터뷰*(Interview situation)*. 대상자에 대한 인터뷰 상호작용의 개인적인 결과, 예를 들어 인터뷰 중 스트레스와 자기 이해의 변화 등을 고려할 필요가 있다.

필사*(Transcription)*. 인터뷰 대상자의 비밀유지가 보호되어야 하며, 필사된 텍스트가 인터뷰 대상자의 구두 진술에 충실했는지 여부에 대한 이슈도 있다.

분석*(Analysis)*. 분석 단계에서 윤리적 이슈는 인터뷰가 얼마나 정확하게 분석할 수 있는가, 인터뷰 대상자가 자신의 진술을 어떻게 해석하는지에 대한 발언권이 있어야 하는가에 대한 이슈를 포함한다.

확인*(Verification)*. 가능한 한 안전하고 검증된 지식을 보고하는 것이 연구자의 윤리적 책임이다. 이것은 연구대상자가 얼마나 비판적으로 질문을 받을 수 있는지에 대한 이슈를 포함한다.

보고*(Reporting)*. 공개적으로 사적인 인터뷰를 보고할 때 비밀유지 이슈가 다시 발생하며, 인터뷰 대상자와 그들이 속한 집단에 대해 발표된 보고서의 결과에 대한 이슈도 있다.

날 수 있는 중요하고 민감한 이슈에 주의를 기울일 수 있다. 그러나 일부 국가와 분야에서는 연구 프로젝트를 위한 윤리적 프로토콜을 기관윤리위원회에 의무적으로 제출하는 것이 질적연구를 억제할 수 있다.

Box 4.2 에서는 연구 프로젝트의 윤리적 측면을 평가하는 기관윤리위원회를 다루었고, 질적연구자들이 제기한 위원회에 관한 몇 가지 중요한 사항들을 살펴보았다. 개방적인 탐색적 질적 프로젝트를 실험연구를 위한 윤리 지침의 언어로 번역하는 것이 매우 번거롭고 시간이 많이 소요되는 것으로 밝혀져 질적연구를 수행하고 가르치는 데 관심이 있는 연구자들이 포기하고 다른 연구접근법을 모색하게 될 위험이 있다. 나아가 의학 실험연구에서 사회과학 연구로 파생된 윤리 규범의 이전과 사회과학으로 이전된 생의학 연구를 위해 개발된 근거기반 연구 기준의 유사성에 우리는 더 주목한다(Box 3.2). 두 경우 모두 조사 대상과 무관하게 공통적인 과학적 방법의 실증주의적 가정에 따라 사회과학 연구의 관료주의가 존재한다. 이제 연구윤리의 제도적 권력 측면으로부터 주요 윤리적 입장에 대한 논의로 전환한다.

Box 4.2 기관윤리위원회

미국 대학의 연구자들은 인간 대상의 연구 프로젝트를 기관윤리위원회(Institutional Review Board, IRB)에 제출하는 것이 필수이다. 이는 다른 여러 나라들에서도 마찬가지이다. 위원회는 인간 대상 연구에 대한 윤리 지침에 따라 프로젝트를 검토한다. 윤리 지침은 본래 대규모 부정행위 사례가 드러난 생의학 실험연구를 위해 개발되었다.

이러한 의학 윤리 지침이 사회과학에 적용될 때, 몇 가지 이슈가 발생한다. 충분한 설명 후 얻은 서면동의와 같은 윤리적 요건은 고위험 의학실험에는 적절하지만, 저위험 현장연구와 인터뷰에서는 불필요하고 실현 불가능한 경우가 많다. 매우 공식화된 실험과 검정에 대해 도출된 윤리적 요건은 또한 질적 인터뷰, 현장연구 및 참여행동 연구(participatory action research)의 탐색적, 상호작용적, 해석적 본질에 다소 부합하지 않는다. 영국 연구진의 표현처럼, "유동성과 귀납적 불확실성으로 특징지어지는 질적연구에는 내재된 긴장감, 정적이고 점점 공식화되는 윤리 지침이 있다"(Birch et al., 2002, p. 2).

유동적인 비표준화된 인터뷰에서 제기될 특정 질문을 사전에 기술하는 것뿐만 아니라, 종종 탐색적인 인터뷰 연구의 주제를 사전에 명시하는 것이 어려운 점은 윤리위원회에서 잠재적인 이슈로 여겨진다. 일부 위원은 모든 인터뷰 질문을 사전에 승인하고 싶어 하고 설문조사 인터뷰에서는 사전에 결정된 질문을 승인할 수 있으나, 개방적 연구 인터뷰는 사전에 결정할 수 없는 질문을 가지고 대상자로부터 예상하지 못한 실마리를 따라가는 것처럼 현장에서 결정해야 하는 것을 포함한다. 다수의 기관윤리위원회에서 질적연구 전문가 위원은 소수이기 때문에 위원회의 결정이 탐색적 질적연구 프로젝트의 복잡하고 개방적인 목적에 적합하지 않을 수 있다.

Lincoln (2005)은 기관윤리위원회와 위원회의 인간 대상 연구를 위한 윤리 지침이 새로운 방법론적 보수주의에 기여하고 참여적 질적연구를 제약했다고 비판하였다. 더 나아가 그녀는 협력적, 상호적, 민주적, 개방적 관계로서 질적연구의 재구성된 관계와 함께 일반적인 윤리 지침의 주요 이슈는 이슈가 아니라고 주장한다. Parker (2005) 또한 영국의 윤리위원회가 질적 접근보다 양적 접근을 선호하며, 규정에 없는 새로운 형태의 연구를 간접적으로 제한하고, 체크리스트 사용에 있어 관료적인 태도를 취함으로써 결국 연구자가 윤리에 대해 진지하게 사고하는 대신 승인과정으로 시간을 허비하게 한다고 비판하였다.

(계속)

덴마크와 같은 일부 국가에서는 기관윤리위원회의 승인이 건강 관련 연구에서만 요구되는 반면, 생명에 덜 위협적인 사회과학 연구에서는 학자 스스로가 자신의 연구수행의 윤리적 결과를 판단하는 능력이 있는 것으로 간주한다고 부연하고 싶다. 의심스러운 경우에는 학자들은 경험이 보다 많은 동료들과 상의하고, 초보 연구자에게는 자문을 구할 조언자가 있다. 복잡한 경우, 학자들은 국가윤리위원회와 상의할 수 있다.

미국의 기관윤리위원회의 성과물과 요건에 대한 자세한 내용은 "행동과학 및 사회과학 연구의 인간 대상 보호를 위한 공용 규칙 해석"을 참조(*National Science Foundation, Office of Budget, Finance and Award Management, 2006: http://www.nsf.gov/bfa/dias/policy/hsfaqs.jsp#s*). 이러한 규칙이 질적연구와 연관되는 방식에 대한 비평은 Cannella와 Lincoln (2007)이 편집한 *Qualitative Inquiry* 특별호의 "Predatory vs. Dialogic Ethics"를 참조.

윤리적 입장: 규칙과 절차 또는 개인적 미덕?

윤리위원회의 태도가 관료적이고 윤리적 원칙은 추상적이나 도덕적 관행은 구체적이므로 이러한 뚜렷한 차이에도 불구하고 전문적 윤리강령은 인터뷰 연구를 진행하는 동안 구체적인 윤리적 결정에 대해 성찰하는 근거로 작용한다. 특히 철학적인 윤리 이론은 윤리적 성찰 확정을 위한 틀을 제공한다. 주요한 세 가지의 입장은 칸트학파의 의무 윤리(ethics of duty), 공리주의자의 결과 윤리(ethic of consequences), Aristotle의 덕 윤리(virtue ethics)이다(Eisner & Peshkin, 1990; Kimmel, 1988; MacIntyre, 2006). 연구가 진행되는 동안 그러한 개념적 맥락이 규범적인 선택에 대한 명확한 해답을 제공하는 경우는 드물다. 개념적 맥락은 특정 상황에 대한 규범적 선택들 간의 관련성과 해석을 위한 기술과도 같다.

20세기 후반까지 영어권에서는 2가지의 지배적인 도덕 철학이 있었다. 칸트학파의 의무론(deontology)과 결과주의(consequentialism), 공리주의(utilitarianism)이다. 칸트학파(현대 칸트학파인 Jürgen Habermas와 John Rawls)는 모든 이성적인 창조물에 구속력을 갖는 도덕적 규칙과 원칙을 만들어 낼 보편적인 절차를 고안하려고 노력하였다. Hume과 Bentham과 같은 공리주의자(현대 공리주의자인 R. M. Hare와 Peter Singer)는 이와 관련된 도덕적 절차는 모든 지각이 있는 창조물의 행복의 최대 합을 계산하는 보편적인 계산법의 한 종류라고 주장한다. 최근에는 많은 철학자들과 사회과학자들은 윤리학에 대한 이러한 **절차적** 접근방법에 의문을 제기해왔다. 규칙 윤리(ethics of rules)라고 불리는 이러한 접근방식의 주된 이슈는 어떤 규칙, 원칙 그리고 절차도 스스로 해석될 수 없다는 것이다(Jonsen & Toulmin, 1988). 모두가 동의할 수 있는 절차에 대한 일반적 규칙을 만드는 데 성공하더라도 언제, 어떻게 규칙을 적용할 것인가에 대해 알 필요가 있다.

1960년대 이후 도덕 철학에서 점점 영향력이 커지고 있는 세 번째 견해인 Aristotle의 덕 윤리는 도덕성에 관한 보편적인 **이론**을 공식화하는 것이 아니라 오히려 우리를 선량한 사람으로 만드는 **실질적인** 목표를 가지고 있다. 덕 윤리의 관점에서는 보편적인 윤리적 절차를 추구하는 것을 덜 강조하는 대신 기존의 도덕적 실천과 개인의 능력을 구체적으로 찾고자 한다. Aristotle에 따르면, 도덕적 이슈에서 실질적으로 현명하기 위해 필요한 것은 주로 과학 지식이나 윤리 원칙이 아니라 그의 말대로 "과학적 지식으로는 알 수 없고 지각으로만 알 수 있는, 궁극적으로 특정한 것을 다루는" **실천지**(*phronesis*) 또는 신중함(prudence)이다(Aristotle, 1994, p. 351). 실천지는 "삶의 전반적인 행동에 도움이 되는 방식으로 특정 상황을 평가하고 행동하는 능력"이다(Lovibond, 1995, p. 101).

실천지 또는 실천적 지혜(practical wisdom)는, 우리가 "풍부한 윤리적 설명"을 기술하고 가치가 부여된 맥락에서 사건을 보고 설명하고 그에 따라 판단하는 능력이라고 칭하는 것이다(Brinkmann & Kvale, 2005). "풍부한 설명(thick description)"이라는 말은 원래 철학자인 Gilbert Ryle가 제안하였고, 후에 인류학자 Clifford Geertz가 채택하였다. 우리는 질적연구자들이 기계적으로 보편적인 규칙을 따르는 것이 아니라, 윤리적으로 능숙해지기 위해서 "풍부하게(즉, 실천적 지혜를 이용한)" 지각하고 판단하는 능력을 함양해야 한다고 믿는다. 질적연구자들은 추상적이고 보편적인 원리에서 계산하기보다는 맥락화된 추론 방법에 참여해야 한다. 예시나 사례 연구는 일반적 원칙에서 특정 실천으로 이행하는 데 도움이 될 수 있다. 지엽적 전문 커뮤니티 내에서 구현된 윤리적 기술들은 점점 서면의 윤리 원칙, 규칙 및 예제의 중요한 확장으로 대표된다.

그러나 Nussbaum (1986)이 주장했듯이 도덕 규칙은 여전히 엄지의 법칙[1]으로서 유용하기 때문에 규칙과 원칙을 완전히 포기할 필요는 없다. 도덕 규칙은 그 자체로 권위 있는 것으로 보여서는 안 되지만, "바른 판단의 기술적 요약이며... 현명한 사람이 내린 훌륭하고 구체적인 결정이 갖는 규범적인 힘을 경제적 형태로 전달하는 경우에만 유효하다"(Nussbaum, 1986, p. 299). Nussbaum이 말하는 현명한 사람이 인지자(the perceiving agent)에 관한 묘사는 윤리적 이상(ethical ideal)에 대한 묘사로 읽힐 수 있을 뿐만 아니라, 자신의 주제에 관해 잘 알고 있어 맥락화된 도덕적 추리에 참여할 수 있는 이상적인 질적연구자에 대한 묘사로 더 읽힐 수 있다고 믿는다.

> 본인의 앞에 있는 가치 세계에 책임감 있게 헌신하는 것, 인지자는 회피성이나, 과학적 추상성, 또는 단순화에 대한 애정 때문에 보여지고 느껴지는 것에 미치지 못하는 것이 아니라, 각각의 항목과 상황의 본성을 면밀히 조사할 수 있고, 완벽한 민감성과 상상력을 가지고 그녀 앞에 있는 것에 반응할 수 있다. 아리스토텔레스 학파는 실질적인 관련성을 놓치지 않고 세부사항에 대해 구체성과 감정적인 음영을 갖고 복잡한 상황을 묘사할 수 있는 사람이다(Nussbaum, 1990, p. 84).

윤리 지침

인터뷰 연구를 시작할 때 대부분 제기되어야 하는 경험적 법칙이라고 할 수 있는 것은 윤리적 이슈인가? 다음에는 연구자를 위한 위한 윤리 지침에서 전통적으로 논의되었던 4가지 분야, 즉 사전동의, 비밀보장, 결과, 연구자의 역할에 대해 언급한다(American Psychological Association, 2002; Eisner & Peshkin, 1990; *Guidelines for the Protection of Human Subjects,* 1992).

---

1) 엄지의 법칙(rules of thumb): 경험에 바탕을 둔 방법; 과학적인 방법보다 오히려 경험적인 방법(재빨리 대략적인 셈을 하기 위해, 사람의 엄지를 사용한다는 사실)에서 도출된 일반적인 규칙(역자 주)

Box 4.3 인터뷰 연구의 시작 단계에서의 윤리적 이슈

- 연구의 **유익한** 결과는 무엇인가?
- 연구가 참여 대상자의 상황을 개선하는 데 어떻게 기여할 수 있는가? 그들을 대표하는 집단? 아니면 인간 조건의 상황을 개선하는데 기여하는 것인가?
- 참여하는 대상자들의 **사전동의**가 어떻게 얻을 수 있는가?
- 연구에 대한 정보를 사전에 얼마나 많이 주어야 하고, 어떤 정보가 인터뷰 후 디브리핑 때까지 보류될 수 있는가?
- 누구의 동의를 받아야 하는가? 참여자인가 아니면 그의 상사인가?
- 인터뷰 대상자들의 **비밀보장**은 어떻게 보호될 수 있는가?
- 참여자가 익명으로 남아 있는 것이 얼마만큼 중요한가?
- 대상자들의 신원이 어떻게 위장될 수 있는가?
- 인터뷰에 응할 수 있는 사람은 누가 될 것인가?
- 누가 인터뷰를 할 것인가?
- 대상자들의 익명성과 관련된 법적인 이슈들이 예견될 수 있는가?
- 여자를 위한 연구의 **결과**는 무엇인가?
- 참여자들에게 잠재적인 혜택이 잠재적인 해악을 능가하는가?
- 인터뷰가 치료적 관계에 가까운가? 만약 그렇다면 어떤 주의를 필요한가?
- 연구를 발표할 때, 대상자나 대상자를 대표하는 집단에게 어떤 영향을 줄 것으로 예상되는가?
- **연구자의 역할**이 연구에 어떻게 영향을 줄 것인가?
- 연구자는 프로젝트 기금이나 대상자에 대한 과도한 인식으로 공동 선택을 피함으로써 어떻게 생산된 지식에 대한 비판적인 시각을 잃을 수 있는가?

Box 4.3에서 다음과 같은 공통 윤리 지침의 4가지 핵심 영역과 관련하여 발생할 수 있는 몇 가지 질문에 대한 정보를 제공하고자 좀 더 자세하게 다루었다. 이것들은 연구 프로젝트를 수행하기에 앞서 한 번만 질문하기보다는 불확실성의 분야(즉, 인터뷰 연구 내내 지속적으로 언급하고 성찰하는 이슈)로 개념화하는 것이 옳을 것이다. 사전동의, 비밀유지 등의 이슈를 한 번에 해결하려고 하기보다는 질적연구 인터뷰 진행자가 연구 과정 전반에 걸쳐 발생할 수 있는 딜레마, 양가감정, 갈등에 대해 열린 자세를 유지하는 것이 더 중요한 분야일 것이다. 이것은 윤리 지침과 원칙을 넘어서 연구자들의 윤리적 능력에 더 초점을 맞출 것을 요구한다.

Plato가 제시한 간단한 예로 스스로 적용하고 해석하는 윤리 규칙이나 원칙은 없다. 규칙은 반드시 맥락적으로 이해되어야 한다는 것에서 우리가 주장하는 요점을 증명하고 있다. *The Republic*에서 나온 대화에서 Socrates는 Cephalus 이야기를 하고 있는데, Cephalus는 정의(여기서는 "올바른 행동"을 의미)는 "진실을 말하라", "빌린 물건을 돌려준다"와 같이 보편적인 규칙을 말하는 것으로 믿었다.

> 내(Socrates)가 말하길 "그만하면 됐어, Cephalus. 우리가 옳은 일을 하는 것은 단순히 오로지 진실성에 충만해서 빌린 것을 돌려주는 것이라고 말하는 것일까? 그러한 것들이 때로는 옳고 때로는 틀릴 수도 있는 행동들이 아닌가? 예를 들어, 어떤 사람이 제정신이 아닌 친구에게 무기를 빌렸는데 그 친구가 무기를 돌려달라고 하면 그것을 돌려주지 않는 것이 당연할 텐데 그 행동이 옳지 않다고 미친 사람에게 엄정하게 진실을 말하도록 동의를 구할 수 없지 않을까?"
>
> "그렇습니다"라고 그가 답했다.
>
> "그렇다면, 진실을 말하고 빌린 것을 돌려주는 것은 옳은 일의 정의가 아니지 않나."(Plato, 1987, pp. 65-66).

이 대화는 8장에서 대면 인터뷰(confrontational interview)의 예시로 다루었던 것으로 2장에서 논의한 것과 같이 에피스테메의 의미에서 지식을 생산하려는 목적을 가지고 있다(Brinkmann, 2007a). 앞으로 전개되는 지식은 도덕적 규칙, 지침, 원칙이 기계적으로 적용되어서는 안 된다는 말로 요약할 수 있는데, 이는 언제 그리고 어떻게 그것들이 도덕적인 관련성이 있는지를 결정하는 상황적인 요소가 있기 때문이다. 이러한 요소들 자체가 명시적인 규칙으로 명명될 수 없다. 왜냐하면 우리가 규칙을 적용하고자 할 때 규칙을 명명하려면 무한정 과거로 거슬러가야 끝나기 때문이다. 그래서 우리는 윤리 지침이 현실의 모호함과 불확실성을 무시하는 최종적인 도덕적 권위로 보여지기 보다는 불확실성의 분야 안에서 생각할 수 있는 도구로서 실용적으로 재구성되어야 한다고 권고한다. 우리는 이제 윤리 지침에 의해 정상적으로 다루어지는 인터뷰 연구 안에 존재하는 윤리적 불확실성 분야에 눈을 돌리고자 한다.

사전동의

사전동의(informed consent)는 조사의 전체적인 목적과 설계의 주요 특징, 연구 프로젝트에 참여함으로써 발생할 수 있는 위험과 이익을 연구 참여자에게 알리는 것이다. 또한 사전동의는 참여자가 자발적으로 참여하고 언제든지 연구를 철회할 수 있는 권리가 있음을 알리는 것을 포함한다. 사전동의라는 개념은 "첫째, 개인적인 자율성의 원칙과 둘째, 이익의 원칙에 기초한다"(Marzano, 2012, p. 443). 이러한 원칙들은 결정을 내릴 수 있는 사람들의 능력을 존중하며 참여자들에게 해를 끼치지 않도록 하기 위한 것이다.

브리핑과 디브리핑을 통해 참여자에게 연구 프로젝트의 목적과 절차에 대해 알려야 한다. 여기에는 비밀유지에 대한 정보가 포함되어야 하고 인터뷰, 자료에 접근할 수 있는 사람들, 인터뷰 전체나 일부를 발표할 수 있는 연구자의 권리, 참여자가 필사된 내용과 분석한 자료를 볼 수 있음을 포함해야 한다. 대부분의 경우 이러한 이슈는 참여자들에게는 별로 중요하지 않을 수 있다. 하지만 조사가 진행되거나 갈등이 발생할 가능성이 있는 경우, 특히 기관의 경우 서면 동의서는 참여자와 연구자 모두를 보호하는 역할을 한다. 추후에 연구 자료를 사용할 경우, 연구에 참여한 대상자에게 이 자료를 사용하는 것에 허락을 받고 연구자와 참여자가 서명한 사전동의를 받아두는 것이 바람직하다(Yow, 1994, 참여자의 사전동의 편지).

상사의 동의가 아랫사람에게 다소 미묘한 압력을 줄 수 있는 기관에서 연구를 시행할 때 누구에게 설명하고 동의를 구하는 것이 합당한가의 이슈가 발생할 수 있다. 학생들을 대상으로 하는 연구에서 누가 사전동의를 해야 하는가에 대한 이슈가 제기된다. 학생 자신, 학생의 부모, 교장 혹은 학교위원회?

또한 사전동의는 얼마나 많은 정보를 제공해야 하는가라는 문제도 있다. 연구의 설계와 목적에 대한 전체 정보를 제공하는 것이 바람직하다. 연구에 관한 정보를 제공함에 있어 너무 많은 세부 정보를 제공하는 것과 참여자에게 유의할 수 있는 설계의 측면을 배제하는 것 사이의 신중한 균형이 필요하다. 주제에 관해 점차적으로 좁혀가는 깔대기 모양의 질문 기법을 사용하는 인터뷰 조사에서는 한 주제에 대한 인터뷰 대상자의 자발적인 견해를 얻고, 특정 대답으로 유도하는 것을 피하기 위해 처음에는 연구의 구체적인 목적을 설명하는 것을 보류한다. 이 경우 인터뷰 후 보고에서 전체 정보를 제공해야 한다.

많은 사례 연구에서 인터뷰는 종종 다른 분야의 사람들과 하나의 기법을 사용하기도 한다. 예를 들어, 문화기술지 현장연구를 수행할 경우 인터뷰는 오랜 기간의 참여자 관찰에 비해 상당히 짧게 진행될 수 있다. 이러한 질적연구의 경우 비공식적 상호작용이 끝나고 인터뷰가 시작되는 시기를 결정하는 것이 상당히 어려울 수 있다. 이러한 경우 연구자는 응답자에게 그들의 상호작용의 방법과 어떤 측면을 추후 연구에서 이용할 것인지 알려주는 윤리적 적용을 고려하는 것이 어렵다.

윤리적 불확실성의 분야로서 사전동의는 연구 프로젝트의 근거를 완전히 공개하는 것(결국 질적 인터뷰 연구가 불가능하게 됨)과 참여자에게 정보를 유보하는 것 사이의 갈등을 주제화한다. 그리고 참여자들로부터 정보를 유보하는 것은 때때로 더 큰 공동체의 상황을 개선할 수 있는 지식을 도출하기도 한다. 조사자 자신이 인터뷰와 관찰이 앞으로 어떻게 전개될지에 대한 사전 지식이 거의 없는 탐색적 질적연구에서 어떻게 사전동의를 처리할 수 있는지의 이슈도 제기된다.

비밀유지

연구에서 비밀유지(confidentiality)는 참여자가 연구에 참여함으로써 생산되는 자료를 처리하는 것과 관련된 제반 사항에 관하여 동의하는 것이다(Kaiser, 2012). 대부분의 경우 참여자를 식별할 수 있는 개인 정보는 공개하지 않는다. 연구에서 다른 사람이 인식할 수 있는 정보를 공개하는 경우는 참여자가 식별 가능한 정보 공개에 동의해야 가능하다. 참여자의 사생활 보호 권리의 원칙이 윤리적, 과학적 딜레마가 없는 것은 아니다.

따라서 어떤 정보를 누구에게 제공할 것인가에 대한 우려가 있다. 예를 들어, 아동을 인터뷰하는 경우 부모나 교사에게 정보를 제공해야 하는가? 여러 당사자가 관련된 연구(예: 조직

내 개별 인터뷰, 결혼한 부부 또는 이혼한 부부와의 인터뷰)에서는 인터뷰 전에 누구에게 다음 인터뷰를 할 예정인지를 명확히 해야 한다. 연구자가 참여자나 다른 사람에 의한 학대, 과실, 아동 학대, 약물 사용 및 기타 범죄 행위에 대한 정보를 알게 되어서 극단적인 경우 비밀유지의 약속과 상호관계에 대한 신뢰로 인해 심각한 법적 이슈가 야기될 수 있다. 미국에서는 연구자가 사전에 연방정부로부터 비밀유지 증명서를 발급받아 참여자의 신원이 공개되는 것을 방지하고 있다(*Guidelines*, 1992, p. 6).

인터뷰와 같은 질적연구방법은 설문응답의 계산된 평균에 의해 비밀유지가 보장되는 설문조사와는 다른 윤리적 이슈를 수반된다. 비공개 인터뷰 환경에서 도출된 참여자의 진술이 공개 보고서에 드러날 수 있는 질적 인터뷰 연구에서는 참여자의 사생활을 보호하기 위해 예방 조치가 필요하다. 여기에는 비밀유지에 대한 윤리적 요구와 대상 간 통제와 반복 연구를 위한 특정 정보를 제공하는 것과 같은 과학 연구의 기본 원칙 사이에 본질적인 충돌이 있을 수 있다.

윤리적 불확실성 분야로서의 비밀보장은 한편으로는 익명성이 참여자를 보호 할 수 있고, 다른 한편으로 비밀유지는 연구자를 위한 알리바이 역할을 할 수 있는 윤리적 요구로, 잠재적으로 참여자의 진술이 반박되지 않고 그 진술을 해석할 수 있게 한다. 익명성은 참여자를 보호할 수 있지만, "원래 목표로 주장되었을지도 모르는 연구의 바로 그 목소리"도 부정할 수 있다(Parker, 2005, p. 17). 또한 어떤 경우에는 시간이 지난 다음 연구자에게 귀중한 정보를 제공한 인터뷰 대상자는 기사 인터뷰에서처럼 자신의 이름으로 인정받기를 원할 수 있다.

결과

질적연구의 결과(consequences)는 참여자에게 연구 참여로 얻을 수 있는 이득뿐만 아니라 연구 참여로 발생 가능한 유해성도 설명해야 한다. 선의의 윤리 원칙은 참여자에게 해를 끼칠 위험이 최소화되어야 함을 의미한다(*Guidelines*, 1992, p. 15). 공리주의적 윤리 관점에서, 참여자에 대한 잠재적 이익의 총합과 얻은 지식의 중요성은 참여자에게 해를 끼칠 수 있는 위험보다 커야 한다. 여기에는 연구에 참여한 사람뿐만 아니라 그들이 대표하는 더 큰 집단에 대해서도 발생 가능한 결과를 반영하는 연구자의 책임이 포함된다.

연구자는 질적연구의 개방성과 친밀감이 유혹적일 수 있으며 참여자가 나중에 공유한 것을 후회할 수 있는 정보를 공개하도록 유도할 수도 있다. 질적연구 인터뷰 진행자의 주의 깊은 경청 능력은 대부분의 질적연구자들이 잘 훈련되지는 않았지만 경우에 따라 준치료적 관계(quasi-therapeutic relationships)로 이어질 수 있다. 특히 개인적 주제에 대한 길고 반복적인 인터뷰가 준치료적 관계로 이어질 수 있다. 연구를 통한 관계의 개인적 친밀감은 연구에서 어디까지 진행할 것인가에 대해 연구자의 민감성이 지속적이고 강력하게 요구된다.

잠재적인 윤리적 위반을 예측하는 것 또한 연구 분야의 철저한 지식이 필요하다. 구어체와 문어체 간의 현저한 차이를 모르는 일부 인터뷰 연구자는 인터뷰 대상자에게 진술을 확인하고 타당성을 확인하기 위해 말 그대로의 자료를 필사할 때 인터뷰 대상자의 존엄성을 상하게 할 수 있다. 질적연구의 결과를 고려할 때 드러나는 불확실성의 분야는 예측할 수 없기 때문에 아마도 가장 복잡한 분야일 것이다. 만약 연구자와 참여자 간의 대화가 갑자기 방향을 바꿔서 참여자를 명확하게 움직이게 하는 민감한 이슈에 닿으면 연구자는 어떻게 대응해야 하는가? 연구자는 참여자를 돕고자 하지만(아마도 "부작용"으로 중요한 지식을 얻음) 윤리적으로 참여자의 친밀한 영역을 위반할 위험이 있는 이러한 이슈를 치료적 맥락에서 추구해야 하는가? 또는 연구자가 냉담해 보이는 윤리적 위험을 가진 치료적 중재를 자제해야 하는가?

연구자의 역할

인간으로서 연구자의 역할, 연구자 진실성의 역할은 질적연구에서의 과학적 지식의 질과 윤리적 결정의 건정성에 중요하다. 도덕적으로 책임 있는 연구 행동은 추상적인 윤리적 지식과 인지적인 선택 그 이상의 것이다. 그것은 연구자의 도덕적 진실성, 공감, 민감성, 그리고 도덕적 이슈와 행동에 대한 헌신이 포함된다. 인터뷰에서 인터뷰 진행자 자신은 지식을 얻는 주요한 도구이기 때문에 연구자 진실성의 중요성이 더욱 확대된다. 연구자가 가치 이슈, 윤리 지침, 윤리 이론에 익숙해지는 것은 연구에서 윤리적 측면과 과학적 측면을 고려하여 선택하는 데 도움이 될 것이다. 결국 연구자의 지식, 경험, 정직성이나 공정성 등을 포함한 연구자의 진실성이 결정적인 요소이다.

또한 연구자의 윤리적 요구사항은 출판된 지식의 과학적 질을 엄격히 준수하는 것이고 여기에는 가능한 한 정확하고 연구 분야를 대표하는 결과를 게재하는 것이 포함된다. 보고된 결과는 가능한 완벽하게 확인되고 검증되어야 하며 결론에 도달한 절차의 투명성을 위해 노력해야 한다. 그러한 요구사항이 윤리적인지, 도덕적 의미에서의 선한 행위와 관련되는지, 또는 의미 있는 지식을 생산하는 행위에 관련된 인식론적인지를 결정하는 것은 어려울 수 있다(Brinkmann, 2007b).

연구의 독립성은 참여자뿐만 아니라 프로젝트에 연구비를 지원하는 사람들, 즉 "위"뿐만 아니라 "아래"에 대해서도 고려되어야 한다. 어느 한 집단과의 유대는 연구자가 발견된 일부 결과를 무시하거나 어떤 현상에 대한 완전하고 편견 없는 조사를 해치도록 다른 사람에게 강조할 수 있다. 질적 인터뷰 연구는 대화형 연구이다. 인터뷰 진행자는 인터뷰 대상자와의 친밀한 대인관계를 통해 참여자와의 협력이 쉬울 수 있다. 연구자는 참여자와 너무 긴밀한 관계를 유지하여 전문적인 거리를 유지하지 않고 대신 인류학에서 말하는 "원주민이 되는" 것처럼 참여자의 관점에서 모든 것을 보고하고 해석할 수 있다.

연구자의 역할을 반영할 때 드러나는 불확실성의 분야는 전문가적인 거리와 개인적인 우정 사이의 긴장을 포함한다. 따라서 여성주의자, 돌봄, 헌신적인 윤리의 맥락에서 질적연구의 인터뷰 진행자는 친구나 공감하고 돌봐주는 연구자로 여겨진다. 이러한 돌봐주는 친구라는 연구자의 초기 개념은 이후 여성주의자 입장에서 비판을 받았다(Burman, 1997).

Box 4.4 공감: 찬성과 반대

공감은 때로는 질적 인터뷰 진행자의 핵심 덕목으로 묘사된다. Rubin과 Rubin은 "당신이 인터뷰 대상자가 경험한 바를 상상할 수 있는 세부사항을 얻기 위해 질문함으로써 공감을 나타낸다"라고 말했다(2005, p. 81). 표준 사례에서 인터뷰의 질이 공감의 정도에 따라 많이 좌우된다는 것은 자명한 것(거의 질적인 신조)으로 보인다. 그러나 일부 질적연구자는 공감의 신조(dogma)를

(계속)

이슈 삼으며, 공감은 단순히 "보여주는 것"이라는 생각에 회의적이다(Rubin & Rubin 인용문). Duncombe와 Jessop (2002)은 인터뷰 진행자의 친밀감과 공감을 보여주는 것은 광범위한 윤리적 이슈를 불식시키고자 우정의 위조, 친밀감의 상품화라고 주장한다. 인터뷰 진행자는 상업적 고용주든 자신의 연구 출판물에든 결과를 전달해야 한다는 압력을 받을 때, 공감의 표시는 참여자의 동의를 피해가고 인터뷰 대상자가 나중에 자신을 지키거나 "아예 모른다"라고 하는 것은 더 선호하는 것으로 결정하는 자신의 경험이나 감정을 공개하도록 설득하는 수단이 될 수 있다.

치료자로서 연구자의 표현으로(Fog, 2004), 어떻게 라포를 형성하고 참여자의 방어를 해결하는지에 대한 경험 있는 인터뷰 진행자의 지식은 인터뷰 진행자가 초대받지 못한 참여자의 삶의 영역으로 들어가기 위한 "트로이 목마"로 작용할 수 있다. 치료적 관계 사이에서 상호 간의 관심 속에서 윤리적으로 합법적인 그런 간접적 기법의 사용은 연구와 상업적인 목적에 적용될 때 윤리적으로 의문의 여지가 있다. Rubin과 Rubin은 사실 "너무 공감적"인 것을 경고했다. 이는 "연구하는 사람들과 너무 밀접한 관계를 가지면, 호의적인 시각으로 인터뷰 대상자를 보는 후속 질문만 할 수 있고"더 큰 그림을 보지 못할 수도 있기 때문이다(2005, p. 81).

정신치료 연구자는 의도적으로 강한 감정적 유대를 자극하고, 인터뷰 대상자의 방어를 우회하고, 불안을 유발하고, 아픈 기억을 되살리려 하고, 환자의 말과 행동에 대한 비판적 해석을 내놓으며, 환자의 행동 변화를 자극하는데, 이러한 모든 중재는 환자가 나아지는 것을 돕기 위해 환자와의 암묵적 계약을 체결한 것이다. 이러한 정신치료 연구자들과는 달리, 대부분의 질적 인터뷰 진행자는 인터뷰 대상자와의 일정한 거리를 유지하고 인터뷰 대상자의 친밀도 영역을 존중할 필요가 있다. 그러나 친밀도 영역을 식별하는 물리적인 방법은 따로 없고 인터뷰 진행자의 상황 판단에 달려 있다. "공감에 반대하는 것"이 불가능한 것처럼 보이지만, 공감하라는 요청은 항상 충분히 주의를 기울이지 않는 특정 윤리적 위험과 관련이 있는 것 같다.

여기에서 강조된 불확실성의 4가지 영역인 사전동의, 비밀유지, 결과, 연구자의 역할은 질적연구를 위한 윤리적 프로토콜을 준비할 때 틀로 사용할 수 있으며, 인터뷰 연구를 수행할 때 실제로 무엇을 찾아야 하는지에 대한 윤리적 주의사항으로 사용할 수 있다. 인터뷰 진행자와 대상자 사이의 비대칭적 힘의 관계(연구자들은 대개 비교적 강자의 위치) 때문에, 2장에서 강조한 바와 같이 윤리적 이슈는 특징적으로 인터뷰 연구에서 주로 발생한다. 때로는 질적연구 수행은 신뢰, 공감, 자유로운 의견 교환에 근거하여 본질적으로 지배력이 없는 것으로 묘사되기도 하지만, 그러한 주장은 힘과 관련된 질적연구의 중요한 차원을 간과하고 있다(Brinkmann & Kvale, 2005; Kvale, 2006). 일부 인터뷰 연구자들은 질적연구를 본질적으로 윤리적이라고, 적어도 양적연구보다 윤리적이라고 묘사했다. 이러한 질적연구의 진보적인 신화는 Hammersley (1999)에 의해 "질적 윤리주의(qualitative ethicism)"로 명명되었다. 마치 질적연구가 독특하게 이러한 이상을 내포하고 있고 추가 경고를 통해 윤리적 목표와 이상을 달성하는 것이 연구의 근거인 것처럼, 연구를 거의 독점적으로 윤리적 용어로 보는 경향이 있다. 그러나 불확실성의 4가지 분야에서 입증된 바와 같이 질적 인터뷰 연구에는 인간 참여자를 포함하여 다른 형태의 연구와 마찬가지로 복잡한 윤리적 이슈가 많이 있다. 우리의 요점은 질적연구가 특별히 윤리적으로 의심되지는 않지만, 그 자체로는 윤리적으로 좋은 것도 아니다. 여기서 Foucault의 윤리적 조언을 따르는 것이 적절할 수 있다. "나의 요점은 모든 것이 나쁘다는 것이 아니라 모든 것이 위험하다는 것이다. 이는 나쁜 것과는 정확하게 같지 않다. 모든 것이 위험하다면 우리는 항상 해야 할 일이 있다"(1997, p. 256). 윤리와 관련하여 질적 인터뷰를 수행하는 연구자들은 항상 해야 할 일이 있는데, 상자를 똑딱거리고 IRB 승인을 받는 것만으로는 충분하지 않다. 살아있고 말하고 행동하는 인간과 함께 연구할 때 예상치 못한 일이 많이 일어날 수 있기 때문이다.

윤리적 연구행위 학습

원래 Aristotle이 제안한 도덕에 대한 실천적 관점에 따르면, 윤리의 과제는 선에 대한 추상적인 이론을 제시하는 것이 아니라 오히려 우리를 선하게 만드는 것이다(Aristotle, 1994). 이 장에서 소개하는 아리스토텔레스학파의 관점에서 보면 우리의 도덕적 현실(실재)은 절대적 진실보다 진실성(truthfulness)이 더 중요하고 실천지 또는 명확한 인식과 판단의 기술인 실천적 지혜는 이론적 이해와 추상적 절차보다 더 중요해지는 것이 현실이다. 여기서 배워야 할 교훈은 질적 세계를 적절히 기술하고, 현상에 충분히 가까워지고 특정한 상황에 대해 객관적으로 됨으로써, 우리는 공식적인 윤리 지침과 윤리 이론의 추상적인 원칙을 넘어서는 방법을 아는 데 도움을 줄 수 있다는 것이다. 도덕적 행동을 결정하기 위한 이론적 기준의 역할이 줄어든다는 것이 우리에게 기준이 전혀 없다는 것을 의미하지는 않는다. 도덕적인 영역에서 이론적인 증거를 요구하기보다, 우리는 우리의 실천적 지혜에 따라 행동하도록 노력해야 한다(Levine, 1998). 윤리위원회에서 일했던 한 철학자 Stephen Toulmin은 위원들이 특정 사건에 대해 쉽게 합의하지만, 구체적인 결정을 정당화할 수 있는 공식적인 원칙과 추상적인 이론에 합의하는 것은 어려워하는 것을 관찰한 적이 있다(Toulmin, 1981). Toulmin 같은 실용주의자들이 강조하는 것처럼 보편적인 윤리 이론에 대한 완전한 동의 없이도 도덕적으로 합리적이고 책임감 있는 행동을 하는 것은 가능해 보인다. 실용주의자들에게 도덕적 행위는 수학적인 추론의 논리보다는 숙련된 기술과 더 비슷하다.

질적연구자의 윤리적 역량과 미덕을 강조하며 윤리적 연구행위의 학습이 중요한 이슈가 되고 있다. 다시 한번 말하지만 여기서 관련되는 근거는 Aristotle의 덕 윤리로, 공동체주의(또는 공산사회주의, communitarianism)로 알려진 사회 윤리의 최근 운동에도 영감을 주었다(Mulhall & Swift, 1996). 공산사회주의자들은 "자유로운 자아(the liberal self)", 즉 이성 선택이론(rational-choice theory)과 계약주의(contractualism)에서 전제된 고립된 선택자를 거부한다. 공산사회주의와 반대되는 것은 오늘날 윤리 강령과 위원회의 확산의 기초가 되는 계약적 관계에 자유롭고 의도적으로 들어가는 독립적이고 자율적인 대리자라는 생각이다. 공산사회주의에서, 자아는 공동체와 전통 안에서 공동의 애착에 의해 구성된 것으로 생각된다. 윤리적 연구 행동을 배우기 위해서는 공동체와 전통의 배경이 필요하며 여기에 윤리적 행동 학습을 위한 두 가지 접근법을 제안한다. 첫 번째는 Dreyfus and Dreyfus (1990)의 기술 모델인데, 앞 장에서도 간략하게 다루었다. 그들의 현상학적 설명에 따르면, 윤리 능력의 발달은 5단계 사다리로 묘사될 수 있는데, 이는 경험과 전문지식이 증가하면서 명시적인 규칙과 추론에서 시작하여, 지속적으로 관여할 수 있고, 자신의 직관을 다듬을 수 있는 것으로 구성된 가장 높은 형태의 윤리적 처신인 기술과 습관의 배경으로 사라지는 것으로 5단계 사다리가 구성되어 있다. 도덕적 의식은 대인관계 상황에 대한 비 반사적인 반응으로 구성되는데, 의견 불일치의 상황에서는 대화를 통해 해결하려고 시도할 수 있다.

윤리적 연구행위 학습의 두 번째 접근방식은 맥락화, 내러티브, 예시 및 공동체와 관련된 풍부한 윤리적 설명 기술을 습득하는 것이다. 이것들은 우리가 도덕적으로 행동하도록 돕기 위해 사건을 "풍부하게"하는 4가지 학습 방법을 나타낸다.

맥락화. 우리는 사건을 맥락적으로 서술함으로써 풍부하게 한다. 예를 들어, 법정에서 누군가가 어떤 일은 의도적으로 했는가에 대한 의문은 이론이나 일반적인 규칙을 인용하는 것이 아니라 그 행위의 맥락을 기술함으로써 결정된다. 풍부한 설명은 어떤 사건을 맥락에 따라 배치한다. 경험이 풍부한 윤리적 추론자는 어떤 맥락의 특징이 상황을 적절하게 판단하기 위해 관련되는지 알고 있다. 숙련된 질적연구자는 연구 맥락의 특이한 특징을 이해하고, 이 맥락이 어떻게 특정한 윤리적 이슈를 발생시키는지 이해한다. 이는 앞 장에서 다룬 인터뷰 지식의 맥락적 특징과 일치한다. 다음 장에서는 질적 인터뷰의 몇 가지 중요한 맥락적 특징을 더 자세히 설명할 것이다.

내러티브. 이야기의 형태로 시간적 차원을 구축하는 풍부한 묘사를 내러티브라고 하는데, "내러티브는 일반적인 원리에 의존하지 않고 도덕적 의미를 전달할 수 있다"(Levine, 1998, p. 5). 만약 우리가 어떤 사건을 시간적으로, 사회적으로 배치하여 설득력 있는 이야기를 한데 모은다면, 우리는 무엇을 해야 하는지에 대해 더 이상 도덕적 숙고를 할 필요가 거의 없다. 시간적, 사회적 내러티브 맥락 밖의 상황을 "스냅샷"으로 보는 것은, 반대로 도덕적으로 판단하고 행동하는 것을 어렵게 할 것이다. 예를 들어, 연구자가 그 참여자를 전에 만난 적이 없고 그녀의 더 큰 인생 이야기를 알지 못하는 경우 등 서술하는데 필요한 정보를 제공받지 못한다면, 자신의 해석과 일반화에 관대하고 치료적 중재와 유사한 것을 자제하는 것이 윤리적으로 현명한 일이다.

특정 예시에 집중. 윤리의 미덕적 개념 안에서, Løvlie (1993)는 예시를 도입함으로써 명시적 규칙 대 암묵적 기술의 대립을 극복하려 시도했다. 이것들은 우화, 풍자, 신화, 대하소설, 도덕극, 사건 이력, 개인적인 예들의 형태로 되어 있고 모두 풍부한 윤리적 서술의 형태로 되어 있을 수 있다. 질적연구자는 자신의 행동을 평가하고 윤리적 이슈를 인식하는 법을 배우기 위해 윤리적으로 정당한 연구와 윤리적으로 의심스러운 연구의 예시에 대해 알아야 한다. 공식적인 윤리 지침에서 볼 수 있는 일반화가 특정 연구상황에서 직면하는 중요한 특성에 대해 우리를 눈멀게 해서는 안 된다. 질적연구자들은 특정 장소와 시간에 특정 사람들과 실제 이슈에 관여하기 때문에 도덕적으로 숙련되기 위해서는 이러한 구체적인 세부사항을 이해해야 한다.

실무 커뮤니티의 자문. 윤리적 연구행위를 배우는 것은 지역 전문가적 문화의 관습에 대한 기초를 배우는 것이다. 규칙의 윤리로부터 질적연구자의 윤리적 능력으로 전환되는 부분의 주안점은 개인 연구자의 "윤리적 부담"을 의미하지 않아야 한다. 질적연구는 단일 연구자가 고립된 개인으로서 참여자들을 대면하여 수행하는 경우가 드물다. 연구자는 대개 연구 커뮤니티의 일원인 경우가 일반적이고 참여자뿐만 아니라 동료, 상사, 학생, 기관 및 징계에 대해서도 책임을 져야 한다. 어려운 윤리적 이슈에 직면할 때 종종 연구 커뮤니티에 문의하는 것이 현명하며, 윤리적 인식, 판단 및 추론의 기술을 향상시키려면 다른 사람들로부터 피드백을 받아야 한다. 우리는 교정을 받아야만 배울 수 있고 이는 충분히 가치를 공유하고 언제 어떤 행동이 교정이 필요한지에 대해 협의를 할 수 있는 공동체가 존재한다는 것을 전제로 한다. 윤리적이고 과학적 가치가 일상적인 관행의 일부인 연구 커뮤니티에서 질적 탐구를 학습하는 것은 윤리적 의미에서 통합된 연구행위를 촉진할 수 있다.

◆◆◆◆

이 장에서 우리는 윤리 원칙을 배우는 것은 윤리적으로 책임감 있는 질적 인터뷰 연구자가 되기에는 충분하지 않다고 주장해왔다. 우리는 질적연구에서 윤리적 행동을 배우는 접근법으로서 풍부한 윤리적 설명을 꼽았다. 세부사항에 대해 풍부하게 설명하는 법을 배우는 것은 단지 학습 규칙을 따르는 것이 아니라 사례로부터 배우고 더 경험이 많은 사람들을 관찰하는 것을 포함한다. 보편화하거나 계산하는 것을 배우기보다는 **보고 판단**하는 것을 배우는 것이다. 흥미롭게도, 풍부한 윤리적 설명의 예술은 인간의 상태에 대한 새롭고 통찰력 있는 지식을 생산하기 위해 훌륭한 (비도덕적 의미에서) 질적연구자가 익혀야 할 것과 유사하다. 이러한 관점에서 윤리적 숙련도는 거래의 좋은 관행을 알고 있는 기술과 장인 정신의 차원을 포함한다.

5장

맥락으로서의 질적연구 인터뷰

질적연구는 맥락(context)에 따라 제시된다(Marecek, 2003). 이러한 맥락(예: 지능이나 성격을 측정하기 위해 심리 검사를 사용하는 것)에서 추상적으로 현상을 연구하려는 다른 형태의 연구와 달리, 질적연구자들은 종종 맥락 안에서 볼 때만 그러한 현상을 이해할 수 있다고 주장한다. 3장에서 강조한 것처럼 인터뷰 지식의 결정적인 특징 중 하나는 맥락적이라는 것이다. 문맥의 정의 또는 범주에 관한 합의는 없다. 때로는 맥락을 나타내기 위해 문화나 사회와 같은 거시사회적 요소가 도입되는 반면, 다른 경우에는 설정이나 상황과 같은 미시적 요소가 언급된다. 대부분의 현대 인터뷰 연구자들은 맥락적인 현상을 연구할 뿐만 아니라 인터뷰 상황 자체를 지식 생산을 위한 특정 맥락으로 본다. 맥락에서, 질적연구 인터뷰는 사회학적 조사나 심리 검사실에서 제공하는 것과는 차이가 있다.

이 장에서는 맥락으로서 인터뷰에 대해 논한다. 일반적인 인터뷰의 맥락을 구성하는 4가지 측면을 설명하기 전에 맥락의 개념을 먼저 다루겠다. 그리고 이러한 요소는 맥락에 의해 상호호혜적으로 구성된다. 상호상생적 관점에서 전체적 맥락과 그 구성 요소들 사이의 관계에 접근하기 때문에 상호호혜성은 매우 중요하다. 부분과 전체는 서로를 만든다. 이것은 또한 해석학의 기본적인 교훈이다. 예를 들어, 소설의 이야기는 전체적으로 수많은 문장, 섹션, 장, 그리고 하위 그림으로 구성되어 있지만, 이러한 모든 부분은 소설의 중요한 맥락에 속함으로써 상호적으로 의미를 부여받는다. 또는 멜로디의 예를 들 수 있다. 전체는 개별 사운드의 구성 요소로 구성되어 있지만, 전체적으로 음악 구조의 일부가 됨으로써 균등하거나 그와 같은 속성(조화롭거나 그 밖의)을 얻는다.

우리가 연구 인터뷰의 맥락에서 중요하게 지적한 측면은 인터뷰 진행자, 인터뷰 대상자, 신체, 인간 이외의 것의 역할이다. 이 목록은 분명히 무한정 확장될 수 있지만, 이 4가지가 특히 중요하다고 생각한다. 이것들은 인터뷰에 의해 맥락적으로 구성되며, 인터뷰의 맥락을 공동으로 구성한다. 인터뷰 진행자와 인터뷰 대상자가 없는 인터뷰는 상상할 수도 없었기 때문에 앞의 2가지 측면은 놀랍지는 않다. 반면 뒤의 2가지 측면은 일부 독자에게는 새로울 수 있다. 우리는 이 장이 인터뷰의 사회적 실천에 관한 호기심을 불러일으키고, 요즘은 당연한 것으로 여겨지는 이러한 실천이 실제로 지식 생산의 맥락으로 어떻게 기능하는지 이해하는데 흥미를 유발하기를 희망한다.

Box 5.1에서 우리는 인간과 사회과학에서의 광범위한 맥락에 대한 아이디어를 일부 제공했다. 맥락으로서 질적 인터뷰를 설명하려는 탐구를 시작하기 전에 이것은 부분적으로 자기 비판적이어야 한다. 질적연구자들이 그들의 현상으로 돌아가기를 원할 때 맥락적 내재성(contextual embeddedness)은 실제로 듣는 것보다 더 복잡하며, 특히 "entification"(Valsiner, 2007), 즉 맥락은 무언가를 "하는" 것으로 만드는 것으로 알고 있어야 한다. 대신, 우리는 대화 파트너에게 특정 주제 자리를 제공하는 인터뷰의 맥락에 대해 상생론적이고 실행적인 관용어로 이야기한다. 그들은 다시 그들이 진행하는 맥락으로서 인터뷰를 구성(또는 실행)하기 위해 지속적으로 노력한다.

초기 관찰로서 질적 인터뷰 진행자는 면담이 시작될 때와 끝날 때 어떤 일이 일어나는지 알아차리는 것으로부터 인터뷰의 맥락에 대해 많은 것을 배울 수 있다는 점을 주목해야 한다. 대부분의 인터뷰 진행자는 인사를 나누고 가벼운 잡담이 끝날 때, 녹음기를 켜고 실제 면담이 시작될 때 조금은 웃기고 때로는 어색함을 느낀다. 때때로 상황이 갑자기 바뀌기도 한다. 여기서 녹음기는 대화의 장르와 주제 위치로 이동하였음을 표시하는 맥락적 표시자(contextual marker)로서 기능한다. 이렇게 시작된 이후에는 예를 들면, 갑자기 말 잘하는 사람 한 명만 질문하기도 한다. 마찬가지로, 녹음기가 꺼지면 이야기의 판도가 바뀌고(Goffman의 용어)"매우 느슨하고 감동적이며 거친 평등주의자적인 일상의 대화로 돌어간다. 응답자들은 인종과 계급에 대해 '정치적으로 부정확한' 말을 하거나, 누비이불 상품에 대해 불평하거나, 다른 응답자가 말한 것을 물어보거나, 인터뷰 진행자가 자리를 뜰 때 '자유롭다'고 느낀다."

Box 5.1 맥락: 찬성과 반대

맥락은 질적연구자들이 작성한 텍스트에서 매우 자주 등장하는 단어이지만, 거의 정의되지 않는다. 표준 사회과학적 이용을 근거로 판단하면 일반적으로 인간의 행동이나 느낌을 설명하기 위해 맥락이 표현되는 것처럼 보이지만 맥락 자체를 설명하는 경우는 거의 없다. 은유적으로 맥락은, 종종 암묵적으로나 명시적으로 일종의 그릇으로 간주된다. 열쇠가 주머니에 있거나 사과가 그릇에 있는 것처럼 우리는 맥락 **안에** 있다. 그러나 순수한 공간적 의미에서 볼 때 주머니와 그릇이 열쇠와 사과의 상태와 본질에는 거의 영향을 주지 않기 때문에 맥락의 힘은 상당히 신비해 보인다. 그러나 맥락에 대해 더 잘 개념화한 연구자는 거의 없다.

이것에 이어 우리는 맥락과 한계가 없는 것의 이슈를 언급할 수 있다. 맥락이 어디까지인지를 어떻게 알 수 있을까? 빵집으로 빵을 사러 가는 순수한 사람의 예를 들어보고, 이 상황에서의 상호작용이나 일어난 것에 대한 의미를 이해하고 싶다면 어디에 선을 긋고 무엇이 중요한지를 결정할 수 있을까? 만약 고객이 남자이고 빵집 점원이 여자라면? 그가 흑인이고 그녀가 백인이라면? 그가 나이가 많고 그녀가 젊다면? 물리적 환경 자체의 특징은 어떠한가? 그들이 속한 문화 속에서? 이 시점에서 사회의 재정 상황은? 우리는 끝도 없이 진행하여 이들의 행동과 말에 영향을 미치는 상황적 특징에 대해 질문할 수 있지만, 종종 연구자들은 이를 대신하여 "맥락 때문에"라고 단순하게 결론내리곤 한다.

이슈는 이것이 맥락에 아주 희미하고 불투명한 인과적 힘을 부여한다는 것이다. Bruno Latour와 같은 일부 사회과학자는 이 이슈로 인해 맥락 개념의 중요성에 의문을 제기한다. Latour는 건축가 Rem Koolhaas와 관련하여 "맥락이 냄새를 풍긴다!"라고 말했다(Latour, 2005, p. 148). Latour에 따르면 개념은 설명이 필요한 것 같지만 실제로는 그렇지 않으며, 연구자가 너무 게을러서 특정 방식으로 무언가를 일으킨 특정 내용을 계속 설명하기가 어려울 때 특징적으로 맥락을 거론한다.

인류학자 Evans-Pritchard에 따라 Dilley (1999)는 "사회 인류학에는 오직 한 방법인 해석적 방법 뿐이며 이는 불가능하다"라고 말했다(p. 36). 동시적인 필요성과 불가능성에 대한 이유는 맥락주의에서 찾을 수 있다. 사회과학자로서 우리는 맥락에 의존하는 의미를 찾고 있지만, 맥락은 동시에 경계가 없다. 결과적으로 의미는 불확실하고 한계가 없어진다. 아마도 해결책은 맥락이 냄새를 풍기기 때문에 맥락에 대한 생각을 뒤로 미루지 않고 몇 번이고 되풀이해서 다시 되돌아오는 것이다. 질적연구자로서 자신이 연구하는 것에 대한 설명을 끈기 있게 계속하는 것일 것이다. Dilley는 계속해서 "우리는 맥락에 대한 주장이 정확히 다음과 같은 사실, 즉 사회적, 역사적으로 놓여진 특정 요소와 관련이 있다고 생각되는 연결과 단절의 세트에 관한 표현이라는 사실을 놓쳐서는 안 된다"(p. 39). 따라서 맥락은 질적연구자 (또는 참여자)가 특정한 목적을 위해 분명히 표현하는 어떤 것이며 반드시 "외부에서" 명확한 형태로 존재할 필요는 없다. 단순히 "맥락 때문에" 일어나는 일은 없다. 대신 맥락은 지속적으로 참여자와 연구자가 표현함으로써 만들어지는 것이며 따라서 **작업**의 결과다. 이것은 13장에서 다시 설명하는 민속방법론(ethnomethodology)의 기본 전제이다.

(Warren et al., 2003, p. 109). 일반적인 경우에는 이러한 일들은 인터뷰 과정에서 발생하지 않는다. 이는 우리가 질적 인터뷰에 대해 당연하게 여기고 그 일에 깊숙이 들어가 있을 때는 알아차리지 못하는 것이 얼마나 많은지를 알려주기 때문에 인터뷰 후에 어떤 일이 일어나는지에 주의를 기울이는 것이 유용하다. 우리는 녹음기와 같은 장비의 중요성에 대해 곧 알게 된다.

인터뷰 진행자와 인터뷰 대상자

질적연구 인터뷰는 대화하는 사람들이 상황에 영향을 받지 않고 자유롭게 만날 수 있는 중립적 매개체는 아니다. 오히려 인터뷰는 특정 방법으로 서로 관계를 맺고 다른 사람들을 매우 어렵게 만드는 중개자다. Foucault의 문구를 사용하면 질적 인터뷰는 특정 방식으로 개인의 정체성과 주관성을 구성하는 "자아에 관한 테크놀로지(technology of the self)"라고 말할 수 있다. Foucault에 따르면, 자아에 관한 테크놀로지(예: 일기 쓰기, 꿈 해석, 심리치료 탐색 등)가 특정 주제를 만들기 위해 현대의 셋팅에서 사용되었으며, 반대로 이러한 주제에 의해 특정 방식으로 자신을 형성하는 데 사용되었다(다시 작업에서 상호관계가 있다). Gubrium과 Holstein은 "우리 각자와 모두는 평범함 자아가 있다. 자신의 경험을 반영할 수 있고, 개별적으로 그것을 설명하고, 주변 세계에 대한 의견을 전달할 수 있고, 주변 세계에 관하여 의사소통할 가치가 있는 새로운 주관성을 만들어 낸다"(Gubrium & Holstein, 2012, p. 29).

질적연구 인터뷰는 동시대 문화에서 타당하다. 왜냐하면 그것은 평범하고 반성적인 자아를 논하고 더 나아가 이러한 자아를 구성하는데 기여하기 때문이다. "인터뷰 사회"에 의해 거의 영향을 받지 않는 문화에서는 합당하지 않다(문화기술지적 접근방식에 바탕을 두고 있으며 의사소통과 실재의 서구적 개념에 바탕을 둔 실행으로서의 인터뷰에 대한 성찰로 스스로를 구별할 수 있기 때문에 이러한 관점에서 Briggs (1986)를 추천할 수 있다). 그러나 질적연구자들은 종종 인터뷰의 맥락에서 개인적인 내러티브를 통해 밝혀질 수 있는 보편적인 진실된 자아를 전제로 생각하지만, 인터뷰 대상자의 주관성이 인터뷰와 같은 사회적 관행 동안 형성된 만큼 잘 드러나지 않을 수 있다는 가능성, 즉 자아에 관한 테크놀로지의 아이디어를 환기시킬 때 강조되는 것을 종종 간과한다(Alldred & Gillies, 2002). 그러면 이슈는 인터뷰 대상자의 주관성과 진행자의 주관성은 인터뷰를 통해 어떻게 구성되는 것인가의 질문이다. 이것이 본 섹션의 주제이다.

질적 인터뷰 진행자는 Briggs가 주장했듯이, 인터뷰는 "개인의 주관성과 집단의 사회적, 정치적 패턴의 이 두 가지 개념을 모두 발현하는 '테크놀로지'이다"(2003, p. 497). 연구 인터뷰를 포함한 다양한 대화 실행은 다양한 형태의 주관성을 생산하고 활성화한다. Denzin (2001)이 지적한 인터뷰의 요점은 선행적으로 존재하는 주관성을 찾는 거울이나 탐색기로 인터뷰를 이용하는 것이 아니라, 새로운 유형의 주관성이 수행될 수 있게 이용하는 것이다 (Brinkmann, 2007a).

인터뷰 사회에서 잘 알려진 성찰에서 Atkinson과 Silverman은 "개인 경험의 서술에 대한 특정 견해를 고수할 때 연구자들은 동시대의 인터뷰 사회(인터뷰가 개인적, 고해적으로 되는 사회)의 특정을 비판적이지 않은 방식으로 너무 자주 반복한다"는 것을 발견했다(1997, p. 305). 광범위한 의미의 대화는 인간의 보편적인 대화이지만 질적 인터뷰 진행자는 좁은 의미에서 인터뷰를 하는 사회적 실천은 역사적, 문화적으로 특정한 상호작용 방식이라는 것을 잊어버리는 경우가 많으며, 종종 "면대면 상호작용"을 "원래의 자연스러운 의사소통의 환경"으로 이해하기도 한다고 인류학자 Charles Briggs가 지적한 바 있다(2007, p. 554).

결과적으로, 인터뷰 분석은 일반적으로 질문과 답변으로 구체적인 상호작용 단계에서 발생하는 것으로 제한되는 반면, 인터뷰의 맥락적 내재성(예: 인터뷰 사회에서)은 얼버무려진다. 이와는 대조적으로, 우수한 인터뷰 연구는 연구자의 해석적 개입이 덧붙여져서 인터뷰 진행자의 질문에 대한 많은 답변을 전달할 뿐만 아니라 Briggs가 "연구를 처음부터 끝까지 구성하는 지식 생산의 더 큰 실천 세트"라고 명명한 분석적 렌즈를 가져다준다(2007, p. 566). 양적연구와 실험연구에서 실험 기술을 충분히 이해하는 것이 중요하듯이, 질적 인터뷰에서도 인터뷰의 복잡성을 구체적인 지식 생성의 맥락으로 이해하는 것이 중요하며, 연구자들은 질적연구 인터뷰인 인간관계의 형태를 자연스러운 것으로 받아들이지 않도록 주의해야 하고 이를 논증적이지 않고 직접적이며 보편적인 지식의 원천으로 무비판적으로 받아들여야 한다.

1장에서 강조한 바와 같이, 질적연구 인터뷰에 의해 구현된 인간관계의 형태는 Briggs가 "의사소통성(communicability)의 분야"라고 부르는 것을 암시하며 이는 관련된 의사소통 과정을 구체화하고 누가 무엇을 어떻게 말하는지를 결정한다(2007, p. 556). 인터뷰의 의사소통성에 대한 Briggs의 분석에 따르면, "면대면 상호작용"의 표준화된 형식은 20세기 초 사회학자 Charles Horton Cooley에 의해 명명된 이후 주목할 만한 것이었지만, 그 이후 "원초적, 진실한, 본질적 인간, 필요한 것"으로 구성되었다(Briggs, 2007, p. 553). 면대면 인터뷰는 이러한 특정 사회적 협의에 의해 중재된 상호작용의 한 종류라는 것을 잊어버리는 경우가 있다.

인터뷰 진행자

이제 인터뷰 진행자(interviewer)에 대해 논의하고자 하는데, 어떻게 보면 이 책 전반에 걸쳐 기술된 주제이다. 일부 학자들은 질적 인터뷰 진행자의 자기표현과 정체성 관리에 대해 이야기해왔고, 인터뷰 진행자의 핵심 기술인 감정에 특히 주의를 기울였다(Lillrank, 2012).

Box 5.2 인터뷰 진행자의 입장

이상적인 유형의 인터뷰 진행자는 여론 조사자, 탐색자, 참여자로 설명할 수 있다.

여론 조사자(pollster)는 주로 인터뷰 대상자들의 의견과 태도에 관심이 있다. 이는 인터뷰 대상자와 논쟁하지 않고 일정한 거리를 유지하면서 분석해야 할 사실로 다루어진다. 설문 조사는 오염되지 않은 형태로 자료를 발굴하는 것이 목표이므로 3장에서 소개한 광부의 기본적인 은유와 밀접한 관련이 있다. 일반적으로 인터뷰 대상자의 말을 보고서로 제시한다(Table 2.1).

탐색자(prober)는 단순히 대상자의 의견과 태도를 기록하는 것에 만족하지 않고, 표면적 내용을 넘어서서 그들이 경험한 세계의 더 깊은 층을 조사하고자 한다. 탐색자는 자신을 친구인 것처럼 표현하는데 아마도 "우정(friendship)의 방법"으로 작업을 하거나(Fontana & Frey, 2005), 낯선 사람이 일반적으로 질문을 하지 못하는 질문을 할 수 있고, 준심리치료사로 가장하여 질문할 수도 있다. 일반적으로 탐색자는 대상자의 정신세계 깊숙이 파고들기 때문에 광부로 은유하여 함의적으로 표현하기도 하고 다른 개념으로도 가능하다.

(계속)

참여자(participant)는 인터뷰 대상자의 설명과 이야기를 분석해야 할 사실로 취급하지 않고, 대화 과정에서 도전받을 수 있는 인터뷰 상황의 상호작용 속에서 함께 만들어 낸 표현이라고 본다. 참여자로서 인터뷰 진행자는 자신을 인터뷰 대상자의 삶에 관해 수동적인 구경꾼으로 생각하지 않고 대화를 만들어가는 과정에 적극적으로 참여하고 있다. 참여자는 3장에서 은유한 여행자에 가까우며, 대화의 목표는 에피스테메의 관점에서 지식에 도달하는 것일 수 있다.

Box 5.2에서는 최근 인터뷰 수행을 통해 제공되는 인터뷰 진행자의 입장에 대한 느슨한 유형을 제시한다. 이것들은 실제 생활에서는 순수한 형태로 존재하지 않는 이상적인 유형이며, 인터뷰 진행자도 일반적으로 질문하고, 능동적인 경청하고, 인터뷰 대상자 대화에 대한 해석을 제공하는 방식으로 서로 다른 주체의 입장 사이를 쉽게 전환한다.

현재의 인터뷰 연구와 연구자들에게 인터뷰 방법을 알려주는 교재를 읽은 결과, 오늘날 질적 인터뷰 진행자는 사람들의 태도, 의견, 경험을 기록하는 여론 조사원이나 인터뷰 대상자의 사적인 세계로 진입하는 것을 목표로 하는 탐색자로서의 역할을 하고 있다는 인상을 받았다(Brinkmann, 2011). 2가지 경우 모두는 실용주의자인 John Dewey가 지식의 관중 이론(spectator theory of knowledge)이라고 비판한 것, 즉 현실의 수동적 관찰을 통해 진정한 지식이 발생한다는 이론에 바탕을 두고 있는데, 이는 관찰되는 것과 무관하다고 알려져 있다(Dewey, 1960/1929).

여론 조사자의 경우 공개되는 내용에 대해 가능한 한 적게 간섭하기 위해 수용적이고 비지시적인 방법을 사용하여 실천하는 경우가 많으며, 인터뷰 진행자의 암묵적 모델은 대상자 중심의 치료와 비지시적 인터뷰를 개발한 Carl Rogers (1945)와 비슷할 수 있다. 더 나아가 포스트모더니즘적 접근에서, 이 실행은 때때로 "응답자의 목소리가 연구자에 의해 최소한으로 영향을 받으며 녹음되는"(Fontana & Prokos, 2007, p. 53) 다음의(polyphonic) 인터뷰로서 개념화된다. 탐색자의 경우 친밀감과 감성적 접근으로 치료적으로 인터뷰를 실행하기 때문에 때때로 정신 분석가의 모습으로 나타난다. 두 관중 형태는 개인의 경험, 태도, 이야기와 관련하여 2장에서 소개한 용어로서 **믿음에 관한 것**(doxastic)이다(doxa는 그리스어로 의견(opinion)을 뜻함).

Rogers는 관중의 인식론(spectator's epistemology)을 다루는 인터뷰 연구자의 가장 명확한 예일 것이다. 그의 초기 논문 "사회연구 기법으로서의 비지시적 방법"(Rogers, 1945)에서 응답자가 자신을 대하는 태도를 표본 추출하는 것으로 여겨진다. "비지시적 인터뷰를 통해 우리는 개인에 대한 이러한 사적인 생각과 인식을 꿰뚫어 볼 수 있는 편견 없는 방법을 가지게 된다"(p. 282). 현대의 많은 인터뷰 연구자들은 Rogers의 인본주의적, 비지시적 접근방식에 따라 연구 인터뷰를 개념화하고, 응답자의 개인 경험, 담화, 의견, 신념 및 태도를 평가하며, 이는 doxa의 개념으로 담아낼 수 있다. 예를 들어 "공감적 인터뷰(Empathetic interview)"(Fontana & Frey, 2005)는 로저스적 치료사[1]들에 의해 설명된 긍정적 고려와는 달리 연구 대상자들에게 우호적인 입장을 취하며, 이 접근방식은 한 번에 "우정의 방법"과 이론적이나 방법론적인 관심사를 다루기 전에 인간의 신성을 회복시키려 하기 때문에 인본주의적 "도덕의 방법"으로 묘사된다(Fontana & Frey, 2005, p. 697). 함의적인 치료적 은유에 따르면 인터뷰는 "사람들이 발을 딛는 데 도움이 되는 지팡이로 바뀐다"(Fontana &Frey, 2005, p. 695).

Ellis와 Berger (2003)가 기술한 것처럼, 인터뷰 연구에서 연구자의 경험을 포함시키려는 시도는 독실한 경험(doxastic experience)에 초점을 두며, 인터뷰 진행자는 "공감하며 경청하고", "참여자들과 동일시하며, 참여자들의 정서를 존중하는"사람으로서 치료용 정맥(therapeutic vein)으로 제시되어 있다(Ellis & Berger. 2003, pp. 469-470). Ellis와 Berger는 또한 "대화식 인터뷰에 참여한 응답자와 인터뷰 진행자에게 발생할 수 있는 긍정적인 치료적 이점을 강조하는"(2003, p. 470), 특히 질적 탐구의 경험적 형식인 "공동구축된 매개 내러티브"는 "부부 동반 요법과 유사한"(2003, p. 477) 것으로 제시되고, 여기에서 인터뷰 진행자/치료자는 중개자로서 역할을 하고 부부는 공동으로 그들의 관계에 대한 깨달음을 얻는다. 경험, 의견, 태도에 초점을 맞춘 독사적(doxastic) 인터뷰에서는 경험하는 자아를 아는 것이 그렇게 알아가는 데 전제된 것으로 보인다. 이러한 형태의 인터뷰는 "자신을 이해하는 것이

---

1) 로저스적 치료(Rogerian Therapy): 로저스에 의해 주창된 인간 중심적 치료로 비지시적, 공감적 방법으로 대상자에게 힘을 실어주는 치료 방법(역자 주)

타인을 이해하는 과정의 일부"라는 것이 핵심이다(Ellis & Berger, 2003, p. 486). 이는 치료사 자신의 치료를 위한 전문가적 발달과 유사하다고 해석할 수 있다.

여론 조사자와 탐색자의 역할이 질적 인터뷰 연구에 매우 중요했고, 앞으로도 중요할 것으로 믿어 의심치 않는다. 상호작용 파트너들은 "역할을 연기"하는 방법을 알 것이기 때문에 그들(여론 조사자와 탐색자)은 아마도 연구 인터뷰와 관련된 전형적인 인터뷰 진행자의 주체 위치일 것이고 이는 그 자체로 장점이 될 수 있다. 그러나 보다 더 중요한 것은 Rogers의 인간적인 인터뷰의 확산이, 고객이 항상 옳다는 현대 소비자 사회의 반영으로 볼 수 있는지, 그의 경험과 내러티브는 어떤 개인의 경험과 내러티브이기 때문에 항상 흥미로운 것인지 물어볼 수 있다. 독일의 사회학자 Gerhard Schulze (1992)의 말을 인용하면 우리는 "경험사회(experience society)"에 살고 있으며, 인터뷰는 연구의 맥락뿐 아니라 고해성사식 이야기쇼와 시장화된 포커스그룹에서도 경험을 표본 추출하고 순환시키는 중심 기술이다(Kvale, 2006).

자료의 관문으로서 공감적 관계를 강조하는 인터뷰 진행자의 여론 조사자, 탐색자 모델에 비판적으로 의문을 제기하는 것은 새로운 것이 아니다. 1950년대에 이미 David Riesman은 인터뷰에서 지식과 관련된 질을 판단하는데 "라포(rapport)"수준을 사용하는 경향에 대해 경고했다. 그는 "종종 정신분석학적 고정 관념에 기반해서 라포가 잘 이루어지고 친밀한 관계일수록 혜택을 주는 응답자가 '진실'할 것이다"라는 것은 편견이라고 생각했다(Riesman & Benney, 1956, p. 10). Riesman의 평결에 따르면, 라포로 가득 찬 인터뷰는 종종 "범례나 상투적인 말의 흐름"(p. 11)으로 넘쳐나고, 이러한 인터뷰 대상자는 인터뷰 진행자가 기대하는 것을 답하게 된다(Lee, 2008).

세 번째 입장은 Box 5.2에 있는 참여자로서의 인터뷰 진행자이다. Wengraf (2001)는 이를 "적극적인(assertive)" 스타일이라고 한다. 우리가 했던 것처럼 Wengraf는 Rogers의 정신치료 모델로 수용적인 관행, 즉 정보제공자에게 권한을 부여하기 위해 노력하는 관행을 조정하고, 이러한 적극적인 관행은 인터뷰 진행자가 통제하고 자기모순을 자극하고 밝히려는 법적 심문과 관련이 있다. 후자의 모델은 Socrates의 질문을 하는 관행과 가깝고, Wengraf는 Holstein과 Gubrium (1995)의 "능동적 인터뷰(active interviewing)"를 적극적인(assertive) 인터뷰의 한 형태로 인용하였다(그러나 대부분의 연구자들처럼 수용적(receptive) 스타일을 더 선호한다). Holstein과 Gubrium은 인터뷰는 피할 수 없이 해석적으로 적극적이며, 인터뷰 진행자가 중요한 역할을 수행하는 의미 있는 관행이라고 오랫동안 주장해왔다. 그들의 관점에서 인터뷰는 단순히 다른 사람을 관찰하고 그의 이야기를 듣는 일이 아니라, 인터뷰 진행자가 관객이라기보다는 참여자로서의 모습을 보이며 의미를 만들어가는 과정이다.

인터뷰의 맥락에 따라 제공되는 다양한 주체의 입장에 관하여 논하는 요점은 이들 중 하나가 최선이라고 말하는 것이 아니다. 인터뷰 진행자의 역할을 수행하는 방법이 단순한 것이 아니라는 것(4장에서 논의한 윤리적 요구를 존중하는 것과는 달리)과 인터뷰 진행자의 역할을 수행하는 서로 다른 방법은 의미를 만들고 지식을 생산하기 위해 서로 다른 가능성과 관련된 서로 다른 인터뷰 맥락을 생산한다는 점을 강조하기 위함이다. 마찬가지로, 인터뷰 단계가 어떻게 설정되는가는 인터뷰 진행자가 합법적으로 행동할 수 있는 가능한 주체의 입장을 제한한다. 그래서 인터뷰 진행자에게 중요한 것은 역할을 어떻게 가장 잘 수행할지를 결정하기 전에 "무엇을 알고 싶은가?"라는 근본적인 질문을 던지는 것이다. 때로는 여론 조사자의 입장이 유용하고, 어떤 경우에는 탐색자나 참여자 모드가 지식의 관심과 관련하여 더 도움이 될 것이다(인터뷰 변이에 관한 논의는 8장 참조).

인터뷰 대상자

인터뷰의 맥락에 따라 인터뷰 대상자(interviewee)는 어떻게 구성되는가? 이번에도 어떤 질적 인터뷰를 하느냐에 따라 답이 달라진다. Foley (2012)는 인터뷰 방법과 관련하여 응답자가 구성되는 방식 간에 유용한 차이점을 소개하였다. 그녀는 "특정한 종류의 연구를 수행하기 위해서는 연구자들이 특정 유형의 응답자를 떠올려야 한다"고 하였다(p. 305). 설문조사 인터뷰(또는 설문조사의 형식과 비슷한 질적 인터뷰)에서는 말하고자 하는 진실이 거기에 있다는 생각에 근거하여 대상을 **보고자**(reporter)로 구성한다.

2장에서 인터뷰 이야기를 보고(report)와 설명(account)이라는 개념으로 구별했으며, 과거 경험에 대한 진실한 묘사에 관심이 있는 인터뷰 진행자는 인터뷰 대상자에게 보고자로서 접근하는 경향이 있다는 것은 놀라운 일이 아니다. 대상자를 보고자로 접근하는 것은 그들을 "정직하고 도움이 되는 사람; 거짓말하고, 비협조적이거나, 잊어버릴 만한 사람; 질문을 이해할 수 없는 사람"으로 본다는 것을 의미한다(Foley, 2012, p. 306). 이러한 구성의 인터뷰 대상자는 대상자가 밝혀낸 보고의 진실성에 초점을 맞추고 있다. 보고자로서 인터뷰 대상자는 현상학적 인터뷰에 많이 적용되고, 종종 이러한 구성은 연고가 없더라도 여론 조사자로서 인터뷰 진행자의 대상자 입장과 관련되어 있다.

Foley (2012)가 강조한 인터뷰 대상자의 다음 모델은 **교사**(*teacher*)이다. 교사로서 접근할 때, 대상자는 "관련성이 있다고 생각되는 이슈를 제기하고 탐구하여 자신의 목소리가 들릴 수 있도록" 격려를 받는다(Foley, 2012, p. 306). 이는 대상자가 인터뷰를 훨씬 더 통제를 받게 되고, 이러한 상호작용은 양 당사자가 질문과 관심을 합법적으로 제기할 수 있는 일상적인 대화와 유사할 수 있다. Foley는 이 인터뷰 대상자의 입장을 심층적인 인터뷰의 맥락과 연결하고, 인터뷰 진행자의 탐색자 입장과 맞을 수도 있지만, 참여자 모델과 잘 맞는 것으로 보인다.

마지막으로 Foley가 논의한 세 번째 모델은 문화기술지 인터뷰의 맥락을 잡는 기능인 **구성원**(*member*) 또는 **정보원**(*informant*)으로서 응답자이다. 이 방법을 적용할 때, 인터뷰의 대상자는 장소나 특정 사회적 실천에 대한 특별한 지식을 가지고 있기 때문에 종종 선택되고, 그래서 그들은 전문가로 자리매김하게 된다. 이 모델에 따르면, 인터뷰는 경험적인 것보다 더욱 사실적이고, 감정적인 것보다 더욱 설명적인 것으로 드러날 수 있다. 이것은 또한 Socrates의 영감을 받아 인터뷰를 구성한 결과로, 에피스테메의 의미에서 지식을 얻고자 노력할 수 있다(2장 참조). 여기서 Bellah, Madsen, Sullivan, Swidler와 Tipton (1985)이 명시적으로 언급한 바와 같이, 개인의 경험과 의견보다는 사회적 목표와 가치에 대한 공공 토론에 시민을 참여시킴으로써 지식을 생산하기 위해 인식적으로 인터뷰를 사용하는 것이 목표가 될 수 있다. 목표는 인터뷰 대상자를 수동적 소비자로 두기보다는 질적 인터뷰를 통해 시민의 주관성을 자극하려는 것이다. 시민은 자신의 신념과 행동에 대한 이유를 명확하게 설명하고 토론할 수 있는 반면, 소비자는 단순히(doxa)에 대한 선호와 의견을 가지고 있을 뿐이다(Brinkmann, 2007a).

Foley는 인터뷰의 다른 방법론적 맥락들이 어떻게 다른 인터뷰 대상자의 입장을 구성하는지를 논의할 뿐 아니라 윤리적 관심사에 대한 응답으로 그러한 대상자의 입장을 구성함을 설명하고 있다. 일부 연구자들은 인터뷰 대상자에게 특별한 방식으로 회상하도록 지시하고, 때로 대상자들은 인터뷰 연구에 참여함으로써 자신이나 대상자에 대해 배우려 한다. 두 경우 모두, 그들은 이 책에서 논의한 Socrates의 대화법에서 명확하게 제시한 모델인 학습자(learner)의 입장이다.

윤리적 이유에 근거한 보다 일반적인 개념은 **취약한** 존재로서의 주체이다. 실존적으로, 모든 인간은 내재되어 있고 유한하며 연약한 창조물이기 때문에 도덕적으로 취약하지만, 연구자는 연구에 참여하는 대상자를 보호하기 위해 특별한 관심을 기울인다. Foley는 대상자를 특별히 취약한 존재로 보지 않을 경우 인터뷰 진행자의 입장이 인터뷰 대상자를 위험에 처하게 할 수 있음을 언급하였다. 인간의 취약성을 거의 고려하지 않는 (특별한 이유가 없는 한) 일상적인 대화와 달리, 인터뷰의 맥락에서 취약성이 주요 관심사가 될 것이다. 또한 같거나/다르거나 또는 내부자/외부자의 이슈가 인터뷰 연구의 배경에 도사리고 있다. 현장 연구에서 연구자는 내부자인가, 아니면 외부자인가? 인터뷰 진행자는 인터뷰 대상자와 나이, 성별, 인종 등에서 다른가? 이러한 것은 인터뷰의 권력 관계와 윤리에 어떤 영향을 미치는가? 물론 이러한 질문에 대해서 명확하게 대답할 수는 없지만, 인터뷰의 맥락적 특징이 상호작용에 어떤 영향을 미치는지 구체적으로 반영하기 위해 의문을 제기하는 것이 적합하다.

우리는 앞서 인터뷰 맥락에 따라 인터뷰 대상자가 어떻게 구성되는지를 질문했지만, 상호주의(mutualism)에 따라, 질문을 뒤집어서 인터뷰 대상자가 인터뷰 맥락을 어떻게 구성하는지 질문하는 것을 잊지 말아야 한다. 왜냐하면 그들은 단지 미리 정해진 역할을 수행하는 수동적인 졸(卒)이 아니고, 인터뷰 대상자가 예기치 않게 행동할 때 흥미로운 일이 발생할 수 있기 때문이다. 예를 들어, 인터뷰 대상자가 불쾌감을 느낀다는 이유로 질문을 거부할 때 상황이 바뀔 수 있다. 대상자는 "인터뷰를 수행하는" 적절한 방법이 무엇일까 생각하면서 "좋은 인터뷰 대상자"로서 행동하려고 하기 때문에 이러한 경우는 거의 발생하지 않는다. 그러나 때때로 이러한 일이 발생하는 경우 뭔가 흥미로운 것에 성패가 달려 있다는 신호일 수 있기 때문에(명확하게 인터뷰 진행자가 부적절하게 행동했다는 표시일 수도 있다!) 인터뷰 진행자는 주의를 기울이고 상황에 대해 더 조사해야 한다.

덜 극적으로, 인터뷰 대상자는 연구 인터뷰의 전통적인 연출을 단절시킨다 하더라고 때때로 질문을 하기 시작한다. Foley (2012)는 폭력 범죄자를 대상으로 한 Presser의 연구를 예로 들었다. 어느 순간 한 인터뷰 대상자가 연구자에게 물었다. "지금, 나는 잘 모르겠는데, 이 인터뷰에 근거해서 말입니다. 당신은 어때요? 마음이 편하십니까? 여기 미친 사람과 같이 있는 기분이야(낄낄거리며)?"(p. 313). 인터뷰 대상자는 즉시 두 사람이 어떤 관계를 맺고 있는지, 어떤 맥락에서 인터뷰를 하는지 알아내려고 애쓰는 것 같으나, 아마도 위협적인 입장으로 된 보통의 경험을 표현한 것이 이렇게 여기 인터뷰로 옮겨져 있다.

이 책의 여러 장에서 인터뷰 진행자와 인터뷰 대상자의 역할이나 입장을 다루지만, 인터뷰의 맥락에 영향을 미치고 이러한 특정한 맥락이 그들의 행동과 말에 동시에 영향을 주는 명백한 요소로 그것을 강조하기 위해 여기에 솔직하게 포함시켰다.

신체와 인간 이외의 것들

인간으로서 인터뷰 진행자와 대상자에 더해서 우리는 우리의 신체와 인간 이외의 것(nonhuman)에 집중하면서 인터뷰 맥락에 미치는 물질적 영향에 관하여 언급한다. 인터뷰는 확실히 언어적 의사소통이지만, 특히 면대면 형식인 체화된(embodied) 의사소통이다. 인간은 신체 자체인 동시에 신체를 가지지 않는 체화된 창조물이기 때문에(Trinh, 1999), 인간의 신체는 여러 방식으로 질적 인터뷰에 들어온다. 지성이 이탈된 상태로 서로 마주하는 신체가 인터뷰를 하는 것이 아니라 인터뷰는 상호작용을 하는 마음과 몸의 결합으로 이루어진 것이다. 그리고 몸은 결코 중립적이지 않고 성, 인종, 계급 등의 모든 징후를 지니고 있다.

한 인터뷰 진행자는 인터뷰 대상자의 신체와 태도에 관한 다른 표현을 다음과 같이 보고하였다. "조산사들과 인터뷰하는 동안 한 응답자는 4살짜리 아이에게 모유수유를 하였고, 다른 사람은 문신을 보여주었으며, 또 다른 사람은 '억압하는' 것처럼 보이는 옷가지를 움직였다"(Lillrank, 2012, p. 312). 이런 방법은 인터뷰 대상자의 신체가 그 상황에서 눈에 띄게 만드는 분명한 방법이다. 더 잦은 경우는 사람들이 어떻게 앉고 편안해하는지, 어떻게 냄새를 말고 움직이는지, 어떻게 옷을 입는지에 관련하여 좀 덜 분명한 방식으로 신체는 나타낸다. 이것은 상호작용에 영향을 미칠 수도 있고 그렇지 않을 수도 있지만, 그것이 영향을 미칠 때, 인터뷰 진행자가 항상 직접적으로 이를 인식하는 것은 아니다.

경우에 따라, 특히 주제가 신체 이슈와 직접 관련된 경우, 신체는 질적연구를 매우 어렵게 만들 수도 있다. 어떤 사람의 몸매가 날씬하면 과체중 이슈에 대해 사람들을 인터뷰하는 방법을 주의 깊게 고려해야 하며 반대로 체중이 많이 나가면 거식증으로 고통받는 사람들을 인터뷰할 때 추가로 생각해야 할 수도 있다. 물론 인종차별적이거나 성별화된 신체(gendered body)에 관해서는 많은 경우에 잠재적인 이슈가 있다. 연구 프로젝트가 남자인 경우, 그 남자는 남편에게 학대당한 여성을 어떻게 인터뷰할지를 생각해야 한다. 우리는 그러한 프로젝트를 수행할 수 없다고 말하는 것이 아니라, 성별화된 신체의 경우 신체가 대화의 맥락에 어떻게 영향을 미치는지를 반영해야 한다는 것이다.

신체는 단지 맥락을 유지하는 것뿐만 아니라 그것을 방해하기 위해 사용될 수도 있다. Parker (2005)는 인터뷰 진행자가 12~14세인 3명의 소년과 인터뷰한 경험을 예를 들어 설명하였다. 주제는 학생들 사이의 교육 심리학자 이미지에 관한 것이었다. 소년들은 특히 약물치료(ADHD 증상에 대한)에 대해 다양한 부정적인 경험을 가지고 있으며, 그들은 "약물치료 시스템"에 반대하는 입장에서 서로 다른 전략을 이용했다. 인터뷰에서 한 남학생이 방귀를 뀌고, 다른 소년들은 웃고, 인터뷰 진행자가 어리둥절해 할 때 신체가 맥락을 방해하는 전략이 두드러지게 나타났다. 방귀가 우연히 일어났는지 아닌지는 분명하지 않지만, 그럼에도 불구하고 이러한 신체적인 개입은 대화의 변화에 영향을 미치고 소년들의 상황과 경험에 대한 무언가를 보여준다.

질적 인터뷰 프로젝트에서 Ellingson(2012)이 우리에게 상기시켜 주듯이, 우리는 종종 신체적 특성(예: 인종) 또는 신체 경험(예: 특정 질병으로 고통받는) 때문에 참여자를 선택하고, 자료를 분석할 때 인터뷰 대상자의 신체적 특성을 통해 부분적으로 의미를 만들고, 심지어 글쓰기는 매우 구체적인 의미에서 신체화된 활동이다. 지난 수십 년 동안 신체의 역할에 대한 새로운 관심이 있어 왔으나 인간 이슈에서 신체의 중심성은 인간과 사회과학에서 종종 무시되었다(Johnson, 2007).

연구는 약 90%의 의미가 비언어적이며, 언어보다는 신체적 징후와 몸짓과 관련된 것이다(Ellingson, 2012). 언어적 표시와 비언어적 표시 간에 불일치가 있는 경우 사람들은 일반적으로 신체화된 표시를 신뢰하는 경향이 있다. 말을 할 때 거짓말을 하는 것은 쉽지만 신체는 쉽지 않다. 따라서 신체는 질적연구 인터뷰 중 상황을 정의하는 데 결정적인 것이 된다. 예를 들어, 인터뷰 진행자가 대상자 앞에서 자기 팔을 잡고 약간 앞으로 기울고, (쳐다보지는 않지만) 적절하게 눈을 맞추는 것은 모두 그 상황을 중요시하고 개방적이라는 표시인 동시에 인터뷰 대상자를 진지하게 받아들일 사람으로 생각한다는 표시이다.

Ellingson (2012)은 인터뷰 중에 인터뷰 진행자는 자신의 신체에 대해 생각해야 한다고 주장했다. "몸이 주변 환경과 참여자의 감정, 신체 언어와 몸짓, 근접성에 어떻게 반응하는지 주의를 기울이세요. 모든 감각을 활용하세요"(p. 533). 그리고 나중에 자료 분석에 참여할 때, 연구자는 "인터뷰 자료에서 연구자와 참여자 모두 서로 신체를 통해 나타낸 것에 계속 주의를 기울여야 한다"(p. 534). 우리 몸은 우리의 성찰적인 지성이 알지 못하는 것을 알 수 있으며, 인터뷰 후에 불쾌한 느낌(윤리적 또는 인식적인 이유로)이 남아 있다는 것은 무언가 더 다루어야 할 징후로 구체화 될 수 있다. 마지막으로, 연구결과를 보고할 때, Ellingson이 말한 것처럼 연구 본문에 우리의 몸에 관해 써야 한다. 왜냐하면 "연구자들의 신체는 우리의 설명에 표시되지 않은 채, 학자들은 자신의 위치를 반성적으로 고려하지 않고 말로 표현되는 연구자의 힘을 강조한다"(p. 527). 신체가 인터뷰의 맥락을 구성하고 동시에 참여하고 있는 상황에 영향을 받는 이해의 중재자인 경우, 이 중재자는 연구보고서에서 가시화될 필요가 있다. Box 5.3에서 이것이 어떻게 이루어지는지에 대한 특별한 예를 제공한다.

Box 5.3 인터뷰에서 몸에 대한 글쓰기

Haruuki Murakami는 세계적인 베스트셀러 소설을 썼을 뿐만 아니라 인터뷰에 기초한 연구도 수행했다(Murakami, 2003). 제목은 *Underground: The Tokyo Gas Attack and the Japanese Psyche*이며, 1995년 3월 20일 도쿄 지하철 시스템에 사린(sarin) 가스를 주입한 악명 높은 옴진리교의 테러 공격에 대한 이야기를 전하고자 하였다. 이 책은 생존 피해자의 인터뷰, 종교집단의 회

(계속)

원과 전 직원의 인터뷰(2판)로 구성되어 있다. 이 책은 명백한 문학적 특성을 가지고 있지만, 방법론적 고려와 투명성을 가진 다른 많은 질적 인터뷰 연구와 같은 형태로 쓰여졌다.

다음의 발췌 내용에서 Murakami는 가스 테러로 뇌손상을 입어 병원에서 치료받고 있는 31세 여자 Shizuko Akashi (가명)를 인터뷰했다. 그녀는 테러 이전 기억이 없고 남동생도 같은 상황이었다.

그녀의 오빠는 라운지에서 Shizuko의 휠체어를 천천히 밀고 있었다. 그녀는 몸집이 작고 앞머리가 짧았다. 그녀는 오빠와 닮았다. 그녀의 안색은 좋았지만 단지 막 깨어난 것처럼 약간 실눈을 뜨고 있었다. 코에 연결된 튜브가 없다면 별다른 장애가 없어 보인다.

눈을 완전히 뜨고 있지 않았지만 눈동자는, 깊은 동공 속에서 반짝였다. 완전히 열리지는 않지만 눈동자에는 눈동자가 있습니다. 그녀의 외모를 넘어서 고통스럽지 않은 내면의 무언가를 볼 수 있게 해주는 눈빛이었다.

"안녕하세요." 나는 말했다.

"안녕하세요." 마치 ehh-who라는 소리로 그녀가 말했다.

오빠의 도움으로 나를 짧게 소개했다. 그녀는 고개를 끄덕였다. 그녀는 내가 온다는 것을 미리 들었다.

"궁금한 것을 Shizuko에게 물어보세요." Shizuko의 동생인 Tatsuo가 말했다.

나는 길을 잃었다. 무슨 말을 해야 하지?

"누가 당신을 위해 머리를 잘라주었어요?" 나의 첫 번째 질문이었다.

"간호사가요."상황을 유추하면 충분히 추측할 수 있는 uh-errff 라고 보다 정확하게 대답했다. 그녀는 망설이지 않고 빠르게 응답했다. 그녀의 마음은 머릿속에서 빠르게 돌아가지만 혀와 턱은 보조를 맞출 수 없었다.

처음에는 Shizuko가 긴장하고, 내 앞에서 조금 부끄러워했다. 뭐라 말할 수는 없지만 Tatsuo에게는 분명히 다른 모습이었다.

"오늘 뭐야? 왜 그렇게 부끄러워?" 그는 그녀를 놀리지만, 사실 내가 생각할 때, 처음으로 누군가를 만나고 건강이 좋지 않은 상태에서 어떤 젊은 여성이 부끄러워하지 않을 수 있을까? 나도 사실 조금 긴장했다.

인터뷰 전에 Tatsuo는 Shizuko에게 나에 대해 이야기했다. "소설가인 Murakami는 Shizuko에 대해 책으로 쓰고 싶다고 말했어. 너는 그것에 대해 어떻게 생각해? 너 괜찮아? 오빠가 너에 대해 말해도 괜찮겠니? 그 분이 너를 만나러 오는 것 괜찮아?"

Shizuko는 곧바로 "괜찮아"라고 대답했다.

그녀와 이야기 할 때, 가장 먼저 눈에 띄는 것은 그녀가 "예", "아니오"라고 판단하는 속도이다. 그녀는 거의 망설이지 않고 대부분의 것들에 대해 쉽게 마음을 정했다.

(계속)

나는 작은 꽃병에 든 노란 꽃을 가져왔다. 색깔이 삶을 가득 채웠다. 슬프게도 Shizuko는 볼 수 없었다. 그녀는 매우 밝은 햇빛에서만 물건을 구별할 수 있었다. 그녀는 머리를 조금 움직이면서 "Uann-eyhh [말하지 못함]"라고 말했다. 나는 그 방에 가져다 준 따뜻함이 그녀에게 대기를 통해 전해지기를 바랬다.

출처: *Underground: The Tokyo Gas Attack and the Japanese Psyche* (pp. 86-87), by H. Murakami, 2003, London: Vintage Books. The example is reworked from Brinkmann (2013).

우리는 Murakami의 사례를 포함하여 인터뷰 진행자가 인터뷰 상황에서 모든 종류의 신체적 측면에 주의를 기울일 수 있음을 보여주었다. 이 경우 인터뷰 대상자가 말하는데 어려움이 있고 그녀의 신체화된 자아가 인터뷰 상황에 분명히 영향을 미치기 때문에 신체의 세부사항에 대한 비슷한 관심은 다른 경우와 마찬가지로 매우 중요하다.

인간 이외의 것과 주변 환경

인터뷰의 맥락을 파악하고 동시에 맥락으로 영향을 받는 것과 같이 우리가 고려하는 마지막 요소는 인간 이외의 것과 주변 환경이다. 녹음기의 역할, 가구 배치 또는 인터뷰 환경의 물리적 자리배치에 대한 중요성은 거의 쓰여 있지 않았다. 인터뷰 연구자들은 대화에 집중하는 경향이 있어 종종 우리가 인간 이외의 것과 주변 환경으로 요약한 대화의 물질적 맥락에 관심을 두는 것과 이것이 어떻게 영향을 미치는지에 주의를 기울이는 것을 종종 잊어버린다. 그러나 일부 논평가들에 따르면, 사회 과정에서, 특히 20세기의 포스트모던 철학에서 언어의 다양한 역할에 몰두한 후, 사회과학자들은 "현재 물질의 결정적이고 의미 있는 역할을 재발견하는 과정에 있다"(Michael, 2004, p. 6). 이 물품들의 한 가지 역할은 인터뷰 자료 생성을 위한 맥락을 제공하는 것이다. 우리는 녹음기가 자료를 수집하는 맥락에서 중요한 장치임을 언급했다. 또한 질적 자료분석을 수행하는 방법에서 많은 소프트웨어 프로그램의 개발이 중요하다. 좀 더 일상적인 일로 넘어가서, 예를 들어 인터뷰 대상자가 앉아 있는 의자가 불편하다면 이 상황에서 이것이 그녀의 행동에 영향을 미칠 수 있다. 그러나 인간 이외의 것들, 심지어 동물까지도 우리가 보는 것 보다 더 근본적으로 중요할 수 있다.

Mike Michael (2004)은 인터뷰 연구에서 인간 이외의 것의 중요성을 보여준 소수의 질적 연구자 중 한 명이다. 그의 논문 "On Making Data Social"(2004)은 인간 이외의 물질적 요인에 의해 크게 영향을 받는 것을 밝힌 특정 인터뷰 에피소드에 대한 사례연구로, 사회학적 자료를 구성하는 데 있어 일반적으로 작용하는 물질의 역할을 성찰한 연구이다. Michael은 물질과 기호학(또는 해석학)의 존재론적 분리를 반대해 온 Donna Haraway와 Bruno Latour와 같은 연구자들의 뒤를 따랐다. Latour에 따르면, 이 분리는 현대의 발명인데, 이는 철학자들이 물질-기호 혼합체(material-semiotic hybrids)를 그들이 주장한 구성 요소로 정화하기를 원했을 때 만들어진 것이다. 하지만 세계의 실체는 동시에 공존하기 때문에 이러한 분할은 환상이다(이것은 Latour가 "우리는 결코 현대적이지 않다"라는 논란의 여지가 있는 논문에서 제시; Latour, 1993). Latour의 경우 물건, 사물과 재료는 인간관계의 매개자이며 사회과학에서 우리가 "사회적"이라고 부르는 것이다. 중개자는 인간 내부에 위치하는 것이 아니라 많은 인간 이외의 것들을 포함한 네트워크에 분포되어 있는 것이다.

이 철학을 바탕으로 Michael은 인터뷰 대상자의 집에서 인터뷰를 진행하였다. 주제는 과학에 대한 대중의 이해였으며, Michael은 인터뷰 상황에서 주변에 있는 여러 물건들을 신중하게 배치했다(이 논문에는 배열을 나타내는 여러 개의 배치도가 포함되어 있음). "나는 소파에 앉아 있었고, 응답자는 나의 오른쪽 안락의자에 앉았다. 그리고 녹음기가 우리 사이의 바닥에 배치되었다. 예비 대화를 하는 동안, 그녀의 반려견 핏불테리어가 어슬렁거리다 내 발 위에 앉았다... 대화가 진행되는 도중, 그녀의 고양이가 방으로 들어 왔고 잠시 후 녹음기를 할퀴다가 녹음기를 고정한 끈을 당기기 시작했다"(2004, pp. 12-13). 설명은 계속되었고 Michael은 우리가 질적 분석과 관련된 "사회적 교환(social change)"으로 고려되는 것이 "서로 다른 공동연구자들 간의 의사소통에서 나온 추상화(abstraction), 또는 빼기(subtraction)"임을 보여주었다(p. 16). 그가 의미하는 바는 인터뷰 진행자나 대상자 누구도 대화의 맥락을 구성하기 위해 단독으로 행동하지 않았고, 이 상황의 물질적 요소들(적어도 두 사람이 아닌 동물들)이 중요하고 동시에 실제로 Michael이 사회의 "물질적 해체(material deconstruction)"라고 말한 것에 영향을 미친다(p. 14).

이 사례를 더 이상 전개하지 않겠지만, 질적 인터뷰 진행자를 위한 그의 교훈은 인간 이외의 것들(가구, 개, 고양이, 녹음기)과의 많은 관계가 "사회학적 자료가 '수집 가능할 수' 있도록 흔히 어떻게 조절되어야 하는가"를 지적하는 것이다(2004, p. 14). 질적 인터뷰는 단순히 대화를 위해 모이는 두 명 이상의 사람들 간의 작용이 아니다. 함께 모이는 것은 고려될 수 있는(항상 고려되어야 하는 것은 아닌) 인간 이외의 요소들에 의해 중재되기 때문에, 그러한 것들이 분석적으로 중요하다. 질적 인터뷰가 가능하려면 많은 것들이 함께 작용되어야 한다. 맥락으로서 인터뷰는 하늘에서 뚝 떨어지는 것이 아니고 복잡한 에피소드를 조율하는 수많은 배우들(인간과 인간 이외의 것들)의 결과이다. 오늘날 우리는 이를 당연한 것으로 여긴다.

우리가 그것을 당연하다고 생각하지 않으면 많은 것을 배울 수 있을 것이다. 이것은 인터뷰를 맥락적으로 배열하는 실험을 시도하는 것을 포함할 수 있다. 예를 들어, 걸으면서 진행되는 인터뷰(Evans & Jones, 2011)나 "go-along interview"를 하는 것인데, 이는 "거리 현상학(street phenomenology)"으로 알려져 있다(Kusenbach, 2003). 많은 다른 맥락적 배열을 상상할 수 있지만(예: 대화를 나누는 사람이 서로에 대해 어떻게 상대하는지, 그들 주변에서 일어나는 일, 또는 대화의 맥락으로서의 가정 대 공공장소의 중요성에 관한 것), 요점은 단순히 재미를 위해 실험하는 것이 아니라 그렇게 하는 것이 지식을 생산하는 것에 도움이 될 수 있기 때문이다. 예를 들어, 인터뷰 주제가 한 사람의 전기나 가정생활과 관련이 있다면, 그 사람의 집에서 모든 개인적인 물건을 근처에 두고 인터뷰를 하는 것은 도움이 될 수 있다.

◆◆◆◆

본 장에서는 인터뷰가 지식을 생산하기 위한 측면으로 구성되는 방식에 영향을 미치는 몇 가지 요인을 보여주었다. 우리는 (넓은 의미에서) 인터뷰 진행자, 인터뷰 대상자, 신체 그리고 인간 이외의 것들의 역할을 강조해 왔다. 우리는 이 짧은 장에서 인터뷰 전체의 맥락적 특징에 대해 정의를 내릴 수 없다. 만약 우리가 정확하다면, 그 특징들은 무한하기 때문이다. 하지만 우리는 미래의 연구자들이 어떻게 사람들이 맥락으로서 인터뷰를 생산하고 이러한 맥락들이 어떻게 주관성을 생산하는지를 연구하는데 더 많은 시간을 할애하기를 바란다. 이것은 인터뷰 진행자로서 연구자의 반성에서 중요한 훈련이다. 그러나 이것이 소위 우리가 인터뷰 사회라고 부르는 곳에서 어떻게 인터뷰를 수행하고 다른 생각과 관행을 유지하는지를 밝혀줄 수 있다.

2부

인터뷰 조사의 7단계

이제 인터뷰 연구와 개념적 이슈에서 연구를 수행하는 실질적인 단계로 넘어간다. 인터뷰의 신비로운 단계로 보이는 것을 각각 개별적인 단계로 풀어내고 그 단계의 예시를 제시하고, 단계의 실제적인 이슈에 대한 몇 가지 엄지의 규칙을 제시하고, 중간중간 도구 상자를 제공하여 연습할 수 있도록 제안한다. 1부에서 제시한 인식론과 윤리적 이슈를 제외하지 않고, 인터뷰 프로젝트 과정 전반에 걸쳐 내려야 할 구체적인 결정을 밝히기 위해 지속적으로 언급할 것이다. 여기에서 장은 (1) 주제 선정, (2) 설계, (3) 인터뷰, (4) 필사, (5) 분석, (6) 증명, (7) 보고의 7단계를 거쳐 질적 인터뷰 조사의 순차적 과정을 따른다. 각 장에 대해 실제 학습 과제를 부록에 제시하였다. 장들은 인터뷰 연구에서 따를 수 있는 많은 과정들을 제시하였다. 지식을 생산하기 위해 이용 가능한 선택들에 대해 개략적으로 설명하고 그 결과를 논한다. 우리는 7단계의 관점에서 인터뷰 여정을 묘사한 것이 초보 연구자들에게 유용할 수 있다고 생각하지만, 실무는 명시적인 규칙과 지침보다는 잘 형성된 습관과 직관적 경험에 기반을 두고 있기 때문에 유능한 장인은 자신의 실무에서 이러한 단계를 항상 인식하지 못할 수 있다.

6장
인터뷰 연구의 주제 선정과 설계

이 장에서는 인터뷰 연구의 체계적인 계획을 개략적으로 설명한다. 우선 인터뷰 과정의 잠재적인 논리적, 감정적 어려움을 설명하며, 인터뷰 프로젝트의 전체적인 설계를 고려하지 않을 때 상황이 어떻게 잘못될 수 있는지를 보여준다. 그런 다음, 인터뷰 연구를 위한 이상적인 7단계 경로를 간략히 설명할 것이다. 그 후에 주제 선정, 또는 개념화, 인터뷰 프로젝트의 설계에 관한 사전 인터뷰 단계를 더 완전하게 다룬다. 인터뷰 준비가 잘 될수록 인터뷰 상호작용에서 생성된 지식의 질과 인터뷰 후 사후과정의 처리가 촉진될 것임을 제안한다. 인터뷰 연구에서 혼합방법(mixed methods)의 이슈를 다루면서 장을 마무리할 것이다.

인터뷰 연구의 7단계

연구 인터뷰의 개방형 구조는 인터뷰 조사에 있어 이슈 분야일 뿐만 아니라 자산이다. 연구 인터뷰 또는 완전한 인터뷰 조사를 수행함에 있어서 표준 절차나 규칙은 존재하지 않는다. 그러나 인터뷰 조사의 여러 단계에서 접근방법이나 기법에 대한 표준 선택이 있으며, 이 장에서는 수행해야 할 몇 가지 선택사항을 설명하고자 한다. 그 목적은 인터뷰 연구자가 연구의 주제, 이용 가능한 방법론적 선택지 및 윤리적 함의에 대한 지식과 전체 인터뷰 프로젝트의 선택에 대한 예상되는 결과에 기초하여 방법에 대한 사려 깊은 결정을 내릴 수 있도록 하는 것이다.

사회과학 저널의 논문은 종종 명확한 방법론적 절차를 따르는 다소 형식주의적인 연구 과정을 보여준다. 편집 요구 사항은 왜곡되고 합리화된 과학 연구의 그림을 논리적이고 선형적인 과정이라고 부추긴다. 이는 과학적 연구의 놀라움, 설계 변화 및 개념과 가설의 재구축 등 실제로 이루어지는 연구 과정과는 거리가 멀다. 명확하고 체계적인 방법론적인 제안서가 강조되는 연구비 지원 신청에서도 인터뷰 조사의 공식적 방법론 제시가 필요할 수 있다. 그러나 대부분의 경우 인터뷰 연구의 공식적인 방법론을 제시한 것은 종종 인터뷰 연구를 수행하며 복잡하게 얽힌 관행과는 다를 수 있다.

이 책에서 우리는 인터뷰 연구자의 장인 정신에 초점을 맞춤으로써 모든 방법의 사용 대 방법을 사용하지 않는 것의 양분법을 넘어서는 것을 목표로 한다. 현장에서 즉석으로 내린 결정들(예: 인터뷰 상황에서 새로운 것을 따를지 아니면 인터뷰 가이드에 충실할 것인지)을 포함한 인터뷰의 개방성은 사전 준비 및 인터뷰 진행자의 역량을 강력하게 요구한다. 인터뷰에 대한 정해진 규칙이 없으면 인터뷰 진행자의 기술, 지식과 직관에 대한 개방적인 기회 영역이 만들어진다. 또한 전체 인터뷰 조사의 설계는 많은 방법론적 선택들이 표준화된 설문지와 통계 분석 등에서 미리 정해진 조사 연구 보다 표준 절차를 덜 따른다. 연구 프로젝트에서 해야 할 첫 번째 선택은 질적 인터뷰가 자신의 연구질문에 답하는 가장 적절한 방법이 될 것인지를 고려하는 것이다. Box 6.1는 인터뷰에 대한 찬성과 반대의 간단한 논의를 제공할 것이다.

Box 6.1에서 우리는 연구자가 이 방법이 마음에 들기 때문에 (또는 양적 작업을 싫어하기 때문에) 인터뷰 연구를 시행하지는 말아야 한다고 경고했다. 연구 프로젝트에서 질적 인터뷰를 주요 방법으로 피하는 이유는 여러 가지 있을 수 있다. 투표 행동과 같은 대규모 그룹의 행동을 예측하고자 하는 연구는 시간이 많이 걸리는 질적연구가 감당할 수 없는 정도로 많은 응답자를 표본추출 해야 한다. 이 경우 설문 조사가 가장 적합한 방법일 것이다. 또한 프로젝트에 이용할 수 있는 시간이 거의 없는 경우 설문 조사는 질적 인터뷰보다 관리, 분석, 보고가 더 빠르기 때문에 더 나은 선택이 될 수 있다.

Box 6.1 인터뷰: 찬성과 반대

질적 인터뷰에 관한 책에서 인터뷰에 찬성과 반대를 논의한다는 것이 이상하게 보일 수 있다. 물론, 우리는 질적 인터뷰의 정당성과 유용성에 대해 질문하고 싶지 않지만, 소수의 연구자만이 프로젝트를 시작하기 전에 멈추어서 인터뷰가 연구를 수행하는 가장 좋은 방법인지에 대한 근본적인 질문을 한다고 생각한다. 어떤 경우에는 연구자가 단순히 사람들과 이야기하기를 좋아하기 때문에, 심지어 일반적인 양적연구나 통계를 좋아하지 않기 때문에 인터뷰를 선택하는 경우가 있다. 이것은 나쁜 이유이며, 인터뷰를 선택하는 가장 좋은 이유는 아마도 관심 있는 연구주제와 가장 잘 맞기 때문이다.

따라서 우리는 주제가 인간 경험의 측면(광범위하게 현상학적 접근법이 적합한 경우)이나 대화의 현실(광범위하게 담론의 접근법이 관련된 경우)에 관한 경우 인터뷰를 해야 한다. 일반적으로, **어떻게**(how)라는 적은 단어를 사용하여 연구질문을 공식화할 수 있는 경우, 질적 인터뷰가 적절할 가능성이 높다. **어떻게** 무엇을 경험하였나? **어떻게** 무엇을 하였는가? 이와는 대조적으로, 일반적으로 얼마나 많은지와 관련된 질문의 경우 설문지와 같은 정량적 도구를 사용하는 것이 좋다.

이슈는 인터뷰 연구자들이 실험 연구에서 취한 연구 논리를 상당히 자주 전수받아, 이것을 그룹 간의 차이를 조사하기 위한 과학적 방법, 의도라고 본다는 것이다(Brinkmann, 2013). 예를 들어, 그들은 여성에 대한 그들의 이해가 타당한지 검증하기 위해, 말하자면 남성으로 "대조군"을 갖고자 한다. 이것은 진정한 질적연구 논리에 역행하며 사실 거의 말이 되지 않는다. Dante의 작품을 해석하고 싶다고 Shakespeare나 Milton을 대조군으로 삼으라고 요구하는 것은 상당히 이상할 것이다. 질적 인터뷰를 이용하여 비교 연구를 하는 것은 틀림없이 흥미롭지만, 이것은 매우 세심하고 분석적인 방법으로 이루어져야 하며 대개 집단 간의 일반적인 차이에 대한 가설을 시험하는 것과는 상당히 다르다. 질적 인터뷰 진행자는 인터뷰 연구가 일반적으로 이러한 종류의 가설 검정에 거의 적합하지 않고(짧은 인터뷰를 사용하여 가설을 검정할 수는 있지만), 질적인 그리고 대화적인 세계에 대한 귀납적 탐색에 훨씬 더 적합하다는 점을 알고 있어야 한다.

만약 사람들의 행동과 사람과 환경과의 상호작용을 연구하기를 원한다면, 현장 연구의 관찰과 비구조화된 대화가 연구 참여자에게 직접 그들의 행동에 대해 물어보는 것보다 더 많은 유효한 지식을 줄 것이다. 연구주제가 집단이나 문화에서 당연시하는 가정과 같이, 보다 함의적인 의미와 암묵적인 이해를 다루는 경우, 구조화된 인터뷰 보다는 비구조화 인터뷰에 의해 보완된 실제 행동에 대한 참가자 관찰 및 현장 연구가 관련된 정보를 더 많이 제공할 수 있다.

연구의 목적이 주제에 대한 개인적 지식을 습득하는 것이라면, 이것은 길고 정서적인 치료 과정을 통해 형성된 친밀하고 개인적인 상호작용 속에서 발전된 신뢰를 통해 가장 잘 얻을 수 있다(Box 2.5, 2.6의 비지시적 치료 인터뷰와 정신분석적 인터뷰에 대한 묘사 참조). 개인의 확립된 자아 이미지에 대한 도전과 강한 감정의 자극이 치료의 필수적인 부분이지만 연구의 흥미만을 위해 그러한 집중적인 감정 반응을 부추기는 것은 비윤리적이다.

모든 연구에서, 주제에 따라 사용될 연구방법을 결정해야 한다. 그리고 오랜 경력을 통해 수많은 박사 과정과 워크숍을 수행했던 Steinar Kvale은 과정에 참가한 참여자를 가르치는 목표 중 하나가 일부의 사람들은 질적 인터뷰를 사용하지 않도록 하는 것이라고 말했다! 다른 연구 접근법과 마찬가지로 연구자들이 왜 특정 방법을 사용하기로 선택했는지 설명할 수 있을 만한 이유를 제시할 수 있어야 한다. 이러한 이유에 대한 성찰은 우리가 지금 시작하고자 하는 인터뷰 조사의 첫 단계에 속한다.

Box 6.2 인터뷰 연구의 7단계

1. **주제 선정*(Thematizing)*:** 인터뷰를 시작하기 전에 조사의 목적과 연구되는 주제의 개념을 공식화한다. 연구방법-**어떻게**(*how*)-의 이슈를 제기하기 전에 연구의 **무엇**(*what*)과 **왜**(*why*)를 명확히 해야 한다.
2. **설계*(Designing)*:** 인터뷰를 시작하기 전에 연구의 7단계 모두를 고려해서 연구를 계획하고 설계한다(6장). 연구설계는 의도된 '지식'을 얻는 것(3장)과 연구의 '도덕적 함의를 고려하는 것(4장)과 관련해 수행된다.
3. **인터뷰*(Intervieing)*:** 인터뷰 지침에 바탕을 두고, 찾고자 하는 지식에 대한 성찰적 접근법으로, 그리고 맥락으로써의 인터뷰를 수행한다(5장). 그리고 인터뷰 상황의 대인 관계를 고려한다(7장, 8장, 9장).
4. **필사*(Transcribing)*:** 분석을 위한 인터뷰 자료를 준비한다. 이것은 흔히 말을 글로 된 텍스트로 옮기는 일을 포함한다(10장).
5. **분석*(Analyzing)*:** 연구의 목적과 주제, 그리고 인터뷰 자료의 성질에 근거해서 어떤 분석 방법이 인터뷰에 적절한지를 결정한다(11장, 12장, 13장, 14장).

(계속)

6. **확인*(Verifying)*:** 인터뷰에서 발견한 의미들의 타당도, 신뢰도, 일반화가능성을 증명한다. 신뢰도는 결과가 얼마나 일관적인지를 의미하고, 타당도는 인터뷰 연구가 조사하고자 의도한 바를 조사하고 있는지의 여부를 의미한다(15장).
7. **보고*(Reporting)*:** 연구의 결과와 적용 방법은 과학적 기준에 부합되고 연구의 윤리적 측면을 고려하고 읽을 수 있는 결과를 표출한 형식으로 전달한다(16장).

Box 6.2에 요약된 인터뷰 연구는 초기 아이디어에서 최종 보고서까지 7단계로 진행된다. 이 이상적인 순차적 단계는 혼란스러운 인터뷰 여정의 잠재적 어려움을 겪는 초보 인터뷰 연구자를 돕고 연구 전 과정을 통해 초기의 비전과 참여를 유지하는 데 도움을 줄 수 있다.

일부 인터뷰 연구자는 프로젝트 전 과정에 따라야 할 명확한 계획을 세우고 시작하는 것보다 연구설계에 대한 좀 더 유연한 접근법을 선호한다. 따라서 Rubin과 Rubin (2005)은 반복적인 설계를 제안하는데, 연구자는 계속해서 현장의 새로운 환경에 적응하고 과정 중에 주제와 질문의 선택을 바꾸고 있다. 이러한 형태의 반응형 인터뷰 설계에서는 일반적으로 연구질문이 개방형이다. 처음에 가설을 언급하면 프로젝트가 진행됨에 따라 가설을 수정하거나 삭제할 수 있다. 7단계의 인터뷰 질문에 대한 형식적이고 규범적인 현재의 묘사와는 대조적으로 Box 6.3에서는 Bourdieu의 장인과 같은 연구 인터뷰의 개념을 Box 1.3의 인터뷰에서 발췌하여 제시한다.

Box 6.3 인터뷰 프로젝트의 7단계에 관한 Bourdieu의 견해

1. **주제 선정:** 연구자들은 주제에 대한 광범위한 지식을 보유할 때에만 자신의 과제와 진정으로 동등한 기회를 가질 수 있다. 때로는 연구의 전 과정을 통해 얻는 경우도 있고, 동일한 응답자나 정보제공자와의 초기 인터뷰를 통해 보다 직접적으로 얻는 경우도 있다"(Bourdieu et al., 1999, p. 613).
2. **설계:** 비폭력 의사소통의 원칙을 따른다. "사회적 친밀감과 친숙함을 위해 '비폭력' 의사소통의 조건을 제공한다... 그래서 우리는 조사자들이 알고 있는 사람이나 그들이 알고 있는 사람에 의해 소개될 수 있는 사람들 중 또는 주변에서 그들의 응답자를 자유롭게 선택할 수 있게 했다"(p. 610).
3. **인터뷰:** "문화적 비대칭에도 거의 영향을 받지 않는 '자연스러운 담론'을 모으는 것은 단순한 질문이 아니다. 또한 이 담론을 과학적으로 구성하여 자체 설명에 필요한 요소를 산출하는 것이 필수적이다"(p. 611).
4. **필사:** "필사하는 것은 다시 쓰기의 측면에서 쓰기를 의미한다. 극장에서 일어 나는 글로 표현된 것에서 구두로 전환되는 것처럼, 매체의 변화와 함께 구두에서 글로 전환되는 것은 의심의 여지 없이 진정한 충실도(fidelity)의 조건인 불충실(infidelities)을 초래한다"(p. 622).
5. **분석:** "이러한 방식으로 이해하면, 대화 분석[이 책의 13장에서 대화 분석의 방법론적 형식을 논의할 때 사용하는 것보다 여기에서 더 일반적으로 사용되는 용어]은 거래와 같은 상호작용의 우연한 구조만이 아니라 그것을 구성하는 보이지 않는 구조로도 각각의 담론을 읽는다... 그것은 많은 '녹음기 사회학(tape recorder sociologies)'에서처럼 축소를 피하고... 그들의 궤도와 그들이 참석한 교육 기관의 구조 사이의 현재와 과거의 객관적 관계의 구조를 말로 읽는 방법을 알고 있으며, 이를 통해 교육 시스템의 전체 구조와 역사가 거기에 표현되어 있다"(p. 618).
6. **확인:** "엄격성은... 관점에 대한 지속적인 통제에 있으며, 이는 글의 세부 사항에서 지속적으로 확인되고 있다"(p. 625).
7. **보고:** "대중작가가 자신에게 확신을 주는 메시지를 제공해야 하는 논평보다 더 위험한 글이 없다는 것은 의심할 여지가 없다"(p. 625).

출처: "Understanding," by P. Bourdieu, 1999, In *The Weight of the World* (pp. 610–625), by P. Bourdieu et al., Stanford, CA: Stanford University Press.

Box 6.3에서, Bourdieu의 저서 *The Weight of the World*에서 인터뷰의 개념에 대한 Bourdieu의 이후 서술을 인터뷰 연구의 7단계의 형식으로 정리했다(Bourdieu와 Kvale의 인터뷰 접근법을 비교하는 것은 Glasdam (2007)에게서 영감을 얻음). 인터뷰에 대한 현재의 묘사에 중요한 측면에 대응하고 있지만, Bourdieu의 접근법은 특정 프로젝트에 연계되어 있으며, 인터뷰 연구에 대한 보다 역동적이고 유연한 접근 방식에 의존하고 있다. 경험이 많은 인터뷰 연구자들은 보다 개방적이고 유연한 설계를 채택하는 경향이 있는 반면에, 이 책에서는 교육적 목적을 위해 보다 이상적이고 공식적으로 설명하는 것이 초보 인터뷰 연구자들에게 유용할 수 있다고 믿는다. 이제 인터뷰 연구에서 인터뷰 이전의 두 단계인 주제 선정과 설계로 옮겨보고자 한다(Flick, 2007, Marshall and Rossman, 2006).

인터뷰 연구주제 선정

첫 번째 실제 인터뷰를 위해 녹음기를 켜기 전에 인터뷰 프로젝트의 상당 부분이 이루어져야 한다. **주제 선정**은 연구질문의 공식화와 조사 주제의 이론적 명확화를 의미한다. 인터뷰 조사를 계획할 때의 주요 질문은 인터뷰에 대해 왜(why), 무엇을(what), 어떻게(how)와 관련된 것이다.

왜: 연구목적을 명확히 하기
무엇을: 조사하고자 하는 주제에 대한 사전지식 얻기
어떻게: 인터뷰와 분석에 대한 다양한 이론과 기술에 익숙해지고, 의도한 지식을 얻기 위해 어떤 이론을 적용할지 결정하기

방법(*Method*)이라는 용어는 원래 목표를 향한 길을 의미한다. 누군가에게 목표로 가는 길을 찾거나 보여주려면 목표가 무엇인지 알아야 한다. 목표로 가는 길에 다른 단계에서 어떤 방법을 사용할지에 대한 결정을 반영하기 위해서는 인터뷰 조사의 주제와 목적을 식별해야 한다. 인터뷰 프로젝트에 대한 자문은 때때로 탐색적인 “역인터뷰(counterinterview)” 방식을 취할 수 있다. 상담사는 우선 초급 인터뷰 진행자에게 방법에 대한 기술적 질문을 작성하

기 전에, 인터뷰 여정이 어디로 향하고 있는지, 인터뷰 연구의 연구주제가 무엇이며, 왜 수행하는지의 이유에 대해 신중하게 질문함으로써 탐구할 필요가 있다. 질적 인터뷰 연구의 설계에 관한 방법론 질문에 대한 표준적인 대답이 있다. 이는 조사의 목적과 주제에 따라 달라진다. "왜"와 "무엇"에 대한 주제적인 질문들은 설계의 기술적인 "어떻게"를 묻는 질문들이 의미 있게 제시되고 다루어지기 전에 답해야 한다.

연구목적(*Research purpose*). 인터뷰 연구의 주제 선정은 연구의 목적, 즉 "왜"를 명확히 하는 것을 포함한다. 2장에 보고된 학습에 관한 현상학적 인터뷰와 같이 인터뷰는 주제에 대한 대상자의 대표적인 경험에 대한 경험적 지식을 얻기 위해 실시할 수 있다. 또는 1장의 3가지 인터뷰 구절과 같이 인터뷰는 사회적 상황에 대한 지식을 구할 때도 이용하는데, 이는 학교에서 학습과 근무 상황에 대한 등급 및 교육 개혁의 영향(Box 1.1과 1.2)과 프랑스의 억압된 학생들의 생활 상황(Box 1.3)을 조사하는 것이다. 또는 인터뷰 연구는 전기적 인터뷰나 역사적 사건과 같은 인생사를 연구할 수도 있다. 구술사 인터뷰의 경우, 사회적, 역사적 사건에 대해 대상자가 제공하는 정보보다 주요 관심사인 대상자의 경험이 덜하다. 또한 인터뷰는 대상자의 경험을 도표화 하거나 대상자를 사건에 대한 정보원으로 이용하는 것 이상으로 더 나아가 대상자의 자기표현을 넘어서 2장에 묘사된 인식론적 인터뷰와 같이 그들의 진술에 표현된 개인적 가정과 일반적인 이데올로기를 비판적으로 검토하려고 할 수 있다.

인터뷰는 탐색적이거나 가설 검정의 목적을 가질 수 있다. 탐색적 인터뷰는 대개 개방적이고, 사전에 계획된 구조가 거의 아니다. 이 경우 인터뷰 진행자는 이슈, 차트로 만들 영역, 또는 발견하고자 하는 복잡한 이슈를 소개한 다음, 주제의 답변을 추적하고 주제에 대한 새로운 정보와 새로운 각도를 찾는다. 그룹 간 차이의 가설을 검정하는 인터뷰는 보다 구조적인 경향이 있다. 그룹의 인터뷰를 비교하기 위해 단어의 표현과 일련의 질문이 보다 표준화될 수 있다. 가설 검정은 단일 인터뷰 내에서 수행될 수 있는데, 여기서 인터뷰 진행자는 헌신과 개인주의에 대한 Bellah 등(1985)의 대면 인터뷰와 같이 이슈에 대한 대상자의 개념에 관한 가설을 검정하기 위해 질문을 한다(3장).

인터뷰는 또한 주로 설명적일 수 있으며 대상자의 살아있는 세계의 주요 측면을 도표화하려고 한다. 그들은 관찰과 인터뷰를 통해 경험적 근거이론을 **귀납적으로** 개발하기 위해서 Glaser와 Strauss (1967)가 개발한 근거이론 접근법과 같이, 주제의 이론적 개념을 개발하려고 더 시도할 수 있다. 인터뷰 조사는 또한 이론의 의미를 **연역적으로** 시험하려고 할 수도 있다. 그리고 인터뷰는 행동 연구(action research)의 집단 활동을 위해서, 그리고 이를 통해서 지식을 발전시키기 위해 수행될 수 있다. 인터뷰는 또한 더 실용적이고 이론적인 연구를 위한 배경 자료로도 사용된다. 따라서 성찰적 실무자에 대한 Schön (1987)의 분석은 전문가와의 인터뷰를 바탕으로 하며 Sennett (2004)의 존중에 관한 책은 광범위한 인터뷰 경험을 바탕으로 하고 있다.

주제에 대한 지식(*Subject matter knowledge*). 인터뷰 연구의 주제를 정하는 것은 연구의 주제인 "무엇"을 명확히 하는 것을 포함한다. 이것은 새로운 지식이 추가되고 통합될 기반을 만들기 위해 조사될 현상에 대한 개념적이고 이론적인 이해를 발전시키는 것을 수반한다. Socrates 대화에서 나오는 아름다움, 진실, 선의 본질을 고려하였는지, 체스 선수의 전략이나 랩 음악의 유행 등을 고려하는지와 상관없이, 관련된 질문을 제기하기 위해서는 조사할 주제와 친숙해야 한다.

프로젝트 주제의 초점은 질문의 중심이 되는 주제의 측면과 배경으로 남아있는 측면에 영향을 준다. 방법을 선택함에 있어 다른 이론적 개념이 미치는 영향은 놀림의 의미에 대해 학생들과 인터뷰를 상상해 봄으로써 예를 들 수 있다. 다른 심리학적 이론들은 감정, 경험, 행동(과거, 현재, 미래의 시간적 차원에서도)에 대해 다르게 강조한다. 학교 심리학자가 선생님이 불만을 제기하는 학생, 즉 다른 학생들을 계속 괴롭히고 수업을 방해하는 학생을 인터뷰한다고 가정해보자. 인터뷰는 Rogers의 대상자 중심 접근법, Freud의 정신분석적 접근법 또는 Skinner의 행동-수정 접근법에 따라 이루어질 수 있다. 이러한 이론에 따라 놀림의 의미를 해석하는 데 필요한 정보를 얻으려면 다른 종류의 인터뷰 질문이 필요하다. 여기에서 간략하게 설명하면, 그들은 놀리는 것에 대한 현재의 경험과 느낌, 가족력과 정서적 역학, 그리고 놀림에 대한 동료 학생의 반응과 같은 미래의 행동 결과에 초점을 맞출 것이다. 놀림의 의미에 대한 서로 다른 측면을 강조하는 이러한 이론적 접근법이 분석단계까지 소개되지 않는다면, 인터뷰는 다른 이론에 근거하여 구체적인 해석을 할 수 있는 관련 정보가 부족할 수 있다. 여기서 단순화하면, 그들은 가족사와 정서적 역학, 동료 학생들의 놀림감에 대한 반응과 같은 미래의 행동적 결과에 관하여 놀림감에 대한 현재의 경험과 감정에 초점을 맞출 것이다. 놀림의 의미에 대해 서로 다른 측면을 강조하는 이러한 이론적 접근법이 분석 단계까지 도입되지 않는다면, 인터뷰에서는 서로 다른 이론을 근거로 구체적인 해석을 할 수 있는 관련 정보가 부족할 수 있다.

인터뷰 연구자들은 주로 인터뷰 대상자에게서 과거의 경험에 대한 기록을 구하는지, Table 2.1에 제시된 믿음의 설명을 구하는지 여부도 고려할 수 있다. 전자의 경우, 대상자의 기억력의 유효성과 검증성 이슈가 타당하게 되면 인터뷰 진행자는 과거의 주제와 관련된 기억을 이끌어낼 수 있는 질문으로 발전시키기 위해 신중할 필요가 있다. 후자의 경우, 어떻게 성과있는 대화를 하는지를 고려하는 것이 중요하며, 대부분의 인터뷰 프로젝트는 두 가지 접근법을 혼합하게 된다.

과학의 한 가지 정의는 새로운 지식의 체계적인 생산이다. 조사 주제에 대한 기존 지식을 전혀 제시하지 않으면, 연구자와 독자는 모두 인터뷰로 얻은 지식이 새로운 것인지, 따라서 연구의 과학적 기여가 무엇인지를 확신하기 어렵다. 기존의 많은 인터뷰 프로젝트의 이론적 순진함이 질적연구의 본질적인 것은 아니다. Freud와 이후의 심리치료사, 그리고 Piaget은 질적 인터뷰에 근거하여 이론화의 가능성을 검증하는 것에 기여하였다. 더 최근의 예로는 인터뷰는 이론적 이해를 기반으로 하고, 이를 발전시키는데 기여했다는 Hargreaves와 Bourdieu(Box 1.2와 1.3)의 연구들이 있다. Bourdieu는 그의 연구 그룹이 서로 인터뷰하기 위해 공부한 몇몇 젊은이들을 이용했을 때의 문제를 언급한다. 젊은이들은 서로 잘 연결하여 연구의 비폭력적 의사소통 원칙에 따라 인터뷰를 하였지만, 그 인터뷰 결과는 통찰력 있는 인터뷰를 하는데 필요한 이론적 지식이 부족했다는 것을 보여주었다.

조사 내용에 정통하다는 것은 문헌이나 이론적 연구만으로 얻어지는 것이 아니다. 인터뷰가 이루어지는 환경에서 시간을 보내는 것은 인터뷰 진행자에게 지역 언어, 일상생활, 힘의 구조에 대한 소개를 제공할 것이고, 따라서 인터뷰 진행자들이 무엇을 말할 것인지, 워크숍의 초보 견습생들과 같은 상황을 제공할 것이다. 현지 상황에 익숙하다는 것은 또한 연구자를 인터뷰와 보고 시 고려해야 하는 지역 사회의 정치윤리학적 이슈에 민감하게 할 수 있다. 특히 인류학 연구의 경우 인류학자 Jean Lava가 증언한 바와 같이 외국 문화에 대해 친숙한 것은 질문을 던지는 데 도움이 된다.

> 수학여행을 하는 이유 중 하나는 당신이 도서관에 편안하게 있으면서 가진 개념과 질문 중 가장 구체적인 것이 얼마나 추상적인지를 보여주기 때문이다. 내가 처음 브라질에 갔을 때, 나는 북부 브라질로 2,000마일을 가서 작은 마을에 도착했다. 나는 실제로 마을에 있었던 인디언들이 있다고 들었다. 그리고 나는 믿을 수 없는 흥분감을 기억할 수 있다. 나는 서둘러 밖으로 나와 이 인디언 집단을 발견하고 곧장 그들에게 다가갈 때까지 시내를 돌아다녔고, 그리고 나서 나는 무슨 말을 해야 할지 몰랐다. 나는 "반족 체계(moiety system)가 있었나요?"라고 묻고 싶었다(특별한 친족 관계). 그렇게 하는 것은 말이 되지 않았다. 사실 내가 그들이 반족 체계를 가지고 있었는지를 어떻게 사람들에게 물어야 할지 알아내는 데 4개월이 걸렸다(Lave & Kvale, 1995, p. 221).

성적 연구에서 주제 선정. 우리는 1978년부터 덴마크 고등학교의 성적 연구를 언급하면서 인터뷰 조사에서 주제를 예시로 보여주고 있다(연구에서 나온 인터뷰 상황이 Box 1.1에 제시되었고, 전체적인 설계는 Box 6.4에 따른다. 이 연구는 고등학교에서 평균성적을 바탕으로 한 대학 입학 제한 정책과 관련하여 내신 등급의 영향에 대한 공개토론으로 촉진되었다(Kvale, 1980)). Steiner Kvale은 덴마크 교육부 장관과의 신문 토론에 참여했는데, 덴마크 교육부 장관은 평균성적에 근거하여 대학 입학을 제한하는 것에서 오는 교육적 또는 사회적 영향은 거의 없으며, 다른 나라들의 반대되는 결과가 덴마크의 상황에 일반화될 수 없다는 의견을 유지하였다(이 자료는 Steiner Kvale의 개인적 경험을 바탕으로 하기 때문에 다음 섹션은 1인칭 단수형이다). 나는 그 이슈를 덴마크 학생과 교사에게 성적 경험에 대해 물어보면서 경험적으로 조사하기로 결정했다. 미리 몇 가지 가설을 세워 놓았다. 성적 관점의 첫 번째 가설은 성적이 학습 과정과 학습이 일어나는 사회적 상황에 영향을 미친다는 것이었다. 두 번째 가설은 성적 관점의 확산이 평균성적에 기초하여 대학 입학을 제한하는 것을 증가시킨다는 것이다. 그 가설은 나의 박사학위 논문에서 논했듯이, 시험과 권력에 관한 논문(Kvale, 1972)과 다른 연구자에 의한 성적 연구에서도 논의되었던 연구문헌에 기초하고 있었다.

인터뷰 연구 설계

지금까지 본 것처럼, 인터뷰 연구를 설계하는 것은 연구의 절차와 기술, 즉 "방법(how)"을 계획하는 것이다. 공식적인 설계에 관한 다음의 내용은 소규모의 유연한 탐구 연구보다는 대규모의 체계적 인터뷰 조사와 더 관련이 있다. 경험 있는 인터뷰 연구자는 비공식적인 인터뷰 접근을 통해 중요한 지식을 얻을 수 있다.

성적 연구 설계. 대규모 인터뷰 연구를 설계한 예로, 덴마크 고등학교의 성적에 대한 Kvale의 인터뷰 연구를 7단계로 개요를 제시한다.

Box 6.4 성적 연구의 7단계

1. **주제 선정:** 이전 연구에 근거하여 학생의 성적에 미치는 영향에 대한 가설 생성
2. **설계:** 30명의 고등학생과 6명의 선생님과의 인터뷰 계획
3. **인터뷰:** 개별 인터뷰에 상세한 안내가 있었고 각 인터뷰는 약 45분간 진행되어 녹음되었다.
4. **필사:** 36명의 학생과 교사의 인터뷰는 모두 구어체로 필사되어 약 1,000페이지 분량의 필사본이 나왔다.
5. **분석:** 30명의 학생 인터뷰는 다른 형태의 성적 행동에 따라 분류되었다. 학생과 교사의 인터뷰는 보다 광범위한 질적 해석을 위한 대상이 되었다.
6. **확인:** 인터뷰 진행자와 평가자의 신뢰성, 해석의 타당성을 포함하여 프로젝트 전반에 걸쳐 신뢰도와 타당도 검토를 시도하였다.
7. **보고:** 결과는 책과 학술지 논문으로 보고되었다.

출처: *Spillet om karakterer i gymnasiet: Elevinterviews om bivirkninger af adgangsbegrænsning* (The Grading Game in High School: Pupil Interviews about Side Effects of Restricted Admission), by S. Kvale, 1980, Copenhagen: Munksgaard.

Box 6.4는 위와 같이 질서정연한 방식으로, 때로는 혼란스러운 방식으로 성적에 대한 조사의 7단계를 보여준다. 나는 그 당시 성적 인터뷰에 대해 방법론적으로 잘 통제된 설계를 하기 위해 특별히 신경을 썼는데, 그 이유는 논란이 되는 대중적인 주제였기 때문이었고, 대학 입학에 평균 성적을 사용하는 것에 대해 나는 다소 비판적인 견해를 가지고 있었기 때문이다. 연구에서의 질적 인터뷰의 활용도 상당히 새롭고, 그 당시에도 논란이 있었다. 30명의 고등학생들이 성적 경험에 대한 개별 인터뷰에 참여했다. 이 숫자는 대표 표본을 얻는 것과 연구에 사용할 수 있는 자원을 얻는 것 사이의 절충점이었다. 단일 고등학교에서 발생할 수 있는 특별한 상황을 상쇄하기 위해, 3개 학교에서 각각 한 반씩 학생들을 무작위로 선발되었다. 개별 인터뷰 진행자의 편견을 상쇄시키기 위해, 30명의 학생은 4명의 인터뷰 진행자, 3명의 학생 조교, 그리고 나에게 배정되었다. 성적의 영향에 대한 대안적인 시각을 얻기 위해 6명의 선생님과도 인터뷰하였다.

인터뷰 설계의 시간적 차원. 인터뷰 조사의 시간적 차원은 7단계의 상호의존성을 고려하면서 첫 번째 주제 선정에서 최종 기록 단계에 이르기까지 명심해야 한다. 이것은 인터뷰 연구의 7단계 모두에 개요를 가지고, 각 단계의 상호의존성에 주의를 기울이면서 분석, 증명과 같은 후반부 단계에서 이전 단계의 과업을 추구하기도 하고, 앞 단계에서 나선형으로 더 앞 단계로 돌아가서 연구의 최종 관점을 시각적으로 보여주면서 인터뷰 진행자가 연구를 통해 더 현명해질 수 있도록 고려하는 것을 포함하고 있다.

개요. 인터뷰 질문에서 주요한 요소는 인터뷰를 시작하기 전에 전체적인 조사의 개요를 발전시키는 것이다. 실험, 설문지와 시험과 같은 더욱 표준화된 방법을 사용할 때 구조화된 도구는 연구가 진행되는 방식에 대한 더 진전된 결정을 요구한다. 이런 경우에 방법론적 대안은 이미 도구에 수립되었는데, 예를 들어, 설문지의 응답 대안, 통계적 분석과 숫자 결과의 표시를 위한 컴퓨터 프로그램과 같은 것이다. 그러나 개방적이고 표준화되지 않은 인터뷰 연구에서 방법을 선택하는 것은 처음에는 조사 중에 나타나기도 하고, 어떤 경우에는 연구의 주제와 목적에 적절하게 결정하기에 너무 늦은 경우도 있다.

상호의존성. 각각의 다른 단계에서 이루어진 방법을 선택할 때 강한 상호관련성이 있다. 한 단계에서의 결정은 다음 단계에서 가능한 대안을 열어주기도 하고 제한하기도 하는 영향을 준다. 예를 들어, 큰 집단에 대한 인터뷰 연구의 결과에 대한 통계적 일반화는 대상 표본의 크기와 대표성에 관한 특정한 기준이 인터뷰 대상자를 선택함으로써 이미 고려되어야 한다. 연구자가 인터뷰에 대한 체계적인 언어 분석이나 대화 분석을 하고 싶다면, 구두로 작성한 것에서 서면화된 언어로 변환시킴으로써 정상적인 영어(즉, 대화 분석의 테크닉이 아닌 말 그대로 필사된; 10장 참조)로 편집되었다면 가능하지 않았거나 시간이 걸리는 재필사가 요구될 것이다.

앞으로 밀고 나가기. 인터뷰 진행자는 초기 단계에서 인터뷰 이후 많은 작업을 시도하기도 한다. 인터뷰 프로젝트의 이슈가 분석단계에서 드러나는 경향이 있지만, 더 앞 단계에서 비롯된다. 해결책은 처음부터 인터뷰의 질을 개선하는 것이다. 따라서 인터뷰 중에 진술의 의미를 명확히 하는 것은 나중에 하는 분석을 더 쉽게 하고 더 잘 보이게 한다. 인터뷰 중에 통제하는 질문을 하는 것은 해석의 타당성을 높일 것이다. 인터뷰의 질을 개선하는 것은 단순히 더 나은 인터뷰 기법의 문제가 아니다. 그것은 시작부터 질문의 제목과 목적을 반영하는 주제를 포함시키는 것이다.

나선형으로 뒤로 가기. 인터뷰 프로젝트는 각기 다른 단계 사이의 앞뒤 과정에 의해 특징이 지어진다. 여기서 논의된 7가지 단계의 일련의 과정은 실제로는 연구자가 조사된 주제의 이해 범위에 따라서 뒷 단계에서 앞 단계로 돌아가는 순환적 또는 나선형의 모델로 수정될 수 있다. 이것은 특정한 문단을 다시 필사하거나 새로운 관점에서 인터뷰 이야기를 재분석하기 위해서 다시 인터뷰하거나 새로운 대상으로 인터뷰를 하게 될 수 있다.

종료 지점을 간파하기. 조사를 시작할 때부터 예상된 결과를 파악해 두어야 한다. 의도된 결과는 박사 논문인가 자체평가 보고서인가? 연구를 통해 출판이 될 것인가? 짧은 학술논문 또는 책으로? 과학 포럼에서 또는 일반 대중에게? 이런 질문에 대한 답은 중간에 내린 결정을 돕고 목적을 향한 과정에서 프로젝트를 유지하기 위해서 인터뷰 프로젝트의 전 단계를 통한 지침으로서 제공되어야 한다. 최종 보고서의 본질에 결정적인 것은 인터뷰 대상자들이 말한 것을 나중에 사용한다고 알리고, 그들의 인터뷰에서 광범위하게 인용할 수 있도록 서면동의를 받고, 공적으로 사용하기 위해 의도된 인터뷰에서 개인적인 주제를 어떻게 드러낼 수 있는지에 대해 판단하는 것과 같은 윤리적 이슈들을 초기 단계에서 정하는 것이다.

더욱 현명해지기. 인터뷰 진행자는 조사가 이루어지는 전 과정을 통해서 배우게 된다. 대상자와의 대화는 조사하고 있는 현상에 대한 이해를 확장시키고 변화시킬 수 있다. 인터뷰 대상자는 연구하는 현상에 대한 새롭고 예상하지 않은 관점을 가져오고, 필사된 인터뷰의 분석을 하는 동안에 새로운 것이 발견될 수도 있다. 이것은 연구주제의 새로운 차원을 찾기 위한 탐색 연구의 목적과 같은 선상에 있다. 그러나 가설 검정의 비교연구에서 인터뷰 진행자가 계속해서 새로운 의미 있는 시각을 얻는다면 설계의 문제가 나타날 수 있다. 현상에 대한 참신한 면은 일련의 인터뷰를 확인하는 중에 밝혀질 수 있는데 예를 들어, 성적이 여학생과 남학생의 학교 수업을 학습하는 방식에 미치는 영향을 들 수 있다. 나머지 인터뷰에서 새로운 차원을 위한 특정한 질문으로 인터뷰 방향을 개선시킬 것인지 비교 가능한 그룹이 없어서 남은 인터뷰에서 새로운 시각을 사용하기를 자제할 것인지가 딜레마이다. 하나의 연구를 시작할 때 주요 목적에 관하여 가능한 명확하게 하는 것을 제외하고 표준화된 상황에 대한 위협으로 더 현명해지는 딜레마에 대한 쉬운 해결책은 없다. 따라서 탐색 연구에서 질문하는 것은 연구자가 발견된 주제의 의미와 복잡성에 수용적인 이상적으로 인터뷰 형태를 진행하면서 주제에 대해서 더 많이 배울 때 지속적으로 개선될 수 있다.

시간과 자원. 프로젝트의 시작단계에서 인터뷰 연구에 필요한 자원과 전문지식은 쉽게 간과될 수 있다. 자원에 대한 적절한 질문은 연구자가 연구를 위해서 얼마나 많은 시간을 사용할 수 있는지에 대한 질문을 포함하고 있다. 예를 들어 인터뷰 필사와 같은 금전적 지원이 가능한지? 인터뷰를 할 때 시간을 소비하지 않지만, 필사하는 것은 많은 시간과 필사를 위한 보조에는 많은 비용이 소요된다. 필사에 이은 분석은 인터뷰 연구에서 가장 시간이 많이 소요되는 부분이 아닌 경우가 더 흔하다.

글쓰는 작업. 인터뷰 여정의 일시적인 변천을 추적하기 위해서 연구자는 전체 연구를 통해서 배운 것을 기록으로 보관할 수 있다. 인터뷰 지식의 구축으로 얻은 일상의 통찰력에 주목하는데 여기에는 이전의 경험에 대한 변화된 이해와 연구 과정에서의 성찰이 포함된다. 분석, 확인, 기록하는 동안 글쓰는 작업은 연구자에게 인터뷰 질문 전체를 통해서 생성된 지식의 변화를 이해하고 과정을 반영하는 틀을 제공한다.

얼마나 많은 인터뷰 대상이 필요할까? 이 공통적인 질문에 대한 답은 당신이 알고자 하는 것을 얻어내기에 필요한 만큼의 대상자를 인터뷰하면 된다. 질적 인터뷰 연구에서 대상자의 수는 너무 적지도 않고 너무 많지도 않은 경향이 있다. 대상자의 수가 너무 적다면 일반화하기 어렵고 집단 간의 차이에 대한 가설을 검증하거나 통계적으로 일반화할 수 없다. 대상자 수가 너무 많다면 인터뷰를 예리하게 분석할 시간이 거의 없을 것이다.

필요한 대상자의 수는 연구의 목적에 따라 달라진다. 전기(biographic) 인터뷰에서 말하는 특정한 사람의 경험으로 세상을 이해하기 위한 목적이면 대상자는 하나로 충분하다. 성적에 대한 남학생과 여학생의 세밀한 태도를 탐색하고 기술하기 위한 의도라면 더 이상의 인터뷰가 새로운 지식을 거의 찾지 못하게 되는 포화 지점에 이를 때까지 새로운 인터뷰가 이루어지게 된다. 한 국가의 선거 결과를 예측하는 목적이라면 보통 약 1,000명의 대상자의 대표 표본이 필요하고, 질적 인터뷰는 불가능하고 설문지가 사용된다. 성적 경쟁에 대한 남학생과 여학생의 태도의 차이에 대해 통계적으로 가설을 검증하는 목적이라면 남학생 3명과 여학생 3명 정도의 적은 수의 표본이 필요하다. 결과의 분포에 따라서 세 집단 중에서 두 집단 간의 유의미한 차이를 검증하는 Fisher 검증이 유의수준 0.05이하 수준으로 이루어질 수 있다(Siegel, 1956).

보통의 인터뷰 연구에서, 인터뷰 대상자의 수는 5~25명 정도이다. 이 정도의 수는 조사를 위한 시간과 가능한 자원과 수익체감의 법칙(어떤 지점을 넘어서면 추가되는 응답자가 새로운 지식에 대해 점점 덜 말하게 되는)의 조합으로 결정된다. 최근의 인터뷰 연구에서 받은 일반적인 생각은 많은 사람들이 연구에서 인터뷰를 더 적게 하기보다는 인터뷰를 준비하고 분석하는 데 더 많은 시간을 할애하는 것이 유익했을 것이라는 것이다. 아마도 과잉 방어작용으로 몇몇 질적 인터뷰 연구는 인터뷰가 많을수록 더 과학적이라고 잘못 이해하고 있는 양적인 가정으로 설계된 것으로 보인다.

Box 6.5 대규모 대상 연구: 찬성과 반대

우리가 보았을 때 대상자의 수를 고려하는 "황금 표준"은 없지만, 예를 들어 소수의 참여자로 연구하는 사회과학의 소규모 대상 연구들의 많은 구석에서 의심스럽게 바라보고 있다. 소규모 대상 연구에 대한 편견과는 반대로 Brinkmann (2012a)은 대규모 대상 연구(large N-studies)를 피하고 단지 소수의 참여자만으로 "적은 대상으로 더 많이" 접근하는 것을 선택하는 것의 장점이 많다고 주장했다.

첫째, 하나 혹은 몇 개의 경우만 분석하는 것(예: 하나의 인터뷰에서)은 연구자를 훨씬 더 철저하게 한다. 예술과 인문학에서 일상적으로 이루어지는 것(예: 문헌에서)처럼 매우 특별히 세세하게 해석하는 게 가능하게 된 것은 질적인 연구의 큰 가치이다. 둘째, 이것은 적어도 많은 인터뷰, 필사, 또는 분석을 위해 필요한 시간이나 자원이 많지 않은 학생들에게는 연구 프로젝트를 훨씬 용이하게 한다. 이는 연구를 수행하는데 시간을 내기 어려울 수 있는 연구자들과 관련되어 있다. 셋째, 과학적인 편견을 퍼뜨리는 것과 반대로 문화와 사회에 관하여 관심 있는 것들을 단지 몇 가지 경우를 분석해서 일반적으로 말하는 것이 가능하다. 현상의 각 사례에 대해 "문화 구성원이 현재 사용할 수 있는 일련의 문화적 이해의 작동을 증거하는 사건"이다(Denzin, 2001, p. 63). 연구자가 일반화에 대해서 아무런 주장을 하지 않는다고 하더라도 **이것**이 또는 **저것**이 하나의 인터뷰를 통해 설명되는 경우라는 것은 매우 흥미롭고 관련이 있는 것일 수 있다.

우리는 이것이 인간과학 독특함이 아니라는 것에 주목해야 한다. 1950년대에 Syunzo Kawamura와 동료들은 일본 규슈 섬에 있는 원숭이들이 감자를 먹기 전에 씻는 것을 어린 원숭이들에게 가르치고 있는 것을 발견하였을 때 인간만이 지식을 유전적이 아니라 교육을 통해 전달하고 있다는 생각이 잘못된 것이었기 때문에 이것은 혁명적이었다(Kawamura, 1959). 이 발견에 대해서 읽은 사람은 누구도 "그러나 이것은 모든 원숭이에게 일반화되지 않기 때문에 과학일 수 없다!"고 말하지 않을 것이다(Brinkmann, 2013, p. 145). 예를 들어, 정상적으로 주제로 삼지 않는 사회 부정을 밝히려는 인터뷰 연구자들에게 유사한 결과가 가능하다. 이것은 대규모 대상 연구에 대한 논쟁이 아니라 원칙적으로 참여자의 수는 연구의 과학적 질과 상관이 없다는 것을 보여주는 것이다.

대상자 수에 관한 이슈와 인터뷰와 설문지의 강점을 최적화하는 혼합방법의 사용을 설명하기 위해서 다시 성적 연구로 가보겠다. 인터뷰 단락에서 한 학생은 학생들의 수다스러움과 성적과의 관계를 주장하였다(Box 1.1). 연구 프로젝트에 참여한 학생 중 2명에게 한 후속 연구에서 그 진술문은 설문지 내에서 두 가지 주제로 나뉘어졌다(Hvolbøl & Kristensen, 1983).

Table 6.1은 Box 1.1에서 나온 인터뷰 진술문이 설문지 형태로 전환될 때 6개 학교에서 239명의 학생 중에 동의한 비율을 보여주고 있다. 다수의 학생들은 성적이 얼마나 많이 말하는지에 대한 것이라고 인터뷰한 학생의 진술 첫 부분에 동의한 반면에, 다수의 학생들은 성적이 종종 교사의 의견에 얼마나 많이 따라가는지에 대해 동의하지 않았다. 아주 많은 대상자들이기 때문에 설문지는 한 학생에 의해 진술된 관점의 일반성을 점검할 수 있고, 일반화는 시간이 오래 걸리는 질적 인터뷰로 검증하기에 너무 많은 자원이 요구된다. 돌이켜보면 성적 연구는 수적으로는 적지만 보다 폭넓고 심도 있는 인터뷰로, 그리고 인터뷰를 더 통찰력 있게 해석함으로써 더 가치 있는 지식을 생성하는 것 같다. 설문지는 인터뷰 결과의 일반화를 검증하기 위해서 충분한 인터뷰의 기초 위에서 나중에 개발되었다.

이 예시는 인터뷰와 설문지의 강점과 약점을 지적하고 있다. 인터뷰는 좋은 성적으로 이끄는 행동에 대한 관심 있는 신념을 이끌어낸 반면, 설문지는 이런 신념이 많은 학생들 사이에 얼마나 퍼져있는지를 검증할 수 있게 한다. 인터뷰 진행자가 학생의 신념의 강점을 자세하게 질문하고 주장을 뒷받침하는 구체적인 예를 가지고 있다면, 사용된 설문지는 학생들의 진술을 따라가지 못한다. 인터뷰와 설문지의 혼합방법 사이에서 중요한 인식론적 차이가 없다는 현재의 접근에서 그것들은 단순히 학생들이 성적에 대해서 어떤 신념을 가지고 있고 얼마나 많은 학생들이 이런 종류의 신념을 가지고 있는지와 같은 다른 종류의 연구이슈에 대한 답을 제공할 뿐이다.

Table 6.1 인터뷰 진술문에서 설문지 항목까지

인터뷰 진술문

학생: 성적은 자주 공정하지 않아요, 왜냐하면 때때로, 매우 자주, 성적은 수업시간에 얼마나 많이 말하고 선생님의 의견에 얼마나 많이 동의하는지를 측정하는 단순한 도구이기 때문입니다.

설문지 항목	239명 학생 중 비율			
	매우 그렇다	그렇다	그렇지 않다	매우 그렇지 않다
성적은 종종 수업에서 얼마나 많은 말을 하는가를 나타낸다.	20	62	15	3
성적은 종종 학생이 교사의 의견에 따르는 정도를 나타낸다.	4	20	57	19

혼합방법

오늘날, "혼합방법(mixed methods)"의 사용은 일부 논쟁, 특히 패러다임의 가정이 다른 질적방법과 양적방법의 조합에서 중요한 주제가 되었다. 이 논쟁은 방법론적인 위계가 주로 내포되어 있는 사회과학의 정치사회적 맥락에 담겨있는데, 양적방법은 주로 꼭대기에 있고 질적방법은 매우 보조적 역할로 위임되는 경우가 많다(Howe, 2004).

혼합방법의 사용과 이른바 패러다임 차이는 앞에서 언급된 역사 인터뷰 연구에서는 이슈가 되지 않았다. Piaget의 아동의 생각에 대한 조사는 관찰, 준자연주의 실험과 인터뷰의 자유로운 결합이었다. Hawthorne의 연구에서 수천 건의 인터뷰는 노동자들의 조건에 있어서 실험적인 변화로 인해 생산이 지속적으로 증가한 이유와 인간관계가 공장에서 어떻게 개선될 수 있는지를 밝히기 위해 이루어졌다. 최근의 시장 연구에서 포커스그룹 인터뷰와 설문지의 결합은 새로운 생산품을 소개할 때 오히려 당연한 과정이 되었고, 정치인의 포커스그룹 마케팅과 여론 조사에서 표준 기법이 되었다.

인터뷰는 특정한 사람, 상황이나 기관에 초점을 맞춘 사례 연구에서 적용되는 경우가 많다. 인터뷰는 또한 다른 방법과 결합하여 보조적인 방법으로 제공될 수 있다. 따라서 참여관찰과 문화 기술적 현장 연구에서 더 많거나 더 적은 비공식적인 인터뷰가 중요한 정보의 출처가 된다. 설문지를 구성할 때 주제의 주요한 관점을 도표로 그리고 조사 문항이 어떻게 이해되는지 검증하기 위해서 예비 인터뷰를 사용하는 것은 일반적이다. 실험 후의 인터뷰에서 대상자는 그들이 실험 설계를 어떻게 이해했는지에 대한 질문을 받는다.

현재의 실용적인 접근법에서 다른 방법들은 다른 질문에 답하기 위한 다른 도구들이다. 질적방법은 **어떻게** 무언가가 일어나거나 경험되는지, 또는 **어떤 종류**인가를 언급하는 반면, 양적방법은 **얼마나** 많은 종류에 대해 언급한다. 혼합방법의 중요한 문제는 실용적인 수준에 대한 것보다 패러다임의 수준에서 덜 나타난다. 따라서 단어와 숫자와 같은 다양한 매체로 작업하고 설문지 작성, 통계 분석, 인터뷰 형식과 분석 기법을 모두 높은 수준의 질로 관리하기 위해서는 오랜 훈련을 통한 전문성이 요구된다. 설문지와 질적 인터뷰는 다른 논리로 운영되는데 설문지 관리는 개인의 최소한의 판단으로 기계적으로 표준 규칙을 따르고, 질적 인터뷰는 질문의 형태를 취하면서 인터뷰 진행자의 기술과 개인적인 판단에 달려 있다.

우리는 이 섹션에서 각각 혼합방법의 사용에 대한 구조화된 예와 역사적 예를 가지고 2개의 상자를 제시하여 혼합방법에 대한 결론을 짓는다. 첫 번째는 각기 다른 방법의 강제적인 혼합에 관한 것이고, 두 번째는 다른 방법의 고의적인 사용에 관한 것이다.

Box 6.6에서 우리는 혼합방법을 강제적으로 사용하게 되는 경우를 구성하였다. 이런 모순된 요구는 인류학에서 황당하게 나타나지만, 일부 심리학 분야에서도 나타난다. 동시에 2개의 다른 공으로 게임을 하도록 강요받고 조사 연구의 논리에 적응하도록 강요받는 질적 연구 프로젝트는 양적인 논리뿐만 아니라 질적인 논리에 따라 질이 낮고 조악한 결과를 낳기 쉽다. 그 결과는 혼합방법이 아니라 뒤죽박죽이 된 방법일 것이다.

이것은 허구의 사례이지만, 방법 요건에 접근해가는 방법론적 실증주의에 따라 연구의 일반적인 관료화를 예시하고 있는데, 이는 오늘날에도 근거기반 실무를 따르기 때문이다 (Box 3.2 참조).

우리는 방법론적으로 보수적인 대학의 전공분야에서 연구하는 질적연구에 관심이 있는 학생들의 딜레마에 대한 쉬운 해결책을 가지고 있지 않다. 주류의 심사위원회는 강력한 사회적 관행의 일부이지만, 서로 다른 인식론적 논쟁은 거의 말할 기회가 주어지지 않는다. 질적연구에 개방적인 학과나 대학으로 전학하는 것이 언제나 현실적인 탈출구가 될 수는 없다. 여기서 우리는 방법론적으로 겸손하게 개방된 학과에서 질적연구 제안서에 대한 몇 가지 제안을 주게 된다.

Box 6.6 집중 공격 속에서의 질적연구 제안서

질적 인터뷰와 현장 연구는 특정한 연구 접근법을 포함하고 있다. 그 기법과 논리구조는 조사 연구, 검정, 실험 연구와 다르다. 그러나 일부 대학 학과에서 박사학위 연구계획을 승인하거나 반려하는 위원회는 종종 방법론적인 실증주의 전통에서 성문화된 실험의 논리를 질적 프로젝트가 채택해야 기본적인 과학적인 방법으로 간주할 수 있다. 질적인 프로젝트를 주류 방법론적 논리로 이동하는 것은 미국 축구 경기에서 유럽 축구의 규칙에 따라 경기하는 것처럼 절망적인 자기패배적인 프로젝트가 될 수도 있다.

질적연구 제안서는 우수한 질적연구와는 완전히 다른 요건으로 일부 박사학위논문 심사위원회에서 단순히 충족된다. 예를 들어, 한 지역에 대한 개방성의 가치를 두는 탐색적 질적연구 프로젝트는 프로젝트에 대한 정확한 가설이 충분하지 않거나 대조군이 부족하다는 근거로 반려될 수 있다. 질적연구 프로젝트는 대부분의 인류학 연구에서와 같이 어떤 학문에서는 모든 방식을 질적으로 작업하도록 허용될 수 있지만, 다른 사회과학 분야의 심사위원회는 질적 인터뷰를 양적인 범주로 분류하거나 결과에 대한 수량화와 일반화를 위해서 더 많은 집단에 설문지를 사용하도록 요구할 수 있다. 민감한 영역에서의 질적연구 프로젝트는 자발적인 대상자를 모집하기 위해서 복잡하고 유연한 방식이 요구되기도 하는 반면, 주류의 위원회는 대상자를 무작위로 선택하도록 요구할 수도 있다. 질적연구와는 완전히 다른 이러한 방법론적인 요구사항에 대한 강제는 낮은 수준의 질적연구를 낳게 할 수도 있다.

- 연구 제안서는 명확하고 투명하게 개념적으로 정확하고 현실적으로 작성한다.
- 당신의 연구주제에 관해서 그 분야의 문헌으로 철저하게 지식을 설명한다.
- 질적연구의 방법론적 문헌뿐만 아니라 학문 분야의 주류의 지식을 설명한다. 예를 들어 정확한 가설이나 무작위 표본 추출이 설계의 목적과 논리와 상충되는 이유를 간단하고

간결하게 논한다. 특히 그 분야에서 방법론 문헌의 두 가지 줄기에 대한 언급과 함께 논한다.

• 가능하다면, 당신의 분야에서 잘 알려진 연구에서 이미 사용된 유사한 설계를 설명한다.
• 가능하다면, 그 분야에서 당신이 적용하고 싶은 질적연구 방법으로 연구한 당신의 이전의 경험과 출판물을 언급한다.

우리는 이 섹션에서 혼합방법에 대해서 역사적 인터뷰 연구를 설명하면서 결론을 내렸는데, 이 연구는 혁신적인 방법으로 질적 인터뷰와 통계 자료 분석의 각각의 논리를 따르고 중요하고 자극적인 새로운 지식을 생산하였다.

Box 6.7 성행위에 대한 Kinsey 인터뷰 연구

*Sexual Behavior in the Human Male*에 대한 연구(Kinsey, Pomeroy, & Martin, 1948)는 성행위에 대한 과학적 일반화를 위한 기초를 제공하는 과학적 사실의 실체를 축적하기 위해 설계되었다. 연구목적을 달성하기 위해 6,000명의 남성과 그들의 성행위에 대해 한 시간 이상 동안 그룹 인터뷰가 진행되었다. 통계적 결과는 오히려 충격적이었는데, 혼전 성교, 자위행위, 구강 접촉과 동성애와 같이 그 시기에 비도덕적이고 불법적으로 여겨졌던 많은 것들 중에서 이전에 금기시 되었던 대상을 다루었고 성행위의 만연된 발생을 기록함으로써 성에 대한 전통적인 신념에 도전하였다.

책에서는 질적연구 인터뷰에서 인간의 상호작용의 독특한 토론을 담고 있는데, 이 인터뷰는 과학적 일반화를 위해서 원 자료를 구성하고 통계적 분석을 위해서 대상자의 응답을 양적인 자료로 변환하기 위한 정교한 코딩 절차를 나타내었다. 우리는 인간적이고 윤리적이며 방법론적으로 정교한 방식으로 사생활의 친밀하고 터부시하는 측면을 어떻게 드러내는지에 대해서 읽기 위해서 이 책을 권유했다.

Kinsey 등은 한 사례 연구의 질은 인터뷰에 의해 얻어진 자료의 질에서 시작한다고 언급하면서 인터뷰에 관한 이 장을 소개하고 있다. 인터뷰 대상자와 라포를 형성할 때, "대상자는 자기 집에 온 친구나 손님처럼 대해야 한다"(p. 48). 대상자에게 충분하게 보여주고, 정직하게 대하고, 이야기를 얻는데 도움을 준 것에 대해 진심어린 감사를 표하면서 라포가 형성되었다. 연구자들은 어떻게 대상자를 편안하게 하는지, 사생활을 어떻게 보호하는지, 민감한 주제를 어떻게 배열하는지 등에 대해 자세하게 논한다. 공감적인 인터뷰 진행자는 대상자의 경험이 자신에게 어떤 의

(계속)

미인지를 정말로 이해하고 싶다는 것을 대상자에게 납득시킨다. 인터뷰 진행자가 성공한다면, 대상자는 기꺼이 자신의 이야기를 말할 것이다: "인터뷰는 그 자신의 생각을 발전시키고 그의 실망과 희망을 스스로 표현하고, 그가 이전에 그 자신에게 허용하기 두려운 것을 열린 것으로 가져오고 그의 어려움을 해결하는 기회가 되었다. 그는 충분하고 완전한 고백이 그 자신에게 이익이 될 것이라는 것을 빠르게 깨닫게 된다"(p. 42). 저자들은 발견하기 쉬운 종류의 것을 어느 정도 이해하지 못한다면 현상을 효율적으로 탐색하기 어렵다는 것을 강조한다. 이런 경우에 인터뷰 진행자는 각각의 가능한 성행위 유형에서 모든 범위의 기술을 납득시킬 필요가 있었다. 인터뷰 진행자는 사회적으로 금기시 되는 것과 불법적인 성행위에 대해서 이해하고 자연스럽게 대화할 수 있어야 했다. 게다가 약 500개 항목과 함께 사용되는 복잡한 코드 체계에 대해 암기할 필요가 있었다. 인터뷰 진행자가 인터뷰를 진행할 준비를 위해서는 1년 동안의 훈련이 필요할 것으로 추정되었다.

연구자들은 대상자의 비밀을 보호하기 위해서 많은 노력을 기울였는데, 이는 논의된 많은 성행위가 거론된다면 20세기 중반, 미국 중서부에 있는 대상자들을 장기수로 만들 수 있기 때문이다. 인터뷰는 녹음이나 수기로 기록되지 않았지만 인터뷰가 진행되는 동안에 코딩되었고 대상자의 신원을 보호하기 위해서 암호기를 사용하였다. 우리는 12장에서 인터뷰하는 동안의 코딩으로 돌아간다.

Box 6.7은 금기된 영역에서의 민감한 질적 인터뷰의 발달과 인터뷰 결과의 세심한 코딩과 통계적 분석과 함께 목적에 따라 혼합방법이 사용된 역사적 예를 보여준다. 혼합된 논리에 대해서 의문의 여지가 없다. 인터뷰의 질적인 논리와 통계적인 추론은 각각의 방식으로 역할을 한다. 논란의 여지가 있는 이 연구의 결과는 성정체성과 도덕성에 대한 대중적인 이해에 관하여 큰 영향을 미쳤다.

7장

인터뷰 수행

우리는 이제 인터뷰를 통해서 지식을 생성하는 실제적인 과정에 들어섰다. 이 장은 인터뷰를 설명하는 수단으로 인터뷰의 예를 들고 인터뷰에서 상호작용과 질문하는 것에 대해 논한다. 우리는 인터뷰를 위한 단계를 설정하고 인터뷰 안내 형식으로 대사를 준비하는 것과 같은 인터뷰를 위한 준비를 한다. 또한 연구자 질문, 인터뷰 진행자 질문, 질문의 언어적 형식과 이차 질문의 기술을 상세하게 다룬다. 우리는 인터뷰에 대한 일반적인 규칙을 제시하지는 않지만 인터뷰 기법에 대한 몇 가지 기술을 설명하고 있다. 인터뷰 기술이 숙달되면 인터뷰 진행자는 인터뷰 대상자와 주제에 집중할 수 있다. 또는 Bourdieu가 표현했던 것처럼 "기법에 기초한 **반사성**(reflex reflexivity), 즉 사회학적인 '감정'이나 '눈'에 의한 성찰만이 실제 인터뷰가 **그 안에서**(*on the spot*) 일어나고 있는 사회구조의 영향을 인식하고 감시하도록 한다"(Bourdieu et al., 1999, p. 608).

연구 인터뷰는 대인관계 상황, 즉 상호 관심의 주제에 대한 두 파트너의 대화이다. 인터뷰에서 지식은 인터뷰 진행자와 대상자의 관점에서 "내부"지점에서 만들어진다. 대상자와의 대화는 주로 인터뷰 질문의 단계로 진입하는 가장 일반적인 단계이다. 대상자의 실제 세계로 들어가는 개별적인 접촉과 지속적으로 새로운 시각들은 인터뷰를 흥미롭고 풍부한 경험으로 만든다. 이 장에서 우리는 반구조화된 생활세계의 인터뷰 몇 개를 상세하게 보여준다. 그것은 2장에서 언급되었고 현상학적 철학과 관련이 있다. 다음 8장에서는 간단한 예시를 통해 다양한 인터뷰 형태의 개요를 보여준다. 반구조화된 생활세계 인터뷰는 기술된 현상의 의미를 해석하는 것에 대하여 대상자의 생활세계에 대한 기술을 얻으려고 한다. 그것은 밝혀야 할 일련의 주제일 뿐 아니라 제시된 질문들을 가지고 있다. 동시에 여전히, 대상자의 특정한 응답과 대상자가 말하는 이야기를 추적하기 위해서 질문의 순서와 형태 변화에 대한 개방되어 있다. 대상자에게서 알게 된 것에 대한 생활 세계 인터뷰에 관한 개방적인 현상학적 접근은 문화기술지적 인터뷰에 대한 다음의 소개에서 잘 표현되고 있다.

> 나는 당신의 관점에서 세상을 이해하고 싶어요. 나는 당신이 그것을 아는 방식으로 당신이 아는 것을 알고 싶어요. 나는 당신의 경험의 의미를 이해하고, 당신의 신발로 걷고, 당신이 느끼는 대로 그것들을 느끼고, 당신이 설명하는 대로 그것들을 설명하고 싶어요. 나의 선생님이 되어서 내가 이해할 수 있도록 도와주실 수 있으신가요?(Spradley, 1979, p. 34).

성적에 관한 수업 인터뷰

다음은 1987년, 샌프란시스코 세이브룩 연구소의 인터뷰 워크숍에서 수업 전에 진행된 Kvale의 한 인터뷰이다. 인터뷰 상황이 인위적이었지만, 반구조화된 생활세계 인터뷰의 올바른 모습을 압축한 형태로 제시하고 있다. 인터뷰는 언어 방식에서 약간의 변화만 주고 축약해서 그대로 재생산 되었다.

Steiner Kvale 0: 저는 질적연구 인터뷰에서 이해하는 방식을 설명하려고 시도할 것이고 자원자가 필요합니다. 인터뷰는 다소 중립적인 주제가 될 것이고, 정신분석학적 심층 인터뷰는 아닙니다. 인터뷰는 약 10분이 걸리고 그 후에 여기서 인터뷰에 대해 토론할 것입니다.

지원자 중 30대 여성

SK 1: 인터뷰에 기꺼이 응해주고 참여해준 것에 감사합니다. 저는 몇 년 동안 유럽에서 성적에 미치는 영향에 관해 연구해왔고, 이제 미국 학생들에 대한 성적의 의미에 관심을 가지고 있습니다. 우선 당신에게 어려울 수도 있는 질문을 하고 싶습니다. 당신이 초등학교 다녔을 때를 기억할 때, 당신이 처음으로 받았던 성적을 기억할 수 있습니까?

학생 1: 그때를 기억하지만 그게 처음이었는지는 확실하지 않아요.

SK 2: 그때 무슨 일이 일어났는지 나에게 말해 줄 수 있어요?

학생 2: 전 아주 잘 했었어요. 제 시험지 맨 위에 100점이라는 붉은 별을 받았고, 제 기억에 흥분되고 좋았던 것 같아요.

SK 3: 그렇군요, 그렇게 떠오르는 건 붉은 별만 있나요, 혹은 그와 관련해서 어떤 일이 일어났나요?

학생 3: (웃으면서) 저는 그 색을 아주 잘 기억하고 있어요. 그것은 빛나고 있었어요. 저는 계속 그런 상을 받았던 걸로 기억해요. 학급친구와 선생님, 부모님은 야단법석을 떨면서 영광스럽게 생각했던 걸로 기억해요. 그렇게 잘하지 못했던 몇몇 다른 아이들은 그렇게 반응하지 않았지만, 일반적으로 축하하는 모습으로 기억해요.

SK 4: 당신은 복잡한 심정을 말하고 있군요. 이에 대해 설명할 수 있나요?

학생 4: 네, 그 당시에 저는 선생님이 귀여워하는 학생이었고, 어떤 사람들은 "어쩜 그 애는 그 상을 받지 못했을 수도 있어, 선생님이 그 애를 많이 좋아하기 때문일지도 몰라"라고 말했어요. 이런 종류의 계층이 나눠지는 것은 내가 선생님이 귀여워하는 유일한 학생이었고, 게다가 내가 더 좋은 성적을 계속 받고 있었고 그것은 학급친구들이 사회적으로 나를 경험한 것 안에서 일종의 불협화음을 만들어 냈기 때문이죠.

SK 5: 그 불협화음에 대해서 설명해 줄 수 있을까요?

학생 5: 잘 하는 학생들과 잘 하지 못하는 학생들 간에 일종의 구분이 항상 있었다고 생각해요, 그것이 결정된 거죠, 특히 1학년에서 시험지 위에 얻은 점수에 의해서요.

SK 6: 학교에서 일찌감치요? 1학년 때요?

학생 6: 3학년이요.

SK 7: 3학년, 그럼 아주 오래 전이군요. 그들이 그 때 뭐라고 말했는지 기억할 수 있어요? 또는...

학생 7: 아니요, 더 많이 느꼈어요...

SK 8: 그 느낌이...

학생 8: 아, 그건 제가 나와 다른 동료 그룹 사이의 어느 공간에 놓인 느낌이었어요.

SK 9: 당신의 성적 때문에...

학생 9: 네.

SK 10: 그것에 대해서 어떤 노력을 했었나요?

학생 10: 그 후에 저는 잘하지 못했어요. 그것이 나에게 커다란 방식으로 영향을 미쳤지요. 저는 선생님과 함께 있거나 선생님이 좋아하는 학생 목록에 있는 것보다 다른 친구들과 있기를 더 원했어요. 그게 중요했어요.

SK 11: 그것은 당신에게 중요한 경험이었고 (학생이 그렇다고 말함), 선생님과 당신의 친구들 사이의 갈등에 빠졌거나 당신이 갈등으로 그것을 경험하였군요. (네.) 당신의 부모님도 그 상황에 뛰어 들어왔나요?

학생 11: 제가 기억하는 건 아니지만, 그것은 제가 성적을 어떻게 경험하였는지에 있어서 중요한 변화였기 때문에 부모님에게 이건 아마 조금 덜 했을 거 같아요. 하지만, 그건 여전히 만족스러웠고, 여전히 받아들일 수 있었고 저는 잘 하고 실패하지 않은 것에 대해 일반적인 면에서 보상받았어요. 그러니 그 이분법은 맞지요.

SK 12: 당신은 선생님에게 충성하는 것과 학급친구들과의 친분 사이에서 그런 종류의 불협화음을 다른 시기에도 겪었던 상황인가요? 혹시 다른 생각이 떠오르나요?

학생 12: 네, 제 인생에서 반복되었어요. 제 친구들이나 동료 그룹을 사귈 때마다 저는 음... 제게 무엇이 더 중요한지를 알려주는 그런 종류의 메시지를 받아요. 그리고 제게 더 중요한 건 친구관계지요.

SK 13: 음... 그것은 기본적인 이슈인데...
당신은 여러 차례 "보상"에 대해 언급했는데, "보상"이 의미하는 것은 무엇인지요?

학생 13: 어, 제가 3학년 때 밤새 TV를 보는 것, 아니면 어디를 가거나 오래 지내는 것, 또는 아이스크림, 다른 음식을 얻는 거...

[여기서는 제한된 지면으로 삭제된 인터뷰의 나머지 부분은 대학에서 학생의 친구관계의 중요성에 대한 것으로 이어져서 다음의 변화로 종결되었다.]

SK 26: 그렇군요. 인터뷰를 마치기 전에 하고 싶은 이야기가 더 있을까요?

학생 26: 아니요. 없습니다.

SK 27: 네, 협조에 감사드립니다.

[인터뷰는 여기에 발췌한 대로 수업시간에 논의되었다.]

SK 28: 여기 앞에서 성적에 대해서 인터뷰한 경험은 어땠나요?

학생 27: 제가 성적에 대해 탐색하게 된 정말 좋은 기회였다고 생각해요. 저는 오랜 시간동안 성적에 대해서 생각해 본 적이 없었지만, 최근에 제가 받았던 치료를 통해 그것이 제가 친구와 있었을 때보다 선생님과 더 가까이 있었던 제 인생에서 큰 시기였고, 그런 많은 것들과 직면해왔다는 것을 알게 되었습니다. 어떤 일이 일어났는지에 대해 아주 명확하기 때문에 성적에 대해 말한 건 즐거웠습니다.

짧은 인터뷰의 앞부분에서 가져온 지식을 볼 때 성적의 사회적 영향에 대한 여러 중요한 관점들이 나타나는데, 우선적으로 선생님에 대한 충성심과 친구들에 대해 만연되어 있는 갈등으로 나타난다. 선생님이 귀여워하는 학생이 되고 좋은 성적을 받는 것은 학급 친구들이 그녀에 대한 경험에서 불협화음을 만들었고 그녀와 친구들 사이에 거리를 두게 되었는데, 친구 관계가 더 중요해지면서 그녀의 인생에서 계속 반복되는 불협화음이었다(학생 3-5).

이런 시범 인터뷰의 일반적인 접근은 현상학적 생활세계 인터뷰와 Box 2.2에서 12가지 측면에 논의한대로 이해하는 방식과 같은 선상에 있다. 이 인터뷰에서 지식을 생성하는 방식은 Rogers의 대상자 중심의 질문에서 영감을 받았다. 인터뷰 진행자는 주제별로 인터뷰 안내에서 앞서 언급한 Rogers, Freud, Skinner 접근방식의 세 가지 이론적인 관점으로 성적의 의미를 표현하기를 원했다(6장). 따라서, 학생이 "복잡한 감정(mixed emotions)"(3)과 "더 많이 느꼈어요"(7)라고 기술했을 때 인터뷰 진행자는 Rogers 방식의 선상에서 이런 단어들을 반복하면서 더 상세한 감정과 혼합된 감정을 격려하려고 했다(SK 4와 8). "부모님도 그 상황에 뛰어 들었나요?"(SK 11)라고 물어보고, 뒤에서 선생님과 친구들 사이의 충성심 갈등이 다른 상황에서도 그녀에게 남아있었는지를 질문함으로써 넓은 의미에서 Freud식 접근을 시도하였다(SK 12). 학생의 대답은 그녀의 인생에서 그것이 반복되어 지속되고 있다고 확인해 주었지만 가족 관계에 대해서는 얘기하지 않았다. 여기서 인터뷰 진행자는 어린시기에 부모의 애정에 대한 질투 갈등과 형제간의 경쟁심을 재활성화하면서 가능한 그녀의 성적/충성심의 갈등을 염두하고 있었다. 인터뷰 초기(3)에 학생은 학급친구들, 선생님, 부모님에게 존경을 받는 것과 같이 좋은 성적에 대한 강화를 언급했었다. 학생이 언급한 "보상"의 의미를 캐보면서 인터뷰 진행자(SK 13)는 Skinner의 강화 접근을 추구하였다. 학생은 좋은 성적에 대한 보상으로 TV보면서 늦게까지 보내거나 아이스크림을 이야기 하였다(13).

인터뷰 단계 설정

인터뷰 단계의 설정은 인터뷰 대상자들의 생활과 세계에 관한 그들의 관점을 설명하도록 격려해야 한다. 인터뷰의 초기 몇 분이 결정적이다. 인터뷰 대상자는 자유롭게 말하고 그들의 경험과 느낌을 낯선 사람에게 드러내기 전에 인터뷰 진행자를 파악하려할 것이다.

인터뷰는 인터뷰 진행자가 주제에 대한 상황을 정의하는 브리핑으로 소개된다. 인터뷰의 목적, 음성 녹음의 사용과 기타 사항에 대해서 짧게 말하고, 대상자가 인터뷰를 시작하기 전에 어떤 질문이 있는지를 묻는다. 더 많은 정보는 인터뷰가 끝날 때까지 가급적 기다려야 한다. 성적에 관한 시범 인터뷰는 인터뷰의 시작(SK 1)과 그 전(SK 0)에 인터뷰의 목적과 맥락에 대한 요약으로 소개되었다.

인터뷰의 종료 시에 대상자는 개인적이고 때로는 감정적인 경험에 대해서 개방하고 인터뷰의 목적과 사용에 대해서 의심이 들 수도 있기 때문에 약간의 긴장이나 불안이 있을 수 있다. 대상자는 그나 그녀의 인생에 대해서 많은 정보를 주었고 어떤 것도 되돌려 받지 못하기 때문에 공허한 느낌도 들 수 있다. 이것은 말하자면, 연구 인터뷰 후에 일반적인 경험은 대상자가 인터뷰를 진정으로 풍요롭게 경험하고 주의 깊게 들어주는 사람과 함께 자유롭게 대화하는 것을 즐겼으며, 때로는 그들의 생활세계의 중요한 주제에 대한 새로운 통찰력을 얻었다는 것이다.

초기의 브리핑은 인터뷰가 끝난 후에 디브리핑으로 확인되어야 한다. 따라서 시범 인터뷰는 학생이 할 이야기가 더 있는지 질문하고(SK 26) 인터뷰 후에도 인터뷰의 경험에 대해서 학생에게 질문하면서(SK 28) 인터뷰를 종료하기 전에 디브리핑으로 마무리를 했고, 이는 그녀의 치료와 생애사와 관련한 인터뷰 주제에 관해서 더 많이 의견을 줌으로써 초대를 수용했다는 것으로 마무리 되었다.

한 인터뷰는 인터뷰에서 배운 주요 지점을 어느 정도 언급하면서 마무리 짓기도 한다. 대상자는 이런 피드백에 대해 언급하기를 원할 수도 있다. 이후에 상호작용은 인터뷰 진행자가 말함으로써 결론 내려질 수도 있는데, 예를 들어 "나는 더 이상의 질문이 없어요. 우리가 인터뷰를 마치기 전에 더 나누고 싶거나 질문하고 싶은 무언가가 없나요?"이것은 대상자에게 인터뷰하는 동안 생각하거나 걱정해왔던 이슈를 다룰 추가적인 기회를 제공한다. 디브리핑은 녹음기를 끈 후에 계속하기 쉽다. 첫 번째 안도감 후에 몇몇 대상자들은 우리가 5장에서 봤던 것처럼 그들이 녹음기와 함께여서 안전하다고 느끼지 못했던 주제들을 가져올 수 있다(Warren et al., 2003). 그리고 인터뷰 진행자는 이제 대상자가 관심이 있는 한 인터뷰 연구의 목적과 설계에 관해서 더 많이 말할 수 있다. 녹음기를 끈 후에 새로운 관심 있는 주제가 나타나면 인터뷰 진행자는 이 주제를 분석과 인터뷰 기록에 사용할지, 어떻게 사용할지를 고려해야 한다. 인터뷰 대상자는 인터뷰 후의 대화가 이후 연구 과정의 일부가 되면 안 될 것이라고 동의했다고 느낄 수도 있지만, 동시에 만약 대상자가 더 자유롭게 말한다면 연구 인터뷰 자체에 관해서 새로운 빛을 던지면서 여기서 중요한 것을 말했다는 것은 특별한 일이 아니다. 윤리적인 관점에서 인터뷰 진행자는 인터뷰 후에 비공식적인 대화에서 나타난 주제를 기록하는 것에 대해 허락해 줄지를 물어야 한다.

진술과 함께 동반되는 인터뷰 대상자의 음성과 표정, 몸짓이 있는 생생한 인터뷰 상황은 이후에 필사된 글에서보다 주제의 의미에 더 풍부한 접근을 제공한다. 인터뷰 진행자가 각각의 인터뷰 후 10분 이상의 조용한 시간을 두고 특정한 인터뷰에서 알게 된 것에 대해 성찰하는 것은 가치 있다. 생생한 인터뷰 상호작용에서 의사소통된 의미에 연구자의 공감적인 접근을 바탕으로 한 노트나 녹음기의 소리와 같은 형태의 이런 즉각적인 인상은 나중에 필사본의 분석을 위한 가치 있는 맥락을 제공해 준다.

한 인터뷰가 길게 인용되어 기록된다면, 연구자는 인터뷰 동안의 사회적 맥락을 분명히 하고(5장 참조), 상호작용의 감정적인 어조를 살리려고 말하는 것은 인터뷰 상황의 생생한 몸짓을 보지 못한 독자에게도 이해시킬 수 있도록 해야 한다. 대화의 상황과 분위기를 전달하기 위해서 질문과 응답을 어떻게 사용하는지에 대해서 기자와 소설가에게서 배울 것이 많이 있다. 라디오와 텔레비전 인터뷰와 같이 현대 인터뷰 사회에서 우리를 둘러싸고 있는 수많은 인터뷰에 관심이 높아지면, 면대면 대화의 역동성에 대해 인터뷰 진행자는 민감해질 수 있다. 이런 인터뷰는 거의 질적연구 인터뷰이지만(그러나 몇몇 방송기자 인터뷰, 비슷한 연구 인터뷰), 그것들은 아직도 몸짓, 어조, 질문의 유형, 인터뷰 진행자의 스타일에 공감할지 아니면 충돌할지 등의 중요한 문제에 대해 주의 깊은 청취자나 시청자에게 경고할 수도 있다.

인터뷰 원고 작성

인터뷰 단계는 주로 대본으로 준비되어 있다. 인터뷰 지침은 어느 정도 상세한 인터뷰의 과정을 구성하는 대본이다. 지침은 단순히 가려진 주제를 담기만 할 수도 있고 신중하게 단어로 된 상세한 질문으로 이어질 수 있다. 여기서 논의된 반 구조화된 유형의 인터뷰에 대한 지침은 제시된 질문과 함께 가려진 주제의 개요가 포함될 수 있다. 그것은 질문의 순서가 엄격하게 미리 결정되고 인터뷰 진행자에게 결합되어 있는지, 또는 그 지침에 얼마나 가까이 다가갈지에 달려있고 인터뷰 대상자의 답변과 그들이 개방할 수 있는 새로운 방향으로 얼마나 따라야 하는지를 결정하는 것은 인터뷰 진행자의 판단과 재치인지는 특정한 연구에 따라 다르다.

인터뷰는 목적의 개방성에 따라 다르다. 인터뷰 진행자는 목적을 설명하고 시작하면서 직접적인 질문을 할 수 있고 간접적인 질문으로 우회적인 접근법을 채택할 수 있고 인터뷰가 끝났을 때에 목적을 밝힐 수도 있다. 후자의 접근법은 깔대기 모양의 인터뷰(funnel-shaped interview)라고 불리는데, 예를 들어서 지역사회에서 문화적 태도를 탐색하는데 관심이 있는 인터뷰 진행자는 이웃에 대해서 일반적으로 질문하는 것으로 시작해서 이민자가 많은 것에 대해 계속해서 질문하고, 무슬림의 이웃에 대한 태도에 대해서 구체적으로 물어보면서 끝내게 될 것이다. 그런 간접적인 인터뷰 기술의 적용은 동의서의 윤리적 지침과 관련하여 고려될 필요가 있다.

인터뷰 질문은 주제적이고 역동적인 차원으로 평가될 수 있는데, 주제적으로는 생성하는 지식에 관한 것이고 역동적으로는 인터뷰에서 개인 간 관계에 관한 것이다. 좋은 인터뷰 질문은 주제적으로 지식 생성에 기여해야 하고 역동적으로 좋은 인터뷰 상호작용을 증진시켜야 한다.

주제적으로 볼 때, 질문들은 인터뷰의 "무엇", 연구주제의 이론적인 개념과 인터뷰에 따르는 분석과 관련이 있다. 질문들은 연구자가 살고 있는 세계의 자발적인 묘사를 위해 인터뷰를 하고 있는지, 일관성 있는 서술을 위해 인터뷰하는지, 주제에 대한 인간 이해의 개념적인 분석을 위해서 인터뷰를 하는지에 따라 다를 것이다. 인터뷰 절차가 자발적일수록, 인터뷰 대상자에게서 즉흥적이고 생생하고 기대하지 않은 답변을 얻을 가능성이 높다. 반대로, 인터뷰 상황이 더 구조화될수록 이후에 분석에 의한 인터뷰의 개념적 구성은 더 쉬워질 것이다.

"앞으로 밀고 나가기" 원칙에 따라 인터뷰 분석의 이후의 단계는 인터뷰 질문을 준비할 때 고려되어야 한다. 분석에서 응답을 코딩하는 것을 포함시킨다면 인터뷰 중에 연구자는 나중에 사용될 범주에 대하여 응답의 의미를 지속적으로 명확하게 해야 한다. 해설적인 분석이 적용된다면 연구자는 대상자에게 그들만의 이야기를 전개하기 위한 자유와 시간을 제공하고 주요 에피소드와 그들의 이야기에서의 인물에 대한 실마리를 확인하기 위한 질문으로 추적해야 한다.

역동적인 측면에서, 질문은 인터뷰의 "어떻게"와 관련이 있는데, 이는 긍정적인 상호작용을 증진시키고 대화가 계속 흘러가도록 하고, 그들의 경험과 느낌에 대한 이야기를 하도록 자극해야 한다. 질문들은 이해하기에 쉽고, 짧고, 학문적인 언어를 배제해야 한다. 개념적으로 좋은 주제적인 연구질문은 좋은 역동적인 인터뷰 질문일 필요는 없다. 초보 인터뷰 진행자는 직접적인 개념적 질문으로 시작하고 싶은 유혹이 있을 수 있다. 사회학자인 Sennett은 보스턴의 엘리트 구성원을 인터뷰할 때 어린 학생으로서 그가 오히려 직접적인 접근을 사용했을 때 다음과 같은 반응을 얻었다. "내가 서머셋 클럽에서 차를 마시면서 그녀의 정체성을 기술하도록 직접적으로 질문하였을 때, 나이든 보스턴의 주술사는 이런, 젊은 양반? 이라고 대답했다. 나는 다른 사람의 정보를 이끌어내기 위해 가장 좋은 방법이 정면 공격이라고 가정하고 있는 초보자 인터뷰 진행자의 실수를 지금 막 저질렀다"(2004, p. 41).

인터뷰를 준비할 때, 인터뷰 지침을 두 가지로 발전시키는 것이 유용할 수 있는데, 하나는 프로젝트의 주제적 연구질문이고 다른 하나는 주제적이고 역동적인 차원의 관점을 고려하는 인터뷰 질문이다. 연구자의 질문은 이론적인 언어로 주로 형성되는 반면에, 인터뷰 진행자의 질문은 인터뷰 대상자의 일상의 언어로 표현되어야 한다.

Table 7.1은 성적 연구에서 주제적인 연구질문은 주제적인 지식을 제공하고 자연스런 대화 흐름에 역동적으로 기여하는 인터뷰 질문으로 변환하는 것을 보여준다. 내적 동기와 외적 동기에 관한 질문과 같은 학문적인 연구질문은 자발적이고 풍부한 기술을 생성하기 위해 쉬운 구어체로 변환될 필요가 있다. 연구질문의 추상적인 단어는 고등학교 학생들에게 나온 즉흥적인 답변으로 이어지지 않을 것이다. 여러 각도에서 나온 주제에 접근하면서 풍부하고 다양한 정보를 얻기 때문에 하나의 연구질문은 여러 인터뷰 질문을 통해서 조사될 수 있다. 하나의 인터뷰 질문은 여러 연구질문에 답을 제공할 수 있다.

Table 7.1 연구질문과 인터뷰 질문

연구자의 질문	인터뷰 진행자의 질문
	당신은 배우고 있는 과목이 중요하다고 생각하십니까?
고등학교에서 어떤 형태의 학습 동기가 우세한가?	당신은 학습 그 자체가 흥미롭다고 생각합니까?
	당신이 고등학교에 다니는 주요 목적은 무엇입니까?
성적은 학습에 대한 본질적인 흥미 동기부여를 희생시키면서 외적이고, 도구적인 동기부여를 촉진하는가?	당신이 읽고 싶은 것과 당신이 좋은 성적을 얻기 위해서 읽어야 하는 것 사이에서 갈등을 경험하였습니까?
성적을 위한 학습은 급여를 위해 일하는 것으로 사회화 되는가?	좋은 성적을 얻기 위해서 돈으로 보상받은 것이 있습니까?
	돈과 성적과 어떤 관련이 있다고 보십니까?

"왜", "무엇" 그리고 "어떻게"질문의 역할은 연구질문과 인터뷰 질문에 따라 차이가 있다. 인터뷰 프로젝트를 설계할 때 "왜"와 "무엇"의 질문은 "어떻게"를 질문하기 전에 질문하고

답을 얻어야 한다. 인터뷰 상황에서 우선순위는 변화하는데, 여기서 주요 질문들은 정상적으로 다음과 같이 서술적이어야 한다. "무슨 일이 일어나고 어떻게 일어났습니까?", "그리고 나서 어떻게 느꼈습니까?", "당신은 무엇을 경험하였습니까?" 그 목적은 어떤 일이 왜 일어났는지에 대해 다소 이론적인 설명을 그들 자신의 것으로 얻기 보다는 대상자에게서 자발적인 설명을(2장에서 보고(report)라고 함) 이끌어 내는 것이다. 인터뷰에서 많이 하는 "왜"질문은 지나치게 지적으로 분석하는 인터뷰로 이어지고 구두시험의 기억을 떠오르게 할 수도 있다. 대상자의 행동에 대한 이유에 대해서 "왜"라고 질문하는 것은 그럼에도 불구하고 그들 나름대로 중요할 수 있으며, 가급적 인터뷰가 끝날 때까지 연기되어야 한다(2장에서 설명(accounts)이라고 함).

광범위한 현상학적 관점에서 대상자들이 왜 행한 대로 경험하고 행동하는가에 대한 질문은 우선적으로 연구자가 평가해야 할 과제이고, 여기서 인터뷰 진행자는 대상자의 자기 이해를 넘어설 수도 있다. 의사의 진단에 대한 비유는 명확하게 될 수도 있다. 의사는 환자가 왜 아픈지를 물어보면서 시작하지 않지만 무엇이 잘못되었는지, 어떤 기분인지, 증상이 무엇인지를 묻는다. 의사와 인터뷰 연구자 모두에게, 자신의 상태에 대해 대상자가 스스로 설명하는 것을 알고 그 이유에 대해 질문하는 것이 중요한 경우가 있다. 그러나 의사와 인터뷰 진행자 모두에게 있어서 우선적인 과제는 설명을 얻어내는 것으로 그들의 해석을 도출하는데 적절하고 믿을만한 자료가 될 것이다.

인터뷰 진행자는 질문의 주제적이고 역동적인 측면에 관심을 가질 뿐만 아니라 이후에 이루어지는 인터뷰의 분석, 검증과 보고를 명심하도록 노력해야 한다. 무엇에 대해 묻고 있는지 왜 묻고 있는지를 알고 있는 인터뷰 진행자는 인터뷰 중에 프로젝트의 적절한 의미를 명확하게 하려고 시도할 것이다. 인터뷰 대상자의 진술이 모호한 경우에 그런 시도는 추후 분석을 위해서 더 안전한 근거를 제공할 것이다. 인터뷰 중에 의미를 명확히 하려는 이런 노력은 연구자가 대상자가 말하고 있는 것을 실제로 듣고 관심을 가지고 있는 대상자와 의사소통하는 것이다. 이상적으로 가설과 해석을 검증하는 것은 인터뷰 진행자가 가설과 해석을 검증하고 변조하고 정제하면서 인터뷰의 마지막에 완료된다.

인터뷰 진행자의 질문

인터뷰 진행자의 질문은 짧고 간단해야 한다. 도입 질문은 구체적인 상황과 관련되어 있어서 시범 인터뷰는 그 학생이 성적을 처음으로 받았던 때를 기억하는지를 질문하면서 시작되었다(SK 1). 그녀의 대답에서 소개된 성적의 차원은 나머지 인터뷰에서, 2장에서 제시된 학습에 대한 현상학적 인터뷰의 구조와 병행해 놓은 노트에서 추적되었다.

인터뷰 연구자는 자신의 연구도구이다. 응답의 즉각적인 의미와 열려 있는 가능한 의미의 지평선을 감지하기 위해서는 인터뷰 진행자의 능력이 결정적이다. 이것은 다시 인터뷰 진행자가 인터뷰 대상자와 주제에 주의를 집중하기 위해서 연구주제와 인터뷰의 인간 상호작용에 대한 지식과 관심뿐 아니라 질문하는 방식의 친밀성이 요구된다. 질문은 주제에 따라서 다양하다. 앞 장에서 논했던 연구를 진행한 Kinsey 등은 개방적인 질문들이 가장 충분한 답변을 제공하고 "표준화된 질문들은 표준화된 답변을 가져오지 않는데, 왜냐하면 같은 질문에 대해서 사람들은 다르게 의미하기 때문이다. 다른 사람들에게 같은 것을 의미하는 질문을 하려면, 어휘, 교육적 배경과 각 대상자의 이해를 맞추어 수정해야 한다"(1948, p. 52; Kinsey의 인터뷰 형식의 명확한 설명을 위해 Shaffer and Elkins, 2005).

Box 7.1 인터뷰 질문의 유형

A. 도입 질문. "...에 대해서 말해 줄 수 있으세요?", "...했던 그 경우가 기억나시나요?", "당신이 말했던 에피소드에서 어떤 일이 일어났나요?", "당신에게 학습이 일어난 상황을 가능한 자세하게 설명해 주시겠습니까?"이런 개방 질문은 대상자 자신이 조사된 현상의 주요 측면으로 경험한 것을 제공하는 자발적이고 풍부한 설명을 보여줄 수 있다.

B. 후속 질문. 인터뷰 진행자가 호기심을 가지고 지속적으로 비판적인 태도로 질문하면서 대상자의 대답은 확장될 수 있다. 이것은 바로 지금 말한 것을 직접적으로 질문하면서 이루어질 수 있다. 또한 단순한 까딱거림이나 "음...", 또는 그냥 잠깐 중지하는 것은 대상자가 설명을 지속하면서 가져올 수 있는 것들이다. 대답에서 의미 있는 말을 반복하면 더 상세해질 수 있다. 인터뷰 진

(계속)

행자는 대상자에게 중요한 전체적으로 복잡한 주제를 함의하는 일상적이지 않은 용어, 강한 억양 등과 같이 응답에서 보이는 “적색등”에 주목하기 위해서 훈련해야 한다.

C. **탐색 질문.** “그것에 대해서 더 말해 줄 수 있을까요?”, “어떤 일이 일어났는지 더 자세하게 설명해 줄 수 있을까요?”, “이것에 대한 다른 예를 알고 있나요?”여기서 인터뷰 진행자는 그 내용을 찾지만, 어떤 차원을 고려해야 하는지를 언급하지 않고 답변을 찾는다.

D. **구체적 질문.** 인터뷰 진행자는 더 조작할 수 있는 질문들을 덧붙이기도 하는데, 예를 들어 “불안감이 고조되는 것을 느꼈을 때 실제로 무엇을 했는지요?”, “그때 당신의 몸의 반응은 어떘나요?” 많은 일반적인 진술문으로 이루어진 인터뷰에서 인터뷰 진행자는 “당신도 이것을 직접 경험했나요?”라고 질문하면서 좀 더 정확한 설명을 얻어내려고 시도할 수 있다.

E. **직접 질문.** 여기서 인터뷰 진행자는 직접적으로 주제와 차원에 대해 소개하는데, 예를 들어 “좋은 성적을 받아서 돈을 받은 적이 있나요?”, “당신이 경쟁을 언급할 때 운동선수와 같은 걸 생각하는 건가요? 파괴적인 경쟁을 생각하는 건가요?”이런 직접적인 질문들은 가급적 인터뷰의 후반부에, 대상자가 자발적으로 설명하고 그들에게 중심이 되는 현상의 측면을 보여줄 때까지 기다려야 한다.

F. **간접 질문.** 여기서 인터뷰 진행자는 “다른 학생들이 성적을 위해 경쟁하는 것에 대해 어떻게 생각한다고 믿는지요?”와 같은 계획적인 질문을 할 수도 있다. 대답은 다른 사람들의 태도에 관하여 직접적으로 언급할 수도 있고, 그것은 대상자가 직접 진술하지는 않지만, 학생 자신의 태도에 대한 간접적인 진술이 될 수도 있다. 여기서는 대답에 대해서 해석하기 위해서 더 세심하게 주의를 기울여서 질문해야 한다.

G. **구조적 질문.** 인터뷰 진행자는 인터뷰의 과정에 책임이 있고 주제가 다 드러났을 때를 알아채야 한다. 인터뷰 진행자는 연구에 부적절한 긴 응답에 대해서 직접적이고 정중하게 끊을 수도 있는데, 예를 들어 대상자의 답변에 대해 이해한 것을 짧게 말하고 나서 “자, 이제 또 다른 주제를 소개하려고 하는데요.”와 같이 말하는 것이다.

H. **침묵.** 계속해서 질문을 퍼부어 대면서 추궁하는 인터뷰를 하기보다, 연구 인터뷰 진행자는 더 깊은 인터뷰를 위해서 침묵이라는 방법을 끌어들일 수 있다. 대화에서 침묵을 허용하면 대상자들은 관련되어 성찰할 충분한 시간을 갖고 나서 의미 있는 정보로 그 침묵을 스스로 깨뜨린다.

(계속)

I. 해석 질문. 해석의 정도는 "당신은 ...를 의미하는군요?"와 같이 단순히 답변을 고쳐 말하거나 "당신이 느낀 것이 ...이 맞나요?" 또는 "그 표현은 당신이 표현했던 것을 뜻하나요?"와 같이 명료화하려고 하는 것일 수 있다. 예를 들어 "성적에 대한 주요한 불안은 부모님의 반응에 대해서 걱정하는 것이 맞나요?"와 같이 학생이 말했던 것에 대한 더 직접적인 해석이 될 수도 있다.

Box 7.1은 시범 인터뷰에서 적용되었던 유용하고 다양한 몇몇 주요한 질문의 유형을 보여준다. 성적에 대한 구체적인 사건에 대해서 질문하는 도입 질문(SK 1/질문유형 A)은 적중했고 인터뷰의 처음 1/3은 주로 "붉은 별"에 대한 학생의 답변(S 2)에 대한 후속 질문(B)이었다. 아마도 그녀의 말과 목소리와 표정은 이것이 어느 정도 의미 있는 경험에 대한 상징이었다는 것을 보여주었다. 인터뷰 진행자가 "붉은 별"(SK 3/B)을 반복하였던 후속 질문은 충분한 정보로 감정적인 반응을 이끌었다(학생 3).

"복잡한 감정"이라는 또 다른 의미 있는 표현을 계속해서 탐색하고 반복하고 더 깊은 설명을 위해서 탐색하면서(SK 4/B와 C) 선생님에 대한 충성심, 또는 친구들에 대한 충성심 사이에서 주제에 대한 기본적인 갈등을 보여주었다. 이 주제는 학생이 "나에게 더 중요한 것은 친구 관계"(12)라는 결론을 내릴 때까지 찾았다. 이런 순서로 어떤 답변에서는 인터뷰 진행자는 "구분"과 "공간"(학생 5와 8)과 같은 의미 있는 표현일 가능성이 있는 표현을 우연히 들었고 그것들을 후속 질문하는 대신에 구체적이고(SK 6/D) 해석하는 질문(SK 9/I)을 하였다.

이 인터뷰에서 가장 많은 질문은 성적과 관련된 사건과 그 영향에 대한 직접적인 질문에 대한 학생의 답변에서 의미 있는 말을 반복하면서 주로 하는 탐색 질문(C)이다. 인터뷰 초기에 "당신의 좋은 성적 때문에?"(SK 9/I)라는 학생 진술에 대한 직접적인 해석은 즉시 "예"(학생 9)로 확인되었던 몇몇 해석 질문이 있었다. "'보상'은 무엇을 의미하는지요?"(SK 13/I)와 같이 나중에 의미를 명확하게 하는 질문은 아이스크림을 먹거나 밤새 TV를 보는 것(S 13)과 같은 구체적인 보상에 대한 설명을 하게 하였다.

"나에게 가장 중요한 것은 친구 관계입니다"(S 12)라고 학생이 강조하는 것과 같이 후속해서 따라오는 것이 없는 답변도 있었다. 즉, 인터뷰 진행자는 그녀가 "그건 기본적인 이슈예요."(SK 13)라고 했던 말을 인정하면서 따라가려고 했지만, 그녀가 그렇게 했을 때 주제는 성적에 대한 보상으로 넘어가 있었다. 인터뷰 진행자로서 Steiner Kvale은 그녀가 수업 중에 앞에서 더 자세히 설명하기에는 너무 민감해졌다고 느꼈기 때문에 친구 관계의 주제를 파고들지 않기로 선택했는지, 아니면 그녀가 인터뷰를 성적 담론 내에서 친구 관계에 관한 담론으로 유지하려는 변화를 감지했는지 더 이상 기억하지 못한다는 것을 보여주었다.

Box 7.2 질문의 언어 방식

- 그것에 대해 설명해 줄 수 있나요? 무슨 일이 일어났나요?
- 무엇을 했나요? 그것에 대해 어떻게 기억하나요? 그것을 어떻게 경험했나요?
- 그것에 대해서 무엇을 느꼈나요? 그 사건에 대한 당신의 감정적 반응은 어땠나요?
- 그것에 대해 어떻게 생각하나요? 이 이슈에 대해 당신은 어떻게 생각하나요?
- 일어난 일에 대해 당신의 의견은 어떠한가요? 당신은 오늘 그것을 어떻게 판단하나요?

인터뷰 상호작용의 언어적인 본질에 주의하면서 질문의 표현에 초점을 두고 따라가는데, 주제의 이슈와 인터뷰 연구의 목적에 부합해야 한다. Box 7.2에서 한 사건에 대해 상세하게 질문할 때 언어적으로 다양한 형태의 질문이 제시된다. 이 문구는 서술적, 행동적, 경험적 영역에서 감정적, 인지적, 평가적 영역으로 가는 오히려 다른 유형의 답변을 가져오게 한다. 인터뷰 전체를 통해서 한 가지 유형의 질문을 일관성 있게 사용하면 예를 들어, 주로 감정적이거나 개념적인 인터뷰에서 특정 유형의 답변으로 이끄는 결과를 초래할 수도 있다.

성적에 관한 인터뷰에서 질문은 대부분 학생들에게 "기억해 보라"(SK 1과 7), "무슨 일이 일어났는가"와 "설명해 보라"고 요청하는 등 사실 이슈에 관한 질문이었다. "무엇을 의미하는지?"(SK 13)와 같이 언급되는 개념적인 질문이 있었다. 느낌에 관한 직접적인 질문은 없었지만, 두 가지 경우에서 인터뷰 진행자가 "복잡한 심정"(SK 4)과 "느낌"(SK 8)이라고 학생이 사용한 감정적인 용어를 반복하였고 "복잡한 심정"과 "불협화음"(SK 4와 5)이라는 학생의 느낌에 관한 설명을 위해서 두 가지 질문을 하였다. 이와는 반대로, Box 2.5의 대상자 중심 인터뷰에서 상담사는 주로 감정적인 질문을 사용하였고, Socrates는 정의, 사랑과 아름다움의 본질에 대한 추구를 위해 탐색적인 개념적 질문을 하였다(인터뷰 질문에 관한 추가적인 "어떻게" 조언에 관심이 있는 독자들은 Seidman, 1991; Spradley, 1979; Rubin과 Rubin, 2005 참조. 이 중에서 후자는 특히 인터뷰 상호작용 자체와 관련이 있다면 어떻게 "대화의 파트너 관계"로 진행하는지, 대화를 어떻게 구성하는지와 어떻게 질문하는지에 관한 것이다).

이차 질문의 예술

지금까지 인터뷰 진행자의 질문에 초점을 두었다. 이제 우리는 인터뷰 진행자가 적극적으로 인터뷰 대상자가 말하는 것을 들을 수 있는 능력인 적극적인 경청을 포함하고 있는 이차 질문에 초점을 두려고 한다. 적극적인 경청은 특정한 질문 기법에 대해 숙달된 것만큼 중요하다. 인터뷰 진행자는 무엇을 말하는지, 그리고 어떻게 말하는지를 듣는 것을 배울 필요가 있다. 여기서 2장의 현상학적 접근으로 그려진 선상에서 드러난 것에 대해 최대한 개방적인 태도를 지지하는 인터뷰 진행자에 대해 이야기할 수 있다. 우리는 또한 *Time*지의 Freud와 Piaget의 전기(1장 참조)에서 그들의 경청 능력을 주요한 특성으로 언급했다는 점에 주목할 수 있다("Scientists and Thinkers", 1999). 이것은 Freud의 인내심과 주로 침묵하면서 경청하는 것에 대한 숙달과 Piaget의 아이들에게서 지식이 어떻게 발전하는지에 대해서 주의 깊게 지켜보고 듣는 능력에 관한 것이었다.

대상자가 할 수 있는 많은 차원의 답변 중에서 어떤 것을 추구할 것인가에 대한 결정은 인터뷰 진행자가 인터뷰 주제에 대한 이해와 지식이 있는지, 인터뷰의 사회적 관련성에 대한 민감성과 질문하고 싶은 것에 대한 지식을 가지고 있는지에 따른다. 여기서 우리는 아마도 체스에 비유할 수 있을 것이다. 상대방에 의한 각각의 움직임은 체스판의 구조를 변화시키고 각 선수는 상대방의 향후의 움직임을 예상하는 등, 다음 움직임 전에 상대방의 움직임의 다양한 의미를 고려해야 한다. 숙련된 체스 선수에 대한 연구에서 우리가 알게 된 것은, (예를 들어 퀸이 이렇게 움직이면, 나의 킹은 그렇게 움직여야 한다고 생각하는 것과 같은) 명백한 규칙에 거의 따르지 않는다는 것인데, 사실 이것은 초보 체스 게임의 특징이다(Dreyfus &

Dreyfus, 1986). 전문가들은 맥락 없는 규칙이 아니라 직관적인 기술과 게임에 대한 느낌에 의존한다. 이것은 4장에서 윤리에 관하여 논했던 것처럼 Aristotle이 실천지로서 설명한 것과 밀접하게 관련되어 있다. 이와 마찬가지로 숙련된 인터뷰 진행자는 구체적인 상황에 몰입하고 있으며 인터뷰의 방법론적인 규칙이나 다음에 어떤 질문을 두어야 하는지에 관한 인터뷰 지침에 모든 주의를 집중하는 대신에 연구질문에 답하도록 도와주는 충실한 방식으로 인터뷰를 지속하게 하는 상황적인 단서에 민감하게 반응하고 주의를 기울인다.

Box 7.3 이차 질문

학생: 성적은 종종 불공정해요, 왜냐하면 아주 자주, 성적은 얼마나 많이 말하는지, 그리고 선생님의 의견에 얼마나 많이 동의하는지 측정하는 것일 뿐이예요.

인터뷰 진행자: 어떻게 그것이 성적에 영향을 주나요?

인터뷰 진행자의 가능한 다른 반응:

침묵...
음, 음...
"당신은 얼마나 많이 말하나요?"
그것에 대해 더 말해 주겠어요?
당신이 말한 것에 대한 몇 가지 사례를 말해 주겠어요?
당신 자신이 이것에 대해 경험한 것이 있나요?
성적이 불공평하다고 느끼나요?
성적이 당신 자신의 능력을 나타내지 못하고 있는 것을 알았나요?
"당신이 말한 양에 대한 측정"으로서의 성적에 대해 충분하게 설명해 줄 수 있을까요?
선생님의 의견에 어떻게 따르는지에 대해 구체적으로 얘기할 수 있나요?
성적이 말하는 양에 따른다고 말했을 때 허세를 의미하나요?
선생님의 의견에 따르는 것에 대한 중요성을 언급했을 때, 아부라고 생각하고 있나요?
그것이 옳다고 확신하나요?
이것은 당신의 가정일 뿐인가요?

Box 7.3에서는 인터뷰 진행자가 할 수 있는 여러 가지의 가능한 반응 중에 몇 가지가 Box 1.1에서 보고된 성적에 관한 인터뷰 대상자의 진술에 반응으로 제시되어 있다. 여기에서 제시된 선택은 답변의 다른 측면으로 개방되어 있어서 추가적인 질문으로 "옳은"것은 없다. 가능한 답변은 크게 그룹화되어 있는데, 답을 듣고 상세하게 하는 제안으로서 답변의 몇 마디를 반복하는 것에서부터 더 구체적으로 탐색하는 질문, 좀 더 해석하는 질문, 최종적으로 반대로 질문하는 것까지 있으며, 이런 경우, 마지막 질문은 인터뷰 진행자가 사용하기도 한다. 다음 장에서 우리는 이런 갈등을 일으키는 질문들을 사용하는 것에 대해 더 상세하게 고려하게 된다. 이차 질문을 하는 예술은 미리 정할 수는 없지만 인터뷰 주제의 연구질문을 고려하면서 대상자의 답변에 대해 유연하게 현장에서 후속 질문이 요구된다.

시범 인터뷰에서 인터뷰 진행자는 더 많은 설명과 의미와 감정을 명확하게 요구하면서 학생의 답변에 대해서 따라갔다. 인터뷰 진행자는 이 주제에 익숙하고 덴마크에서 한 연구에서 성적에 관한 여러 인터뷰(Box 6.4)를 진행했기 때문에 학생의 답변을 따라가는 것이 매우 쉽다는 것을 알게 되었다. 이 짧은 인터뷰에서 인터뷰 진행자는 수업에 구체적인 인터뷰 기술을 보여주고 싶었고, 이것이 익숙한 주제에 대한 흥미롭고 새로운 지식을 제공하기를 바랐다.

8장

인터뷰 변형

이 장에서 우리는 인터뷰에 대한 다른 형태의 도구 상자를 제시한다. 그것은 연구목적에 따라 활용가능하며 본 장은 질적연구 인터뷰 진행자의 도구 상자를 확대시키고자 한다. 먼저 외국인, 어린이, 엘리트와 같은 대상자와 인터뷰 할 때 일어날 수 있는 이슈들에 대해 논한다. 그런 다음, 이질적인 범위의 인터뷰 방식을 설명한다. 앞 장에서 현상학적 생활세계의 상세한 적용과는 반대로, 이 장에서 우리는 인터뷰의 다양성을 보다 간략하게 제시하고 예를 보여 주고, 추가적인 영감을 위해 문헌을 참조하게 된다.

다양한 인터뷰 방식은 조사의 목적, 추구하는 지식의 종류, 개인적인 기술과 인터뷰 진행자의 스타일에 따라 인터뷰 진행자가 선택할 수 있는 도구이다. 우리의 주요 관점은 장인이 도구 상자에서 많은 다른 도구들이 필요한 것처럼 다른 목적을 위해서는 각기 다른 인터뷰 방식이 필요하다는 것이다. 속담에 있는 것처럼, 우리가 가진 것이 망치가 전부라면, 온 세상은 못과 같이 보일 것이다! 사실적, 개념적, 포커스그룹 인터뷰와 내러티브, 담론 인터뷰는 각기 다른 사회적 역동과 질문 기술을 함의하고 있다. 우리는 앞 장의 더 조화롭고 공감하는 생활세계 인터뷰와 더 논쟁적이고 상충되는 방식의 인터뷰를 대조하면서 결론을 낼 것이다.

인터뷰 대상자

5장에서 인터뷰 대상자의 주관성을 어떻게 인터뷰의 맥락의 산물로서 볼 수 있는지와 동시에 이런 종류의 맥락에 기여하는 방법에 대해 논하였다. 우리는 지금 각기 다른 대상을 인터뷰 할 때 일어나는 이슈에 대해 문화 간 인터뷰와 어린이와 엘리트들과의 인터뷰에 초점을 두어 강조하고 있다. 앞 장에서 논의된 인터뷰 방식은 주로 북유럽과 미국의 중산층 성인 대상과 관련이 있다. 아이들과 엘리트, 남자와 여자, 경찰 용의자와 목격자와 인터뷰하는 것은 각기 다른 이슈이다. 게다가, 문화를 가로질러서 인터뷰하는 것은 특별한 고려가 필요하다.

문화가 다른 대상자 인터뷰

문화를 정의하는 것은 쉬운 일이 아니다. 오늘날 많은 사회과학자들은 문화를 사람들이 살고 있는 구체적인 실체, 또는 컨테이너로 비유하는 것에 저항하고 있다. 많은 사람들은 또한 문화적 구성원들이 내적 본질을 공유한다는 문화에 대한 본질주의적인 관점에 회의적이다(Carter & Bolden, 2012). 현대의 접근은 문화를 일련의 관행, 대상자의 지위, 사람들이 행동하고 이야기할 때 일어나는 자원으로 그려지는 경향이 있다. 그러나 우리는 그것들을 본질화하지 않고 복수형으로 다른 문화에 대해 이야기할 수도 있고, 우리가 다른 문화라고 부르는 것은 주도성, 방향성, 질문 양식과 같은 것에 관한 낯선 사람들과의 상호작용을 위한 다른 규범들을 포함하고 있다.

문화가 다른 대상자를 인터뷰 할 때 인터뷰 진행자와 대상자 사이의 관계에 영향을 주는 습관, 관습, 지위, 이야기 자원과 같은 많은 문화적 요소를 아는 것은 어려운 일이다. 외국 문화에서 인터뷰 진행자는 새로운 문화에 친숙해지고, 이슈를 일으키게 할 수 있는 많은 언어적, 비언어적 요소 중에서 몇 가지를 배우기 위해서 시간이 필요하다. 예를 들어, **네**(*yes*)라는 간단한 단어는 어떤 문화에서는 동의로 들리는 반면, 다른 문화에서는 단지 들은 질문을 확인하는 반응이며, 이는 사업 계약의 협상에서는 중요한 차이일 수 있다. 의사소통의 언어외적 특징들은 또한 문화적 집단이 비슷한 몸짓을 사용하지만 다른 의미를 의도하는 것과 같이 문화 간에 오해를 일으킬 수도 있다. 따라서 유럽 대부분의 지역에서는 끄덕이는 것이 동의하는 것을 의미하지만, 그리스의 여러 지역에서는 **아니오**(*no*)를 의미한다(Ryen, 2002).

문화가 다른 인터뷰에서 중요할 수 있는 몇 가지 구체적인 요소는 정보를 얻기 위한 수단으로서의 질문, 순환적인 응답보다는 방향성이 있는 질문, 금기시되는 이슈를 직접 언급하는 것, 말할 때 사람의 눈을 보는 것과 여자를 인터뷰하기 위해서 남자를 보내거나 그 반대와 같은 것이다(Keats, 2000). 이 외에도 번역에서 언어적, 사회적 이슈가 중요하다. 언어에서 능숙할 뿐만 아니라 문화적으로 받아들일 수 있는 통역인을 선택하는데 신경써야 한다. 통역인의 역할은 인터뷰 진행자나 인터뷰 대상자의 역할을 대신하지 않고 보조하는 것이다. 특히, 전문 번역가를 이용하는 대신에 친척이나 친구가 통역인의 역할을 하는 경우에 이것은 위험할 수 있다. 이것이 접촉을 촉진시킬 수도 있지만, 친숙한 통역인은 자신의 의제를 가지고 있어서 인터뷰 진행자나 인터뷰 대상자의 역할에 미묘하게 들어갈 수 있다.

언어 사용, 몸짓, 문화적 규범의 차이를 인식하는데 있어서 성별과 세대, 또는 사회적 지위와 종교를 넘어서는 인터뷰를 할 때 연구자 자신의 문화 내에서 어려움이 생길 수도 있다. 하위문화 간의 이러한 차이는 다른 문화들 간에 있는 차이만큼 확연하지 않을 수도 있지만, 모든 사람이 일반적인 문화에 속해 있다고 가정한다면 연구자는 문화 내에서의 다양성을 감지하기 어려울 수도 있다.

어린이와의 인터뷰

어린이와의 인터뷰는 그들만의 경험과 세상에 대한 이해에 목소리를 내도록 해준다. 특히 Piaget의 신체적 개념과 현실과 도덕의 이해에 관한 어린이와의 인터뷰는 어린이들의 사고 과정에 대한 우리의 현재 관점을 보여주었다.

Box 8.1 어린이의 꿈에 관한 Piaget의 인터뷰

Piaget:	꿈은 어디에서 오나요?
어린이 (5세):	잠을 잘 자면 꿈을 꾼다고 생각해요.
Piaget:	꿈은 우리 안에서 오나요, 아니면 밖에서 오나요?
어린이:	밖에서요.
Piaget:	우리는 무엇으로 꿈을 꾸나요?
어린이:	몰라요.
Piaget:	손으로?... 아무것도 없이?
어린이:	네, 아무것도 없이요.
Piaget:	네가 침대에서 꿈을 꿀 때, 어디에 꿈이 있지요?
어린이:	침대에서요, 이불 아래에서요. 난 정말 몰라요. 만약 내 뱃속에 있었다면, 꿈은 뼈를 통해 가고 난 그걸 보면 안돼요.
Piaget:	잘 때 거기에 꿈이 있나요?
어린이:	네, 내 옆에 있는 침대에서요.

출처: *The Child's Conception of the World* (pp. 97–98), by J. Piaget, 1930, New York: Harcourt, Brace, and World.

Box 8.1의 인터뷰 구절에서 Piaget은 지속적으로 꿈의 위치에 대한 어린이의 이해에 도전하여, 어린이의 꿈에 대한 개념에 도달하려고 시도한다. 그러나 우리는 이 글에서 꿈의 공간적인 위치에 대한 질문을 소개하고 고집하는 성인 인터뷰 진행자는, 어린이에게는 중심 이슈인 것처럼 보이지 않는 차원이라는 것에 주목할 수도 있다. 어린이는 인터뷰 진행자의 제안과 유도 질문에 영향을 받는 것으로 보이고, 인터뷰 진행자의 제안을 "밖에서"와 "아무것도 없이"라는 자신의 답변으로 두 번 반복해서 그대로 했다.

유도 질문의 영향은 어린이가 관련된 범죄 사건에서 중요해진다. 아동학대에 관한 법정 소송에서 어린이와 진행한 인터뷰를 통해 얻은 정보의 신뢰도는 매우 중요하다. 어린이는 고통스런 사건에 관하여 낯선 사람과 이야기 하는 것을 꺼릴 수도 있다. 어린이는 어른의 질문에 쉽게 유도될 수도 있고 신뢰할 수 없거나 직접적으로 잘못된 정보를 제공할 수도 있다.

어린이와 어른이 다른 사회적 사계에서 살고 있다는 것이 뻔한 말이지만, 어린이와 인터뷰할 때 다른 점이 많다는 것이 쉽게 간과될 수도 있다. Eder와 Fingerson (2002)은 어린이와 어른 사이의 힘의 불균형, 교실의 교사와 연관되는 것을 피하려는 인터뷰 진행자를 위한 필요성, 한 질문에 하나의 정답이 있다는 기대를 전달하는 것을 삼가도록 하는 것에 관심을 가졌다. 종종 아이들은 Piaget의 초기 인터뷰에서처럼 어른들에게 거절했던 질문을 받아들이고, 대답하려고 시도한다. 도깨비로 의심되는 것 때문에 그 방에 있기가 두려웠던 첫 번째 작가의 아들의 예가 이것을 잘 보여주고 있다. 방에 있는 도깨비가 하나의 바퀴로 자전거를 타고 있는지 두 바퀴에서 하나로 자전거를 타고 있는지, 아버지에 의해서 유도 질문으로 갈등할 때, 소년은 자전거를 타는 도깨비가 당연히 위협적이지 않다는 것을 받아들어야 했다(자전거 타는 도깨비들은 친근할 뿐이다)!

나이에 맞는 질문을 하는 것은 중요하고 인터뷰 진행자가 길고 복잡한 질문을 하고 한 번에 하나 이상의 질문을 하는 것과 같이, 어린이와 인터뷰에서는 어른과 인터뷰하는 것보다 어려움이 더 가중될 수 있다. 어린이와 어른 사이의 몇몇 장벽들은 인터뷰하는 어린이가 자연스런 상황에 있을 때 연결이 될 수 있다. 많은 경우에 어린이와 인터뷰는 그림, 이야기 일기, TV나 비디오 보기, 인형이나 자동차 가지고 놀기와 같이 다른 일의 맥락 안에서 진행하는 것이 더 좋을 수 있다. Piaget의 여러 인터뷰도 어린이가 물건의 무게나 크기를 판단하는 것과 같이 실험적 과제와 관련하여 진행되었다.

엘리트와의 인터뷰

엘리트는 커뮤니티 내에서 지도자나 전문가로, 주로 강력한 위치에 있다. 이런 인터뷰 대상자에게 접근할 수 있도록 하는 것은 Hertz와 Imber (1995)가 엘리트 인터뷰에 관한 문집에서 논한 바와 같이 엘리트 연구할 때 중요한 이슈이다. 인터뷰가 성립되면 인터뷰 상황의 우세한 힘의 비대칭은 엘리트 인터뷰 대상자의 강력한 지위로 무너질 수도 있다.

엘리트는 그들의 의견과 생각에 대해서 질문받는데 익숙해져 있고, 인터뷰 주제에 관하여 숙련된 인터뷰 진행자는 흥미로운 대화 상대가 되어 줄 수 있다. 인터뷰 진행자는 관련된 주제에 대한 지식이 있어야 하고 기술적인 언어에 숙달되어야 하며, 뿐만 아니라 인터뷰 대상자의 사회적 상황과 약력에도 익숙해야 한다. 인터뷰 주제에 관한 적절한 지식을 보여주는 인터뷰 진행자는 존경심을 얻고 인터뷰 관계에서 어느 정도 대칭성을 달성할 수 있을 것이다. 인터뷰에 대한 유익한 설명은 Zuckermann (1972)을 참조하면 된다. 과학자들과의 초기 접촉을 묘사한 노벨 수상자, 인터뷰에 시간을 쓰는 것을 정당화한 과제를 했음을 보여주는 분야와 경력에 관한 배경 지식의 중요성, 그리고 지적 엘리트에게 매우 정확하게 질문해야 하는 필요성을 언급하고 있다. 엘리트 인터뷰를 더 재미있게 준비하기 위해, 제2저자는 노르웨이 국가대표 축구팀 코치와 훈련 전략에 대해서 인터뷰하기 전에 축구 경기를 많이 관람하고 친구와 축구에 대해 토론하고 축구 관련 문헌을 읽었다.

전문가는 인터뷰에 익숙할 수 있고 인터뷰를 통해 전달하고자 하는 관점을 부각시키기 위한 "이야기 트랙"을 준비했을 수도 있고, 이것은 인터뷰 진행자를 넘어서는 상당한 기술이 요구되는 것이다. 엘리트 인터뷰 대상자는 확실한 지위를 가지려는 경향이 있어서 새로운 시각으로 이어질 수 있는 자극으로 진술에 도전하는 것이 가능할 수도 있다. 인터뷰 진행자가 인터뷰 주제의 개념과 대면하고 함께 하는 전문가와의 인터뷰는 **에피스테메**의 의미에 대한 지식으로 연결되는 Socrates 대화의 격렬한 질문과 비슷할 수 있다(2장 참조).

인터뷰 방식

연구목적에 따라 다양한 방식의 인터뷰가 유용하다. Roulston (2010)은 오늘날 질적 인터뷰의 가장 공통적인 버전 중에서 몇 가지의 개요를 제시하였다(우리는 여기서 줄여서 Roulston의 목록으로 수정).

신실증주의적(*Neo-positivist*) 인터뷰의 개념은 여전히 일반적이고, 인터뷰 진행자가 간섭하지 않거나 수용적인 스타일이라면 인터뷰를 통해서 이용가능한 타당하고 의존적인 자료를 연구자에게 주기 위해서 대화가 어떻게 대상자의 "진실한 자아"(또는 경험의 본질)를 드러내는데 사용될 수 있는지를 강조하고 있다. 이것은 3장에서 제시된 광부의 은유에 가깝다.

낭만적인(*Romantic*) 개념은 인터뷰의 목적이 라포를 특징으로 한 친숙한 관계를 통해서 대상자의 폭로와 고백을 통해 이루어진다고 제시한다. 어떤 면에서 이런 개념들은 신실증주의적 개념에 가깝지만 인터뷰 대상자의 내면의 정신을 "탄생"시키는 적극적이고 확실한 산파로서의 인터뷰 진행자에 더 많은 비중을 두고, 다시 이 책의 광부 은유의 맥을 따르고 있다.

구성주의적(*Constructionist*) 개념은 진실성에 대한 낭만적인 사고에 대항하고 그 대신, 인터뷰의 사회적 관행을 통해서 현지에서 발생되는 대상자의 관점을 대변한다. 따라서 관심은 인터뷰의 상황적인 실행에 두고 인터뷰 진행자에 의해서 발굴된 안정적인 덩어리로서 자료의 개념에는 불신을 가지고 있다. 대신, 인터뷰 진행자는 3장에서 "여행자"로 제시하는 것과 가까워서 어떤 사람은 지식의 생산에 있어서 대상자와 함께 참여한다.

포스트모던(*Postmodern*)과 **변형적**(*transformative*) 개념은 인터뷰를 새로운 종류의 사람들과 새로운 세계로 가져오는, 목표를 가진 대화적이고 실행적인 과정으로 설명한다. 인터뷰는 사람들이 모여서 주관성과 행동의 새로운 가능성을 만들 수 있는 장소로 그려진다. 일부 변형적 개념들은 인터뷰하면서 가능한 자치성(decolonizing)에 초점을 두면서, 표준적인 인터뷰에서 지배적으로 보이는 경향을 무너뜨리려고 한다(Smith, 1999). 2장에서 논의된 Bellah 등의 적극적인 인터뷰는 대화에 관하여 가치에 대한 새로운 이해가 드러나는 장소로 간주하면서, 인터뷰에 대한 변형적인 개념과 함께 일부 공통적인 특징을 가지고 있다.

다양한 인터뷰의 목록은 아주 일반적인데, 다음에서 더 구체적으로 컴퓨터 지원 인터뷰, 포커스그룹 인터뷰, 사실적 인터뷰, 개념적 인터뷰를 제시한다. 그리고 내러티브와 담론 인터뷰를 더 자세하게 다루고 이전 장에서 소개된 보다 조화로운 생활세계 인터뷰에서 벗어난 대면 인터뷰의 묘사로 장을 마무리할 것이다.

다음에서는 독자들이 인터뷰 방식을 선택할 수 있도록 도와주려고 한다. 인터뷰 방식의 실제적인 적용을 위해서 독자들은 Gubrium, Holstein, Marvasti와 McKinney (2012)가 저술한 *Handbook of Interview Research* 또는 Kathryn Roulston (2010)의 *Reflective Interviewing*과 같은 저서에서 더 상세한 내용을 살펴보는 것이 좋다. 이 장에서 다루는 인터뷰의 유형 외에도, 생활 이야기 인터뷰(Atkinson, 1998)와 전기적 내러티브 인터뷰(Wengraf, 2001)처럼 내러티브 인터뷰의 구체적인 방식이 존재한다. 페미니스트(Reinharz, Chase, 2002)와 협력적인 인터뷰 방식(Ellis & Berger, 2003)은 연구자의 경험에 특별한 초점을 둠으로써 스스로를 구별하는데, 때로는 문화기술지적 의도와 자전적 의도를 결합하려는 접근법인 자문화기술지(autoethnography)를 통해서 표현된다. Fontana와 Prokos (2007)가 언급한 "비구조적 인터뷰"의 다소 명확한 브랜드는 구전에 가깝지만 많은 연구목적을 위해 사용되는 창의적인 인터뷰(Douglas, 1985), 포스트모던적 인터뷰, 참여자의 목소리가 연구자로부터 거의 영향을 받지 않는 "다음(polyphonic) 인터뷰", 마지막으로 연구된 사람들에게 유리한 입장을 취하는 "공감적 인터뷰"를 포함하고 있다.

이 장에서 설명된 광범위한 인터뷰의 다양성 때문에, 연구 인터뷰를 위한 일반적인 표준 절차와 규칙이 없다는 것이 이해되었다. 각기 다른 인터뷰 양식은 다른 종류의 지식과 관련되어 있다. 사실적 인터뷰는 전형적으로 응답자의 깊은 곳에서 밝혀진 이전에 존재하는 요소로서 지식의 모더니즘적 개념과 일치하는 반면에, 내러티브 인터뷰의 모호한 대부분의 형태는 사회적 상호작용, 담론, 내러티브를 통해서 구성된 것으로 지식의 포스트모던적 개념과 일치한다. 3장에서 논의된 인식론적 관점과 같은 선상에서, 우리가 인터뷰하는 방법을 선택하는 것은 우리의 인식론적 관점과 관련되어야 하고 우리가 알기를 원하는 것에 따른다고 믿고 있다.

컴퓨터 지원 인터뷰

이 책에서 자세하게 다루는 인터뷰 방식은 몸짓과 표정으로 표현되는 비언어적 정보에 접근할 수 있는 신체적 존재를 포함하는 면대면 인터뷰이다. 그러나 점점 더 많이 적용되는 방식의 인터뷰는 전화나 컴퓨터, 인터넷과 같은 기술로 이루어진다(James & Busher, 2012). 전화 대화의 분석은 대화 분석가들에 의해 개척되었고, 질적연구에서 전화 인터뷰를 사용하는 것은 지리적으로 연구자와 먼 거리에 있거나 위험한 지역(예: 교전 지대)에 있는 사람들과 이야기할 기회를 증가시키는 많은 장점이 있다(Elmholdt, 2006).

최근에, 컴퓨터 지원 인터뷰(computer-assisted interviews)는 널리 보급되고 있다(Couper & Hansen, 2002). 컴퓨터 지원 인터뷰는 전자 우편 통신을 통해 이루어질 수 있는데, 인터뷰 진행자가 질문을 작성하고 응답을 기다리는 경우, 또는 채팅 인터뷰를 통해서 인터넷에서 존재하는 가상의 커뮤니티 중 하나가 중재하는 경우, 시간에 따른 비동시적 상호작용을 의미하고 있다. 채팅 인터뷰는 전자 메일 인터뷰보다 시간적으로 더 동시성이 있고, 종종 면대면 상호작용과 유사한 빠른 대화 형식에 근접하고 있다. 인터넷에서의 가상현실(예: 온라인 문화기술지의 형태)에서 진행된 질적연구 프로젝트를 위해서 컴퓨터 지원 인터뷰는 매우 중요한데, 즉 서면 자체가 연구자와 응답자가 자신을 표현하는 매체라는 점에서 스스로 기록하고, 따라서 그 글은 기본적으로 입력되는 즉시 분석할 수 있다는 장점이 있다.

컴퓨터 지원 인터뷰의 단점은 명백한데, 인터뷰 진행자와 인터뷰 대상자 모두 서면 의사소통에 상대적으로 능숙해야 하며 중개적 상호작용은 몸짓과 말의 단서 없이 아마도 불충분한 성찰의 거리를 통해 풍부하고 상세한 설명을 생성하는데 어려움이 있을 수 있다 (Elmholdt, 2006). 그러나 컴퓨터 지원 인터뷰의 경우, 일반적인 인터뷰에서 보다 인터뷰 진행자를 대신하여 특정한 윤리적 민감성을 요구하는 사람들의 친숙한 생활상 측면을 더 쉽게 드러낸다. 긍정적인 측면에서, 섭식 장애 정신과 전문의사인 Skårderud (2003)는 문제가 있는 신체의 물리적 존재가 불필요한 장애를 나타낼 수 있기 때문에, 신체에 문제가 있는 사람들에 대한 컴퓨터 중재 요법(computer-mediated therapy)이 매우 효과적이라고 주장했다. 이런 문제와 관련된 질적연구 인터뷰는 눈에 보이는 신체에 대한 수치심을 피하기 위해서 인터넷을 통해서 선호될 수 있다. 모든 방식의 인터뷰와 같이 컴퓨터 지원 인터뷰는 장점이 있고 일부 목적에 적합하지만, 신체적 존재와 목소리가 대화에 중요한 연구목적을 위해서는 적합하지 않을 것이다.

포커스그룹 인터뷰

일반적으로 학문적인 인터뷰는 일대일 인터뷰였지만, 오늘날 포커스그룹 인터뷰(focus group interviews)의 사용이 증가하고 있다. 1920년대에 사회학 연구자가 그룹 인터뷰를 이용했었지만, 마켓 연구자들이 소비자의 동기와 상품 선호도를 조사하기 위해서 "포커스그룹 인터뷰"라는 용어를 개발했을 때, 1950년대 이후에 처음 진행된 그룹 인터뷰가 널리 퍼져 사용되었다. 오늘날 포커스그룹은 소비자 연구에 지배적이고 시리얼 홍보에서 정치인들의 마케팅에 이르기까지 여러 목적을 위해서 사용된다. 또한 보건 교육 및 사회 프로그램 평가와 같은 다양한 분야에 적용되고 있으며, 1980년대에는 사회학계의 연구에 도입되었다.

포커스그룹은 주로 진행자에 의해서 운영되며 6~10명의 대상자로 구성된다(Chrzanowska, 2002). 이 인터뷰는 방향성이 없는 방식이 특징이며, 주요 관심은 그룹을 위해 초점을 맞춘 주제에 대한 다양한 관점을 장려하는 것이다. 그룹 진행자는 논의 주제를 소개하고 상호 의견 교환을 촉진한다. 진행자의 업무는 초점을 맞춘 주제에 관한 개인적이고 갈등하는 관점을 표현하도록 관대한 분위기를 조성하는 것이다. 포커스그룹의 목적은 논의된 이슈에 관한 합의나 해결을 위한 것이 아니라 이슈에 관한 서로 다른 관점을 제시하는 것이다. 포커스그룹 인터뷰는 새로운 영역에서 탐색적인 연구를 위해 적합한데, 이는 생생한 집단적 상호작용은 개인적으로 더 자주 진행하는 인지적인 인터뷰보다 더 자발적으로 표현되고 더 감정적인 관점을 가져오기 때문이다. 민감하게 금기시되는 주제의 경우에, 그룹 상호작용은 주로 접근할 수 없는 관점을 표현할 수 있도록 촉진시킨다. 그러나 그룹 상호작용으로 진행자는 인터뷰 과정을 통제하지 못하고 활발한 상호작용으로 인해 혼돈스러운 인터뷰 필사본을 남길 수도 있다.

사실적 인터뷰

질적 인터뷰는 인터뷰 대상자 자신의 관점과 의미에 초점을 두기만 하는 것은 아니다. 타당한 사실적(factual) 정보를 얻는 것은 대부분의 인터뷰에서 매우 중요할 수 있다. 따라서 전문 분야에서 어린이가 복용한 알약의 정확한 약병에 대한 옳은 정보를 얻는 것은 어린이나 그 부모를 인터뷰하는 의사에게 필수적인 것일 수 있다. 이것은 범죄과학 수사의 인터뷰에서 피의자가 그의 손에 칼이 있었는지 아닌지에 대해 유효한 정보를 얻기 위해서 경찰관이나 변호사가 반드시 해야 하는 것일 수 있다. 칼을 가진 용의자의 의도에 관한 인터뷰는 구체적인 종류의 질문을 하는 것을 포함하고 있다. 덜 극적인 환경에서는 커뮤니티의 구전 역사를 인터뷰할 때(예: Bornat, 2000) 집단 과거에 대한 신뢰할 수 있는 정보를 제공하는 장소로 자신의 이야기보다 이야기된 사건에 대한 스토리텔러 자신의 관점에 중점을 둘 것이다.

사실적 정보를 위한 인터뷰의 복잡함은 증인 심리학 연구에서 잘 기록되어 있다. 질문하는 단어의 중요성은 다른 대상자 집단에게 자동차 두 대가 충돌하고 그 후에 자동차의 속도에 관하여 질문하는 동일한 영상을 보여 준 실험에서 강력하게 제기되었다. “그들이 서로 접촉했을 때 자동차는 얼마나 빠르게 가고 있었나요?”라는 질문에 대한 응답은 평균 시속을 32마일로 추정한다. 같은 영상을 보여주고 “접촉” 대신 “박살난”으로 질문받은 다른 대상자들은 평균 시속을 41마일로 추정한다(Loftus & Palmer, 1974). 이런 실험은 사실적 정보를 위한 인터뷰에서 질문의 문구를 구성할 때 매우 신중해야 한다는 것을 상기시켜준다.

개념적 인터뷰

인터뷰의 목적은 개념적인 명료화일 것이다. 여기서 인터뷰 진행자는 한 대상자나 대상자 집단의 “공정함”과 “경쟁” 또는 “존경”과 “책임감”과 같은 현상의 개념에 대한 개념적 구조를 도표로 그리기를 원할 수 있다. 후자의 개념은 2장에 있는 Bellah 등이 북미의 특성과 가치에 관한 연구에서 발췌한 대면 인터뷰(confrontational interview)에서 탐구되었다. 개념적 인터뷰(conceptual interviews)에서 질문은 개념적 관계망 내에서의 위치와 연결뿐만 아니라 중심 용어의 의미와 개념적 차원을 탐색한다. 개념적 인터뷰를 하는 것은 응답자의 담론 모델, 즉 전형적이고, 정상적이거나 적절한 것(Gee, 2005)에 대한 명백한 가정을 밝히는데 도움이 될 수 있고, 때로는 흥미로운 대조적 관점을 주는 구체적인 설명에 대해 질문을 요청하며 수행될 수 있다. 심리치료 현장에서 일어나는 도덕적 딜레마에 관한 인터뷰 연구가 일례이다.

Box 8.2 윤리적 개념 대 윤리적 행동

임상심리학자의 도덕적 경험에 관한 인터뷰에서 윤리적 딜레마에 대한 구체적인 경험에 관하여 응답자들에게 질문하였고, 또한 윤리의 개념을 이해하고 정의하는 방법에 관하여 Socrates로부터 받은 영감을 사용하였다.

인터뷰 진행자: **도덕**과 **윤리**라는 말을 어떻게 이해하고 있나요? 그것들은 무엇을 의미하나요?

심리학자: 도덕은 우리 인간이 발명한 것이죠, 그것은 서로 다른 사람들과 관계하는 방법에 대한 일종의 규칙이라고 말할 수 있죠, 이것이 도덕에 대해 제가 생각하는 바예요.

[...]

나중에 구체적인 윤리적 딜레마(대상자의 심리치료사에 대한 연애 감정에 관해)를 설명할 때, 심리학자는 다음과 같이 계속 이어 나간다.

심리학자: 그러다가, 갑자기, 사람들은 윤리적 딜레마를 느낍니다.

인터뷰 진행자: 당신도 그걸 느끼나요?

심리학자: 저도 느낍니다. 즉각적으로 느끼지요. 그것은 음.. 이제 조심해야 합니다. 이런 경우에 당신은 무엇을 하려고 합니까?

인터뷰를 통틀어서 일반적으로, 도덕은 **시간표, 방향 설정, 기본 규칙, 행동 규칙과 가치 규제**와 같은 단어들로 반영되어 개념화되었다. 이것은 전문가의 도덕적 내러티브와는 대조되는데, 그들은 윤리적 지표로서 "직관", "느낌"과 특히 "뱃속(the stomach)"에 대해 말하며, 예를 들어, "때때로 나는 무엇이 옳고 그른 것을 뱃속에서 느낄 수 있어요", 그리고 "때때로 나는 확실하게 느끼는데, 아차, 뱃속에서 감각이 오는데, 그것은 나빴어요!"

출처: *Psychology as a Moral Science*, by S. Brinkmann, 2006, Unpublished doctoral dissertation, University of Aarhus, Department of Psychology, Aarhus, Denmark.

Box 8.2에서 발췌한 심리치료사의 진술은 윤리에 대한 개념적이고 실무적인 이해 사이의 차이를 증명한다. 개념적인 수준에서 윤리는 압도적으로 "행동에 대한 규칙"으로 설명되지만, 구체적인 사례가 주어질 때 규칙에 대한 언급은 없었고, 응답자들은 구체적인 도덕 이슈를 다루는 이야기에서 지침, 원칙과 규칙보다는 직감의 중요성에 대해서 더 자주 이야기했다. 심리학자의 진술에서 보이는 이러한 모순은 그들의 실무에서의 도덕에 대한 이론적이고 실무적 이해 사이의 진정한 차이를 보여준다.

개념적인 관계망에 관한 인터뷰의 복잡성은 외국 문화에서 친족 구조에 관한 인류학자의 연구에서 볼 수 있는데, 여기서 질문하는 것은 친척의 다른 유형에 대한 언어적 용어를 찾고, 예를 들어, 나이 든 경우와 어린 경우, 여자와 남자, 두 번째 사촌에 대한 용어가 다르고, 말하는 사람의 성별에 따라 용어가 달라지는 것도 확고히 하며 관여할 수도 있다. 개념적 인터뷰는 또한 아름다움의 본질을 확립하고 옳은 일을 행하기 위해서 Agathon, Cephalus와 함께 Socrates의 지적 탐구에서와 같이 현상의 본질적인 성질을 밝히기 위한 노력에 참여하는 것일 수 있다.

내러티브 인터뷰

내러티브 인터뷰(Narrative interviews)는 대상자가 말하는 이야기들, 그들의 설명의 구성과 구조에 초점을 맞춘다. 그 이야기는 인터뷰하는 동안 자발적으로 이루어지거나 인터뷰 진행자에 의해 이끌어질 수 있다. 인터뷰 연구에서 내러티브에 관한 연구인 *Research Interviewing: Contect and Narrative*에서, Mishler (1986)는 인터뷰가 내러티브로 이해되는 것이 인터뷰의 시간적, 사회적, 의미 구조를 어떻게 강조하는지를 설명했다. 일상적인 대화에서 질문에 대한 답변은 흔히 내러티브의 특징을 나타내며, Mishler는 이야기가 그렇게 자주 등장할 때, 내러티브는 개인이 의미와 지식을 구성하고 표현하려고 시도하는 자연인지적, 언어적 형태 중 하나라는 관점을 뒷받침한다고 가정한다. Box 8.3은 Mishler의 가구장인-예술가와의 내러티브 인터뷰의 시작 부분을 묘사하고 있다. Mishler는 주석을 포함했는데, 이것은 원래 구술 스타일과 가깝게 필사되지만 경험이 없는 독자에게 주의를 돌리게 할 수 있다(필사에 대한 주석 중 일부는 Box 10.1에서 설명).

Box 8.3 장인의 내러티브

I: 그리고 어 나는 당신에게 시작에 대해 질문하는 것으로 시작하고 싶습니다. / 어 어떻게 당신이 지금 당신이 하는 일을 하게 되었는지. 그때 무슨 일이 있었던 건가요? 어:어 무엇 때문에 그렇게 되었지요?

R: 음 음... 이상하네요.

아- 아- 처음 목공 일을 시작했을 때
직업학교에 안에 있는 프로그램에 들어갔어요/ 고등학교 때
그리고 (한숨) 친척- 나는 노동자 계층 출신이었어요
내게 선택권이 제한된 것 같았어요.

근데 저는 항상 건축에 관심이 있었어요
내가 문법학교에 다닐 때도
나는 항상 밤에 건축일을 했어요 있잖아요
비행기 모형 만들기와 그런 일 같은.
그러한 일 같은

그게 바로 내가 실험적이고
나 혼자 하는 것에 더 흥미를 갖기 시작했던 시점이었어요
그래서 나는 비행기를 디자인하고/ 있잖아요 그걸 만들었고/ 내가 그것을
  그렇게 날게 할 수 있는지 보고 싶었어요
일종의 그런 일.

하지만 그때나 지금이나 계속 관심을 가지려고/ 직업학교에서 안에서
  목공 프로그램에 들어갔는데
지루해서 몸이 굳었어요 있잖아요

그냥... 그들은 벽에서 패턴을 가져갔어요/ 알죠
  그런 걸 지었어요.

나는 재현이나 그런 것들을 다시 짓는 데 별로 관심이 없었어요
그래서... 난 그걸 그만두었어요.

출처: *Storylines: Craftartists'Narratives of Identity* (pp. 73-74), by E. G. Mishler, 1999, Cambridge, MA: Harvard University Press.

장인이 어떻게 그의 직업을 갖게 되었는지에 대한 초기 질문은 직업학교가 그에게 준 의욕상실 효과에 대한 자연스러운 이야기로 시작되었다. 형태와 관련하여, 우리는 Mishler가 어떻게 말한 그대로 필사하고, 시적인 형태가 이야기의 접근 가능한 구조를 제공하는 시와 유사한 스타일로 표현했는지를 알 수 있다.

내러티브 인터뷰에서 인터뷰 진행자는 직접 이야기를 물어볼 수 있으며, 인터뷰 대상자와 함께 다양한 사건들을 일관된 이야기로 구조화하려고 할 수 있다. 인터뷰 진행자는 "경찰이 해산했을 때 시위에서 무슨 일이 일어났는지 이야기해줄 수 있습니까?"와 같은 구체적인 에피소드에 대한 질문이나, "어떻게 병원에 왔는지, 그곳에 머무는 동안 어떤 일이 있었는지 말해 줄 수 있습니까?"와 같이 병원에 머문 기간에 대한 질문으로 인터뷰를 시작할 수도 있다. 아니면 인터뷰 진행자가 "당신의 삶에 대해 말씀해주십시오. 당신은 어디에서 태어났나요?"라고 시작을 하면서 인생 이야기를 물을 수도 있다. 이야기에 대한 첫 요청 후 내러티브 인터뷰 진행자의 주된 역할은 경청자로 남아서, 방해받지 않게 하고, 때때로 해명을 위한 질문을 하고, 인터뷰 대상자가 계속해서 자신의 이야기를 할 수 있도록 돕는 것이다. 질문, 끄덕임, 침묵 등을 통해 인터뷰 진행자는 내러티브의 공동 생산자가 되는 것이다. 내러티브 구조에 익숙해진 인터뷰 진행자는 일련의 순서가 전개되도록 신경을 쓰고, 이야기의 주인공이 누구인지, 경쟁자와 영웅의 조력자가 누구인지에 초점을 맞추고, 이야기의 주요 줄거리, 가능한 하위 줄거리, 긴장, 갈등, 해결의 요소를 확인하려고 할 수 있다.

내러티브 인터뷰는 여러 가지 목적을 수행할 수 있는데, 여기에서 3가지를 제시하겠다. 첫째, 내러티브는 해설자에게 특정한 에피소드나 행동 과정을 언급할 수 있으며, 단편적인 이야기로 이어진다. 둘째, 이 내러티브는 생활사나 전기 인터뷰로서 배우 자신의 관점을 통해 보여지는 인터뷰 대상자의 인생 이야기를 다룰 수 있다(Rosental, 2004). 셋째, 구술사 인터뷰가 있는데, 여기서 주제는 개인의 역사를 넘어 커뮤니티의 역사를 다루고 있다. 여기에서 인터뷰 대상자는 정보제공자이며, 커뮤니티의 구술사를 기록하고 있다(Bornat, 2000; Leavy, 2011). 13장에서 내러티브 분석을 더 깊이 있게 다루고, 또한 우리가 현재 방향 전환을 위한 담론적 접근법을 다룬다.

담론적 인터뷰

담론 분석(Discourse analysis)은 담론 내에서, 그리고 담론의 힘의 관계 속에서 지식과 진실이 어떻게 만들어지는가에 초점을 둔다. 담론 분석은 Foucault (예: 1972)에 의해 도입되어, 그 이후 다양한 방식으로 개발되었다. 담론 분석은 "대화와 텍스트를 사용하여 행동을 수행하는 방법에 대한 연구"이다(Potter, 2003, p. 73). 따라서 그것은 개인과 집단이 특정 활동과 정체성을 규정하기 위해 어떻게 언어를 사용하는지를 연구한다(Gee, 2005). 모든 인터뷰는 당연히 담론적이며 다른 담론을 함의하기도 한다. 그러나 담론적 틀 내에서 작업하는 인터뷰 진행자는 전통적인 인터뷰와는 다른 인터뷰 담론과의 상호작용의 특정 측면에 주목해야 한다.

> 첫째, 일관성만큼 반응의 변화가 중요하다. 둘째, 이를 제거하는 것보다 다양성을 허용하는 기법이 강조되어 더 비공식적인 대화가 이루어진다. 셋째, 인터뷰 진행자는 질문자라기보다는 적극적인 참여자로 간주한다(Potter & Wetherell, 1987, p. 165).

담론적 관점은 인터뷰 진행자에게 인터뷰 중 연구자와 대상자의 담론 차이와 그 담론을 정의하는 그들의 차이나는 권력에 민감하게 한다. 담론 인터뷰 진행자는 진행 중인 서로 다른 담론들 사이의 대립에 주의를 기울일 것이고, 어떤 경우에는 자극할 것이다. 그러나 이전 장에서 제시된 성적 인터뷰에서 인터뷰 진행자는 연구자가 의도한 성적에 관한 담론을 우정에 관한 담론으로 바꾸려고 어떻게 시도했는지 깨닫지 못했다.

인터뷰의 담론적 접근에 대한 비평가들은 Hammersley를 꼽는다. Hammersley가 지적하길, 일반적으로 인터뷰 진행자들이 그들의 경험과 감정을 문서화하는 것을 목표로 하고 있으며, 그 결과 우리가 이 책에서 보고(reports)라는 것이 나오게 되지만, 그 대신에, 담론적 인터뷰 진행자들은 우리가 소위 설명(accounts)이라는 표현과 같이 담론적 수행을 발표하는 것을 목표로 한다고 인터뷰 대상자들은 일반적으로 믿는다. 이러한 인터뷰 진행자들은 세상이나 사람들의 개별적 경험("무엇"에 대한 이야기)에 대한 정보를 끌어내기보다는, 일반적으로 "어떻게" 말하고 대화 그 자체 **속에서** 구조가 어떻게 나타나는지에 더 관심이 있다.

Box 8.4 엇갈린 인터뷰 담론

I: 한 가지 궁금했던 것이 있어요. 퇴근 후에 개인 장비를 수리하거나 야간에 부업을 하는 사람들이 많나요?

B: 네.

I: 뭘 배울 수 있나요?

B: 그건 어떤 부업을 하느냐에 따라 다르지요. 물론 일상적인 일일 수도 있고, 이익을 볼 수 있는 것을 가지고 어떤 것을 좀 더 다룰 수 있는 흥미 때문이죠. 만약 당신이 집에 오래된 컴퓨터 모니터를 가지고 있는데, 그게 고장났다면 당신은 그걸 가지고 와서 뜯어보면서 문제를 찾아보는 거예요. 그건... 있잖아요, 직장에서 텔레비젼을 가지고 만지작 거릴 수 없잖아요. 그런 걸 배우지 않아요. 알기는 하지만, 그것은 어떤 기기에 관한 거예요. 자신만의 앰프를 만드는 건 여기에서 어떤 전자 장비를 측정하는 것과는 또 다른 문제지요.

I: 좋아요, 더 많은 종류의 기구와 장비에 대한 경험을 쌓으려면 어떻게 해야 합니까?

B: 아니, 경험을 쌓기 위해서 하는 게 아니라 학교에서 배운 것을 이득이 되도록 적용하는 거예요. 그런 컴퓨터 모니터 사지 않아도 새 것을 가질 수 있지요. 만약 당신이 앰프를 조립한다면, 그렇다면, 직접 앰프를 사는 것보다 훨씬 더 저렴해요. 그것은 뭔가 특별한 것을 배우기 위한 것이 아니라, 단순한 관심에서 이루어지는 거예요. 또는 친구의 비디오를 수리하면 돈을 벌 수 있는 등의 이유 때문에 하는 거예요.

I: 좋아요. 그렇게 말하면서 모순된 감정을 표현하는 것 같아요. 배우려는 게 아니라, 그저 흥미 때문이라고요?

B: 당신은 그걸 배운다고 생각하지 않는군요.

I: 하지만 당신은 그걸 통해서 뭔가를 배우게 되는 거죠?

B: 맞아요. 그런데 학교 끝나고 집으로 돌아와서 "이걸 이해할 수 없어, 이제 배우고 싶어."라고 말할 때와는 달라요. 그리고나서 그것이 어디에 관련되어 있는지 과제를 요청하는 거랑은 다르죠. 당신이 가서 그것을 배우기 위해 모니터를 고르는 건 아니예요. 집에 모니터가 고장 나서 고치기로 결정하면서 뭔가를 알게 되는 거예요.

출처: "The Research Interview as Discourses Crossing Swords," by L. Tanggaard, 2007, *Qualitative Inquiry*, 13, pp. 169-170.

Hammersley는 인터뷰 진행자의 목표와 인터뷰 참여자의 전제 사이의 이러한 불일치는 윤리적으로 매우 의심스러운 속임수에 해당한다고 말한다.

Box 8.4의 엇갈린 담론에서, 인터뷰 진행자는 직업학생이 자신의 일에 대해 말하려고 하는 것에 확실히 민감하지 않았다. 연구자와 학생은 그의 활동 중 어떤 것이 학습으로 간주되어야 하는지에 대하여 엇갈린 담론을 말한다. 연구자는 학습이 일상적인 활동에 체화된 것으로 생각하는 반면, 전체 인터뷰에서 볼 때 학습은 인터뷰 참여자에게 학교에서 일어나는 것으로 간주되는 것이 분명하다. 많은 인터뷰 참여자들과는 대조적으로, 이 인터뷰 참여자는 연구자의 권위에 반응하지 않지만 자신의 활동이 학습을 구성하는지 여부에 대해서는 연구자에게 강경한 입장을 취한다. 연구자는 직업학교에서 전자공학에 대한 학습을 조사하고 있었는데, 그녀는 이 학생이 자신의 박사과정의 프로젝트 주제인 학습에 대해 이야기하게 하는데 분명히 이슈가 있었다. 인터뷰하는 동안, 그녀는 자신과 학생이 서로 거의 접촉하지 않는 담론과 어떤 학문에 대한 엇갈린 담론을 따르고 있는지를 깨닫지 못했다. 나중에 인터뷰 필사를 분석할 때, Tanggaard는 Foucault의 담론 분석에 대한 이해를 바탕으로 이러한 시퀀스와 다른 학생들과의 인터뷰를 "겨루는 담론(discourses crossing swords)"으로 간주하게 되었고, 학생이 학습을 고려하는 활동과 그렇지 않은 활동에 대한 중요한 정보를 얻게 되었다.

대화 분석(conversational analysis)을 함께 작업하는 일부 담론분석가들은 인터뷰가 질적 탐구(예: Potter & Hepburn, 2005)에 지나치게 이용되고 있으며 자연적으로 발생하는 말과 행동을 연구한다고 믿는다. 질적 인터뷰가 연구의 모든 목적으로 사용될 수 없지만, 담론의 이론적 관점에서 볼 때, 특히 포커스그룹 인터뷰는 사람들이 사회적 유대감과 정체성을 확립하기 위해 사용하는 중요한 담론을 불러일으킬 수 있다. "담론-분석적 인터뷰"의 논의에서, Parker는 인터뷰 대상자를 동료 담론분석가의 형태에서 공동연구자로 볼 것을 권고한다. 인터뷰에 대한 담론적 접근방식은 "우리는 고정된 텍스트에 대해 우리 자신을 곤혹스럽게 하기보다는 누군가와 대화에 참여하고 있다"는 고정적인 의미와 대조적으로 인터뷰 상황의 지역적이고 역동적인 의미 그 자체를 강조한다(Parker, 2005, pp. 95-96).

대면 인터뷰

적극적 대면 인터뷰(confrontational interview)는 공감대와 의견 일치를 추구하는 인터뷰의 일반적인 방식과 대조된다. Holstein과 Gubrium(1995)은 *The Active Interview*에서 모든 지식은 그것을 얻기 위해 취해진 행동에서 만들어 낸다는 구성주의자 사상을 발전시켰다. 이것은 인터뷰를 불가피하게 해석적으로 적극적인 의미도출을 하는 것으로 설명되었다. 연구 인터뷰에 대한 전통적인 관점은 무지향적이며 편견 없는 질문, 연구 대상자가 "인식론적으로 수동적이며 지식 생성에 개입하지 않는"(p. 8) 주어진 전제조건을 권장한다. Holstein과 Gubrium은 **모든** 인터뷰 반응이 해석적 실천의 산물이라는 것을 보여주고 싶어 하였다. 인터뷰에 대한 그들의 적극적인 접근에서, 인터뷰 연구는 응답자 자신의 깊은 곳에서 선행된 의미 요소들을 **드러내기**보다는 의미를 **생성시킨다**는 기본적인 가정이 되었다. 적극적인 인터뷰에서 인터뷰 진행자는 내러티브 생성을 활성화하고 내러티브 위치, 자원 및 방향을 제시한다. 인터뷰 상황의 상호작용적이고 정보적 도전으로 인해 자극된 응답자는 자신의 권리에 있는 일종의 연구자가 되어, 인터뷰 진행자와 응답자 사이의 상호작용이 현실 구축 과정인 위치와 지원 조사를 통해 적극적으로 의미를 구성하도록 한다.

Holstein과 Gubrium의 적극적인 인터뷰 접근은 주로 구체적인 상호작용 수준과 인터뷰 방법보다는 인식론적 수준에 중점을 두고 있다. 구체적인 상호작용 수준에 대해서는, 직접적인 대면 접근은 인터뷰 대화의 갈등과 권력 차원에 초점을 맞출 수 있다고 본다. 대화에 대한 그런 호전적(agonistic) 이해는 포스트모더니즘 사회에서 Lyotard의 지식 분석에 뿌리를 두고 있다. 그는 모든 진술을 게임의 움직임으로 간주하고 있는데, 그것은 "전체적으로 우리의 방법의 근간에 있다. 말하는 것은 노는 의미에서 싸우는 것이고, 말하는 것은 일반적인 고민의 영역에 속하는 것"(1984, p. 10)이다. 호전적 인터뷰는 어떤 형태의 저널리즘 인터뷰에서 보듯이 의도적으로 갈등과 이해의 격차를 유발하는 대립을 강화한다. 합의와 화합의 이상과는 대조적으로 인터뷰는 인터뷰 대상자의 진술에 반박하고 이의를 제기하는 싸움터가 되어 갈등과 권력이 가시화된다. 인터뷰 진행자의 입장은 그의 가정에 도전할 대상자를 위한 옵션과 함께, 인터뷰 상호작용에서 보다 동등한 힘의 균형에 가까운 대면 인터뷰에서 더욱 열려 있다. 대면 인터뷰의 목표는 Socrates의 변증법적이고 호전적인 궤변가들의 질문에서처럼 대립적인 변증법적 발전을 통해 얻어지는 통찰이 될 수 있으며, 이를 통해 철저한 인식론적 지식을 이끌게 된다.

2장에서는 Bellah 등의 *Habits of the Heart*에서 인터뷰의 시퀀스를 논했는데, 인터뷰 진행자는 그 대상이 다른 인간에 대해 어떤 시점에서 책임을 질 것인지를 밝혀내려고 했다. 응답자가 자신의 자녀에 대한 책임에 대해 질문을 받았을 때, 자신의 행동에 대해서만 책임을 져야 한다는 그녀의 최초 주장에 이의를 제기한다. 여기서 우리는 Socrates의 명백한 영감을 얻어 다음과 같이 묘사되는 분명한 대립적 입장을 본다. "우리가 이야기한 사람들에게 우리의 생각을 강요하려고 노력하지는 않았지만… 우리는 가정을 밝히고, 우리가 말하고 있던 사람이 암묵적으로 남겨두었을지도 모르는 것을 명시하려고 노력했다"(Bellah et al., 1985, p. 304).

Bourdieu 등(1999)도 마찬가지로 프랑스에서 탄압받는 사람들의 사회적 고통에 관한 연구에서 참여자들에게 맞섰다. Box 1.3의 인터뷰 시퀀스에서, 젊은이들의 곤경에 대한 Bourdieu의 동정심은 그가 호기심 많은 질문을 하고 그들의 설명에 대해 상반된 해석을 제안하는 것을 막지 못했다. 여기에는 "전체를 말하지 않고 있다"와 같이 직접적인 대립과, 보류된 것으로 의심되는 정보를 가리키는 질문, 예를 들어 "무엇을 하고 있었는가, 그를 도청했는가?"와 같은 질문들이 포함되었다. 인터뷰 접근법의 개요에서, Bourdieu는 그의 인터뷰를 Socrates의 질문과 비교한다.

> 설명을 돕는 "소크라테스식" 대화법은 강요하지 않고 제안하는 것을 목표로 한다. 때때로 명백하게 제시된 제안을 공식화하기 위해("…을 의미하는 것은 아니다") 인터뷰 대상자의 주장, 망설임 또는 적절한 표현을 찾기 위한 다수의 개방적인 연속성을 제공하고자 한다 (Bourdieu et al., 1999, pp. 614-615).

대면 인터뷰 방식의 사용은 인터뷰 대상자에 달려 있다. 일부 대상자의 경우, 그들의 기본 신념에 대한 강한 도전은 윤리적 위반일 수 있지만, 엘리트 인터뷰 대상자와 같은 자신감 있는 응답자는 지적 도전에 자극을 받을 수 있다. 따라서 대면 인터뷰는 상대방의 말에 대한 상호 비판과 함께 양쪽이 질문을 던지고 답을 주는 상호 평등적 관계에 근접한 것일 수 있다. 그러면 연구 인터뷰는 인터뷰 대상자와 인터뷰 진행자가 연구주제에 대한 생각을 공식화하도록 자극하는 대화가 될 수 있다.

Box 8.5의 인터뷰 변형에 대해 이 장을 맺고자 한다. 특정한 대화 형태로서 기술적으로 또는 전략적으로 인터뷰를 진행하려는 바로 그 생각에 의문을 제기한다.

Box 8.5 인터뷰 방식: 찬성과 반대

이 장에서 우리는 많은 다른 인터뷰 방식을 제시했고 그것들이 다른 연구목적에 적합하다고 주장했다. 아마도 우리는 단순히 지식을 얻는 데 있어서 자신의 관심사에 맞는 방식으로 대화를 준비하고 수행하는 것, 즉 인터뷰를 **구성하는 것**이 의식적으로 가능하다고 암묵적으로 가정했을 것이다. 이 접근방식에 동의하고 관심 주제에 따라 방법을 선택해야 한다고 생각한다. 따라서 연구자가 이야기 분석에 관심이 있다면, 내러티브 인터뷰를 해야 하며, 그들의 행동에 대한 이유를 제시하고 설명을 하는 대상자들의 능력에 관심이 있다면, 아마도 좀 더 대면적인 인터뷰를 해야 할 것이다.

이런 다소 전략적인 인터뷰 대화의 접근방식에 맞서는 실용적이고 윤리적인 생각을 모두 고려한다. 실제로 모든 인터뷰 진행자가 특정 인터뷰 진행자 역할을 맡고 주어진 연출에 따라 인터뷰를 수행할 수 있는 것은 아니다. 타고나지 않은 특정 유형의 인터뷰 진행자가 되려는 것은 서툴고 질식할 것 같은 상호작용과 질 낮은 인터뷰를 초래할 수 있다.

또한 윤리적인 이유는 인터뷰에 지나치게 전략적인 접근에 대해 불리하게 작용할 수 있다. 독특한 인간으로서가 아니라, 인터뷰 진행자의 스타일에 따라 특정한 방법으로 질문에 답할 것으로 예상되는 사람으로서 인터뷰 참여자에 접근하는 것은 윤리적인 이슈를 수반할 수 있으며(잠재적으로 다른 이슈를 자신의 목적이라기보다는 연구자를 위한 수단으로 감소시킬 수 있다), 또한 상황별 세부사항에 대해 유연하고 민감할 수 있는 질적연구의 약속과 동떨어질 수도 있다.

따라서 규칙으로서의 훌륭한 질적 인터뷰는 많은 자발성을 내포하고 있으며 그것들에 관한 모든 것이 계획될 수 없다는 것을 명심하는 것이 중요하다. 훌륭한 인터뷰 진행자는 준비가 잘 되어 있지만, 이 준비의 일부는 사전 설정된 계획과 인터뷰 양식에서 벗어나는 시기와 방법에 대해 성찰하는 것이다. 이러한 논의는 우리를 인터뷰의 질을 다루는 다음 장으로 이어가고자 한다.

9장

인터뷰의 질

이제 훌륭한 인터뷰 수행을 위한 질 기준에 주목하자. 훌륭한 인터뷰는 무엇인가? 여기서는 주로 7장에서 설명한 반구조적 생활세계 인터뷰에 초점을 맞추고 있으며, 8장에서 논의된 인터뷰의 다양성에는 다른 질 기준이 포함될 수 있음을 논하고 있다. 우리는 인터뷰의 질에 대한 판단이 어떻게 그것의 목적과 내용에 따라 달라지는지를 설명하기 위해 Hamlet의 인터뷰로 시작하겠다. 그리고 나서 인터뷰의 장인 정신에 대한 기준뿐만 아니라 훌륭하고 이상적인 인터뷰를 위한 내부 기준이 제시된다. 인터뷰로 생산되는 지식의 질과 관련된 성공적 이슈는 인터뷰 질에 대한 일부 표준 외적 이의제기와 관련하여 다루어지며, 주요 질문이 예시된다. 우리는 어떤 경우에 있어서 훌륭한 인터뷰의 방법론적, 윤리적 기준이 서로 어떻게 상충될 수 있는지를 지적함으로써 장을 마무리하고자 한다.

Hamlet의 인터뷰

다음은 인터뷰의 내용과 목적에 따라 인터뷰 기법의 평가가 어떻게 달라지는가를 보여주는 연극의 사례이다.

Hamlet : 저기 있는 낙타 모양의 구름이 보이시오?

Polonius : 아이고 저럴 수가, 진짜 낙타 같군요.

Hamlet : 내 생각에는 족제비 같은데.

Polonius : 등이 족제비 같군요.

Hamlet : 혹은 고래 같기도 하고?

Polonius : 고래와 매우 흡사하네요.

Hamlet : (방백) 내 인내심의 한계까지 우롱하고 있구나.

(*Hamlet*, 3막 2장)

이 인터뷰의 질에 대해 우선적인 논평은 인터뷰의 길이에 관한 것이다. Hamlet의 인터뷰는 간략하다. 그러나 이 일곱줄은 긴 논평을 유도할 만큼 치밀하고 풍부하다. 이와는 대조적으로, 현재의 연구 인터뷰는 종종 너무 길고 한가한 잡담으로 가득 차 있다. 무엇을 요구해야 하는지, 왜 묻고, 어떻게 물어봐야 하는지를 안다면 의미가 풍부한 짧은 인터뷰를 할 수 있다.

Hamlet의 인터뷰 기술의 질은 인터뷰의 목적을 어떻게 이해하느냐에 달려 있다. 이 짧은 구절은 여러 가지 해석을 할 수 있다. 언뜻 보기에 그 인터뷰는 신뢰할 수 없는 기술의 한 예시로 보일 수 있다. 즉 Hamlet은 Polonius에게 완전히 다른 세 가지 대답을 하도록 유도한다. 따라서 인터뷰는 구름의 모양에 대해 재현할 수 있고 신뢰할 수 있는 지식을 제공하지 않는다.

다시 한번 보면 인터뷰 주제가 변경될 수 있다. 이슈의 형상은 더 이상 구름이 아니라 Polonius의 인격과 그의 신뢰감이다. 그 후 인터뷰는 신뢰할 수 없는 사람 Polonius에게 믿을 수 있고 점검된 지식을 제공한다. 그의 세 가지 다른 답변은 모두 Hamlet의 질문으로 유도된 것이다. 인터뷰의 목적과 주제가 변경되면서, 유도 질문들은 전적으로 신뢰할 수 없는 지식을 생성하는 것이 아니라 간접적이고 신뢰할 수 있는 인터뷰 기법을 수반한다.

Hamlet의 인터뷰 내용은 인터뷰가 끝날 때까지 대략 세 가지 이상으로 해석되고, 검증되며, 보고된다. 다른 버전으로 질문을 반복하고 매번 Polonius의 신뢰성에 대한 "동일한" 간접적인 대답을 얻을 때마다, Hamlet이 "내 인내심의 한계까지 우롱하고 있구나"라는 그의 방백 해석(aside interpretation)이 끝나기 전에 인터뷰는 "자기 해석(self-interpreted)"이 된다. 두 번째 요구사항인 검증(validation)에 관해서는 오늘날 소수의 인터뷰 연구자들이 다른 버전에 있는 질문을 Hamlet처럼 일관되게 반복하여 대상자의 대답에 대한 신뢰도를 시험한다. 세 번째 요구사항인 보고(reporting)에 대해서는 짧은 인터뷰 자체가 매우 잘 진행된 것임을 보여준다. 우리는 이 연극을 볼 때, 관객들은 Hamlet이 그의 방백으로 결론을 내리기 전부터 일반적으로 구름의 모양에서부터 Polonius의 진실성까지 게스탈트(Gestalt, 형태) 전환을 경험할 것이라고 생각한다.

지금까지 우리는 Hamlet의 인터뷰 내용을 광범위한 드라마에서의 입장과는 별개로 논의했다. 세 번째로는 인터뷰는 왕실의 권력 관계를 보여주는 전시품으로 등장한다. 왕자는 신하에게 그가 원하는 것을 말함으로 그의 힘을 증명한다. 또는 그 신하는 궁궐에서 권력 관계를 관리하는 그의 방식을 보여준다. 극의 초기 장면에서 Polonius 자신은 현재의 연구방법 교재에서 제시하고 있는 간접적이고, 깔때기 모양의 인터뷰 기법을 교훈으로 삼았다. Polonius는 도시에서 음악을 공부하는 아들의 행동을 조사하기 위해 전령에게 파리로 가라고 요청한다. 전령은 우선 "Danskers가 파리에 있는가를 나에게 먼저 물어보라"는 폭넓은 접근으로 시작해서 점차 화제를 진전시키라는 지시를 받고, 결국 술, 말다툼, 사창가 출입 같은 비행을 제안하는 것으로 끝나게 된다. 여기서 "허위의 미끼는 진실의 잉어를 가져간다"는 "방향을 잡은 다음 길을 찾는다"라는 교훈으로 결론짓고 있다(*Hamlet*, 2막 1장). 간접적인 질문 기법에 정통한 Polonius와 함께, 그는 실제로 Hamlet의 질문 기법에 사로잡힌 것일까? 아니면 그 계략을 간파하고 Hamlet에게 신하로서 아부하는 것일까?

중세에서 현대로의 전환기에 쓰인 이 연극의 중심 주제는 현실에 대한 의문이다. 즉 타인의 동기에 대한 의심뿐 아니라 현실의 허약한 본질에 대한 집착이다. 이런 경우, Hamlet의 인터뷰는 구름의 모양과 동료들의 인격을 포함한 세계의 외양에 대한 널리 퍼진 의구심의 예시로 볼 수 있을 것이다.

윤리적 관점에서 볼 때 Hamlet의 인터뷰에 대한 평가도 그 목적과 내용에 대한 해석에 달려 있다. 첫 번째 읽기에서, 유도 질문들은 단지 구름의 모양에 대한 신뢰할 수 없는 지식을 이끌어낸다. 두 번째 읽기에서, 인터뷰는 Polonius의 고의적인 속임수를 수반한다. 사전동의에 대한 질문은 없으며 그 결과는 드라마의 주인공들에게 생사의 이슈가 될 수도 있다. 여기서 윤리 원칙은 생존에 대한 공리주의적 관심에 달려있다.

Hamlet 인터뷰의 질과 윤리성은 내용의 해석과 이 특정 인터뷰의 목적에 달려 있다. 인터뷰의 주제와 목적이 다르고, 형태가 다양함에도 불구하고, 연구 인터뷰의 질과 인터뷰 진행자의 장인 정신을 평가하기 위해 몇 가지 기준을 제시하고자 한다.

인터뷰의 질

원래 인터뷰의 질은 인터뷰 결과의 후속 분석, 증명 및 보고의 질을 결정하며, 이는 인터뷰에서 상호작용의 질을 발전시켜야 한다는 Kinsey 등이 강조한 바 있다(Box 6.7). 모호한 인터뷰 질에 근거한 정교한 통계적 또는 이론적 분석은 모래 위에 지어진 웅장한 건축물로 판명될 것이다.

Box 9.1 인터뷰의 질 기준

- 인터뷰 대상자의 즉흥적이고 풍부하며 구체적이고 적절한 답변의 범위
- 인터뷰 진행자의 짧은 질문과 인터뷰 대상자의 긴 답변
- 인터뷰 진행자가 관련된 답변의 의미를 따라가며 명확하게 해석하는 정도
- 인터뷰 전반에 걸쳐 해석되는 인터뷰의 대부분
- 인터뷰 진행자가 인터뷰 과정에서 주관적인 해석을 대상자의 답변과 비교하려는 정도
- "자기 보고(self-reported)" 형태의 인터뷰로서 추가 설명이 거의 요구되지 않는 독보적인 이야기

Box 9.1에서 제안된 반구조적 인터뷰의 6가지 질 기준 중에서, 마지막 3가지는 특히, 말하는 것의 의미를 녹음기가 꺼질 때까지 해석하고, 증명하며, 보고하는 것을 제안하는 이상적인 인터뷰를 가리킨다. 이것은 장인 정신과 전문지식을 요구하고 인터뷰 진행자 자신이 인터뷰하는 내용과 그 이유, 방법을 알고 있다는 것을 전제한다. 비록 질 기준을 달성하기는 불가능한 것처럼 보일 수 있지만, 그것은 훌륭한 인터뷰 수행의 지침이 될 수 있다. 이 책에

서 제시된 Socrates와 Hamlet의 인터뷰 예들은 그러한 많은 이상적인 기준을 충족시킨다. 그 예시들은 자체로 일관성 있는 통일감을 제공하고 추가적인 해석을 위한 풍부한 문서들을 제시한다. 다시 말하면, 인터뷰 방법이 다르면 질 기준 역시 다른 것을 포함할 수 있다는 것을 명심해야 한다. 8장과 13장에 요약된 모호한 관점에서 예를 들어, 인터뷰 텍스트에 존재하는 모순의 정도는 텍스트를 분석하기에 잠재적으로 흥미로운 기준이 될 수 있다.

인터뷰 대상자

인터뷰 대상자들(inteview subjects)은 다른 대상들보다 더 좋게 보일 수 있다. 좋은 인터뷰 대상자는 협조적이고 동기부여가 잘 되어 있으며, 언변이 좋고 박식한 사람이다. 그들은 진실하고 일관성이 있다. 그들은 인터뷰 진행자의 질문에 간결하고 정확한 대답을 한다. 그들은 일관성 있게 설명하고 끝까지 모순되지 않는다. 그들은 인터뷰 주제에 충실하고 반복적으로 방황하지 않는다. 좋은 대상은 자신의 삶의 상황에 대해 길고 생생하게 설명할 수 있다. 그들은 보고하기에 적합한 이야기를 포착하여 말한다. 7장의 성적에 관한 인터뷰 주제는 이러한 대부분의 기준에 비추어 볼때 좋은 인터뷰 대상자이었다.

그러한 인터뷰 대상들은 인터뷰 진행자에게 보일 수 있는 만큼, 이슈의 연구주제에 대한 가장 가치 있는 지식을 제공하는 것은 결코 아니다. 이상적인 인터뷰 참여자는 중상류층의 지식인과 다소 유사해 보이지만, 이들의 견해는 반드시 일반 대중을 대표하는 것은 아니다. 잘 다듬어진 언변과 일관성은 경우에 따라 연구주제와 더 모순되는 관계를 얼버무릴 수도 있다.

이상적인 인터뷰 대상은 존재하지 않는다. 사람에 따라 적합한 인터뷰의 유형이 있다. 예를 들어, 정확한 목격자의 관찰을 제공하거나, 개인적인 경험과 감정 상태에 대한 민감한 이야기를 제공하거나, 매혹적인 이야기를 들려준다. Bourdieu (Box 1.3)가 인터뷰한 두 젊은이는 분명히 무례하게 인터뷰에 응했다. 그럼에도 불구하고, 인터뷰는 그들의 생활 상황을 강하게 보여주었다. Agathon이 Socrates에게 논리적 모순을 제시하여 명료화하도록 하거나

(Box 2.4) 치료 대상사자 치료적 관계의 감정적 특성을 체험하고 배우는 것처럼(Box 2.5), 인터뷰 대상자들은 다양한 목적에 따라 좋은 대상자가 될 수 있다(Box 2.5). 어떤 사람들은 다른 사람들보다 인터뷰하기가 더 어려울 수 있지만, 인터뷰 진행자에게는 대상자의 설명에 동기를 부여하고 용이하게 해주며 거의 모든 대상자로부터 풍부한 인터뷰를 얻는 것이 계속해서 그 역할이 된다.

인터뷰 진행자의 자격

인터뷰 진행자는 인터뷰 조사의 핵심적인 연구도구이다. 유능한 장인으로서 인터뷰 진행자는 인터뷰 기술을 적용할 줄 알고 주어진 인터뷰 상황에서 서로 다른 형태의 질문들에 대한 위치 판단을 한다. 훌륭한 인터뷰 진행자는 인터뷰 주제를 알고, 대화기술이 뛰어나며, 언어에 능통하며, 대상자의 언어 스타일에 귀를 기울인다. 인터뷰 진행자는 좋은 이야기에 대한 감각이 있어야 하고 대상자들의 내러티브를 펼치는데 도움을 줄 수 있어야 한다. 인터뷰 진행자는 무엇을 묻고 어떻게 해야 하는지, 어떤 이슈에 대한 후속 조치와 그렇지 않은지를 그 자리에서 결정을 내려야 하며, 어떤 부분에 대한 의견과 해석에 대한 답변을 해야 한다.

Box 9.2 인터뷰 장인

인터뷰 장인은

지식이 풍부하다. 인터뷰에 대한 폭넓은 지식을 가지고 있으며, 주제에 대해 정보에 입각한 대화를 할 수 있다. 인터뷰 진행자는 자신의 폭넓은 지식으로 빛을 발하려 하지 않고, 어떤 이슈를 추구해야 중요한지를 알고 있다.

구조적이다. 인터뷰 진행자는 인터뷰의 목적을 소개하고, 절차를 간략히 설명하는데, 예를 들어 대화 과정에서 배운 내용을 간략히 말하고 인터뷰 진행자가 상황에 대해 궁금한 점이 없는지 질문함으로써 인터뷰를 마무리한다.

명확하다. 인터뷰 진행자는 명확하고, 간단하며, 쉽고, 짧게 질문한다. 명확하고 이해하기 쉽게 말

(계속)

하며, 학술용어나 전문용어를 사용하지 않는다. 스트레스 인터뷰에서는 예외로, 질문은 복잡하고 모호할 수 있으며 대상자의 대답은 스트레스에 대한 반응으로 나타날 수 있다.

온화하다. 인터뷰 진행자는 대상자들의 말을 끝낼 수 있게 하고 그들 자신의 생각과 말투에 따라 진행하게 한다. 그는 마음이 느긋하고, 잠시 쉬기도 하며, 틀에 박히지 않고 과감한 의견을 내세우고 감정적인 이슈를 다루는 것을 허용한다.

민감하다. 인터뷰 진행자는 말한 내용에 적극적으로 귀 기울이고, 대답에서 의미에 대한 많은 뉘앙스를 듣고, 보다 완전하게 묘사된 의미의 뉘앙스를 얻으려고 한다. 그는 감정적인 메시지를 듣고, 말한 것을 듣는 것뿐만 아니라 어떻게 말했는지, 그리고 말하지 않은 것도 알아차린다. 인터뷰 진행자는 특정 주제가 감정적으로 너무 힘들다고 느낄 때 더 이상 진행하지 않는다.

개방적이다. 인터뷰 진행자는 인터뷰 주제의 어떤 측면이 인터뷰 대상자에게 중요한지를, 그리고 고르게 관심을 가지며 경청하고 인터뷰 대상자가 개입할 수 있는 새로운 측면에 열린 마음으로 받아들이며 그에 따라 더 따라간다.

방향을 잡아준다. 인터뷰 진행자는 자신이 무엇을 밝히고 싶은지 알고 있으며 인터뷰의 목적, 즉 지식 습득이 중요한 것에 대해 잘 알고 있다. 인터뷰 진행자는 인터뷰 진행과정을 통제하며 인터뷰 대상자가 주제에서 벗어났을 때 개입하는 것을 두려워하지 않는다.

비판적이다. 인터뷰 진행자는 말한 모든 것을 액면 그대로 받아들이지 않지만, 인터뷰 대상자가 말하는 신뢰성과 타당성을 시험하기 위해 비판적으로 질문한다. 이런 중요한 점검은 인터뷰 대상자의 진술뿐만 아니라 그들의 논리적 일관성에 대한 관찰 증거와 관련이 있을 수 있다.

기억을 잘한다. 인터뷰 진행자는 인터뷰 중에 한 대상자가 말한 것을 기억하며, 이전의 진술을 상기하고, 자세히 설명해 달라고 요청할 수 있으며, 인터뷰 중 서로 다른 부분에서 말한 것을 서로 연관시킬 수 있다.

해석적이다. 인터뷰 진행자는 인터뷰를 통해 인터뷰 대상자가 진술하는 것의 의미를 명확히 하고 확장시키며, 인터뷰 대상자의 확인을 받지 못했거나 확인된 내용에 대해 해석한다.

현상학적 생활의 세계를 인터뷰와 관련하여 구성된 Box 9.2에서 인터뷰 진행자의 자격은 풍부한 지식을 생성하고 윤리적으로 대상자에게 유익한 상황을 조성한다는 면에서 훌륭한 인터뷰 진행자로 이어질 수 있다. 이와는 대조적으로, 8장에서 논의된 것처럼 대면 인터뷰에서 인터뷰 진행자는 인터뷰 참여자(예: 태도나 신념에 대한 정당성을 제공하도록 이의를 제기함으로써)와 적극적으로 대면하게 된다. 인터뷰의 질은 이와 관련하여 인터뷰 진행자의 기술에 달려 있다. 특히 인식의 의미에서 지식을 생산한다는 목표를 가지고 변증법적인 질문을 하는 경우에는 인터뷰 진행자가 이처럼 적극적으로 대면하는 인터뷰에 관여하는 것이 더욱 요구될 수 있다. 이러한 인터뷰는 종종 고려 중인 주제에 대한 상당한 지식을 전제로 할 것이다. 다양한 인터뷰 형식과 주제로 광범위한 연습을 해본 숙련된 인터뷰 진행자는 기술적인 권장 사항과 기준을 넘어서고, 때로는 의도적으로 규칙을 무시하거나 위반할 수 있다. 또한, 경험이 부족한 인터뷰 진행자의 인터뷰는 일반적인 인터뷰 지침을 충족하지 못하는 경우가 있으나 어떤 경우에는 가치 있는 정보를 제공할 수 있다. 여기에 요약된 자격은 다양한 인터뷰 유형에 따라 다를 수 있으며, 인터뷰 주제의 실제 중요성과 비교할 때 기술적인 규칙과 기준이 관련되지 않을 수 있다.

인터뷰 연구의 질에 대한 통례적 반론

인터뷰의 질에 대한 이슈는 개별 인터뷰 진행자의 장인 정신을 초월하여 인터뷰 지식을 추구하는 인식론과 윤리적 이슈를 제기한다. 우선 인터뷰 연구의 내적인 질 기준에서 인터뷰로 산출된 지식의 질에 대한 몇 가지 일반적인 외적 비판으로 전환해 보겠다.

인터뷰 보고서는 현대 사회과학의 주류에서 오히려 질에 대한 통례적 반론을 제기하는 경향이 있다. Box 9.3은 인터뷰 조사에 대한 10개의 전형적인 비판이 열거되어 있다. 1~5번은 과학 연구의 일반적인 개념을, 6~8번은 인터뷰와 분석단계를, 9~10번은 검증과 일반화를 언급하고 있다. 반론 중 일부는 인터뷰 연구의 본질적인 이슈를 언급하는 반면, 다른 것은 대화를 연구방법으로 사용하는 것에 대한 불충분한 이해에서 발생한다. 곧 우리는 그러한 통례적 반론에 반응하기 위해 앞서 언급한 요점을 요약하고, 다음 장에서 논쟁을 위한 근사한 제안을 하고자 한다. 이러한 개요는 인터뷰의 질을 보다 집중적으로 내부 작업의 이익을 얻도록 하고 외부 방어를 위해 종종 사용되는 초보 인터뷰 연구자의 시간과 에너지를 어느 정도 절약할 수 있다. 특정 인터뷰 조사에 대해 이의제기가 타당할 경우 연구설계 시 이를 고려하여 연구의 질을 개선할 수 있다.

Box 9.3 질적연구 인터뷰의 통례적 비판

질적연구 인터뷰는

1. 과학적이지 않고, 상식을 반영할 뿐이다.
2. 양적이지 않고, 오로지 질적이다.
3. 객관적이지 않고, 주관적이다.
4. 과학적 가설 검증이 아니라, 단지 탐색적이다.
5. 과학적 방법이 아닌데, 왜냐하면 지나치게 사람에 의존하기 때문이다.
6. 진실되지 않고, 편향적이다.
7. 신뢰할 수 없는데, 왜냐하면 유도 질문에 달려 있기 때문이다.
8. 상호주관적이지 않은데, 왜냐하면 독자에 따라 다른 의미를 찾기 때문이다.
9. 타당하지 않은데, 마치 주관적 인상에 의존하는 것 같다.
10. 일반화할 수 없는데, 왜냐하면 대상자가 너무 적기 때문이다.

이의 신청이 무효할 경우 이에 대해 보고서에서 주장할 수 있다. 17장의 결론에서, 우리는 또한 질적연구 분야의 내부자가 제안하는 반론에 대해 논의할 것이다.

1. **질적연구 인터뷰는 과학적이지 않지만, 상식을 반영할 뿐이다.** 과학에 권위 있는 단일 정의는 존재하지 않지만, 그에 따라 인터뷰는 명백하게 과학적인 것과 비과학적인 것으로 분류될 수 있다. 과학의 실무적 정의는 새롭고 조직적 지식의 체계적 생산일 수 있다. 과학적인지 아닌지에 대한 이슈는 **질서정연하고**, **새롭고**, **체계적이며**, 구체적인 인터뷰 조사와 관련된 **지식**과 같은 핵심 용어들을 이해하는데 달려 있다.

2. **인터뷰는 양적이 아니라 질적이어서 과학적이지 않다.** 전형적인 사회과학 토론에서 과학은 종종 수량화와 동일시되어왔다. 그러나 자연과학과 사회과학의 연구 관행에서는 질적 분석 또한 중요한 위치를 차지하고 있다(17장 참조). 그러나 방법에 관한 정통 사회과학 교재에서 질적 측면의 연구 과정은 최근까지 거의 존재하지 않았다.

3. 질적연구 인터뷰는 객관적이지 않고 주관적이다. 이 반론에서는 기본용어가 모호하다. 인터뷰 연구의 객관성은 해당 인터뷰 조사와 관련, 객관성의 여러 의미 각각에 대해 구체적으로 논의될 필요가 있다(15장 참조).

4. 질적 인터뷰는 가설을 검정하는 것이 아니고 단지 탐색적일 뿐이므로 과학적이지 않다. 서술적, 탐색적일 뿐만 아니라, 가설 검정이라는 과학의 넓은 개념에서, 연구설계는 질적연구의 강점으로써 설명과 탐색이 중요하다. 그리고 반론과 대조적으로, 인터뷰는 또한 연속적인 가설 검정의 과정으로, 예를 들어 인터뷰 진행자가 직접 질문, 반론, 유도 질문, 탐색 질문의 상호연구를 통해 가설을 세우는 형태를 취할 수 있다(7장 참조).

5. 인터뷰는 과학적 방법이 아니다. 그것은 지나치게 사람에 의존적이다. 연구 인터뷰는 유연하고 문맥에 민감하며, 인터뷰 진행자와 대상자의 개인적 상호관계에 의존한다. 인터뷰 진행자와 대상자의 개인적인 상호관계 영향을 제거하기보다는 인터뷰 진행자가 사람에 대한 지식을 습득하기 위한 일차적 연구도구로 간주하기 때문에, 인터뷰 진행자의 장인 정신의 질이 중요하게 요구된다(5장 참조).

6. 인터뷰 결과는 진실되지 않다. 그것은 편향되어있다. 대답은 구체적이어야 한다. 구체적인 반대 질문은 누가 믿을 수 없는지와 어떤 의미에서인지에 관한 것이다. 미확인된 편견은 인터뷰 조사 결과를 완전히 무효화할 수 있다. 그러나 인식된 편견이나 주관적 관점은 조사된 현상의 특정 측면을 부각시키고 새로운 차원을 제시함으로써 다각적인 지식 구축에 기여할 수 있다.

7. 인터뷰 결과가 유도 질문 때문에 신뢰할 수 없는 것이 아닐까? 유도 질문의 주요 효과는 잘 문서화되어 있다. 그러나 질적 인터뷰는 인터뷰 대상자 답변의 신뢰도를 확인하기 위해 체계적으로 유도 질문을 적용하기에 매우 적합하다. 이에 대해서는 앞서 Hamlet의 인터뷰에서 설명했다(자세한 내용은 나중에 설명).

8. 인터뷰 해석은 독자에 따라 서로 다른 의미를 찾기 때문에 상호주관적이지 않고 주관적이다. 우리는 여기서 인정받지 못한 편향된 주관성과 피해야 할 주관성을 구별할 수 있다. 인터뷰 텍스트에 대해 채택된 관점을 명확히 함으로써, 동일한 텍스트에 대한 여러 해석이 약점이 될 필요는 없지만, 인터뷰 연구의 강점이 될 수 있다(12장 참조).

9. 인터뷰는 주관적 인상에 의존하므로 타당한 방법이 아니다. 인터뷰는 개인적인 기법이며, 그 기법의 질은 연구자의 장인 정신에 달려 있다. 여기서 검증은 연구자가 발견한 내용을 지속적으로 확인하고, 질문하며, 이론적으로 결과물을 해석하는 연구자의 능력 이슈이다(15장 참조).

10. 인터뷰 대상자 수가 너무 적기 때문에 일반화하기 어렵다. 필요한 대상자의 수는 연구의 목적에 달려 있다. 사회과학의 포스트모더니즘 개념에서, 글로벌 일반화의 목표는 사회적 지식의 맥락과 이질성을 고려하여 한 상황에서 다른 상황으로 지식의 전이성으로 대체된다(15장의 단일사례 연구에서 일반화하는 시기와 방법에 대한 논의).

다시 해석해보면, 통례적 반론은 뒤집을 수 있으며 질적 인터뷰 연구의 장점으로도 볼 수 있다. 인터뷰의 힘은 대상자들의 일상 세계에 대한 특권적 접근이다. 주관적 관점을 의도적으로 사용하는 것을 부정적인 편견으로 볼 필요는 없다. 오히려 인터뷰 진행자와 대상자의 개인적인 관점은 일상생활 세계에 대한 독특하고 받아들일 수 있는 이해를 제공할 수 있다. 유도 질문의 통제된 사용은 잘 통제된 지식으로 이어질 수 있다. 다양한 해석은 일상 세계의 의미를 풍부하게 하며, 사람으로서 연구자는 인간의 의미를 조사할 수 있는 가장 민감한 도구이다. 인터뷰의 탐색적 잠재력은 새로운 현상에 대한 질적 설명의 가능성을 열어줄 수 있다. 인터뷰 결과의 검증과 일반화는 질적연구의 질과 객관성을 평가하는 대안적 방법을 제시한다.

유도 질문

인터뷰의 질과 관련하여 가장 많이 제기되는 질문은 "인터뷰 결과는 유도 질문 때문에 나오는 것이 아닌가?"와 같은 질문의 형태이다. 질문의 형태는 거짓말쟁이의 역설, 즉 "맞다, 이것은 심각하게 위험한 것이다"라는 답변으로 이어지는 질문의 함의적인 공식 때문일 수 있다. 그리고 "아니다, 그렇지 않다"라는 것은 유도 질문이 그렇게 강력하지 않다는 것을 보여준다는 것이다.

설문지나 목격자의 심문에 질문을 약간만 다르게 표현해도 답변에 영향을 미칠 수 있다는 것은 충분히 문서화되어 있다. 여론 조사 결과가 발표되면, 지지도가 낮은 정당의 지지자들은 대개 여론 조사의 질문 표현에서 편견을 빨리 발견한다. 정치인들은 기자들의 유도 질문을 피하는 데 능숙하지만, 어린아이들처럼 쉽게 함의할 수 있는 대상자들에게는 무심코 유도 질문이 주어질 경우, 그들 답변의 타당성이 위태로워질 수 있다.

질문의 표현이 실수로 답변의 내용을 형성할 수 있지만, Hamlet의 인터뷰에서 예시한 바와 같이 의도적으로 유도 질문이 많은 질문 절차의 일부인 것으로 종종 간과된다. 유도 질문의 타당성은 조사의 주제와 목적에 따라 다르다. 법률 심문관들은 그들이 보류하고 있다고 의심하는 정보를 얻기 위해 일부러 유도 질문을 할 수 있다. 그런 다음 "언제부터 아내를 때리지 않았는가?"라는 질문처럼 부정의 부담을 그 주제에 부과하게 한다. 경찰과 변호사도 한 사람의 진술의 일관성과 신뢰성을 시험하기 위해 의도적으로 유도 질문을 한다. Piaget은 예를 들어 체중을 아이의 개념의 강도를 시험하기 위해 잘못된 방향으로 유도하는 질문을 사용했다. 우리는 또한 Bourdieu가 "당신은 무엇을 하고 있었는가, 그를 도청하고 있었는가?"(Box 1.3)와 같은 두 젊은이 간의 적극적인 대면 인터뷰에서 유도 질문을 사용한 것을 상기할 수 있을 것이다. Socrates의 사랑에 관한 대화에서 그는 Agathon의 사랑과 아름다움에 대한 이해와 Agathon을 진정한 통찰로 이끄는 모순을 폭로할 목적으로 유도 질문을 반복적으로 채택했다.

일반적인 견해와 달리, 질적연구 인터뷰는 인터뷰 진행자의 해석을 검증할 뿐만 아니라 인터뷰 대상자의 답변의 신뢰성을 반복적으로 확인하기 위한 유도 질문을 하는 데 특히 적합하다. 따라서 유도 질문은 인터뷰의 신뢰성을 떨어뜨리지 않고 향상시킬 수 있다. 과도하게 사용되는 것이 아니라 의도적인 유도 질문은 오늘날 질적연구 인터뷰에서는 아주 적게 사용된다.

답변에 앞선 질문이 선행될 뿐만 아니라 답변에 이은 다음 질문 등 인터뷰 진행자 자신의 신체적이고 언어적 반응이 주어진 답변에 대한 긍정적 또는 부정적 보강자(reinforcers) 역할을 할 수 있으므로 추가 질문에 대한 대상자의 답변에 영향을 미칠 수 있다는 점에 유의해야 한다. 우리는 또한 설문지에 주목할 수 있는데, 응답 대안으로 인해 질문에 예 또는 아니오로 대답하는 것을 지지할 때 연구자의 이분법을 받아들이게 될 수 있다. 질문이 잘못된 이분법에 근거하고 있다고 주장하는 옵션은 없다. 유도 질문은 가능한 답변의 범위를 닫을 수 있다. 예를 들어 "어떤 손을 선택하는가?"라는 질문으로 대상자가 두 손을 선택하고 싶지 않은 답변은 제외된다. 또는 얼마 전 미국 대통령이 선포한 바와 같이, "모든 국가는 모든 지역에서 이제 결정을 내려야 한다. 우리와 함께 있든지 아니면 테러리스트들과 함께 있든지"라고 말함으로써 테러리스트나 대통령과 함께 있지 않은 사람들을 당황하게 만든다. 질적연구 인터뷰의 장점은 인터뷰 대상자가 인터뷰 진행자가 하는 질문의 전제를 거부하는 것까지 포함하여 광범위한 응답 가능성이 열려있다는 것이다.

인터뷰에서 유도 질문을 사용하는 기술적인 이슈가 지나치게 강조되었지만, 프로젝트에 기반한 연구질문의 선행 효과는 상대적으로 주목을 덜 받았다. Rogerian, Freudian 및 Skinnerian 접근법에 따라 괴롭힘과 성적에 관한 인터뷰(6장과 7장)에 대한 가상의 인터뷰에서 얻은 여러 종류의 대답을 떠올려보자. 프로젝트 지향의 연구질문들은 어떤 종류의 해답을 얻을 수 있는지를 결정한다. 과제는 유도적인 연구질문을 회피하는 것이 아니라 선입견의 역할에 대한 묵시적인 강조와 맞물려, 질문의 우선성을 인식하고 방향 질문을 명시적으로 하려고 노력함으로써, 인터뷰 보고의 독자들에게 연구결과에 대한 그들의 영향력을 평가하고 연구결과의 타당성을 평가할 기회를 제공하는 것이다.

유도 질문의 주제가 많은 주목을 받았다는 사실은 경험주의자와 실증주의자의 지식에 대한 지배적인 개념 때문일 수 있다. 조사자와는 무관한 객관적 사실의 사회적 현실에 대한 중립적인 관찰법에 대한 믿음은, 광부가 매장된 광물을 발견하거나 식물학자가 자연에서 식물을 채집한다면, 인터뷰 진행자는 언어적 반응을 수집한다고 볼 수 있다. 인터뷰 진행자를 여행자로 보는 대체적인 시각에서, 지식 구축에 대한 포스트모더니즘의 관점에서 따르며 인터뷰는 인터뷰 진행자와 대상자 공동으로 저술하고 공동으로 작성하고 상호관계를 통해 지식이 구성되는 대화이다. 결정적인 이슈는 이끌어 갈지 말 것인지가 아니라 인터뷰 질문을 어디로 이끌 것인가, 그리고 그것들이 새롭고 진실되고 가치 있는 지식으로 이어지는가 하는 것이다. Box 9.4와 같이 질 관련 이슈를 다루면서 이 장을 마무리하고자 한다.

Box 9.4 질: 찬성과 반대

어떤 인터뷰 연구자도 연구 결과물의 질, 즉 출판된 논문이나 성공적인 학위논문에 대한 질에 반대할 수 없다. 그러나 인터뷰의 질을 평가하는 것에 대해 의문을 제기하는 것은 여전히 타당하다. "훌륭한 인터뷰"를 얻는 것에 단호하게 초점 맞추는 것이 지식 생산에 해로울 수 있는가? 그리고 "나쁜 인터뷰"에서 어떤 것을 배울 수 있을까?

이 책과 유사한 인터뷰 서적의 조언을 따르면 많은 것을 얻을 수 있다는 사실을 부정하지 않고, 우리는 이 두 가지 질문에 모두 긍정의 대답을 해야 한다고 생각한다. 인터뷰는 인간적인 만남, 대인관계이기 때문에 항상 그 질에 대해 생각하기보다는 상황에 함께 할 수 있는 것이 중요하다. 우리는 이것을 잠이 드는 것과 비교할 수 있다. 만약 사람이 억지로 잠들려고 하면 매우 어려울 수도 있지만 일단 통제력을 잃으면 좀 더 쉬울 수 있다. 아마도 훌륭한 인터뷰 진행자는 자신이 처한 상황과 자신 앞에 앉아 있는 사람에 초점을 맞추어 양질의 인터뷰를 달성하는 것일지도 모른다.

마찬가지로 Roulston (2011)이 주장했듯이, 겉보기에 "실패한" 인터뷰, 즉 인터뷰 교재에 따르면 상황이 "잘못된" 인터뷰에서 배울 점이 더 많이 있다. 예를 들어 Box 8.4에서 "엇갈린 인터뷰 담론"을 보았는데, 이 인터뷰가 인터뷰 진행자에게 "모범 사례"라고 하기에는 적합하지 않더라도 연구자는 인터뷰에서 일어난 일을 분석함으로써 새로운 지식을 얻을 수 있었다. 안심할 수 있는 결론은 성공적이지 못하고 질 낮은 인터뷰까지도 가치가 있을 수 있다는 것이다. 하지만 학습자가 전문적인 질적 인터뷰 진행자의 기술을 습득하려는 열망을 늦추지 않아야 한다는 뜻이다.

◆◆◆◆

연구 인터뷰의 질에 대한 명확한 기준은 없다. 훌륭한 인터뷰는 연구자의 장인 정신에 달려 있는데, 이는 연구주제에 대한 지식, 인터뷰 진행자와 대상자의 사회적 관계에 대한 민감성, 연구 인터뷰의 인식론과 윤리적 측면의 자각을 포괄하는 질문 기술의 숙련성을 넘어서는 것이다. 무엇이 훌륭한 인터뷰를 구성하는지에 대한 고정된 기준은 없다. 과학적 질이나 윤리적 질에 관한 한 그렇다. 인터뷰의 질 평가는 인터뷰의 구체적인 방식, 주제, 목적에 따라 다르다.

10장
인터뷰 필사

우리는 이제 인터뷰 상황의 생생한 상호작용부터 인터뷰 결과를 다루는 인터뷰 이후 단계까지, 즉 필사하고, 분석하고, 증명하며, 인터뷰 대화에서 생성된 지식을 보고하는 것까지 다룰 것이다. 이 장에서 구두 인터뷰 대화를 분석이 가능한 필사본 형태의 서면 텍스트로 변환하는 것을 다룰 것이다. 먼저, 구어와 문어의 주요 차이점을 지적할 것이다. 그리고 녹음과 필사의 실제 문제를 다루고, 필사본의 신뢰도와 타당도에 관한 몇 가지 질문을 제기하고자 한다.

구어와 문어

인터뷰의 질은 종종 논의되는 반면, 필사의 질은 질적연구 문헌에서는 거의 다루지 않고 있다. 이것은 사회과학자들 사이에서 그들이 함께 작업하는 언어 매체에 대한 전통적인 관심 부족과 관련이 있을 수 있다. 필사는 단순한 사무적인 업무라기보다는 해석적인 과정으로, 구어와 문어의 차이가 일련의 실용적이고 주요한 문제를 낳는다.

필사에 관한 이슈를 무시함으로써 인터뷰 연구자의 지옥으로 가는 길은 필사본으로 포장된다. 인터뷰는 두 사람 사이에서 진화하는 대면 대화로, 필사에서 물리적으로 존재하는 두 사람 사이의 대화 상호작용은 추상화되고 문서화된 형태로 고정된다. 일단 인터뷰 필사본이 만들어지면, 그것은 인터뷰 프로젝트의 확고한 밑바닥의 경험 자료로 간주하는 경향이 있다. 대조적으로, 언어학적 관점에서 볼 때 필사본은 구어체에서 문어체로의 번역한 것이며, 그 과정에서 이루어진 해석은 일련의 판단과 결정을 수반한다. 필사본은 하나의 내러티브 양식(구술 담론)에서 다른 내러티브 양식(서면 담론)으로 번역한 것이다. Ong (1982)에 따르면 구두 연설과 문서 텍스트는 다른 언어의 게임을 필요로 하며, 문화도 다르다. 게임의 규칙도 다르고, 웅변적인 연설을 직역하면 앞뒤가 맞지 않고 반복적으로 보일 수 있으며, 분명하게 주장되는 기사는 큰 소리로 읽을 때 지루하게 들릴 수 있다.

필사하는 것은 한 형태에서 다른 형태로 변형하고 변화시키는 것을 의미한다. 말 그대로 인터뷰를 필사하려는 시도는 생생한 구술 대화나 공식적인 문서 텍스트의 양식에 적합할 수 있는 혼합물, 인공적인 구조를 만들어 낸다. 필사는 구어체에서 문어체로 번역하는 것이다. 번역자의 해석학적 전통에서 언급된 내용은 또한 필사자와 관련이 있다. Traduire traittori, 즉 번역자는 반역자다.

인터뷰는 시간에 따라 전개되는 속도, 목소리의 톤 및 신체 표현이 면대면 대화에서 참여자에게 즉시 제공되지만, 필사에 문외한인 독자에게는 접근할 수 없는 생생한 사회적 상호작용이다. 특히 비언어적, 언어적 언어 간에, 또는 언어적 메시지의 다른 요소들 간에 의도적인 불일치가 있기 때문에 역설적으로 표현하기가 어렵다. Bourdieu가 말했듯이, 아이러니하면서도 흔하지만 중요한 비유는 거의 "필사에 빠져있다"(1999, p. 622, note 15). 인터뷰 녹음에는 자세나 몸짓과 같은 신체 언어가 없으며, 대화하는 사람들의 실제 신체적 존재로부터의 첫 번째 추상화를 포함한다. 인터뷰 대화를 서면으로 기록하는 것은 두 번째 추상화로 이루어지며, 이때 음성, 억양, 호흡이 사라진다. 요컨대 필사본은 빈약하고, 생생한 인터뷰 대화의 탈맥락화된 표현이다.

인터뷰 녹음

문서화 및 추후 분석을 위한 인터뷰 녹음 방법에는 녹음, 녹화, 메모작성 및 기억이 있다. 인터뷰를 녹음하는 일반적인 방법은 녹음기를 사용하는 것으로, 인터뷰 진행자가 인터뷰의 주제와 역동에 집중할 수 있도록 한다. 단어와 그 음색, 일시 중지, 이와 유사한 것들은 재청취 하기 위해 계속해서 다시 되돌아갈 수 있는 영구적인 형태로 녹음된다. 오늘날 디지털 녹음기를 사용할 수 있다. 그것은 고성능 음향을 제공하고 장시간 동안 중단 없이 녹음할 수 있다. 녹음은 워드프로세서를 사용하여 저장되고, 분석을 위해 재생되며, 필사할 수 있는 컴퓨터로 직접 전송될 수 있다.

인터뷰 필사의 첫 번째 요건은 실제로 녹음되어 있는 것이다. 일부 인터뷰 진행자들은 기술적인 결함이나, 가장 자주 사람의 실수로 인해 녹음되지 않는 이례적인 인터뷰에 대한 아픈 기억을 가진다. 두 번째 필사의 요건은 녹음된 대화를 필사자가 들을 수 있어야 한다. 이것은 인터뷰 진행자가 배경 소음을 피해야 하며, 머뭇거리는 인터뷰 대상자에게 더 크게 말해달라고 요청할 것을 두려워하지 말아야 한다.

녹화는 인터뷰에서의 대인관계를 분석할 수 있는 유일한 기회를 제공한다. 그러나 정보가 풍부하여 비디오 분석을 하는데 시간을 낭비할 수 있다. 일반적인 인터뷰 프로젝트, 특히 인터뷰가 많고 주 관심사에 대해 말하는 내용이 많은 경우 녹화는 인터뷰 내용을 분석하기에 너무 번거로울 수 있다. 그렇기는 하지만, 예비 인터뷰의 녹화는 인터뷰 진행자가 신체 언어의 중요성에 민감해지는데 도움이 될 수 있다.

Box 10.1 필사: 찬성과 반대

질적 인터뷰 진행자들에게 인터뷰를 필사하는 것은 표준 관행이 되었다. 일반적으로, 이것은 완벽하게 이치에 맞지만, 시간이 많이 걸리는 이 과정에 참여하기 전에, 왜 필사하는가? 어쩌면 애초에 왜 인터뷰를 녹음하는가? 라는 질문을 할 가치가 있다.

인터뷰는 인터뷰 진행자의 공감과 기억(memory)에 의존하여 녹음기 대신 인터뷰 진행자의 기억(rememberance)으로 "저장"될 수 있다. 세션이 끝난 후 인터뷰의 주요 부분을 적는 것이 가능할 경우 인터뷰 동안 작성한 노트의 도움을 받기도 한다. 이것은 종종 문화기술적 인터뷰를 할 때, 녹음기를 켤 수 없을 때 수행되며, 기억에 의존하는 것이 인터뷰 진행자로서 유일한 선택일 수 있다. 그러나 인터뷰 중에 지나치게 메모를 하면 주의가 산만해져 자유로운 대화의 흐름을 방해

(계속)

할 수 있다.

그럼에도 불구하고 인터뷰 진행자의 기억력에는 정확한 언어적 공식에 대한 빠른 망각과 같은 한계가 분명히 있는 반면에, 녹음에서 놓친 인터뷰 상황의 물리적 존재와 사회적 분위기는 기억 속에 남아 있을 수 있다. 한편, 인터뷰 진행자의 적극적인 경청과 기억은 편견일 뿐만 아니라 인터뷰의 주제와 목적에 필수적인 그 의미를 유지하기 위해 선택적 필터로 작용할 수 있다. Freud 시대에 녹음기를 사용할 수 있었다면 정신분석학 이론은 환자의 무한한 일련의 구두 인용문을 넘어서 발전하지 못했을 수도 있으며, 오늘날 정신분석학은 치료용 테이프와 정확한 필사에 대한 논쟁의 혼란 속에서 길을 잃은 소규모 비엔나 정신분석학파에 국한되어 남아 있었을지도 모른다는 추측을 할 수도 있을 것이다.

실제로 인터뷰를 기록한다면 모든 것을 항상 필사할 필요는 없다. 현대의 소프트웨어 패키지는 소리 자체에 대한 직접적인 코딩을 가능하게 하며, 연구자는 자신의 논문에서 사용하는 인용문을 그냥 옮겨 쓸 수도 있다. 한편, 많은 사람들은 분석을 할 때 인터뷰를 종이에 인쇄하여 개요를 얻고, 패턴이나 모순을 보는 것을 선호하며, 이것은 분명히 필사를 전제로 한다.

인터뷰 필사

인터뷰를 구두에서 서면 양식으로 필사하는 것은 인터뷰 대화를 보다 면밀한 분석에 적합한 형태로 구성하며, 그 자체가 초기 분석과정이다. 필사의 양과 형태는 자료의 본질과 조사의 목적, 이용 가능한 시간과 돈, 그리고 신뢰할 수 있고 참을성 있는 타이피스트의 가용성 같은 요소에 달려 있다.

필사를 위한 시간과 자원. 인터뷰를 필사하는 데 필요한 시간은 녹음의 질, 필사자의 타이핑 경험, 세부사항 및 정확성에 대한 요구사항에 따라 달라질 수 있다. 많은 양의 인터뷰 자료를 번역하는 것은 종종 피곤하고 스트레스를 주는 일인데, 고음질의 녹음물이 확보되면 스트레스가 줄어든다. 이 책에서 예제로 사용된 성적 연구의 인터뷰에서 숙련된 비서가 1시간짜리 인터뷰를 입력하는 데 약 5시간이 걸렸다. 1시간의 인터뷰는 말의 양과 타이핑의 설정 방법에 따라 단일 줄간격의 20~25페이지가 된다.

누가 필사해야 하는가? 많은 인터뷰 연구에서 비서나 연구보조원이 녹음을 필사한다. 의

사소통 방식과 언어 스타일을 강조하는 조사자는 특정한 분석과 관련하여 세부사항을 많이 확보하기 위해 스스로 필사하기도 한다. Mishler (1986, 1991)는 비서에게 그의 인터뷰를 대략적으로 필사하게 한 후 방대한 내러티브 분석을 위해 몇 개의 인터뷰를 선택한다. 그는 이러한 인터뷰를 장인의 내러티브와 같은 언어 주석으로 직접 필사할 것이다(Box 8.3). 자신의 인터뷰를 필사하는 연구자들은 자신의 인터뷰 방식에 대해 많은 것을 알게 될 것이다. 어느 정도 필사를 하는 동안 인터뷰 상황의 사회적, 감정적 측면들이 존재하거나 되살려 줄 것이고, 이미 말한 내용의 의미를 분석하기 시작할 것이다.

필사 절차. 녹음을 텍스트로 필사하는 것은 일련의 기술적이고 해석적 이슈, 특히 구어체와 문어체에 관한 일련의 이슈를 포함한다. 여기에는 표준 규칙이 많지 않고 오히려 일련의 선택이 있다. 필사에는 한 가지 기본 규칙이 있는데, 필사가 어떻게 작성되었는지 보고서에 명확하게 기술하는 것이다. 이것은 가급적 필사자들에 대한 서면 지시사항에 근거해야 한다. 단일 연구 인터뷰에 여러 명의 필사자가 있는 경우, 타이핑할 때 동일한 절차를 사용하도록 주의가 요구된다. 이렇게 하지 않으면 인터뷰의 언어적 상호비교가 어려워질 수 있다.

필사본 사용. 연구 인터뷰의 필사에 있어 보편적인 형식이나 코드는 없지만, 몇 가지 표준적인 선택이 있다. 진술에서 "으음"과 같은 것에 주목하고 자주 반복되는 것을 유지하면서 낱말 그대로 필사하여야 하는가, 아니면 인터뷰가 보다 공식적인 서면 스타일로 바뀌어야 하는가? 인터뷰 연구의 샘플링은 대상자의 선택에만 관련된 것이 아니다. 필사는 구술 인터뷰 대화의 다양한 차원 중 어느 것을 필사로 선택해야 하는지를 샘플링 하는 것을 포함한다. 예를 들어, 일시 정지, 억양, 웃음과 한숨처럼 감정적 표현이 포함되어야 한다. 그리고 일시 중지를 포함하려면 얼마나 많은 세부사항을 표시해야 하는가? 그러한 질문에 대한 정확하고 표준화된 답변은 없다. 예를 들어, 답변이 상세한 언어 분석이나 대화 분석을 위한 것인지 또는 읽을 수 있는 공개적인 이야기에서 대상자의 설명을 보고하기 위한 것인지 등 필사의 의도적인 용도에 따라 다르다.

Box 10.2 대화 분석을 위한 필사

E: Oh honey that was a lovely luncheon I shoulda ca:lled you s:soo[:ner but I:]l:[lo:ved it.
오 여보, 정말 멋진 점심이었어. 내가 좀 더 일찍 당신에게 전화를 했어야 했는데

M: [((f)) Oh:::] [( )
[오:::] [( )

E: It w's just deli:ghtfu[:l.]
그냥 즐거웠어

M: [Well]
[으음]

M: I w's gla[d you] (came).]
당신이 와서 기뻤어.

E: ['nd yer f:] friends] 're so da:rli:ng,=
당신 친구가 정말 사랑스러워

M: =Oh:::[:it w'z]
오::: 그게

E: [e-that P]a:t isn't she a do:[:ll?]
그녀는 인형 아닐까?

M: [iYe]h isn't she pretty.
그녀는 예쁘지 않니?

(.)

E: Oh: she's a beautiful girl.=
그녀는 아름다운 소녀예요.

M: =Yeh I think she's a pretty gir[l.=
맞아 그녀가 예쁜 소녀라고 생각해

E: [En'that Reinam'n::
라인암

(.)

E: She SCA:RES me.
그녀는 나를 무서워 해.

출처: J. Heritage, 1984, cited in *Doing Conversational Analysis* (p. 4), by P. ten Have, 1999, Thousand Oaks, CA: Sage.

필사 규칙

[	단일 왼쪽 대괄호는 중복 시작점을 나타낸다.
]	단일 오른쪽 대괄호는 말하는 부분이 끝나는 지점을 나타낸다.
=	한 줄의 끝과 다음 줄의 시작에 있는 등호는 두 줄 사이에 “간격”이 없음을 나타낸다.
(.)	괄호 안의 점은 말에서 또는 말과 말 사이의 작은 “간격”을 나타낸다.
::	콜론은 바로 이전 소리가 길어지는 것을 나타낸다. 여러 개의 콜론은 보다 긴소리를 나타낸다.
word	밑줄치기는 음높이, 그리고/또는 진폭을 통해 강조의 형태를 나타낸다. 또 다른 방법은 강조된 부분을 이탤릭체로 기술하는 것이다.
WORD	대문자는 주변 대화와 관련하여 특히 큰 소리를 나타낸다.
( )	빈 괄호는 필사자가 들을 수 없는 것을 나타낸다.
(( ))	이중 괄호는 필사가 아닌 필사자의 설명을 나타낸다.

출처: Adapted from *Doing Conversational Analysis* (Appendix), by P. ten Have, 1999, Thousand Oaks, CA: Sage.

Box 10.2에 있는 텍스트는 처음에는 이해하기 어려울 수 있다. 이는 13장에서 설명한 대화 분석의 경우, 특별한 목적인 필사의 복잡성을 증명하기 위해 전화 대화의 흐름을 옮겨 적은 것이다. 우리는 또한 Mishler가 장인과 한 내러티브 인터뷰에 주석 일부를 사용했음을 주목할 수 있다(Box 8.3). 그러한 전문적인 형태의 필사는 보통의 인터뷰 프로젝트에서 대규모 인터뷰 텍스트의 의미 분석에 가능하지도, 필요하지도 않다. 반면, 연구 인터뷰에서 혹은 의사-환자와의 인터뷰에서 언어 양식과 사회적 상호작용에 초점을 둔다면 일시중지, 중첩, 말의 억양 상호작용이 중요할 수 있다. Box 10.2와 같이 세부적인 필사는 인터뷰 상호작용의 보다 미세한 점에 대해 인터뷰 진행자를 민감하게 할 수도 있다.

상세한 필사에 관한 문제는 다음과 같은 성적 경쟁에 대한 인터뷰 시퀀스에 의해 설명된다. 덴마크에서는 많은 학생들이 인정하기를 주저하는 부정적인 행동이다.

인터뷰 진행자: 성적이 학생들 사이의 관계에 영향을 미치는가?

학생: 아니요, 아니-아니요. 성적이 좋지 않은 사람을 얕보지 않아요. 저는 믿지 않아요. 글쎄요, 누군가는 그럴 수도 있지만, 저는 믿지 않아요.

인터뷰 진행자: 학급 내에서 경쟁이 없다는 뜻입니까?

학생: 맞아요. 없어요.

액면 그대로 남학생은 성적이 낮은 학생을 무시하지 않고, 반에서 성적 경쟁이 없다는 인터뷰 진행자의 해석을 확인시켜 주었다. 그러나 이 구절을 비판적으로 읽으면 정반대의 결론으로 이어질 수 있다. 다른 학생들을 얕보는 것을 반복적으로 부정하는 것은 아마도 분명히 말한 것과 정반대의 의미로 해석될 수 있다. 만약 이 인터뷰 시퀀스가 말 그대로 필사되지 않고, "누군가는 성적이 낮은 사람을 얕보거나 점수를 위해 경쟁하지 않는다"와 같이 간단한 방식으로 다시 표현되었다면, 이 진술의 명백한 의미를 반대되는 것으로 잠재적 재해석이 일어나지 않을 것이다.

덴마크어학과 의학의 존중할만한 전문적인 문화에 대한 대학생들의 학문적 문화적응에 관한 연구에서 인터뷰는 여러 번의 "흐음", "사실이 아니다", 이와 유사한 표현들을 포함하여 말 그대로 필사되었다(Jacobsen, 1981). 인터뷰 진행자는 덴마크어학과와 의학과 학생들의 삽입어 사용을 세어보았는데 덴마크어학과 학생들이 "그렇지 않아?"를 눈에 띄게 많이 사용한 것을 발견하였다. 그는 이것을 다른 적응증과 함께 인문학의 문화와 일치하는 것으로 해석했다. 여기에서 "그렇지 않아?"처럼 다른 사람에게 호소하는 해석의 합의적 검증을 시도하는 대화가 강조된다. 반면에 의학계는 논란의 여지가 없는 진실을 권위적으로 말하면서 독백 같은 강의로 특징지어진다.

필사의 신뢰도, 타당도 및 윤리

필사는 구두 대화를 문어체로 만든 것이다. 필사본의 구조적 본질은 필사의 신뢰도와 타당도를 자세히 살펴볼 때 나타난다.

신뢰도. 인터뷰 연구에서 인터뷰 진행자의 신뢰성에 대한 의문이 자주 제기된다. 그러나 언어사회학 연구와 달리, 사회과학 인터뷰와 관련하여 필사자의 신뢰성은 거의 언급되지 않는다. 기술적으로 고려할 때, 두 사람이 녹음된 인터뷰의 동일한 구절을 각각 입력한 다음 두 필사본 사이에 다른 단어의 수를 나열하고 계산하여 양적 신뢰성 검사를 하는 것이 쉬운 점이다.

필사의 해석적 특성은 Table 10.1의 동일한 테이프 기록에 대한 2개의 필사본에서 뚜렷이 나타난다. 2개의 필사본에서 단어가 다른 것은 이탤릭체로 표기된다. 2명의 심리학자들이 필사본을 만들었는데, 그들은 가능한 한 정확하게 필사하도록 요청받았다. 하지만, 필사자들은 다른 스타일로 작성했다. 필사자 A는 많은 단어를 포함하여 더 많이 썼으며, 명확하고 뚜렷한 것만을 기록하고 더 논리적인 문체를 쓴 필사자 B보다 더 많은 것을 추측하는 것처럼 보인다. 두 사람 사이의 가장 두드러진 차이는 인터뷰 진행자의 질문을 "점수를 받지 못하기 때문에?"와 "물론 점수가 싫지요?"로 표현하는 것이다. 따라서 대상자의 대답, "네, 맞아요..."가 무엇을 말하는지 모호해진다.

Table 10.1 동일 인터뷰 구절에 대한 2개의 필사본

필사본 A

I: And are you also saying because you don't get grades? Is that true?
그리고 당신 역시 점수를 받지 못해서 말하는 것인가요? 그게 사실인가요?

S: Yes, I think that's true because if I got grades I would work toward the grade as opposed to working toward ... umm, expanding what I know, or pushing a limit back in myself, or something ... contributing new ideas ...
네, 맞아요. 내가 점수를 받으면 음 ... 내가 알고 있는 것을 확장하거나, 내 자신에게 한계를 되짚어 주는 것과, 뭔가 ... 새로운 아이디어에 기여하는 ... 반대로 점수를 받으려고 할 것이기 때문이지요.

필사본 B

I: And are you also saying *that of course* you don't *like* grades?
그리고 *물론* 점수가 싫다고 또 말하는 것입니까?

S: Yes, I think that's true, because if I got grades I would work toward the grade as opposed to working toward expanding what I know or pushing *those limits* back ... (tape unclear) contributing new ideas.
네, 맞아요. 내가 점수를 받으면 난 내가 알고 있는 것을 확장하거나 *그 한계를* 뒤로 미루는 것이 아니라 ... (녹음 불분명) 새로운 아이디어에 기여하는 반대로 점수를 받으려고 할 것이기 때문이지요.

녹음을 다시 듣는 것은 거의 들리지 않는 구절을 잘못 듣고 잘못 해석하는 등, 녹음의 질이 좋지 않아서 일부 차이가 생길 수 있다. 다음 예시와 같이 명백하게 해결되지 않는 차이도 있을 수 있다. 문장은 어디에서 끝나는가? 정지된 곳이 어디인가? 대화가 중단되기까지 침묵은 얼마나 되는가? 특정 일시중지는 대상자 또는 인터뷰 진행자에 의한 것인가? 그리고 대화의 감정적인 측면, 예를 들어 "긴장한 목소리", "낄낄거리는 소리", "신경질적인 웃음" 등이 포함되면, 필사의 상호주관적 신뢰성은 독자적인 연구 프로젝트로 발전할 수 있을 것이다.

심지어 필사본에 정확하게 쓴 같은 글자도 마침표와 쉼표를 삽입하는 방법에 따라 상당히 다른 의미를 전달할 수 있다. Poland (2003, p. 270)는 다음과 같은 예를 언급하고 있다. "I hate it, you know. I do 나는 그것이 싫습니다, 당신이 알다시피. 나는 그렇습니다."("know 알다시피"는 듣는 사람의 지식에 대해 아무 말도 하지 않는 것을 말한다)와 "I hate it. You know I do 나는 그것이 싫습니다. 당신은 알잖아요"(듣는 사람이 무엇인가를 알고 있다는 것을 가정한다)는 차이가 크다. 문장의 바로 그 개념은 문어의 전통에 부합하여 구어로 잘 변환하지 않는데, 우리는 일반적으로 "실제 문장(run-on sentences)"(p. 270)으로 이야기한다. 마침표와 쉼표를 삽입하는 곳이 이미 해석 과정이다.

타당도. 인터뷰 필사의 타당도를 확인하는 것은 신뢰도를 확인하는 것보다 더 복잡하다.

무엇이 타당한 필사를 구성하는지에 대한 이슈는 7살 아프리카계 미국인 학생의 이야기를 다룬 Table 10.2의 2개의 다른 필사본에 있다. 이 2개의 필사본은 2명의 다른 연구자들이 필사했고, Mishler (1991)가 논의한 교실에서의 연습(classroom exercise)의 긴 이야기의 일부분에서 나온 것이다.

Table 10.2 Leona의 강아지 이야기에 대한 2개의 필사본

필사본 A

. . . and then my puppy came / e was asleep / and he was—he was /
he tried to get up / and he ripped my pants / and he dropped the oatmeal—
all over him / and / my father came / and he said
. . .
. . . 그리고 내 강아지가 왔어요 / e는 잠들었고 / 그는- 그는 /
그는 일어나려고 했고 / 내 바지를 물어뜯었고 / 그는 오트밀을 떨어뜨렸어요—
그의 온몸에 / 그리고 / 아버지가 오셨고 / 그는 말했어요
. . .

필사본 B

an'then my puppy came
he was asleep

(계속)

he tried to get up
an'he ripped my pants
an'he dropped the oatmeal all over him
an'my father came
an'he said
. . .

그리고 내 강아지가 왔어요
그는 자고 있었어요
강아지는 일어나려고 했어요
그리고 그는 내 바지를 물어뜯었어요
그리고 오트밀을 자기 온몸에 흘렸어요
그리고 아버지가 오셨어요
그리고 아버지가 말씀하셨어요
. . .

필사본 A는 이야기의 구술형식의 축어적 표현이다. 교사는 모든 이야기가 끊어지고, 두서없으며, 일관성과 언어 사용에 있어 허용 가능한 기준에 부응하지 못한다는 것을 알았다. 필사본 B는 같은 이야기 구절의 이상화된 실현으로, 흑인 구술 스타일의 언어적 관행에 정통한 연구자가 시적 형태로 재필사한 것이다. 여기서 이야기는 문학여행의 힘으로 나타나며, 주목할 만한 내러티브를 만들었다. 필사는 어느 것도 다른 것보다 객관적이지 않고, 오히려 같은 구절에 다른 구성물로 쓰여졌다. "다양한 필사본은 서로 다른 세계의 구성이며, 각각은 우리의 특정한 이론적 가정에 적합하게 설계되어 그 의미를 탐구할 수 있게 해준다"(Mishler, 1991, p. 271).

이에 따라 "정확하고 타당한 필사는 무엇인가?"라는 질문에 답할 수 없다. 그 이유는 구술에서 문서 양식의 진실되고 객관적인 변환은 없기 때문이다. 보다 건설적인 질문은 "나의 연구목적을 위해 유용한 필사는 무엇인가?"이다. 따라서 언어 분석을 위해 구어적 기술이 필요하다. 일시중지, 반복 및 목소리 톤을 포함하는 것은, 예를 들어, 불안의 수준이나 부정의 의미에 대한 심리적 해석과도 관련이 있을 수 있다. 반면에 대화를 문학적 스타일로 바꾸면 진술의 뉘앙스를 부각시키고 대상자에 대한 이야기의 의미를 독자들에게 전달하는 데 도움이 될 수 있다.

종종 사회과학 인터뷰의 필사에서 구어와 문어의 수사학적인 형태를 간과하게 된다. 한 가지 예외는 Poland (2003)이다. 필사본의 사회적 구성 특성을 인식하여 진실성을 높이고 질적연구의 엄격성을 향상하기 위한 절차를 자세하게 논의한다.

윤리. 필사에는 윤리적 이슈가 수반된다. 인터뷰는 대상자와 인터뷰에 언급된 개인과 기관의 기밀을 보호하는 것이 중요한 민감한 주제로 다룰 수 있다. 필요하고 단순하지만 때로는 잊혀진 작업 중에서 녹음과 필사본을 안전하게 보관하고, 더 사용하지 않을 때 녹음을 삭제해야 할 필요가 있다. 민감한 경우에는 인터뷰 대상자의 신분은 물론, 쉽게 알아볼 수 있는 인터뷰의 이벤트와 사람을 가려내는 것이 빠르면 필사 단계에서 유리할 수 있다.

어떤 대상자들은 그들 자신의 인터뷰를 읽는 것으로 충격을 경험할 수도 있다. 말 그대로 필사한 구어체는 더 낮은 수준의 지적 기능을 나타냄에도 불구하고 앞뒤가 맞지 않고 혼란스러운 언어처럼 보일 수 있다. 일부 연구자들은 자신의 필사본을 수정하고 코멘트를 받기 위해 인터뷰 대상자들에게 돌려보내고, 그들이 말한 것을 더 이상 사용하는 것을 거부하고 협조하지 않는 불쾌한 대상자들로부터 분노에 찬 답변을 받는 고통스러운 기억이 있을 수 있다. 필사본을 인터뷰 대상자에게 다시 보낼 경우, 이를 보다 유창한 문체로 쓰는 것을 처음부터 고려해야 한다. 그렇지 않다면, 연구자들은 구어와 문어 스타일의 자연스러운 차이에 대한 정보를 가지고 필사본에 첨부하는 것을 고려해야 한다. 일관성이 없고 반복적인 구어체 인터뷰 필사를 출판하는 것은 특정 개인이나 집단의 비윤리적인 오명을 포함할 수 있음을 유념해야 한다.

관심을 표명한 성적 연구에 참여한 교사들은 그들의 진술이 논의된 챕터의 초안을 받았다. 광범위하게 인용된 덴마크어 교사가 연구자(Steinar Kvale)에게 전화를 걸어 책에서 그의 진술을 생략하거나 바꿔달라고 부탁했다. 그의 인터뷰에 나온 다소 과장된 구절과 매우 예시적인 인용문들은 덴마크어 교사가 사용하기에 매우 형편없는 덴마크어를 보여주었는데, 그는 자신의 직업에 대해 당혹스러움을 느꼈다. 그 당시 연구자는 구어와 문어에 대한 다른 규칙을 거의 알지 못했고 인터뷰의 구어체적 필사가 가장 충실하고 객관적인 필사라고 믿었다. 하지만 교사의 요청을 존중하여 인용문을 올바른 서면 형식으로 바꾸게 되었으며, 또한 읽기 쉽게 만들었다.

11장

인터뷰 분석을 위한 준비

이 장과 다음 3개의 장에서는 각각 의미 분석(12장), 언어 분석(13장), 이론 분석(14장)을 중심으로 인터뷰 분석 방법을 다룬다. 우리는 먼저 질문에 답함으로써 이 장의 인터뷰 분석을 소개하는데, 이것은 곧 인터뷰 자료 분석을 시작하려는 초보 연구자들에 의해 제기될 수 있는 질문들이다. 그런 다음 분석의 단계와 방법을 제시하고 질적 인터뷰를 분석할 때 컴퓨터와 소프트웨어의 사용에 대해 간략하게 논한다. 마지막으로, 코딩의 기법을 인터뷰 분석의 준비사항으로 설명하고자 한다.

1,000페이지의 질문

많은 경우에, 연구자는 엄청난 분량의 인터뷰 필사본과 직면하고 다음과 같은 질문이 쏟아질 때 인터뷰 프로젝트의 실질적인 문제가 극에 달한다.

내가 수집한 1,000페이지의 인터뷰 필사본을 분석하는 방법을 어떻게 찾아야 하는가?

다음 장에서 인터뷰를 분석하는 방법을 더 자세히 다루기 전에, 1,000페이지의 질문에 대해 답변하고자 한다. 답변에는 이미 다룬 인터뷰 조사 단계의 몇 가지 요약이 포함되어 있으며, 분석단계 자체를 위한 기초를 마련하는 것이다.

1,000페이지의 질문에 대한 첫 번째 충동적인 반응은 그것을 무시하는 것이다. "그런 질문은 절대 하지 마십시오!" 1,000페이지의 질문을 던질 정도로 인터뷰 프로젝트가 진행되면

더 이상 질문에 답할 수 없다. 그렇다면 더 적절한 대답은 "그런 질문을 하는 상황에서 자신을 찾을 수 있는 방식으로 인터뷰 연구를 수행하지 말라"는 것이다.

그 뒤에 나오는 내용에서, 우리는 어떻게 텍스트 자료를 분석할 수 있는지를 구체적으로 설명하기 위해 1,000페이지의 질문에 있는 17개의 단어들을 간략하게 분석하겠다. 분석의 목적은 질문의 의미를 밝혀내고, 그 전제들을 명시하고, 따라서 그것이 내포하는 질적연구의 암묵적 개념을 만드는 것이다. 일반적인 목적은 예방적이다. 그것은 연구자가 1,000페이지에 달하는 질문을 하지 않을 만한 상황에 놓이지 않도록 인터뷰 연구를 수행하는 방법을 개요화하는 시도이다. 일반적인 분석 형식은 1,000페이지의 질문에서 7개의 핵심 단어를 선택하여 별도로 분석하는 것이다.

내가 수집한 1,000페이지의 인터뷰 필사본을 분석하는 방법을 어떻게 찾아야 하는가?(***How*** shall I find a ***method*** to ***analyze*** the ***1,000 pages*** of interview ***transcripts*** I ***have collected***?)

"*Have*"-너무 늦었다! 그 질문은 너무 늦게 제시되었다. 인터뷰가 끝난 후에는 필사본을 분석하는 방법에 대해 절대 묻지 마라. 인터뷰가 끝난 **후에는** 생각하는 것은 너무 늦었다. 통계학자의 대답과 유사하다. 자료를 수집하기 전에 자료 분석에 대해 문의해라.

인터뷰를 실행하기 전에 어떻게 분석해야 하는지 생각해 보라. 결정하거나 적어도 고려해본 분석 방법이 인터뷰 지침 준비, 인터뷰 과정 및 인터뷰 필사를 안내할 것이다. 또한, 분석은 인터뷰 상황 자체에도 다양한 각도로 구축될 수 있다. "가는 대로" 해석하는 방식의 분석에서, 분석의 상당 부분은 인터뷰 상황 자체로 "밀고 나아가는"것이다. 그러면 최종 분석은 더 쉽고 받아들여질 수 있을 뿐만 아니라 더 안전한 곳에 놓인다. 강하게 말하면, 이상적인 인터뷰는 이미 녹음기가 꺼질 때쯤이면 분석된다. 인터뷰 자체에서 의미 분석을 어디까지 수행할 수 있는지에 대한 사회적, 윤리적 제약이 있지만, 이것은 인터뷰 연구에 방법론적 이상으로서 작용할 수 있다. 앞 장에서 언급된 Socrates의 아테네 시민들과의 대화는 극단적 형태의 내재적인 현장에서의 분석(analysis-in-situ)을 나타내며, 결과적으로 읽기 쉬운 문학 스타일로 자기소통(self-communicating) 인터뷰를 하게 된다.

1,000페이지에 달하는 질문의 재조정은 일시적인 방식으로 변화시키는 것이다. **그들의 의미를 일관성 있고 창의적으로 분석할 수 있도록 어떻게 인터뷰를 진행해야 하는가?**

"1,000페이지-너무 많다!" 양적 부분에 대한 질문의 답은 간단하다. 1,000페이지 분량의 필사본은 대개 의미 있는 방식으로 처리하기에 너무 많다.

그 질문의 정확한 의미는 억양에 따라 달라질 수 있다. 절망적인 목소리로 낼 때, 엄청난 양의 질적 자료들에 압도당하고, 필사본의 밀림 속에서 완전히 길을 잃는 상황을 나타낼 수도 있다. 그 질문의 의미는 아마도 "1,000페이지에서 나를 건져내라. 나는 미로에서 빠져나올 길을 찾을 수 없다"일 것이다. 좀 더 단호한 목소리를 내면, 동일 질문이 또 다른 의미를 가질 수 있다. 부지런한 젊은 학자는 경험적 의무를 수행했고 방대한 양의 자료를 수집하여 과학적 태도를 문서화했다. 그는 이제 자료를 어떻게 다루어야 하는지에 대한 전문가의 칭찬과 조언을 기다리고 있다. 여기서 질문은 "질적 실증주의"를 수반할 수 있다. 즉, 다량의 양적 자료를 강조하는 것을 질적 자료에 반영하여 과학적 존중성을 추구하는 것이다. 절망적인 목소리로든, 단호한 목소리로든, 잘못된 방향으로 질문이 나온다. 강조된 내용과 질적 의미보다는 1,000페이지라는 양에 중점을 둔다.

수량에서 의미로 강조를 변화시키는 1,000페이지의 질문은 인터뷰 대상자들이 나에게 말한 흥미롭고 복잡한 많은 이야기들의 의미를 어떻게 찾을 것인가? 하는 것이다.

"어떻게(*How*)"-"무엇"과 "왜"를 먼저 물어봐라. 조사의 "무엇"과 "왜"에 대한 해답이 제시되기 전에 인터뷰를 분석하는 "어떻게"의 문제를 제기하지 말아라. 방법보다 내용과 목적이 앞선다.

방법은 원래 목표에 이르는 길을 의미했다. 목표가 명시되지 않은 상태에서, 그것에 대한 길을 보여주기는 어렵다. 일반적으로 조사 대상의 이론적 개념은 내용 분석에 사용할 방법, 즉 방법을 결정하는 근거를 제공해야 한다. 또한, 연구조사가 참여자 그룹 간의 차이에 대한 가설을 시험하는 것을 제안하는 경우, 분석은 그들 간의 가능한 차이를 시험하기 위해 각 그룹에 대해 체계적이고 동일한 방식으로 수행되어야 한다. 탐색적 목적을 위해서는 반대로 개별 인터뷰의 여러 가지 흥미로운 측면을 추구하고 더 심도 있게 해석하는 것이 적절할 것이다.

1,000페이지의 질문에 대한 기술적 "방법"을 강조하여 인터뷰에서 내가 알고 싶은 것에 대해 무엇을 알려주는지 어떻게 알 수 있는가?를 읽을 수 있도록 재구성할 수 있다.

"방법*(Method)***" 대 지식***(knowledge)*. 1,000페이지 질문의 방법론적 측면은 질문의 공식화 되어 있어 답변할 수 없다. 3장에서 논했듯이, 인터뷰에서 언급된 것의 의미에 도달하는 표준 방법, 즉 레지아(regia)를 통해서는 없다. 오히려 그러한 이해는 연구자의 경험과 장인 정신에 바탕을 둔다. 분석 기법을 찾는 것은 의미를 분석하고 구성하는 연구자의 과제에 대한 "기술적 해결"을 추구하는 것일 수 있다. 텍스트 분석의 표준 방법은 통계 분석에 사용할 수 있는 다수의 기법에 해당되는 것이 없다. 1,000 페이지 분량의 질문에 대한 체계적인 강조의 대안은 인터뷰를 통해 내가 조사하고 있는 현상에 대한 지식을 넓히는 데 어떻게 도움이 될 수 있는가? 이다.

"필사본*(Transcripts)***"-조심해라!** 인터뷰를 필사본으로 생각하지 말아라. 인터뷰는 살아있는 대화이다.

필사본은 1,000페이지의 질문에서 함의하는 것처럼 인터뷰 연구의 유일한 주제가 아니라, 인터뷰 도중에 말한 것을 해석하는 수단이나 도구가 되어야 한다. 이 필사본은 시간이 지남에 따라 펼쳐지는 구두 담론과 얼굴을 마주 보며 생생한 상황 (특정 청취자에게 전달되는 내용) 및 일반인, 멀리 있는 대중을 위해 작성된 서면 텍스트 사이의 혼합물이다. 필사에 중점을 두면 텍스트를 단순한 단어 모음 또는 언어 자료로 생각되는 단일 의미로 축소하는 구체화된 분석을 촉진할 수 있다. 필사본에 대한 대안적 접근방법은 본문과 대화를 하고, 본문의 의미에 대해 "저자"와 상상의 대화를 나누는 것이다. 여기서 독자는 본문의 주제에 대해 묻고 본문에 표현된 내용을 개발하고, 구체화하며, 확장하는 것을 추구하는 본문으로 들어간다. 1,000페이지의 질문에서 필사에 중점을 두면 인터뷰 대상자들이 한 말의 의미를 풍부하고 깊이있게 하기 위해 어떻게 분석해야 하는가? 이다.

"수집된*(Collected)***" 대 공동집필된***(coauthored)*. 인터뷰 대상자의 진술은 수집되는 것이 아니라, 인터뷰 진행자에 의해 공동으로 집필된 것이다.

그 인터뷰는 두 사람이 공통의 관심 주제에 대해 이야기하는 상호주관적인 기획이다. 인터뷰 진행자는 해변에 작은 돌을 모으는 것과 같이 진술만을 수집하지 않는다. 그의 질문은 주제의 어떤 측면으로 이어지고, 인터뷰 진행자의 적극적인 경청과 후속 답변은 대화의 과정을 코드화 한다. 처음에 도착했을 때, 사회적 상호작용의 결과를 원래의 담론과 최종 결과의 사회적 공동 구성을 잊어버린 것으로 받아들이는 경향이 있다. 이러한 재조정은 인터뷰의 필사에 의해 강화될 수 있다. 고정된 서면 양식이 이어지고 인터뷰 상황의 원래 대면적 상호작용이 희미해진다.

공동제작자 겸 공동저자로서 인터뷰 진행자의 역할은 인터뷰의 사회적 구성요소를 반영함에 있어 간과된다. 진술의 집합으로서 필사본에 초점을 맞추면 인터뷰 내용이 언급된 의미를 지속적으로 전개하기 위한 디딤돌로 취급하기보다는 인터뷰를 마무리된 실체로 간주할 수 있다. 이렇게 필사된 인터뷰에 대한 분석은 인터뷰 상황에서 시작된 대화의 연속으로서, 가능한 의미에 대한 지평을 전개하고 있다.

1,000페이지 질문의 우표수집 버전에 대한 대안은 **인터뷰 대상자와 공동집필한 내용으로 대화를 어떻게 이어나가는가?** 이다.

"분석하다*(Analyze)*" **대 이야기하다***(narrative)*. 분석 단계가 부풀려져서 인터뷰 프로젝트에 사용할 수 있는 시간의 대부분을 소비하지 말아라.

인터뷰에 대한 분석은 인터뷰 대상자가 연구자에게 들려준 초기 이야기와 연구자가 청중에게 들려준 최종 이야기 사이에서 분산된다. 분석하는 것은 어떤 것을 부품이나 요소로 분리하는 것을 의미한다. 대화의 필사와 인터뷰의 진술 집합이라는 개념은 인터뷰 대상자가 말한 이야기의 단편화를 단일 단락, 문장 또는 단어로 구분하여 제안할 수 있다. 그런 다음, 공개적이고 직접적이지 않은 인터뷰에서 인터뷰 대상자가 연구자에게 이야기, 또는 여러 이야기를 들려주고, 그 필사본 자체가 서술문 형태와 비슷할 수 있다는 것을 잊기 쉽다.

인터뷰 분석에 대한 내러티브 접근은 인터뷰 대상자가 말한 원래의 이야기로 돌아가서 최종 이야기가 청중들에게 보고될 것으로 예상하여, 필사본의 정글에서 길을 잃지 않을 수 있다. 인터뷰는 이야기 형태로 의도적으로 만들어졌기 때문에 내러티브로 이야기에 초점을 맞추면 인터뷰 내용을 더 잘 읽을 수 있다. 인터뷰 연구의 서술적 개념은 원래 인터뷰 상황, 분석 및 최종 보고서 사이의 단일 형식을 지원한다.

그러면 1,000페이지 질문의 분석 버전에 대한 내러티브 대안은 **어떻게 하면 인터뷰 대상자가 나에게 들려준 원래의 이야기를 청중들에게 들려주고 싶은 이야기로 재구성할 수 있는가?** 이다.

질문을 분석하는 방법

1,000페이지의 질문에 대한 우리의 대답은 그 질문이 만족스러운 답변을 얻기에는 너무 늦게 제기되었고 그 공식이 직접 대답하기 어렵다는 것이다. 그런 다음, 질문에 대한 표현은 인터뷰 연구의 암묵적인 전제조건을 공개적이고 질문을 불필요하게 만드는 데 대한 일반적인 관심을 갖기 위해 상세하게 분석되었다.

표준화된 분석 방법이 질문에 적용되지 않았다. 오히려 질문의 의미를 끌어내기 위해 다양한 접근법이 시도되었다. 일반적인 구조는 17개 단어로 된 문장에서 7개의 핵심 단어를 골라 따로 검토하는 것이었다. 그러나 이 분석은 전적으로 맥락화되지 않았다. 질문의 근간을 이루는 일반적인 의미의 특징을 가리키는 핵심 단어에서 발전된 의미들 사이에는 연속적으로 겹치는 부분이 있었다. 별개의 단어들의 의미를 조사할 때, 질문의 맥락에서 제기하려고 시도하였다.

원래 문장은 여러 가지 형태로 다시 쓰여져 의미 방향이 달랐다. 1,000페이지 질문의 다른 표현은 이전에 말했던 내용에서 말할 수 있었던 것으로 초점을 이동하고, 질문의 원래 공식화되었던 의미의 가능성을 일부 열어놓았다.

1,000페이지 질문의 해체는 질문의 전제를 파괴하고 인터뷰 분석을 강화하기 위한 대안적인 공식을 구축하는 것과 관련이 있다. 해석은 질문에서 언급된 것과 언급되지 않은 것 사이의 긴장을 다루었다. 언급된 것과 언급되지 않은 것의 이러한 상호작용은 질문의 하나이고, 사실이고, 객관적인 의미로 이어지지는 않았지만, 질문이 열린 인터뷰 분석의 의미에 관한 대화를 계속하는데 도움이 되었다.

원문의 주제는 문답 1,000페이지의 인터뷰 필사본과 관련된 것으로, 종합적인 분석을 하기에는 너무 많은 자료라고 추론되었다. 1,000페이지의 17개 단어에 대한 우리의 해석에는 약 2,134개의 단어가 필요했으며, 이는 원본 텍스트와 해석 텍스트를 1:126의 양적 관계를 만든다. 1,000페이지의 의미에 상응하는 해석은 126,000페이지가 필요하며, 이는 500~1,000권 정도의 책에 해당한다.

인터뷰 분석의 단계와 방식

다음 3개의 장에서, 우리는 다양한 인터뷰 분석 방식을 제시하는데, 이는 여러 페이지의 필사본에 숨겨진 의미의 보물을 마침내 발견하는 마술 지팡이를 기대하는 사람들을 실망시킬 것이다. 그러나 다른 기술 절차를 포함하여 인터뷰 텍스트의 의미를 분석하는 일반적인 접근방식이 존재한다. 분석 기술은 일부 유형의 인터뷰와 관련이 있으며 일부 연구자에게 적합한 일부 목적에 유용한 도구이다. 특정 도구로 전환하기 전에 인터뷰 분석에서 몇 가지 일반적인 단계를 간략하게 설명하겠다.

Box 11.1 분석의 6단계

첫 번째 단계는 인터뷰에서 대상자들이 그들의 생활세계를 설명하는 단계이다. 그들은 주제와 관련하여 경험하고 느끼는 것을 자발적으로 말한다. 인터뷰 대상자나 인터뷰 진행자 모두에서 거의 해석이나 설명은 없다.

두 번째 단계는 대상자 자신이 인터뷰 중에 새로운 관계를 발견하고, 인터뷰 진행자의 해석 없이 자발적인 서술에 근거하여 경험하고 하는 일에서 새로운 의미를 발견한다는 것이다. 예를 들어, 성적 효과를 설명하는 학생은 성적이 어떻게 학생들 사이에서 파괴적인 경쟁을 더 심화시키는지 생각하게 된다. 이것은 인터뷰 대상자의 자기 분석(self-analysis)의 한 형태로 볼 수 있다.

세 번째 단계에서, 인터뷰 진행자는 인터뷰 중에 인터뷰 대상자가 설명하는 내용의 의미를 응축하고 해석하여 그 의미를 "전달"한다. 그런 다음 인터뷰 대상자는 답변할 기회를 갖는다. 예를 들어, "그것을 의미하는 건 아닌데" 또는 "정확히 내가 말하려고 했던 것이었다" 또는 "아니요, 그것은 내가 느낀 것과는 전혀 다르다. 그것은 더..." 이 과정은 이론적으로 가능한 단 하나의 해석만 남거나, 주제가 주제에 대한 이해가, 어쩌면 모순이 될 수 있는 이해가 여러 번 가능할 때까지 이상적으로 계속된다. 이러한 형태의 인터뷰는 "즉석에서" 확인하거나 인터뷰 진행자의 해석에 대한 불확실성이 있을 수 있는 지속적인 "온라인 해석"을 의미하며, 최종 산물은 "자기 교정(self-correcting)" 인터뷰가 될 수 있다.

네 번째 단계에서, 기록된 인터뷰는 인터뷰 진행자 단독으로 또는 공동연구자와 함께 분석된다. 인터뷰는 일반적으로 필사에 의한 분석 및 텍스트 분석을 위한 컴퓨터 프로그램의 도움으로 구성된다. 적절한 분석은 인터뷰를 코딩하고, 인터뷰의 의미를 개발하고, 인터뷰 대상자 자신의 이해를 조

(계속)

명하고, 연구자의 새로운 관점을 제공하는 것이다. 텍스트의 의미와 언어 형태에 초점을 맞춘 다양한 분석 도구를 이용할 수 있다.

다섯 번째 단계는 재인터뷰가 될 수 있다. 연구자가 인터뷰 내용을 분석했을 때, 그 해석들을 대상자들에게 되돌려 줄 수 있다. "자기 교정" 인터뷰의 연속에서, 인터뷰 대상자들은 인터뷰 진행자의 해석에 대해 의견을 제시하고, "구성원 검증(member validation)"의 한 형태로 자신의 원래 진술에 대해 설명할 기회를 얻게 된다.

여섯 번째 단계는 행동을 포함한 설명과 해석의 연속성을 확장하여 인터뷰 중에 얻은 새로운 통찰력에 따라 행동하기 시작한다. 그러한 경우, 연구 인터뷰는 치료적 인터뷰의 형태에 접근할 수 있다. 이러한 변화는 또한 실행 연구(action research)와 같은 더 큰 사회적 환경에서 집단행동으로 이루어질 수 있는데, 여기서 연구자와 대상자가 인터뷰에서 생성해 낸 지식을 바탕으로 함께 행동한다.

Box 11.1은 설명에서 해석과 행동에 이르기까지 연속성의 6단계를 기술하고 있는데, 이는 반드시 서로를 전제로 하지 않는다. 인터뷰 상황에서 처음 세 단계의 설명, 발견 및 해석은 7장과 8장에 요약되어 있다. 주요 분석 도구에 대한 다음의 개요와 설명은 인터뷰 진행자가 프로젝트에 적합한 분석 방식을 선택하는데 도움이 될 수 있다. 분석의 질은 연구자의 장인 정신, 연구주제에 대한 지식, 연구하는 매체에 대한 민감성, 언어 및 분석 도구의 숙달여부에 달려있다. 코딩과 같은 분석도구는 구체적인 이론적 근거 없이 실습을 통해 개발되었으며, 현상학과 해석학과 같은 철학적 전통에서 영감을 얻은 것도 있으며, 불분명하고 탈구조적인 분석처럼 특정한 철학적 위치에서 직접 파생된 것도 있다.

인터뷰 텍스트 분석에 대한 몇 가지 주요 접근방식은 Table 11.1에 제시되어 있다. 의미와 언어는 서로 얽혀 있다. 그럼에도 불구하고, 실제적인 목적을 위해, 우리는 분석 방식을 12장에서 다루고 있는 말의 의미에 주로 초점을 맞춘 첫 번째 분석 그룹과 13장에서 다루는 언어 형태에 주로 작용하는 두 번째 분석 그룹으로 나눈다. 코딩은 많은 사람들에 의해 보다 구체적인 분석 절차에 상대적으로 독립적인 첫 번째 단계로 간주하기 때문에, 이 장의 끝에서 코딩을 처리한다. 12장의 접근에 대해서는 실무진행 방법을 개략적으로 설명함으로써 자세히 설명하지만, 13장에 제시된 다양한 분석도구의 경우 주로 몇 가지 예를 제시하고 그 적용에 대한 추가 문헌을 참조한다. 마지막으로, 14장에서는 중요한 분석 방법으로서 여러 형태의 분석을 선택적으로 조합하는 브리콜리지(bricolage)와, 인터뷰에 대한 이론적 정보를 읽는 것과 같은 좀 더 일반적인 분석 방법을 제시한다. 광범위하게 다른 분석 기법과 자주 발생하는 인식론적 가정을 통해 다음 3개의 장은 읽기 어려울 수 있다. 그러나 그들의 목적은 인터뷰 분석을 위한 몇 가지 핵심 도구에 대한 간략한 개요를 제공하는 것인데, 인터뷰 연구자는 탐구 내용과 목적에 따라 선택할 수 있다.

Table 11.1 인터뷰 분석 방식

의미 중심의 분석
의미 코딩(Meaning coding)
의미 함축(Meaning condensation)
의미 해석(Meaning interpretation)

언어 중심의 분석
언어 분석(Linguistic analysis)
대화 분석(Conversation analysis)
내러티브 분석(Narrative analysis)
담론 분석(Discourse analysis)
해체(탈구조, Deconstruction)

일반적인 분석
브리콜라주(Bricolage)
이론적 읽기(Theoretical reading)

일부 분석은 코딩과 함축과 같은 기존의 요소로서 지식에 대한 전통적인 이해에 근접하여, 텍스트에 이미 존재하는 것을 꺼내기 위해 보고하고 수집할 수 있다. 다른 분석은 일반적으로 대화가 객관적 자료나 본질적 의미를 지칭하는지 여부에 대한 입장을 취하지 않고 전달된 이야기와 주어진 설명의 언어 매체에 초점을 맞춘 불분명하고 탈구조적인 분석과 같이 사회적으로 구성된 지식의 관점에 더 부합한다. 의미 해석과 내러티브 분석의 다양성에 대해서는 인터뷰 지식의 광부와 여행자 은유가 모두 적용될 수 있다.

의미 중심의 분석과 언어 중심의 분석 중 하나를 선택하는 것 외에도 귀납적, 연역적, 가설적 추론의 분석 방식 간의 공통적인 차이점을 언급할 수도 있다(Brinkmann, 2012a, pp. 45-46에서 재작업).

귀납(*Induction*)은 주어진 사례의 종류에 대해 일반적인 것을 말하기 위해 여러 사례들을 관찰하는 과정이다. 전통적인 형식적 논리(연역적)에 따르면, 경험적 자료에서 처음 99개의 보고서가 어떤 것에 대해 긍정적인 태도를 나타내더라도 100번째는 아닐 수 있기 때문에 귀납적 추론은 엄격하게 타당하지 않다. 우리가 보았듯이, 특히 근거이론의 경우, 질적연구는 종종 귀납적인 것으로 특징지어지는데, 이는 연구자들이 실험에 너무 많은 선입견을 갖지 않고 주제에 접근하지만, 오히려 경험적 세계가 어떤 질문들이 답을 찾을 가치가 있는지를 결정하게 할 것이기 때문이다. 다양한 종류의 귀납은 의심할 여지없이 가장 널리 사용되는 분석 방법이다. 일부 질적연구자들은 분석을 "분석적 귀납"이라고 말하는데, 이는 가장 넓은 의미에서 "개념, 아이디어 또는 이론을 개발하기 위해 사례 안에서, 그리고 사례 전체에서 유사성에 대한 체계적인 조사"를 의미한다(Pascale, 2011, p. 53). 이 전략을 사용하는 분석가들은 패턴을 식별하고 이러한 패턴에 대한 잠재적인 설명을 공식화하기 위해 자료를 귀납적으로 코드화한다.

연역(*Deduction*)은 일반적인 이론에서 검증 가능한 가설을 추론한 후 이러한 가설을 반증하려는 지식 생산 과정의 한 단계다. 과학철학에서 이 이론은 Karl Popper에 의해 개발되어 반증주의(falsificationism)로 알려져 있다. 원론적으로 반증이 가능한 가설을 도출하는 이론만이 과학적이라 불릴만하다. Popper에 따르면 이것은 Marx와 Freud를 과학자의 신분에서 제외시켰다. 연역적 접근과 반증주의의 주된 문제점은 경험적 관찰이 명백히 자신의 가설과 일반적인 이론이 모순되는 경우, 과학자들은 그들의 가설을 기각할 것인지(모순적으로 반대되는 증거에 비추어) 그들의 관찰을 무시할 것인지(방법론적으로 약하기 때문에) 종종 알지 못한다는 점이다. 그렇지만, 질적 탐구도 연역적으로 작업할 수 있는데, 예를 들어 단일사례를 일반적인 이론의 시험대로 사용할 수 있으며, "이 경우에 타당하면(타당하지 않으면), 모든 사례에 적용된다(적용되지 않는다)"(Flyvbjerg, 2006, p. 230).

가설적 추론법(*Abduction*)[1]은 실용주의자 Charles S. Peirce와 관련된 추론의 한 형태이다. 가설적 추론법은 불확실성의 상황에서 어떤 것에 대한 이해나 설명이 필요할 때 적용하는 추론의 형태이다. 이것은 다음과 같이 형식화될 수 있다. (1) 우리가 X를 관찰한다, (2) X는 예상되지 않고 정상적인 이해를 파괴한다, (3) 그러나 Y의 경우에는 X가 이해가 된다, (4) 따라서 우리는 적어도 잠정적으로는 Y를 주장할 수 있다. 예를 들어 이야기해보면, (1) 우리가 어떤 사람을 관찰하는데, 그 사람이 팔을 격렬하게 흔들고 있다. 그렇다면 (2) 그 맥락에서 예상되지 않는 것이 있다(그 상황이 예를 들어 에어로빅 강좌가 아니라면). 우리는 그때 (3) 공격적인 말벌이 그 사람을 공격하고 있다고 어림짐작할 수 있다. 비록 예상이라 할지라도 이것이 그 사람의 행동을 이해하게 해줄 수 있고 따라서 (4) 우리는 (적어도 더 나은 해석에 도달할 때까지) 이것을 이러한 사례로 추론할 수 있다.

인터뷰 자료를 분석하려고 준비하는 연구자들은 귀납적, 연역적, 혹은 가설적 추론법으로(혹은 혼합하여 사용) 작업할지를 연구하고자 하는 현상에 따라 고려할 수 있다. 귀납과 연역 모델은 정상적으로 연구자가 연구하고자 하는 현상에 대해 이미 알고 있을 때(귀납 모델이 이러한 측면에서 조금 더 구체성을 가지고 있기는 하지만) 작업하기 좋다. 이 두 모델은 우리가 일반적인 지식을 형성할만한 많은 사례를 가지고(귀납) 반복적으로 분석할 수 있는 어떤 안정적인 실재를 가지고 있거나 검증할 수 있는 특정 결과를 연역할 수 있는 일반적인 생각을 가지고 있다고(연역) 미리 가정한다. 그러나 우리는 예측할 수 없는 인간의 대화 세계에 대해 이야기할 때 종종 이렇지 못한 사례가 있고 이때는 좀 더 특별한 기법을 적용하는 역동적인 유도적 접근이 사용된다. 이에 대해서는 다음 장에서 기술한다.

---

1) 연역법은 필연적으로 일어난 사실을 알려주고, 귀납법은 개연적으로 일어날 사실을 알려준다면 가추법, 즉 가설적 추론법은 이미 일어났지만 아직 모르는 사실을 알려준다(역자 주).

인터뷰 분석을 위한 컴퓨터 도구

인터뷰 연구를 시작하는 초보자들은 뒤얽힌 인터뷰 자료의 분석을 컴퓨터 프로그램이 대신해줄 것이라는 믿음이 있을 것이다. 텍스트 분석 컴퓨터 프로그램에 대한 홍보 마케팅은 이러한 높은 기대를 부추긴다. 예를 들어,

> 질적연구는 하나의 도전이다!
>
> 당신은 인터뷰, 포커스그룹, 관찰, 조사, 프로필이나 웹 검색을 통해 얻은 풍부한 자료에 직면해있다. 당신은 이것을 어떻게 이해하고 정당화할 것인가? 당신은 어떻게 패턴을 찾아내고 설명하고, 주제를 규명하고, 당신이 도출한 결과를 강력하게 전달할 것인가?
>
> 도전에 직면하라!
>
> ○○○는 연구자에게 세계를 선도하는 질적 해결책을 제공한다.

프로그램 개발자와 교과서 저자들은 텍스트 분석을 위한 컴퓨터 프로그램이 그닥 유용하지 않다고 생각할 것이다. "컴퓨터 프로그램은 생각에 적합하지 않다, 그러나 생각을 위한 강력한 보조가 될 수는 있다… 컴퓨터는 자료를 분석하지 않는다; 사람이 한다"(Weitzman & Miles, 1995, p.3).

컴퓨터 프로그램은 인터뷰 필사본의 분석을 용이하게 해줄 수 있다. 이것들은 수백 장의 서면 분석을 오리고 붙이는 데 많은 시간이 소요되는 작업을 "전자가위"로 대체시켰다. 프로그램들은 이후의 분석을 위해서 인터뷰 자료를 구조화하는 데 도움이 되지만, 해석하는 작업과 책임은 여전히 연구자에게 남아 있다. 컴퓨터 프로그램은 메모쓰기, 이후 분석을 위해서 인터뷰 내용에 대한 성찰 작성, 코드화, 키워드 탐색, 단어수 세기, 그래픽으로 보여주

기 등과 같은 기능들을 갖추고 있다. 어떤 프로그램들은 화면상 코드화 기능을 갖고 있고 필사본을 읽을 때 노트를 할 수 있다. 이러한 작업 중 몇 가지는 워드프로세서로도 가능하다.

오늘날 대부분의 컴퓨터 프로그램은 서면으로 작성된 자료를 가지고 작업을 하지만, 새로운 형태의 프로그램들은 소리 기록을 직접 다루기도 한다. 연구자는 인터뷰 상호작용을 직접 들을 수 있고 그것을 코드화하고 텍스트 화면 위에 관계나 해석을 기록하고 나중에 코드화된 소리 시퀀스로 바로 돌아갈 수 있다. 소리를 가지고 직접 작업을 하는 것은 전체 인터뷰를 필사하는 시간과 비용을 절약해주고 앞서 논의한 필사 시 많은 문제점을 건너뛰게 해주며, 연구자가 원본 구두 담화와 밀접하게 접촉할 수 있게 해준다. 그러면 기록되거나 보다 집중적으로 분석된 작은 문구가 선택될 것이다. Poland(2003, p. 284)에 의해 제시된 다른 방법은 우리를 상기시킨다. "테크놀로지는 연구자가 분석을 위해 자료를 준비하는 데 포함된 어려운 해석의 이슈를 건너뛰게 해줄 수는 없다." 그리고 그는 이런 질문도 던졌다. "우리가 진정 다른 방법을 원하는가?"

코딩

오늘날 컴퓨터 분석의 가장 보편적인 방식은 인터뷰 내용의 코드화, 또는 범주화다. 코딩을 할 때, 연구자는 서면 필사본을 샅샅이 읽어보고 관련성 있는 글귀들을 모은다; 그리고 난 후 코드 및 검색 프로그램을 통해 코드화된 글귀들은 재코드화와 코드의 결합이라는 선택사항과 함께 검색될 수 있고 연구될 수 있다. 사회과학에서 코딩과 범주화는 텍스트 자료에 대한 개괄을 얻기 위한 초기 접근방법들이다. 코딩은 나중에 진술에 대한 확인(identification)이 가능하도록 하기 위해 한 분절에 명명을 하나 이상의 키워드를 붙이는 작업이고, 범주화는 정량화를 위해 진술문을 열고 진술문에 대한 보다 체계적인 개념화하는 과정을 포함한다. 그러나 이 2가지 용어는 혼용되기도 한다. 코딩은 근거이론, 개념분석, 인터뷰 기록에 대한 컴퓨터지원 분석 등 다양한 형태에서 중요한 측면이다(Gibbs, 2007 참조).

Glaser와 Strauss가 1967년에 소개한 근거이론 접근에서 코딩은 중요한 역할을 한다. 여기서는 개방코딩(open coding)을 "자료를 쪼개고, 검증하고, 비교하고, 개념화하고 범주화하는 과정"이라고 한다(Strauss & Corbin, 1990, p. 61). 내용 분석과 반대로 근거이론 접근에서 코드는 수량화될 필요는 없으나 다른 코드와의 관련성을 질적으로 분석하거나 맥락과 행동의 결과로 연결될 수 있다. Glaser와 Strauss가 처음에 만들었던 방법은 질적연구자가 코드를 형성하는 연구 과정에 대해 명확한 전략을 제시함으로써 탐구방법에 대한 합법화를 가능하게 하는 것이 중요했다. 근거이론의 목적은 존재하는 이론을 검증하는 것이 아니라 경험적 자료를 통해서 이론을 도출하는 것이다. 이것은 완벽하게 표준화할 수 없는 귀납적이고, 비교를 통한 순환적인 방법이다(Charmaz & Belgrave, 2012). Charmaz (2005)에 따르면 근거이론의 코드는 즉각적이고 짧으며, 인터뷰 참여자에 의해 기술된 행동이나 경험을 정의한다. 목적은 연구하고자 하는 경험이나 행동을 완전하게 설명할 수 있는 범주를 개발하는 것이다. 자료의 예시들은 지속적으로 유사성과 차이점을 비교하고 이것이 새로운 자료 수집과 이론적인 메모(memoranda)를 작성하게 한다. 그런 다음 좀 더 집중적인 코딩이 이루어지고, 점진적으로 기술적인 분석에서 이론적인 수준으로 이동하며, 코딩 과정을 통해서 새로운 관점이나 해석이 발견되지 않는 자료의 "포화"가 유도된다.

Gibbs (2007)는 코딩은 연구자가 다른 코드의 이름을 기록하는 곳에 기록의 어느 부분에 누가 코드를 달았는지, 코딩한 날짜, 사용된 코드의 정의, 그리고 코드에 대한 연구자의 생각을 "코드 메모"를 사용하는 것이 필요하다는 것을 분명히 하였다. 코딩은 개념에서 나올 수도 있고 자료에서 나올 수도 있다. 개념기반의 코딩(concept-driven coding)은 연구자에 의해 미리 개발된 코드나 해당 분야의 문헌에 있거나 일부 자료(material)에서 찾을 수 있는 것을 사용한다. 반면에 자료기반의 코딩(data-driven coding)은 연구자가 코드 없이 시작하고 자료를 읽어서 코드를 개발하는 것을 의미한다(근거이론에서처럼). 원칙적으로 아무 것이나 코드가 될 수 있다. Gibbs는 구체적인 행동, 사건, 활동, 진술, 의미, 규범, 상징, 참여수준, 관계, 상황이나 제약, 결과, 세팅, 반성적(reflexive) 코딩, 그 과정에서 연구자의 역할에 대한 기록과 같은 예를 제안하고 있다.

Box 11.2 코딩: 찬성과 반대

코딩의 장점은 분명하다. 필사본에 대한 세심한 코딩은 연구자가 자료(materials), 특히 방대한 데이터(data)에서 모든 가능한 상세한 내용을 얻을 수 있게 해주고, 매우 도움이 될 수 있는 개요를 제공한다. 초보 분석가에게 코딩은 비교적 쉽게 단계들을 진행하게 해주는 보다 큰 장점이 있다. Harding (2013)은 다음과 같은 단계를 제안한다: 필사본을 읽고 초기 범주를 확인하기, 필사본 옆에 코드를 기록하기, 코드를 검토하고 그에 따라 범주를 수정하기, 각 범주에서 주제와 결과 찾기.

이러한 장점에도 불구하고 여전히 다수의 연구자들은 코딩에 너무 많이 의존하는 것에 대해 경고를 받고 있고 코딩을 금하도록 권고를 받기도 한다(예: St. Pierre, 2008). 이러한 비판들은 코딩이 다중적인 의미를 한 개의 범주로 표현하게 되어 의미가 줄어들 수 있다는 표현주의자 인식론을 재강화한다. MacLure (2013)에 의하면, 코딩은 분석가가 데이터로부터 팔 길이만큼 떨어진 위치에 있게 해서 손상을 준다. 그녀는 "연구자들은 코드를 만들고 다른 사람들은 코드화되기" 때문에 책무성의 윤리를 약화시킨다고 밝힌다(p.168). 코딩은 모든 것을 그것의 경계 안에서 "설명할 수 있게" 한다. MacLure는 구조학자의 관점에서 현실의 말로 표현할 수 없는 본성을 배반하는 것이라고 말한다(p.169).

포스트모던의 관점(Deleuzeian)에서 코딩에 대한 비판이 있은 후에 MacLure는 코딩을 생각하는 것은 "호기심의 캐비넷이나 **방랑자**(*wunderkammer*)에 대한 계속적인 구조"라고 제안한다(2013, p.180). 따라서 코딩의 실제에 인식론적인 문제가 있다 할지라도, 그럼에도 불구하고 후기구조주의자의 관점에서 이것은 분석가에게 의심이나 창의성을 불꽃 튀게 하는 기법이 될 수 있을 것이다. 크래프트(Crafts) 철학에서와 같이 우리는 코딩이 많은 연구 프로젝트에서 인식론적 토대에 근거하지 않고, 사소한 은유와 같이 유용한 도구가 될 수 있다고 말할 수 있다.

Box 11.2에서 우리는 질적연구자들 간에 코딩에 찬성하고 반대하는 지속적인 논의에 대한 스케치를 제공하고 절충안 같은 것에 도달하였다.

종종, 코딩은 범주화를 이끌고, 이것은 긴 인터뷰 진술의 의미가 몇몇 단순한 범주로 줄어드는 것을 의미한다. 코딩이 고정되고 범주가 잘 정의될 때 현상의 발생과 비발생(nonoccurence)은 단순하게 "+"혹은 "-"기호로 표현될 수 있다. 한 의견의 강도는 예를 들면 1~ 7처럼 척도의 한 자리 숫자로 표현될 수 있다. 따라서 범주화는 많은 분량의 인터뷰 기록을 몇 개의 표나 그림으로 축약하거나 구조화한다. 범주는 사전에 개발될 수도 있고 분석 중 또는 후에 도출될 수도 있으며, 이론이나 전문용어뿐 아니라 참여자의 표현에서 나오기도 한다.

연구자의 인터뷰를 범주화하는 것은 다량의 필사본에 대한 개요를 제공할 수 있고 대조와 가설검증을 촉진한다.

Kinsey 등(1948, Box 6.7)의 인터뷰 연구에서, 참여자의 진술들은 보통필기법(in longhand)으로 기록되지 않지만 인터뷰하는 동안 수백 개의 주제로 코드화되고 그것은 인터뷰에 앞서 정의된다. 따라서 거기에는 그 인터뷰의 내용에 대한 질적인 표현은 없고 그 결과에 대한 모든 것은 다수의 양적인 표로 보고된다. 인터뷰 중 코딩은 대상자와의 라포 상실이나 대상자의 일부분에 대한 차단 없이 대화를 하는 것만큼 빠르게 기록하는 것이 가능하게 하므로 인터뷰를 천천히 진행하지 않고도 완전한 히스토리를 확보할 수 있게 해준다. 인터뷰 중 코딩은 대상자가 그 시간에 현재에 있게 하고 특정 시점에 대해 추가적인 명료화 질문을 던질 수 있게 하기 때문에 코딩의 정확성을 높인다. 그 자리에서 코딩하는 것은 대상자의 익명성을 보장하는 것에도 기여한다. 비무작위로 선택한 대상자에 근거한 통계 결과에 대한 비평은 나중에 이루어지기 때문에 그 연구에서 질적 인터뷰를 사용하는 것은 주의집중을 덜 받는다.

「1,000페이지의 질문」에서 시작해서 이 장에서는 질적 분석을 어떻게 준비하는지를 기술하였다. 이러한 준비는 의미나 언어에 초점을 둔 분석 중에서 선택하는 것, 귀납적, 연역적 혹은 가설석 추론법 전략을 채택할 것인지에 대해 결정하는 것, 어떻게 코딩할 것인지를 고려하는 것, 만일 소프트웨어를 사용한다면 어떤 프로그램을 사용할 것인지 결정하는 것이 포함된다. 다음 장에서는 구체적인 분석 접근법에 대한 보다 구체적인 내용을 다룬다.

12장

의미 중심의 인터뷰 분석

분석 도구는 인터뷰 분석을 「1,000페이지의 질문」에 대한 답변에서 설명했던 것보다 접근가능하게 해준다. 이 장과 다음 두 장에서는 분석 도구에 대한 개요와 인터뷰 텍스트를 분석하는 접근법-인터뷰 진행자가 인터뷰를 수행하고 필사하고 인터뷰와 필사본에 대한 다른 분석을 위한 구체적인 요구에 민감하게 하는 주요 목적과 함께-을 제공한다.

이전 장에서는 코딩을 분석의 준비로 설명하였고, 이 장에서는 의미 해석에 초점을 둔다. 코딩이 텍스트를 작은 단위로 쪼개는 동안, 의미해석은 연구자가 의미를 이해할 수 있게 하는 해석학적 층(layer)을 더해서 원래의 텍스트를 확장시킬 것이다. 해석학적 텍스트 해석을 통해서 어떻게 해석자의 선입견과 같은 질문을 해석된 의미 텍스트 공동체(coconstitute)에 넣을 것인가에 대한 질문의 우선성(primacy)을 강조한다. 그러나 우리는 코딩 다음에 의미 응축을 하는 단계를 시작한다.

의미 응축

성적 등급에 대한 인터뷰 분석은 의미 응축(meaning condensation)을 인터뷰 필사본에 근거해서 범주화하는 형태의 하나로 묘사한다. 762페이지에 달하는 30개의 학생 인터뷰는 학교에서 성적이 학습과 사회적 관계에 영향을 미치는가에 대한 가설을 검정하기 위해 범주화되었다. Figure 12.1은 성적 관점의 1개의 주요 차원에 대한 8개의 하위범주를 묘사하고 있다-"교사와의 관계"(다른 주요 차원은 학생, 자아개념, 시간과의 관계, 정서적 관계, 학습동기, 학습 형태와 관련된 것이다). 범주는 교육학 문헌과 예비 인터뷰에서 도출되었고, 이론기반과 자료기반이었다. 범주들은 긴 문장으로 세심하게 정의되었다. 예를 들어 "허세(Bluffing)-학생은 더 좋은 성적을 얻기 위한 목적으로 자신이 더 잘 알고 있다는 인상을 주려고 함"과 "아부(Wheedling)-학생은 더 좋은 성적을 얻기 위해 교사의 동정을 얻으려고 함." 2명의 코더(coders)가 인터뷰를 독립적으로 30개의 인터뷰를 범주화하고 2명의 코딩을 결합하였다. Figure 12.1은 30명의 학생 중 몇 명에게서 8가지 하위범주별로 각각의 발생이 확인되거나 확인되지 않는지를 보여주는 것으로 "교사와의 관계"라는 차원은 일반적으로 성적이 학교에서 사회적 관계에 영향을 미친다는 가설을 지지한다(Kvale, 1980).

Figure 12.1 교사-학생 관계에 대한 범주화

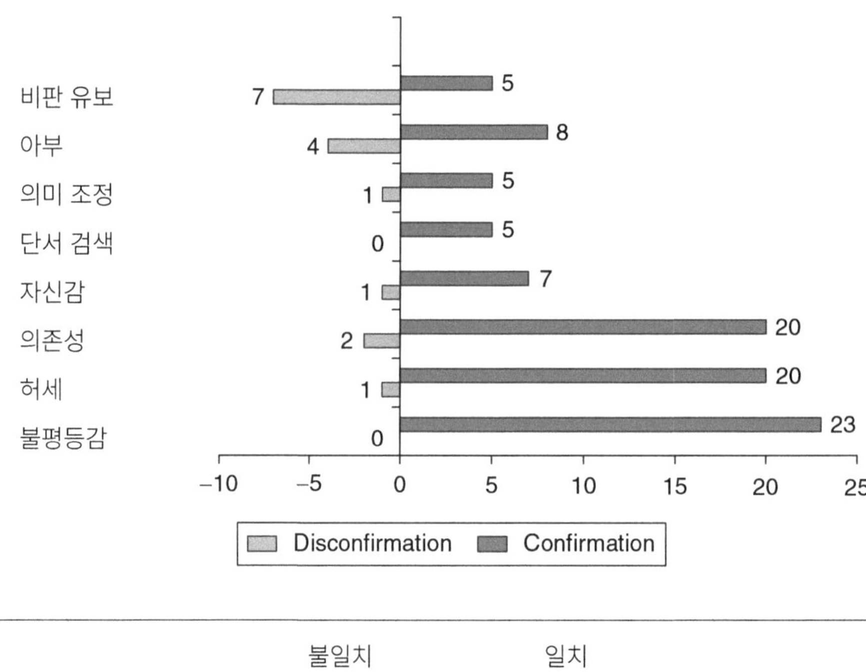

학생 진술의 의미를 범주화하는 것은 몇 가지 역할을 하였다.

- 범주화(categorization)는 광범위하고 복잡한 인터뷰를 구조화해주고 그림으로 제시되었을 때 30명의 학생 중 성적 행동의 발생에 대한 간단한 개요를 제공해준다. 따라서 Figure 12.1에 제시된 8가지 범주로 762페이지에 달하는 인터뷰 필사본에 있는 성적에 대한 태도와 행동을 보고할 수 있다.
- 범주화는 성적이 학습에 영향을 미친다는 가설을 검정할 수 있게 해준다.
- Figure 12.1과 같은 범주화에 대한 개요는 독자에게 질적 분석에서 이용되는 인용문이 전체적으로 어떻게 분석되는지를 보여주고 범주화는 어느 정도 선택적 해석의 균형을 맞추는 역할을 한다.
- 범주화를 통해 남학생 대 여학생, 성적이 높은 학생 대 낮은 학생과 같이 다른 그룹의 성적 행동의 차이를 조사할 수 있다.
- 수량화 또한 성적의 영향에 대해 다른 조사와 비교가 가능하다.
- 범주화 자체가 코더의 신뢰도를 확인할 수 있게 하고 그로 인해 인터뷰 진행자의 신뢰도를 확인할 수 있게 한다.

어느 한 가지 또는 어느 한 가지 결정을 포함하는 범주화를 사용하는 경우, 인터뷰 전에 이루어진 해당 범주에 대한 정확한 정의와 인터뷰 중 범주화된 진술의 분류 방법을 확인하기 위해 세심한 조사를 하는 것이 바람직하다. 인터뷰와 분석을 하기 전까지는 코드나 범주를 개발하지 않는 경우, 인터뷰 중에 코드화하거나 분류할 특정 현상에 대한 풍부한 설명을 얻는 것이 중요하다.

의미 응축은 일반적으로 코딩에 기반하며 요약을 수반한다. 인터뷰 대상자에 의해 표현된 의미를 짧은 공식으로 축소한다. 긴 진술은 말의 주요 의미가 몇 마디로 다시 표현되는 좀 더 자유로운 진술로 압축된다. 우리는 여기서 Giorgi (1975)가 현상학적 철학을 기초로 발전시킨 의미 응축의 한 형태를 예로 들고 있다. 그의 연구주제 측면의 목적은 평범한 사람들의 일상생활에서 무엇을 배우는가를 조사하는 것이었다. 방법론적 목적은 평범한 용어로 표현된 데이터를 체계적으로 다루는 방법과 데이터를 수량적 표현으로 변환하지 않고도 데이터 분석에 엄격성과 규율을 적용할 수 있는 방법을 입증하는 것이었다.

Table 12.1은 2장에서 제시된 학습에 대한 인터뷰가 어떻게 의미 응축이 되었는지를 보여준다. 인터뷰의 분석에는 5단계가 포함된다. 첫째, 전체 인터뷰 내용에 대한 의미를 파악하기 위해 전체적 상황을 파악한다. 둘째, 참여자에 의해 표현되는 본문에 있는 그대로의 본래의 "의미 단위"를 연구자가 결정한다. 셋째, 주제는 자연적 의미 단위를 지배하는 것으로 연구자에 의해 가능한 간단하게 다시 기술되며, 연구자에 의해 이해되는 대상자의 관점에서 그 진술들을 주제화한다. Table 12.1은 이 세 번째 분석단계를 나타낸다. 넷째 단계는 연구의 구체적인 목적과 관련하여 의미단위를 질문하는 것으로 구성된다. 다섯째 단계에서는 전체 인터뷰의 본질적이고 중복되지 않은 주제를 서술적 진술로 묶는다.

이러한 방식의 의미 응축은 자연적인 의미단위를 찾고 그들의 주요 주제를 설명함으로써 광범위하고 복잡한 인터뷰 텍스트를 분석하는 데 도움이 될 수 있다. 이후 이러한 주제들은 보다 광범위한 해석과 이론적 분석의 대상이 될 수 있다. 따라서 Giorgi는 이 연구에서 나타난 학습에 있어서 대인관계의 중요성을 지적하는데, 이는 당시 학습이론에서 다소 무시당했던 현상이었다. 또한 의미 응축이 현상학적 접근에만 국한되지 않으며 다른 질적연구에도 적용된다는 점에 유의해야 한다(Tesch, 1990).

현상학적으로 의미 응축을 한다는 것은 참여자의 일상 언어로 조사된 현상에 대한 풍부하고 미묘한 설명을 얻는 것이 무엇보다 중요하다. 2장에서 개괄적으로 설명한 현상학적 접근에 따라 인터뷰 도중 인터뷰 주제에 대한 인터뷰 진행자의 이론은 "괄호(brackets)"안에 넣어야 한다.

Table 12.1 의미 응축

원 단위	중심 주제
1. 가장 먼저 떠오르는 것은 Myrtis의 인테리어 장식에 대해 배운 것입니다. 그녀는 내가 물건을 보는 방식에 대해 말해주었습니다. 다른 방을 바라보는 그녀의 시각이 바뀌었습니다. 그녀는 당신이 방에 들어왔을 때 적어도 의식적으로 눈에 띄지 않는 수직선과 수평선이 몇 개인지 알지 못한다고 말했습니다. 그러나 실내 장식 분야에서 무슨 일이 일어나고 있는지 알고 있는 사람을 데려가면 올바른 수의 수평선이 있는지 직관적으로 느낄 것입니다..	1. 실내 장식에 있어서 수직선과 수평선의 역할
2. 그래서 저는 집에 갔고 예전에는 인지하지 못했던 거실의 선을 보기 시작했고 가로 및 세로줄의 수를 세었습니다. 기둥... 벽에서 튀어나온 것처럼 이전에는 수직으로 생각한 적이 없었습니다. (웃음)	2. 대상자는 그녀의 집에서 수직선과 수평선을 찾아본다.
3. 그러다 거실 디자인에 문제가 있는 것을 발견했습니다. 가로줄이 너무 많고 세로줄이 충분하지 않았습니다. 그래서 나는 물건을 옮기고 모양을 바꾸려고 노력했습니다. 나는 몇 가지 가구를 옮기고 여러 개의 틈새를 꺼내고 특정 줄을 강조되었던 것을 원래대로 돌리고... 이건 정말 다르게 보였습니다.	3. 대상자는 거실에 너무 많은 수평선이 있다는 것을 발견하고 모습을 변화시키는 데 성공한다.
4. 남편이 몇 시간 후에 돌아왔을 때, "거실 좀 봐요. 모든 게 달라졌어요."라고 말하는 나는 몹시 흥분되어 있었지요. 내가 배운 내용을 알지 못하는 남편은 나와 똑같은 방식으로 거실을 바라보지는 않았어요. 그는 물건이 옮겨진 것은 보았지만 그것이 수평선은 덜 강조하고 수직선을 더욱 강조한 것이라는 사실을 말로 표현하지 못했어요. 그래서 나는 내가 무엇인가를 학습했다는 사실을 느끼게 되었지요.	4. 남편은 이유를 알지 못한 채 거실이 달라졌다는 것만을 인정했다.

출처: Giorgi (1975). "An Application of Phenomenological Method in Psychology,"in A. Giorgi, C. Fischer, & E. Murray (Eds.), *Duquesne Studies in Phenomenological Psychology* (Vol. 2, pp. 82-103), Pittsburgh, PA: Duquesne University Press.

의미 해석

의미 해석(Meaning interpretation)은 인터뷰 텍스트의 명확한 의미를 구조화하는 것을 넘어서서 텍스트의 좀 더 깊이 있고 다소 사색적인 해석으로 나아간다. 의미 해석은 시나 영화에 대한 비평가의 해석, 환자의 꿈에 대한 정신분석학적 해석 등 인문학에서는 널리 퍼져 있다. 해석자는 텍스트에서 즉각적으로 드러나지 않는 의미의 구조와 관계를 직접적으로 말하는 것을 넘어선다. 범주화에 의해서 문장이 탈맥락화되는 것과는 대조적으로 해석은 더 넓은 참고문헌의 틀 내에서 그 문장들을 재맥락화한다. 범주화와 응축은 다른 축소 기법과 비교했을 때 해석은 텍스트 확장으로 이어지는 경우가 많은데, 그 결과는 해석된 원래 진술보다 훨씬 많은 단어로 표현되는 텍스트 확장이 일어날 수 있다(예: 9장에서 Hamlet의 인터뷰 해석과 11장에서의 1,000페이지의 질문처럼).

텍스트의 의미 해석은 다양한 접근법을 포괄한다. 여기서 우리는 먼저 치료적 예시에서 여러 가지 해석을 예로 제시하고, 그런 다음에 텍스트의 의미에 대한 해석학적 접근법을 제시하고, 마지막으로 연구자가 인터뷰 텍스트에 제기하는 질문들과 관련하여 의미 해석을 논의한다.

다중 해석의 이슈

Hamlet의 인터뷰에 대한 질 평가는 Hamlet의 주도적인 질문들이 믿을 수 없는 지식으로 이어지는지 신뢰할만한 지식으로 이어지는 것인지, 혹은 인터뷰에서 속는 것이 Polonius인지 Hamlet인지 등 인터뷰의 읽기가 얼마나 다른 결과를 낳는지를 보여주었다. 여기서는 어떤 체계적인 의미의 해석 방법도 행해지지 않았다. 1,000페이지 분량의 질문에 대한 해석은 여러 가지 잠재적인 의미를 펼쳐 놓았고, 여기서 방법론적 접근법이 설명되었다. 우리는 이제 가족 치료의 예를 들어 다중 해석의 이슈를 다룬다.

Box 12.1 Susan의 미소

다중 해석의 이슈는 치료 시 가족 상호작용에 관한 한 사례에 의해 제기된다. 그것은 치료사 그룹이 비디오로 촬영된 치료 세션을 보고 논평하는 것에 대한 내러티브 형식으로 진행된다. 어느 시점에서 딸 Susan은 수수께끼 같은 미소를 지었었다. 이러한 비언어적인 표현의 의미에 대한 관찰자들 간의 토론은 6가지의 각기 다른 해석으로 이어졌는데, 이는 또한 인터뷰 해석이라는 이슈를 강조하는 것일 수도 있다.

한 치료사가 그 미소는 비꼬는 것이라고 제안함으로써, 개인의 행동은 개인 내면의 어떤 것에 기인한다는 표현의 패러다임을 불러일으켰다. 그때 그 그룹 중 한 명이 Susan이 아버지가 그녀에게 돌아서서 손을 내밀면서 "나는 Susan이 우릴 사랑한다고 생각해. 우리도 분명히 그녀를 사랑하고" 라고 말하자마자 웃었다는 점을 지적하면서 두 번째 해석을 제시했다. 이제 그 미소는 아버지의 말에 대한 반응이라고 볼 수 있다. 더 관찰해보면 세 번째 해석이 나오게 된다. Susan이 미소를 지은 후에 어머니는 그녀에게 돌아서서 말했다. "너는 우리가 무엇인가를 해주려고 한다는 사실을 고맙게 여기지 않는구나." 이제 그 미소는 어머니의 질책을 유발하기 위한 자극으로서 해석된다. 이 세 가지 설명에서, Susan의 미소는 표현으로, 반응으로, 그리고 자극으로 해석되었다. 첫 번째는 고립된 Susan에 중점을 두었고, 두 번째는 사전의 맥락과 부녀관계를 고려했고, 세 번째는 이후의 맥락과 모녀관계를 포함시켰다.

개인 간의 상호작용을 더욱 강화함으로써 나온 네 번째 해석은 3명의 가족이 서로에게서 뒤로 물러서는 행동을 했다는 것을 염두에 두고 있다. Susan이 웃었을 때 그녀의 아버지는 얼굴을 돌리고 침묵했고, 어머니가 그녀를 질책하기 시작했을 때 Susan도 비슷한 반응을 보였다. 다섯 번째 해석은 그 테이프를 다시 한번 되돌려보고 치료사들이 Susan이 웃었던 순간과 비슷한 사건들을 발견했을 때 제시되었다. 아버지가 접근했을 때 이전에 두 가지의 상호교환이 있었는데, Susan은 웃었고 어머니는 질책했다. 이것은 배우가 쓰여지지 않은 대사를 따라서, 사전에 준비된 시나리오에 맞춰서 상호행동하는 것처럼 이 가족 내에 프로그램되어있는 상호작용이 있다는 것을 지적했다. 개인 중심적인 시각에서 문화적 해석으로 이동하는 이 해석에서 볼 때, Susan은 웃는 것이 아니라 자신이 가족들이 하는 연극에서 자신에게 기대된 역할이기 때문에 웃는 것이었다. 여섯 번째 해석은 비록 Susan의 미소가 아버지의 접근에 대한 반응이긴 했지만, 그것은 본질적으로 반응이 아니었다. Bateson의 용어로, 그 미소는 아버지의 말에 대한 전이였고, 그녀의 전이된 대화는 자신의 아버지의 개입을 벗어나는 것이었다.

Susan의 미소에 대한 여섯 명의 치료사들의 해석을 언급하면서 Scheflen (1978, p. 59)은 어떠한 모델도 지지하지 않았다. "이것은 보통 각기 다른 교리학파에서 반대되는 진리로 제시된 것이지만, 이들은 모두 한 가지 관점이나 또 다른 관점에서 볼 때 모두 전략적으로 유용한 것이다." 다양

(계속)

> 한 양식의 설명은 치료과정 내내 전략으로 의도적으로 이용될 수도 있고, 부인하거나 무시하고, 투사하고 비난하는 습관적인 경향을 바꾸기 위해서 전략적으로 도입될 수도 있다. "가족 치료 과정에서 우리의 고객들은 우리로부터 다수의 접근방법들을 배우고 그들의 경험을 바라보고 이해하기 위한 좀 더 유동적이고 포괄적인 전략으로 끝을 맺는다."(p. 68)

치료 세션 중에 수수께끼 같은 미소를 짓는 Susan의 경우가 Box 12.1에 요약되어 있다. 치료 순서는 개인 간 상호작용에서 모호하고 불확실하며 불안정한 의미의 본질을 나타내며, 이는 또한 질적연구 인터뷰에서 생성된 의미와 관련이 있을 수 있다. Susan이 지은 미소의 의미에 대해 논하는 치료사들은 치료와 이론으로부터 새로운 맥락이 도출됨에 따라 계속해서 새로운 해석을 제시한다. 서로 다른 해석들이 반드시 모순되는 것은 아니다. 그것들은 모호한 행동의 의미를 풍부하게 하는 것으로 보일 수 있다. 치료 세션에서 그것들은 모두 어떤 형태로든 유효할 수 있으며, 습관적인 상호작용의 형태를 바꾸는데 있어서 가족을 돕는 치료적 업무에 유용할 수 있다.

의미에 대한 해석학적 해석

우리는 이제 수 세기 동안 지속되어 온 인문학의 해석학적 전통으로 눈을 돌린다. 텍스트의 해석, 특히 성경과 법률, 문학적 해석의 변천을 다루기 위해 노력해왔다. 우리는 몇 가지 유익한 해석들을 개략적으로 설명함으로써 시작한다.

Box 12.2 해석에 대한 해석학적 규범

첫 번째 규범(canons)은 부분과 전체 사이의 연속적인 전후 과정을 포함하며, 이것은 해석학적 순환(hermeneutical circle)에서 비롯된다. 텍스트 전체에 대한 모호하고 직관적인 이해로부터 시작하여, 텍스트 전체의 다른 부분을 해석하고, 이러한 해석에서 해당 부분은 다시 전체와 관련된다. 해석학적 전통에서 이 순환은 "악순환"으로 간주하지 않고 오히려 연속적으로 존재할 가능성을 내포하는 "생산적인 순환(circulus fructuosis)", 즉 나선형으로 보여지는데, 이는 의미에 대한 이해가 지속적으로 깊어질 가능성을 내포하고 있다. 문제는 의미 탐색이 원형에서 벗어나는 것이 아니라 올바른 방법으로 원 안에 들어가는 것이다.

두 번째 규범은 논리적 모순이 없는 텍스트의 내적 통합인 "훌륭한 게슈탈트(good Gestalt)"에 도달했을 때 의미 해석은 끝난다는 것이다.

세 번째 규범은 텍스트의 전체적인 의미와 동일한 저자에 의한 다른 텍스트에 대한 부분 해석의 검정이다.

네 번째 규범은 텍스트의 자율성이다. 텍스트는 텍스트 자체가 주제에 대해 무엇을 기술하고 있는지를 설명함으로써 그 자체의 참조 틀에 기초하여 이해되어야 한다.

다섯 번째 규범은 텍스트의 주제에 대한 지식과 관련이 있다.

여섯 번째 규범은 텍스트의 해석은 무전제적인 것은 아니라는 것이다. 해석자는 그가 살고 있는 이해의 전통을 "밖으로 뛰어넘을" 수 없다. 그러나 텍스트의 해석자는 자신의 전제조건을 명시적으로 만들려고 시도하고 텍스트에 대한 질문의 특정 공식으로 이미 어떤 형태의 답이 가능한지를 결정하는 방법을 의식하려고 시도할 수 있다.

일곱 번째 규범은 모든 해석은 혁신과 창조성을 수반한다는 점이다. "모든 이해는 더 나은 이해이다(Jedes Verstehen ist ein Besserverstehen)". 해석은 즉시 주어지는 것 이상으로 나아가고 텍스트의 새로운 차별화와 상호관계를 제시하여 그 의미를 확장시킴으로써 이해를 풍부하게 한다.

출처: Adapted and extended from *Contemporary Schools of Metascience* (p. 218), by G. Radnitzky, 1970, Gothenberg, Sweden: Akademiforlaget

Box 12.2에서, 우리는 3장에서 언급한 인문학에서의 텍스트 해석의 해석학적 전통 안에서 발전된 해석의 몇 가지 통로를 간략히 설명했는데, 이것은 인터뷰 텍스트에 대한 다중 해석으로 제기되는 이슈들을 명확히 하는 데 도움이 될 수 있다고 생각한다. 해석학적 원칙은 종교, 법률 및 문학 텍스트에 대한 유효한 해석에 도달하기 위해 추구되어 왔다(Palmer, 1969 참조). 해석학(hermeneutics)은 단계별 방법을 포함하지는 않지만, Box 12.2에 제시된 통설과 같이 텍스트를 해석하는 오랜 전통에서 유용하게 발견되는 일반적인 원리를 설명하는 것임을 명심해야 한다. 해석학이 텍스트의 해석을 위해 특정한 기술을 포함해야 하는지, 아니면 해석학이 주로 존재의 의미에 대한 일반적인 질문인지에 대한 논쟁의 여지가 더 있다. Gadamer (1975)의 전통에서는 해석학이 하나의 방법이라는 것이 명백하게 거부되고, 그 대신 이해는 인간 존재에 대한 기본적 방식으로 상정된다. 다음 섹션에서 우리는 해석학의 방법론적 함의를 추구한다.

해석에서 질문의 우선성

인터뷰 분석에 대한 일반적인 반대의견은 다음과 같다. "다른 해석자는 같은 인터뷰에서 다른 의미를 발견한다. 따라서 인터뷰는 과학적인 방법이 아니다." 동일한 인터뷰 구절에 대해 유사하지 않은 해석이 일반적으로 발생하는 경우는 거의 없지만 발생하기는 한다. 이 반대의견은 진술은 단지 하나의 정확하고 객관적인 의미를 가지고 있다는 점에서 객관성에 대한 요구를 수반하며, 분석의 과제는 이 하나뿐인 진정한 의미를 찾는 것이다. 그러한 불변의 요구와는 달리, 해석학, 포스트모더니즘적 사고는 정당한 해석의 다원성을 허용한다.

분석에서 텍스트에 제기될 수 있는 여러 개의 질문이 있으며, 서로 다른 질문이 다른 의미로 이어진다. 연구자의 가정은 텍스트에 제기된 질문을 입력하여 후속 분석을 코드화한다. 우리는 Susan이 짓는 미소의 의미가 새로운 맥락에 따라 어떻게 다르게 해석되는지, 관련 문맥의 선택이 다른 이론적 관점에 속하는 질문을 제시하는지 보았다. 이제 텍스트의 분석을 위한 질문의 유형에 대한 몇 가지 해석학적 구분이 뒤따른다. 첫 번째 질문은 저자의 의미와 독자의 의미와의 관계에 관한 것이다. 텍스트 해석의 목적은 저자가 의도한 텍스트의 의미를 이해하는 것- Ibsen이 그의 연극 *Peer Gynt*를 통해 진정으로 말하고자 했던 것-을 얻기 위한 것인가? 아니면 오늘날 이 텍스트가 우리에게 주는 의미를 분석하기 위한 것인가? 인터뷰의 해석에는 관련된 구별이 포함된다 - 분석의 목적이 예를 들어, 성적에 대한 개별 학생들의 이해에 도달하기 위해 성적에 대한 인터뷰를 분석하는 것? 아니면, 연구자가 학생들의 설명을 통해, 교육 시스템의 성적 의미에 대한 보다 광범위한 해석을 발전시키는 것이 목적인가?

해석상의 또 다른 이슈는 예를 들어 법적인 텍스트와 같이 서신 형태의 텍스트인지 그것의 "정신"인지에 관한 것이다. 표현된 의미 또는 의도된 의미에 도달하는 것이 중요한가? 인터뷰 연구에서, 이것은 해석이 이루어져야 하는 수준에 대한 문제가 된다. 인터뷰가 명시적 수준에서 분석되어야 하는가? 아니면 "깊이 있는 해석학"처럼 정신분석적으로 주제에 대해 명시적으로 의식하지 않는 잠재의식에 도달하려는 목적이 있는가?

의미에 대한 해석은 때때로 무엇이 잘못되었는지에 대한 불신 속에 깊이 빠진다. 그래서 Hamlet의 인터뷰는 다른 플레이어의 말과 행동에 대해 만연한 불신을 표출하는 것으로 읽혀졌으며 "각 방향에 대한 단서 찾기"라는 대화를 이끌어냈다. "의심의 해석학"에 있는 진술은 정신분석적 해석자가 말한 것 아래에 있는 무의식적인 힘을 찾거나 마르크스주의 해석자들이 정치적 진술 뒤에 있는 이데올로기적 계급의 관심사를 찾는 경우와 같이 명백하게 말한 것 이외의 것을 의미하는 것으로 비판적으로 해석된다.

세 번째 이슈는 문학적인 텍스트나 성서 이야기에 대한 올바른 하나의 해석이 존재하는가, 혹은 해석의 합법적인 다원성이 존재하는가에 대한 주요 질문을 내포하고 있다. 따라서 신약성서의 복음서는 한 가지 정확한 해석을 가지고 있다고 말할 수 있는가, 아니면 본질적으로 모호하고 다른 해석에 열려 있다고 말할 수 있는가? 인터뷰 분석을 통한 정당한 다원적 해석 원칙이 받아들여지면 통역사 합의의 엄격한 요건을 부과하는 것은 무의미해진다. 그렇다면 중요한 것은 다른 독자들이 해석을 검정할 수 있도록 해석에 들어가는 증거와 주장을 명시적으로 공식화하는 것이다.

최근 인터뷰 연구에서 주요 문제는 다양한 분석과 해석의 부족이 아니라, 텍스트에 대한 연구질문을 분명하게 설명하는 것이 부족하다는 점이다. 우리는 여기서 편향된 주관성(biased subjectivity)과 시각적인 주관성(perspectival subjectivity)을 구별할 수 있다. 편향된 주관성은 단순히 엉성하고 신뢰할 수 없는 작업을 의미한다. 연구자들은 자신의 의견을 뒷받침하는 증거만을 주목하고 자신의 결론을 정당화하는 진술들을 선택적으로 해석하고 보고하며, 반박을 간과한다. 다른 관점을 채택하고 같은 텍스트에 다른 질문을 제기하는 연구자들이 의미에 대해 다른 해석을 할 때 시각적 주관성이 나타난다. 텍스트에 대한 독자의 다른 관점을 명시할 때, 다른 분석들도 이해할 수 있어야 한다. 여러 관점의 해석에 대한 이러한 주관성은 약점이 아니라 인터뷰 연구의 결실과 활력을 증명하게 될 것이다.

네 번째 이슈는 주제를 어떤 측면에서 분석하고 어떤 맥락에서 질문해야 하는지에 관한 문제이다. 해석학적 텍스트 해석, 정신분석학 연구, 그리고 심리학적 인터뷰 조사도 종종 개인의 의도와 경험에 대한 개인주의적이고 이상주의적으로 초점을 맞추는 경우가 많다. 사람들이 살고 있는 사회적, 물질적 맥락에 대한 경시가 있었다. 그의 정치적 행동에 대한 Robespierre의 이유와 "정신 분석(psychoanalyzing)"에 대한 Sartre의 비판을 참조하기 바란다(Box 13.3). 그러나 인터뷰 방법은 인간 상황의 사회적, 경제적 측면을 소홀히 할 필요가 없다. 인터뷰 연구에 이런 이상주의적 또는 개인주의적 경사를 부여하는 것은 많이 사용되어 온 상황이다.

인터뷰 텍스트에 대한 분석적 질문

분석과정에서 텍스트에 대한 질문과 답변의 관계는 성적에 대한 다음과 같은 인터뷰 진술의 해석과 함께 설명된다.

> 나는 누군가가 어떤 주제에 평소보다 더 관심이 있는 것처럼 보이고 "이것은 정말 흥미롭다"고 말하면서 많은 질문을 하고 설명을 원한다면, 누군가 이것을 아부("비위맞추기")라고 말할 것이다. 내 생각에 그건 아닌 것 같은데...
>
> 학년 말에 (선생님으로부터) 성적을 받지만 학년 말에 시험이 없는 종교 교육에서는 다른 것에 대해서 이야기를 할 시간이 얼마든지 있다. 글쎄, 사람들은 이 수업 시간에 숙제를 하고, 때로는 우리 중 둘 또는 셋이 선생님과 재미있는 것에 대해 토론한다. 그런 다음, 그 후에, 가끔 누군가가 "글쎄 말이야, 누군가 아부를 하는 것 같아."라고 말하는 일이 일어난다.
>
> (인터뷰 후반에, 다른 학생들에 대해서) 우리는 때때로 그들이 아부하기 위해서 하는 것인지 아닌지 알 수 없지만, 다른 때는 매우 기회주의적으로 보인다(긴장된 목소리로).

오히려 불쾌하다... 사람들이 아부를 하는 것인지 아니면 그저 관심만 있는 것인지 알아내기란 쉽지 않다.

이 여고생의 진술은 교사와 학생 간의 관계에 대한 채점의 영향에 대한 정보가 풍부하다. 그러나 그녀의 발언이 무엇을 의미하는지 확실히 알 수 없다. 한 줄의 탐구는 세 가지 해석적 맥락, 즉 자기 이해, 비판적 상식적 이해, 그리고 이론적 이해의 맥락에서 텍스트의 의미를 다룬다.

해석의 맥락은 Table 12.2의 왼쪽 열에 제시되어 있으며, 가운데 열과 오른쪽 열에는 타당화 대상군 및 형식이 제시되어 있고 15장에서 다시 설명된다.

Table 12.2 해석의 맥락과 타당화 대상군

해석의 맥락	타당화의 커뮤니티	타당화의 방식
자기 이해	인터뷰	구성원 타당화
비판적 상식적 이해	일반 대중	청중 타당화
이론적 이해	연구 커뮤니티	동료 타당화

자기 이해(*Self-understanding*). 여기서 해석자는 참여자 자신이 이해한 것을 응축된 형태로 형식화하여 진술의 의미를 찾아낸다. 해석은 연구자가 이해할 수 있는 것과 같이, 인터뷰 대상자의 진술의 의미를 자신의 관점에서 다시 한번 응축하는 형태로 대상자의 자기 이해에 어느 정도 국한된다. Giorgi가 사용하는 의미 응축과 학년 인터뷰의 분류는 대상자의 자기 이해의 맥락 안에서 이루어졌다.

앞서 진술에 나온 학생은 종교에 관심이 많고 선생님과 토론하는 것을 즐기지만, 그녀는 다른 학생들이 이것을 음흉한 것으로 여길지도 모른다는 인상을 가지고 있다. 다른 상황에서, 그녀는 다른 학생들이 아부하려고 했는지 또는 그들이 실제로 그 주제에 관심이 있는지 결정하는 데 어려움을 겪는다. 그녀는 이런 애매모호함을 다소 불쾌하게 느낀다.

비판적 상식적 이해(*Critical Commonsense understanding*). 여기에서의 해석은 상식적인 이해의 맥락에 머물면서 대상자의 자기 이해 -그들 자신이 어떤 주제에 대해 경험한 것과 그 의미는 무엇인지 - 에 대한 재구성 그 이상이다. 따라서 분석은 대상자 자신보다 폭넓은 이해 프레임을 포함할 수 있으며, 언급된 내용에 비판적일 수 있으며, 진술의 내용이나 작성자에 초점을 맞출 수 있다. 따라서 앞에서 언급한 경쟁의 부정(10장)에 대한 진술서에 대한 해석은 학생의 자기 이해를 뛰어넘어 많은 부정의 비판적 상식적 읽기를 포함하여 가능한 확증을 나타내는 것을 포함한다.

진술 내용에 대한 일반적인 지식을 포함시킴으로써 진술에 대한 해석을 확대하고 풍부하게 하는 것이 가능하다. "아부 현상에 대해서 진술이 무엇을 표현하고 있는가?"라는 물음에 대해서는, 여학생의 진술은, 성적에 의해 만들어진 교사-학생 관계의 기본적인 모호성을 나타내는 것으로 해석될 수 있다. 성적 우위적 관점에서, 대상자 주제와 학교 내의 인간관계는 "도구적"이다. 가능한 가장 높은 점수를 목표로 하는 단순한 수단이 된다. 교실에서 학생들이 주제에 대해 표현된 관심이 진짜인지, 아니면 단지 성적 향상을 위해 선생님에게 "아부하는" 수단인지 애매하게 보일 수 있다.

본문에 기재된 질문들 또한 인터뷰 대상자에 대한 진술이 무엇을 표현하는지 질문하면서 당사자에게 초점을 맞출 수 있다. 앞서 나온 진술에서 "학생의 아부에 대한 학생 자신의 관계에 대해 무엇을 표현하고 있는가?"라는 질문은 이 여학생이 이중 잣대를 들이댄다는 해석으로 이어질 수 있다. 교사와 흥미롭게 이야기를 나누는 동일한 활동은 다른 사람에 의해 수행될 때보다 이 여학생 자신에 의해 수행되었을 때 더 긍정적으로 평가된다. 그 주제는 그녀에게 갈등과 관련이 있다. 그녀의 목소리는 긴장되어 있고, 추측할 수 있는 해석은 그녀가 다른 사람들이 구슬렸다고 비난한 그 학생 그룹에 속해 있다는 것이다.

이론적 이해(*Theoretical understanding*). 세 번째 맥락에서는 진술의 의미를 해석하기 위해 이론적 프레임이 적용된다. 그다음 해석은 대상자의 자기 이해를 넘어서고, 정신분석적 이론이나 마르크스주의 사회이론을 통합할 때와 같이 상식적인 이해를 넘어서는 경향이 있다.

다소 추측적인 해석에서, 정신분석학적 개념인 "투사"를 사용할 수 있다. 무의식 수준에서 그 학생은 그녀 자신의 용납할 수 없는 아부 행동을 다른 학생에게 투사하는 한편, 그녀 자신도 그것을 부정한다. 마르크스주의 이론에서는 학교 시스템에 대한 체계를 통화로서의 성적을 가지고 노동을 임금화하는 사회로 보고(Bowles & Gintis, 1976; Kvale, 1972), 아부에 대한 진술은 학교에서 "상업적 특성"을 갖는 학습에 대한 표현으로 해석될 수 있다. 학생들은 - 학습에 대한 성적을 통해서- 자신의 작업에 대한 사용가치와 교환가치를 구별하는 방법을 배운다. 교사에게 던지는 그들의 질문은 제시된 지식을 더 잘 이해하기 위한 효용적 관심에 이끌릴 수 있다. 질문들은 또한 도구 교환 관계의 일부일 수 있다. 그들이 관심 있는 질문에 대한 지식은 학생들에게 본질적인 사용 가치가 없으며, 그 질문들은 교사에게 긍정적인 인상을 주는 목적에 한해서 - 더 높은 등급으로 교환될 수 있는 인상만을 제공할 뿐이다. 그러므로 학생들은 학교에서 그들의 작업의 사용가치를 교환가치에 종속시키는 것을 배운다.

해석적 맥락에 대한 상호관련성(*Interrelatedness of Interpretational Contexts*). 분석을 위한 세 가지 해석적 맥락은 연구자의 관점에 대한 서로 다른 해석에서 도출되며 다양한 형태의 분석으로 이어진다. 맥락은 더욱 차별화될 수 있으며, 서로 합쳐질 수도 있다. 앞서 상식적인 맥락에서 논의되었던 학습에 대한 도구적 태도-높은 학점에 대한 단순한 수단으로서의 지식-도 교육에 대한 사회학적 이론과 마르크스주의적 이론으로부터 도출된다. 이 연구에 참여한 일부 덴마크 학생들에게 이러한 수단-종말적인 사고는 자기 이해의 개방적인 부분이었다. "내 관심사는 고등학교에서 일어나는 것과는 매우 거리가 멀었다. 가능한 한 시험을 잘 치르기 위한 명시적인 목적을 가지고, 최소한의 노력으로 이곳에 간다." 앞에서 제시된 해석의 세 가지 맥락은 진술에 제시된 분석적 질문을 명시하는 데 도움이 된다. 한 학생의 아부에 대한 설명은 우리의 분석에서 많은 해석을 낳았다. 다양한 결과의 해석은, 현재의 관점에 따르면, 무모하거나 주관적인 것이 아니라 텍스트에 대한 다른 질문에 대한 응답으로 이어진다.

인터뷰와 필사에 대한 함의. 의미에 대한 광범위한 해석을 위해 인터뷰 중 중요한 해석 질문뿐만 아니라 풍부한 설명과 뉘앙스가 있는 설명이 유리하다. 일부 해석의 경우, 10장에서 학생의 많은 경쟁 거부를 비판적으로 읽을 때와 같이 상세한 구어적 설명이 필요할 수 있다.

“진정한 의미”의 추구

인터뷰의 의미를 분석할 때, 인터뷰 연구자들에게 물어보는 일반적인 질문은 “당신은 그 사람이 정말로 의미하는 것이 무엇인지 어떻게 알 수 있는가?”와 같은 것이다. 이에 대한 매력적인 대답인 “당신이 말한 ‘정말로 의미하는 것’이라는 것은 무엇을 의미하는 것입니까?”는 아마도 위의 질문에 대한 적절한 답이 될 것이다.

“진정한 의미”라는 질문의 의미를 추측하는 것은 광부가 매장된 귀중한 금속을 캐내는 것으로 이해한 객관적 기법에 의해 발견되고, 오염되지 않은 몇 가지의 기본적인 의미 덩어리가 어딘가에 존재한다는 믿음을 함의한다. “진정한 의미”라는 질문은 가상의 존재에 대한 끊임없는 추구를 이끌어내는 선도적인 질문이다. 진정한 의미의 탐구는 몇 년 전에 철학에서 끝이 났다. 인터뷰 연구자들은 여전히 그들의 대상자의 경험의 진정하고 진실한 의미를 찾아 기러기 추적을 계속할 수도 있다. 심리치료사들은 아직도 환자의 무의식적인 정신의 깊은 내면 속에서 진정한 의미를 파고 있는지도 모른다. 그러면 치료사와 환자 모두 진실을 발견하거나 “채굴”해야 할 것으로 생각하고, 대상자와 함께 사회적으로 구성되는 것으로는 생각하지 않는다. 3장에 제시된 포스트모던 접근법은 고착된 진정한 의미를 찾는 일을 그만두고 서술적 뉘앙스나 차이점, 그리고 역설 등을 강조한다. 서로 다른 해석자들이 인터뷰 스토리의 다른 의미를 구성한다는 것은 문제점이 아니라 인터뷰 연구의 결실이자 미덕이다.

원래 인터뷰 대화에서 의미에 대해 개별적으로 저장된 개념에서 의미에 대한 상호관계적 개념으로 전환하면서 - 독자들이 인터뷰 텍스트와 대화할 때 - 인터뷰 대상자와 연구자 간의 사회적 관계와 권력의 비대칭이 더욱 분명해진다. 인터뷰 진행자는 자신이 선택한 맥락 안에서 해석하면서 인터뷰와 인터뷰에 구성된 의미를 소유하고 있는가? 아니면 인터뷰 진술의 원 “저자”는 그들의 이야기의 해석과 의사소통에 있어서 발언권을 가져야 하는가? 이것은 해석의 타당성뿐만 아니라 윤리와 권력, 권리와 타인의 진술에 의미를 귀속시킬 수 있는 힘에 대한 이슈다. 인터뷰 연구는 “훌륭한 해석자”로서 인터뷰하는 사람이 대상자의 살아있는 세계의 의미를 수용하고, 좀 더 기본적인 현실에 대한 표현으로서 이론적 스키마로 그것들을 재분류하는 의미의 “전문화(expertification)”의 위험도 포함하고 있다.

우리는 해석의 중심성을 다루고 의문을 제기하는 Box 12.3으로 의미 해석에 관한 이 장을 끝맺겠다.

Box 12.3 해석: 찬성과 반대

의미 해석은 수십 년 동안 인문학과 사회과학의 질적 코너에서 절대적으로 중심적이었다. 해석학적 철학자 Paul Ricoeur는 인생은 "해석되지 않은 한 생물학적 현상에 지나지 않는다"고 주장해왔다(Ricoeur, 1991, p. 28). 의미 해석은 인간의 삶을 생물학적이고 동물적인 상태에서 정신 상태와 자기의식의 상태 같은 것으로 끌어올린다. 의미와 해석이 없는 인간의 삶은 순수한 생물학이다. Ricoeur는 인간의 삶을 구성하는 행동의 의미는 우리가 소설을 해석할 때 맥락적이고 문자적인 관계를 통해 텍스트가 의미를 얻는 방법을 고려하는 것과 같은 방식으로 해석되어야 한다고 주장했다. 사회생활과 관련하여 Clifford Geertz (1973)의 유명한 문화에 대한 정의는 -역사적으로 전달된 의미의 패턴으로서- 같은 방향을 가리키고 있다. 의미(예: 물질화된 상징, 의식, 예술 작품)는 인간의 사회생활의 핵심이며, 그 의미를 해석함으로써 문화를 이해하는 것은 핵심적인 사회과학 방법이다.

하지만 일부 인문학자들은 사람들이 의미에 너무 많이 집중해왔다고 걱정한다. 유명한 페미니스트 작가 Susan Sontag은 1964년 초 에세이 "Against Interpretation"에서 우려를 제기했다(Sontag, 1990).

비록 예술을 이해하는 방법에 대한 논의로 구성되어 있지만, 그녀의 주장은 질적인 연구의 맥락에서도 관련이 있다. 그녀에 의하면 해석은 "어떤 코드를 설명하는 마음의 의식적인 행동, 특정한 해석의 규칙"을 의미한다(p. 5). 따라서 Sontag에 의하면 해석은 일부 X (예: 인터뷰 진술)가 "실제로" Y (p. 5)를 의미한다는 것을 독자에게 보여주는 번역 행위이다. 이것은 매우 전형적이며 책에서도 널리 퍼져있다. 예를 들어 즉각적인 차원을 넘어서기 위해 어떤 것의 의미를 이론적 틀로 해석하는 것. Sontag는 예술이 단순히 우리를 놀라게 할 때 예술의 본질을 배신할 것이라고 위협하고 있으며, 그녀는 Oscar Wilde의 말을 인용한다. "외모만으로 판단하지 않는 것은 천박한 사람들일 뿐이다. 세상의 신비는 보이지 않는 것이 아니라 보이는 것이다"(p. 3). 그녀는 계속해서 "해석하는 것은 세상을 고갈시키고 의미의 그림자 세계를 세우는 것"(p. 7) 이라고 말하면서, 대안으로, 형식(예술에서는 일반적으로 인간의 표현이 될 수 있다)과 좀 더 서술적인 자세에 더 주의를 기울일 것을 권고한다.

문학이론가인 Hans Ulrich Gumbrecht는 이와 비슷한 맥락에서 논쟁을 벌여왔다. 그의 저서 *Production of Presence: What Meaning Cannot Convey* (2004)에서 Gumbrecht는 의미나 해석에 반대하는 것이 아니라, 그가 존재라고 부르는 해석보다 더 깊고 더 즉각적인 인간관계(그리고

(계속)

우리가 대상과 마주치는 것)에 층이 있다고 주장한다. 사람의 목소리가 우리를 흔들리게 하거나 음악에 감동할 때, 우리는 비해석적 관계로서 이런 존재감을 경험하게 된다.
Gumbrecht의 의견과 같이 우리는 의미 해석과 존재에 대한 묘사는 모두 인문학(질적)에서 자리를 차지하고 있지만 연구자들은 때때로 존재의 층에 더 많은 주의를 기울일 수 있다는 것을 발견한다. 이것은 말하기는 쉽지만, Murakami가 도쿄 가스 테러 피해자와의 인터뷰(Box 5.3)를 기술할 때, 인터뷰 연구에서 어떻게 현장감을 발휘해서 작업하는지에 대한 분명한 예를 보여준다. 여기서 우리는 글쓰기에 대한 서정적인 접근법을 발견하는데, 글쓰기에 대한 서정적 접근법은 눈에 보이는 것을 "넘어서거나" 숨겨진 의미를 찾기 위해 존재하는 것을 해석하는 것이 아니라, 가능한 한 상황을 이끌어내고 보여주기 때문에, 경우에 따라 이러한 장점을 가지고 있는 글쓰기에 대한 서정적인 접근법을 발견한다(여기서 우리가 서정적 접근법이라고 부르는 것에 대한 설명은 Box 13.2 참조).

13장

언어 중심의 인터뷰 분석

인터뷰 과정은 말을 통해 이루어지며, 인터뷰 결과물은 단어로 표현된다. 인터뷰 연구자가 작업하는 매체, 또는 재료는 언어다. 지난 수십 년 동안, 사회과학 분야 질적연구자들은 언어철학의 영향을 받아 인문학 분야에서 개발된 언어적 도구를 사용하여 언어자료를 분석하기 시작했다. 여기에는 언어 분석, 대화 분석, 내러티브 분석, 담화 분석, 해체(탈구조) 등이 포함되는데, 이제 우리가 인터뷰 분석과 관련하여 예를 들어 논하려고 한다. 언어와 대화 분석은 주로 언어 구조에 초점을 맞추고 있지만, 후자의 분석 형태는 언어 구조와 의미 모두를 다룬다. 여기서 우리는 분석 모드가 인터뷰 텍스트의 의미와 언어에 대한 다양한 개념과 분석 자료에 대한 다른 질문을 어떻게 유도하는지 그 방법을 탐색한다.

언어 분석

인터뷰는 언어적 상호작용이고 인터뷰의 산물은 언어 텍스트이다. 언어 분석(Linguistic analysis)은 언어의 특징적인 사용, 문법 및 언어적 형식을 다룬다. 따라서 언어 분석은 인터뷰 대상자의 능동적이고 수동적인 음성, 개인적이고 비(非)인칭 대명사, 시간적 및 공간적 참조, 묵시적인 화자와 청취자 위치 및 은유법을 연구할 수 있다.

성적에 관한 연구의 예는 언어적 형태의 중요성을 보여준다. 그 분석은 연구자의 언어적 능력에서 비롯된 것이 아니었지만 학생들의 진술을 범주화하는 실질적인 문제로 대두되었다. 대부분의 성적 관련 경험과 행동은 보통 1인칭 형식으로 서술되어 있었지만, “점수가 불공평하다고 생각한다” 그리고 “교사를 엄포했다”와 같은 몇몇 활동은 항상 “그들이 아부했다” 또는 “누군가 아부했다”와 같은 3인칭 형태로 기술되어 있었다. 만약 연구자가 그때 인칭 대명사의 차이에 더 민감했다면, 우리는 인터뷰에서 “누군가 아부한다”와 같은 모호한 표현을 더 조사해서 그것이 화자를 지칭하는지 다른 학생들을 언급한 것인지 분명히 했을 것이다. 인칭 대명사의 모호한 사용은 인터뷰 연구자나 다른 학생을 지칭하는 것으로 분류할 때 방법상의 문제가 되는 반면, 덴마크 고등학생들 사이에서 허풍 대 아부에 대한 사회적 수용과 반대되는 많은 지표들 중 하나로 연구주제에 중요했다.

인터뷰의 언어적 특징에 주목하는 것은 진술의 의미를 생성하고 검증하는 데 모두 기여할 수 있다. 인칭 대명사의 예와 같이 문법적 형태의 다양한 용도의 중요성을 이해하는 한편, 언어적으로 훈련된 독자는 즉시 언어적 표현을 찾아내고 뉘앙스를 찾아낼 수 있게 되는데, 이는 진술의 의미를 해석하는 데 중요할 수 있다. 언어학의 기법을 질적연구의 “통계”로 적용하는 것에 찬성하는 주장도 제기되었다(Jensen, 1989). 인터뷰 연구의 언어적 매체에 더 많은 관심을 기울이면서, 우리는 아마도 사회과학연구자들이 인터뷰 텍스트에 직면해서 양적 데이터를 분석할 때, 언어학자를 컨설턴트로 사용하는 것을 볼 수 있을 것이다.

인터뷰와 필사에 대한 함의. 언어적 형태에 주의를 기울이면 인터뷰 질문의 정확성이 향상되고 참여자의 언어 사용에 대한 민감성을 증가시킬 수 있다. 인터뷰 상호작용에 대한 체계적인 언어적 분석을 수행하기 위해서는 상세한 구어 필사와 언어 훈련도 필요하다.

대화 분석

대화 분석(Conversation analysis)은 대화의 상호작용을 연구하는 방법이다. 대화 분석은 상호주관적 이해가 만들어지고 유지되는 언어적 상호작용의 구조와 과정을 연구한다. 민속방법론(Ethnomethodology)(Garfinkel, 1967)에서 영감을 얻은 대화 분석은 실용적인 언어이론을 의미한다. 그것은 말과 문장이 무엇을 하고, 행위자들이 그들의 맥락과 상황을 구성하기 위해 어떻게 언어를 사용하는가, 그리고 진술의 의미가 어떻게 받아들여지고 그것이 특정한 사회적 관행에서 어떤 역할을 하는가에 관한 것이다. 대화 분석은 1960년대 Sacks 등의 전화 통화 연구에서 시작되었으며, 그 이후로 의사-환자 간 상호작용, 치료 세션, 뉴스 인터뷰와 같은 다양한 실천적 대화에 이용되어 왔다. 이 방법론적 "대화 분석"은 Bourdieu 등이 텍스트를 읽는 것에 대한 좀 더 일반적인 의미에서 사용하는 "대화 분석"과는 다르다 (Box 6.3).

대화 분석은 대화 중 상호작용의 세부적인 사항을 분석하고 이것은 테이프 레코더의 출현과 함께 일반적으로 가능하게 되었다. 대화 분석은 대화의 순서, 특히 순서 전환 시퀀스와 방향 전환 오류에 대한 교정에 초점을 맞춘다. 관심의 초점은 진술에 나오는 화자의 의도가 아니라 특정 음성 분절이 성취하는 내용이다. 결과적으로, Box 10.2에 제시된 전화 통화 대화 분석 결과는 다음과 같다.

> E는 분명히 그녀를 방문한 후 M에게 전화를 했다. 그녀는 그 사건과 참석했던 M의 친구들에 대한 일련의 '평가'를 제공한다. E의 평가는 비교적 강렬하고 일종의 스타카토 방식으로 진행된다. 첫 번째 두 사건과 친구들은 일반적으로 오-가 앞에 붙은 소리로 받아들여진다... E는 계속한다... Pat에 대한 평가는 M이 "예"로 뒤따르고, 그런 다음 다소 낮은 수준의 평가를 받는다. "11세?"와 "예 예쁘지 않아요?", "아, 예. 예쁜 아가씨인 것 같네.", "예", 이런 평가와 접수(receipt)로 이루어지는 "작업"은 "감사(gratitude)와 감사(appreciation)를 우아하게 보여주고 받는 것"으로 얼버무릴 수 있다(ten Have, 1999, p. 4).

따라서 대화 분석은 앞에서 설명한 해석을 깊이 있게 하면서 화자의 언어적 상호작용과 밀접한 관련이 있다. 노동집약적인 필사와 음성 시퀀스의 분석은 대화 분석을 많은 양의 인터뷰 자료의 분석을 위한 일반적인 방법으로 제외한다. 그러나 대화 분석은 인터뷰에서 선택된 중요한 부분과 관련이 있을 수 있으며, 인터뷰에서의 상호작용의 미묘함을 알 수 있도록 인터뷰 연구자를 훈련하는 것이 유용할 수 있다.

대화 분석 도구를 사용하여 인터뷰 자료를 분석할 수 있는 방법을 설명할 수 있는 또 다른 예가 있다. 담론심리학자 Derek Edwards (2004)는 이 접근방식의 이론적 원리(대화 분석의 심리학 버전)를 다음과 같이 제시한다. 첫째, "분석적인 심리학자들은 분석이 사람들의 진정한 믿음과 태도를 드러낼 수 있다는 결론을 피한다"(p. 32). 대신에, 그들은 직접적인 상황적 상호작용("보고"가 아닌 "설명")인 대화로 접근하고, 사람들이 심리적 현실에 도달하기 위해 말하는 것을 "꿰뚫어 보려고" 하지 않는다. 둘째, 담론심리학자들은 인간의 이야기에서 "모순, 불일치, 모호성"에 초점을 맞추고 중요하고 흥미롭게 (상호)작용한다(p. 33). 그들은 결함 있는 데이터의 표시와 같은 특징을 보지 않는다. 셋째, 그들은 모든 대화를 수행적인 것으로 접근하며, 심지어 가장 평범한 종류의 대화일지라도 어떤 종류의 대화든 그것이 일어나는 상황적 행동의 관점에서 모든 말을 분석하는 데 전념한다.

뉴질랜드에서 이루어진 인종 차별에 대한 인터뷰 연구에서 Edwards 다음과 같은 예를 제시하였다(Edwards, 2004).

1. R: 보통은 그렇지. 좋아, 그 논쟁은 마오리인(Maoris)이 결코 이해하지 못하는 것에 대한 것이다.
2. 그 일은 괜찮지만 네가 봐. ㅎㅎ 그들이 인터뷰를 보러 왔을 때.
3. I: 네
4. R: 그가 **뭘** 입고 **어떻게** 앉아 있는지?
5. I: 예~
6. R: 그가 **어떻게** 말하고 있어 > 그래, 내 말뜻을 알겠지 <
7. 리셉션에서 전화를 그렇게 받는 것은 아무 도움이 안 되지 "예
8. g'day 'ow are ya"((뉴질랜드의 강한 억양))
9. I: 예(0.4) [음 흠
10. R: [내말은 그들이 누군가-(0.4) 즉
11. 그들의 고객에게 아에에에 대한 정보를 제공할 것이다.
12. I: 맞아(.) [음 흠
13. R: [**냄새나는** 점원이 있는 **가게**에서 쇼핑하기 원치 않아

Edwards에 의하면 이 사례에서 인터뷰는 방법론적으로 관련이 있다. 왜냐하면 일상적인 인종차별에 대해 "자연적으로 일어나는 대화"(대부분의 대화 분석가들이 선호하는)를 얻기가 어렵기 때문이다. 발췌문의 "R"은 응답자, "I"는 인터뷰 담당자이다. 이 필사본에는 화자가 특정 단어를 강조하는 방법, 단어 사이에 일시 중단 시간, 대화의 흐름에서 다음 화자가 중단하는지에 대한 자세한 정보가 담겨있다. Edwards는 이와 같은 대화는 이성적이거나 우발적으로 도달한 견해를 철회함으로써 "편견에 대한 무장해제에 대비하는 동안 사람들 집단의 부정적인 시각"을 유지하는데 사용된다는 분석에 도달한다(Edwards, 2004, p. 40). 예를 들어, 그는 독자의 주의를 2행으로 향하게 하는데, 여기서 그 부분은 "네가 봐. ㅎㅎ 그들이 인터뷰를 보러 왔을 때"는 그가 말하는 대본성(scriptedness)("인터뷰를 보러 왔을 때") 뿐만 아니라 어떤 이벤트의 경험적 근거("네가 봐")에도 어필한다. 그것은 말하는 사람뿐만 아니라 누구나 마오리인에 대해 집단으로 볼 수 있는 것을 표현한다. Edwards의 분석에 따르면, 이것은 편견과 인종적 담론이 작용하는 한 가지 방법이다. 그는 또한 철저한 인종차별주의자는 아닐지라도 인종차별적인 여러 가지 메커니즘을 언급한다(예: 소수 집단에 대한 "사실적 주장"은 마지못해 도착했을 때 편견이 (대안이 없는 현실에 의해 강요된 것으로) 어떻게 수행되는지를 말한다).

담론 분석 분야의 일부 연구자들은 대화 분석의 장점에 대해 회의적이다. 따라서 Parker (2005, p. 91)는 "텍스트 경험론"을 비판한다. 즉, 필사본에서 직접 볼 수 있는 것만을 다룰 수 있고, 따라서 권력과 이데올로기는 제외할 수 있으며, 또한 그가 "무의미한 재설명"이라고 보는 것도 연구자들이 더 자세한 방법으로 필사본에서 말하는 것을 단순히 반복하는 것이고, 겉보기에는 엄격한 대화 분석이라는 전문용어는 흐려진다.

필사에 대한 함의. 어떠한 구두 교환도 대화 분석의 주제가 될 수 있기 때문에 인터뷰 진행자에 대한 특별한 요구사항이 없다. Box 10.2의 필사본에서 볼 수 있듯이, 대화 분석에 익숙해지기 위해 인터뷰 내용을 어떻게 필사해야 하는지에 대한 매우 구체적이고 정교한 요구사항이 있다.

내러티브 분석

내러티브는 이야기이다. 내러티브 분석(Narrative analysis)은 텍스트의 의미와 언어적 형태에 초점을 둔다. 이 분석은 시간적, 사회적 구조와 인터뷰 이야기의 줄거리를 다룬다. 사람들이 말하는 내러티브의 구조는 1920년대 러시아 동화 구조에 대한 Propp의 분석을 시작으로 수십 년 후에 Greimas와 Labov가 그 뒤를 이어 인문학에서 연구하였다. 동화의 구조에서 주된 대상의 위치는 공주의 형태로 대상을 찾는 주인공인 왕자에 있을 수도 있다. 가는 도중에 왕자는 조력자뿐만 아니라 반대자와 마주치게 되고, 그 많은 장애물을 극복한 후에 왕자는 왕으로부터 공주와 왕국의 반을 받는다. Greimas는 이 구조를 사용하여 다양한 장르의 내러티브 구조와 관련된 액터 모델을 고안하였다.

내러티브 분석은 인터뷰 중에 이야기한 내용에 초점을 두고 그들의 구조와 줄거리를 작성한다. 만약 자연스럽게 이야기가 전달되지 않는다면, 인터뷰를 통해 확산된 많은 에피소드로 일관된 내러티브가 만들어질 수도 있다. 이 분석은 또한 여러 다른 대상자들이 들려준 많은 이야기들을 하나의 인터뷰에 대해 흩어진 이야기보다 더 풍부하고 응축되고 조리 있는 '전형적인' 내러티브로 재구성하는 것일 수도 있다. 의미 응축과 마찬가지로, 내러티브 분석은 토착 언어에 머물러있는 경향이 있다.

Mishler가 학교에서 목공 프로그램을 중퇴한 가구 장인-예술가와 인터뷰한 내러티브 시퀀스는 Box 8.3에 제시되어있다. 또한 이전 장에서 실내 장식을 배우는 것에 대한 인터뷰는 자연스러운 내러티브 형식을 가지고 있었는데, 이는 Giorgi가 이야기한 인터뷰의 응축을 의미하지는 않는다. 인터뷰 연구설계에 관한 6장은 연속적인 감정적 악화에 대해 구성된 내러티브를 소개하고 있고, 이어서 인터뷰 탐구의 7단계를 통한 선형 진행에 대한 이상적인 이야기가 이어진다.

내러티브는 여러 가지 방식으로 분석될 수 있으며, 여기서는 구조, 플롯, 장르에 대한 분석을 언급한다. 언어적인 의미에서, 내러티브 분석은 이야기된 내용과 요소들이 시간적으로 어떻게 연결되는가에 초점을 둔다. Labov는 내러티브 분석을 위한 표준 언어 체계를 제시하였다(Labov, 1972; Labov & Waletzky, 1967). 이 틀을 분석에 사용하면 내러티브를 구체적으로 상호연결된 요소로 세분화하여 내러티브의 구조를 강조할 수 있다. 즉 (1) 내러티브에 대한 요약을 제공하고 대화의 전환점(conversational turn take)의 틀에 삽입하는 **초록**, (2) 내러티브의 시간, 장소, 행위자, 활동에 대한 청취자의 **지향성**, (3) **내러티브의 중심적인 세부사항을 포함하는 복잡한 행위**, (4) 중심 세부사항의 **평가**, (5) 내러티브 시간 프레임을 요약하고 현재로 되돌리는 **코다(coda)**이다(Murray, 2003).

이러한 구성요소 중 앞의 4개는 다음에 나오는 Box 13.1에 설명되어 있다. Labov는 1973년 미시건주 사우스 라이언스 출신의 73세 남자와의 인터뷰를 토대로 한 내러티브를 "The First Man Killed by a Car in This Town"이라고 한다.

Box 13.1의 배열 순서는 구조 분석을 나타내지만, Labov 또한 내러티브의 의미나 줄거리에 대한 분석을 제공하고 있다.

> 우리는 평가 부문에서 제시된 주요 관점의 측면에서 이 내러티브를 이해하는 데 어려움이 없다 [⋯]. 대도시 변호사가 문제이며, 그 책임은 분명히 술에 취한 변호사에게 있는데, 그는 경상을 입고 탈출했다. 해설자는 작은 마을 사람인 자신이 운전기사와 크고 현대적이고 멋진 자동차를 가진 이 도시 사람들을 비난함으로써 곤경에 처할 수도 있다는 사실에 대해 농담을 한다. 그것은 미국 문화에서 가장 친숙한 주제인 대도시 사람들의 정교함, 부패, 무능에 대항하는 작은 마을 사람들의 순진함, 정직성, 능력이다(Labov, 2001, p. 4).

내러티브 연구자들은 일반적으로 이야기에서 나타나는 줄거리를 식별하기 위해 노력해 왔다. 줄거리는 내러티브의 순서가 무엇인지, 모더니스트 이야기의 기본 줄거리는 여행을 하고, 대회에 참가하고, 고통을 견디어내고, 완성을 추구하고, 가정을 설립하는 것으로 여겨졌다. 구조와 줄거리 분석 외에도, 내러티브 분석은 또한 이야기의 장르를 확인하는 것을 목표로 할 수 있다. 따라서 고전 문학 모델은 코미디, 로맨스, 비극, 풍자의 네 가지 장르를 구분한다(Murray, 2003, 개요 참조).

Box 13.1 마을에서 자동차 사고로 죽은 최초의 남자: 내러티브

초록

여기서 차에 치여 죽은 첫 번째 남자에 대해 말해 볼까요...
글쎄, 그건 내가 말할 수 있어요.

지향성

그-어-전에-전에 그들은 이 동네에서 정말로 차를 가지고 있었어요.
내 생각에 그것은 판사-Sawyer-판사였어요. 어흐
나는 그가 앤아버에서 판사였다고 알고 있어요.
그리고 그는 변호사인 아들이 있었어요.

복잡한 행동

그리고 이 아들은-아마도 술에 취했던 것 같아요.
    왜냐하면 그는 운전사와 함께 마을을 통과했기 때문에
    그 오래된 관광차 한 대랑 말이에요, -알지-
    지붕이 열려 있고 모든 것, 큰 차, 첫 번째 차.
그리고 그들은-그들은 밤에 마을을 통과해서 오거든요.
그리고 그들은 꽤 빨리 갔지요, 아마,
그리고 그들은 여기에-어
    폰티악 흔적이 도로에서 우회전하거나 좌회전하는 곳
그들은 턴을 할 수 없었어요
그리고 그들은 왼쪽으로 돌았어요
도랑 위에 기울어졌고,
핸들이 이 사람의 심장에 부딪혔고, 이 운전사는,
그를 죽였어요.

평가

그리고-어-다른 녀석은 그의 엄지손가락을 부러뜨렸고-
    술에 취한 변호사 [ㅎㅎ]
그들은-그들은 술 취한 남자는 [웃음] 절대 이해하지 못한다고 말했어요 [웃음].
아마도 이 말은 해서는 안 될 것 같아요,
내가 곤란해질 수 있어요.

출처: Adapted from *Uncovering the Event Structure of a Narrative* (pp. 3–4), by W. Labov, March 2001, a paper given at the Georgetown Round Table. Retrieved May 24, 2007, from www.ling.upenn.edu/~wlabov/uesn.pdf

Box 13.2 내러티브: 찬성과 반대

인문학과 사회과학 분야의 많은 연구자들은 수십 년 동안 인간의 삶이 저장되어온다고 주장해 왔는데, 이것은 내러티브가 우리가 어떻게 생각하고 행동하고 느끼고 살아가는지를 이해하고 표현하는 열쇠가 된다는 것을 의미한다. 따라서 인간의 삶에 대한 질적연구에서는 많은 이유에서 내러티브 접근을 선호한다. 그러나 다른 형태의 질적 분석과 마찬가지로 내러티브 접근법에도 한계가 있다. 예를 들어 Stephen Frosh (2007)는 정신분석학적 관점에서 '내러티즘'을 비판하면서, 인간 경험의 모든 측면이 다소 일치된 내러티브에 깔끔하게 들어맞는 것은 아니라고 주장했는데, 인간 대상자들이 단순히 내러티브를 통해서 통합되는 것이 아니라 조각으로 단편화되어 있기 때문이다. Frosh는 인간 대상자가 "절대 전체가 아니며, 항상 부분적인 추진력, 사용가능한 경험의 방식을 모방하는 사회 담론, 심신을 가로질러 재생하는 힘의 변화를 반영하고 모순되는 존재 방식을 반영한다"는 생각을 옹호한다(p. 638). Frosh는 우리가 내러티브 분석을 포기하는 것을 원하지 않고, 오히려 질적연구자가 인간 경험을 기술할 때 해체주의자(deconstructivist) 파편화와 내러티브 통합의 변증법을 고수하기를 원한다. 질적연구는 그가 말한 것처럼, "한편으로는 경쟁적인 담론을 통해 인간대상자가 있는 그대로 이해된다는 해체주의적 체제"와 "다른 한편으로는, 대상자의 통합성이 분석의 시작과 끝에 모두 받아들여지는 인간주의적 체제"사이의 긴장 속에 존재한다(p. 639).

좀 더 급진적으로, Abbott (2007)은 자신이 "서정적 사회학"이라고 칭하는 것을 옹호하고 "내러티브에 반대"한다고 주장했다. 그는 주류인 "분석적 사회과학과 1990년대의 새로운 내러티브는 단순히 같은 것의 다른 버전, 즉 한 사례의 변수에 배우가 다른 이야기"라고 주장한다. Abbott에 따르면 서정적 접근은 내러티브가 아닌 심오한 의미에서 이루어진다고 한다. 어떤 사건을 보도하는 내러티브와 달리 서정적인 글들은 사태를 표현하기 때문이다. 서정에는 이야기가 없고, "다시 설명하고, 설명하고, 이해하는 것이 아니라 사회현실에 대한 분위기인 정서를 전달하기 위해 하나의 이미지를 사용하는 것이다"(p. 73). 우리에게 무슨 일이 일어났는지를 말하고 설명하려고 하는 내러티브 작가와는 달리, 서정적인 작가는 "사회 과정의 어느 부분에 대한 강렬한 반응을 우리에게 말해주는 것을 목표로 한다"(p. 76). 플롯라인(plotline)과 내러티브에 의해 정확하게 통합되지 않는 포스트모던 세계를 단편적으로 묘사하기 위해서는 서정적 접근이 필요하다고 말할 수 있다. 내러티브 접근은 장점이 있지만, 질적연구자들은 서정적으로도 의사소통할 수 있고 인간 경험의 세계를 단도직입적인 구조화된 내러티브로 축소시키지 않는 것이 중요하다.

Box 13.2에 인간 및 사회과학의 질적인 내러티브 접근에 대한 찬반 논쟁을 제시하였다. 내러티브 전환이 많은 질적연구자들에게 도움이 되었다는 것에는 의심의 여지가 없지만, 모든 것을 내러티브로 또는 내러티브를 통해서 이해할 수 있다는 결론으로 이끌면 안 된다.

인터뷰와 필사에 대한 함의. 내러티브에 대한 인터뷰는 8장에서 설명되었는데, 구체적인 에피소드에 대한 질문과 시간적 구조와 사회적 구조에 대해 정교화가 강조된다. 필사할 때 내러티브는 Mishler의 장인의 이야기 속에 있는 스탠자(stanzas)와 Labov의 자동차 이야기의 부제목과 같이 내러티브 형태에 접근할 수 있도록 하는 방법으로 텍스트 레이아웃을 실험할 수 있다.

담론 분석

담론 분석(Discourse analysis)은 진실도 거짓도 아닌 담론에서 어떻게 진리 효과가 생성되는가에 초점을 맞춘다. Foucault (1972)의 권력 관계에 대한 담론 분석은 후기 형태의 담론 분석에 영감을 주었다. Parker는 담론을 "특정 사회의 결속에 대한 언어의 조직"이라고 정의한다(2005, p. 88). Parker의 담론 이론에서의 접근법은 이데올로기 연구와 밀접하게 관련된다. 이데올로기는 아이디어의 조직적인 집합체로서, 담론 분석은 그러한 아이디어들의 집합체가 어떻게 생산되고 실제로 작동하는지를 밝혀내려고 시도한다. 담론 분석은 언어가 다양한 사회적 결속을 만들고 유지하며 파괴하는지에 대해 연구하며, 3장에서 개략적으로 설명한 사회적, 언어적으로 구축된 인간 세계에 대한 포스트모던 관점과 일치한다. 그것은 현재와 현재에서 수행되는 행동, 실천, 행동의 원시성을 강조한다는 측면에서 실용주의와 맥을 같이 한다. 담론은 불연속적인 관행이며, 그것은 때로는 서로를 무시하거나 배제하는 것과 동시에 서로 교차하고 접촉하는 것이다. 8장에서는 대화 분석에서 영감을 얻은 인터뷰 시퀀스가 제시되었는데, 이는 인터뷰 진행자와 학생의 학습에 대한 담론을 분산시키는 것으로 분석되었다.

어떤 측면에서는 현재 대중적인 담론적 시각은 마르크스주의 철학에서 발견되는 것과 같은 모순에 대한 변증법적인 강조점에 가깝다(Parker, 2005). 여기서는 변증법적 사고의 다면적인 선에 대한 몇 가지 측면을 개략적으로 설명한다.

Box 13.3 담론과 변증법

변증법(Dialectics)은 내적 모순, 즉 일반적인 것과 구체적인 것 사이의 모순, 외모와 본질 사이의 모순, 양적과 질적 사이의 모순을 연구하는 것이다. 모순의 발전은 변증법적 철학에 따르면 변화의 원동력이다.

변증법적 유물론(Dialectical materialism)은 물질적, 경제적 삶의 모순이 사회적 관계와 의식의 기초라는 근본적인 가정을 포함한다. 인간의 의식과 행동은 계급사회와 그 힘과 생산의 관계라는 구체적인 사회학적 상황 안에서 연구된다. 인간과학의 대상들은 다면적이고 모순적인 것으로 간주하되 지속적으로 변화하고 발전하면서 내부적으로 대립되는 것으로 구성된다. 인간은 세상에 반응하여 행동하고, 그것을 변화시키며, 그들의 행동의 결과에 의해 다시 변화한다.

담론적 관점이나 변증법적인 관점에서 인터뷰를 할 때, 사람들은 개인 그 자체의 측면이 아니라 역사적인 담론의 관행 측면으로 표현하는 모순에 관심이 있다. Sartre (1963)는 *The Problem of Method*에서 마르크스주의, 실존주의 및 정신분석학 사이에서 중재하려는 시도로 이러한 점을 설명했다. 정신분석학의 개별화 접근법에 대한 그의 비평은 현재의 많은 개인주의 인터뷰 연구와 관련이 있다. "누군가가 자신의 행동의 모순이 상황의 객관적 모순에 의해 조건화되었다는 것을 이해조차 하지 못한 채 Robespierre를 정신분석하는 위업을 얼마나 많이 시도했는가"(p. 60). 마르크스주의의 환원주의를 객관화하는 Sartre의 병렬적 비평도 언급될 수 있을 것이다. "Valéry는 의심의 여지 없이 소시민(petit bourgeois) 지식인이다. 그러나 모든 소시민 지식인이 Valéry인 것은 아니다"(p. 56).

담론 접근법과 변증법적 접근법은 동일하지 않다. 왜냐하면 전자는 전형적으로 건설주의 관점을 수반하는 반면 후자의 접근법은 보다 객관적주의적이고 현실주의적이다. 그러나 담론과 변증법적 접근법 모두 모순과 새로운 것, 무엇이 되어가고 있고 개발 중인가에 대해 강조점이 있다. 모순을 통해 개발된 사회세계에 대한 개념을 가지고 사회세계에 대한 진정한 지식을 얻기 위해서는 새로운 발달 경향을 발견하는 것이 중요하다. 현상유지에 대한 통계적 평균이나 대표 사례는 상황에 맞는 상황으로 발전하는 새로운 경향보다는 덜 중요하다. 사회현실이 그 자체로 모순된다면 사회과학의 과제는 사회적 상황의 실제 모순을 조사하고 그것들을 서로 대립시키는 것이다. 즉, 사회적 과정이 본질적으로 모순된다면 모순을 배제한 경험적 방법은 모순된 사회현실을 밝혀내는 데 타당하지 않을 것이다.

Box 13.3에서, 우리는 담론 연구에서 모순의 중요성, 즉 담론 연구들이 변증법적 접근방식을 공유하는 것을 보여주고자 했다. 담론 분석에서 이야기 자체는 우선성(primacy)을 가지고 있다.

> 참여자의 담론이나 사회적 텍스트는 태도, 사건 또는 인지 과정과 같은 텍스트를 "넘어서" 이차 경로가 아니라 **그들 자신의 권한**으로 접근된다. 담론은 투명한 정보 채널이 아닌 강력한 행동 지향 매체로 취급된다.
>
> 따라서 전통적인 사회심리학 연구에 대한 중요한 질문들은 관련성이 없어진다. 예를 들어, 우리는 일부 사람들이 소수 민족에게 그들의 "진정한" 태도를 드러내고 있는지, 또는 축구장에서 일어나는 일에 대한 팬들의 설명이 "정확한" 것인지를 묻는 것이 아니다(Potter & Whetherell, 1987, p. 160).

담론 분석적 관점에서, 연구 인터뷰의 타당성에 대한 몇 가지 흔한 반대의견은 그렇게 해소된다. 이것은 진정한 개인적 의미에 대한 질문과 관련이 있는데 - "인터뷰의 진의를 어떻게 알 수 있는가?"- 객관적 현실 질문뿐 아니라 - "인터뷰 대상자가 객관적 상황에 대해 진실된 설명을 한다는 것을 어떻게 아는가?" 인터뷰의 신뢰성에 대한 지속적인 우려는 서로 다른 인터뷰 진행자가 각자 다른 결과를 얻는다는 것이었다. 만약 대상자들이 서로 다른 인터뷰 진행자들에게 자신을 다르게 보여주고, 또한 교체하는 중에 그들의 의견을 바꾼다면, 인터뷰는 신뢰할 수 있고 객관적인 지식을 만들어내지 못한다.

이러한 반대는 본질적으로 안정적인 핵심인물의 표현으로서의 태도나 자아 표현과 같은 연구주제의 개념에 근거할 수 있다. 이와는 대조적으로, 담론적 이해는 태도와 자아를 사회적 상호작용에서 나오는 담론적인 행위와 퍼포먼스에서 나온 것으로 상호관계적으로 구성되는 것으로 취급한다. 이러한 현상은 다양한 인터뷰 진행자마다 상황에 따라 다를 수 있으며, 인터뷰는 자신의 다양한 사회적 표현을 조사하기 위한 민감한 방법이다. 그러므로 태도와 자아 -안정적인 진정한 본질 또는 사회적으로 구성되고 다소 유동적인 것-의 다른 인식론적 개념에 따르면 인터뷰는 매우 신뢰할 수 없거나 정교하게 조정되고 타당한 방법으로 나타난다.

담론 분석의 분명한 예는 백인 뉴질랜드인(Pakeha)의 "문화", "인종", "국가"의 건설에 대한 Wetherell과 Potter (1992)의 담론 연구이며, 이것은 앞서 언급한 Edwards (2004)와 많은 부분을 공유한다. 저자들은 평등주의적인 담론조차도 인종주의와 차별에 기여할 수 있다고 결론지었다. Wetherell과 Potter는 1970년대 인종 담론에서 현대 사회의 문화적 담론에 이르기까지 전반적으로 담론의 변화를 발견했다. 그들은 문화가 변하지 않고 전통적인 문화로 구성되는 것을 다음의 예에서 볼 수 있는, 서로 다른 문화적 담론을 확인하였다.

> Williamson: 나는 그들이 자신의 문화에 매달리는 것이 중요하다고 생각한다 (네). 왜냐하면 내가 생각해 보면, Pakeha 뉴질랜드인은 문화가 없기 때문이다 (네). 나는, 내가 아는 한, 그는 그의 많은 것인 (네) 럭비, 레이싱, 맥주가 아니면 하나도 (네) 가진 게 없다. 하지만, 마오이인은 분명히 알다시피, 그들이 하는 몇 가지 확실한 것들을 가지고 있다. 그리고 (네). 아니, 나는 그들의 문화를 고수하라고 말한다(Wetherell & Potter, 1992, p. 129).

Potter와 Wetherell은 이 인터뷰 구절과 다른 인터뷰 구절을 해석해서 마오이인은 문화와 정치를 분리하여 이데올로기적 효과가 있는 구조인 그들의 가치를 위해서 "박물관 안내원"으로 구성된다고 해석한다.

담론 분석에는 여러 가지 접근방식이 있으며, 어떤 접근방식은 형식적이고 기술적이며 덜 규정된 접근방식도 있다. Parker (2005, p. 92)는 연구자가 담론 분석 작업에 참여할 때 텍스트에 제기할 수 있는 네 가지 질문을 토대로 하는 비공식적 접근법을 지지한다. 그 텍스트는 왜 홍미로운가? 그것이 구성된 재료에 대해 우리는 무엇을 알고 있는가? 텍스트에 대한 다른 독해 효과는 무엇인가? 텍스트는 권력의 패턴과 어떤 관련이 있는가? 아래의 짧은 예시(이 경우에는 농담)는 질문의 중요성을 설명해 준다.

> Thatcher 여사는 각료들과 함께 식당에 간다. 그녀는 웨이터에게 치킨을 먹을 것이라고 말한다. 웨이터가 "채소는 어때요?"라고 묻자 그녀는 "그들도 치킨을 먹을 거야"라고 대답한다(Parker, 2005, p. 93).

Parker의 분석을 요약하면, 우리는 먼저 왜 그 텍스트가 홍미로운가? 질문할 수 있다. 일반적으로, 분석을 요구할 때 텍스트의 어느 부분이 비틀거리는 것은 우연의 일치가 아니다.

질적연구자들은 대개 그들의 선입견에 도전하거나, 연구문제와 관련하여 곤혹스러워 보이거나, 아니면 그저 어떤 식으로든 두드러지는 측면들을 분석하기 위해 선택하며, 종종 그럴 만한 이유가 있다. Thacher의 농담은 왜 그것이 재미있는지에 대한 추가분석할 가치가 있는 퍼즐을 포함하고 있다. 둘째, 연구자는 텍스트가 구성된 재료에서 무엇을 알고 있는지 알아내야 한다. 농담의 경우, 어떤 정치적 이미지와 사상이 배경에 숨어 있는지 고려해서 농담에 의미와 요점을 부여하는 것이 타당하다. 농담에서도 남성다움(내각 구성원들은 "남성보다 못하다"는 뜻)과 여성의 우월성(아마도 농담은 남성우위의 전통적인 담론을 뒤집기 때문에 재미있다)에 대한 담론처럼 많은 담론이 확인되어야 한다.

셋째로, 연구자는 텍스트의 서로 다른 담론적 읽기가 어떤 영향을 미칠 수 있는지 물어볼 수 있다. 이 농담은 페미니스트적인 관점에서 읽을 수 있는데, 대처의 강점을 강조하면서 내각의 남자구성원들에 대해 농담을 하거나, 대처를 캐리커처, 재미있는 인물, 상대를 "공격하는(handbagging)"모습으로 표현하는 방법으로 읽힐 수 있다. 각기 다른 해독이 가능하며, 이것 자체가 실무에서 서로 다른 담론적 효과를 갖는 사회적 행동의 형태이다. 마지막으로, 담론 분석가는 텍스트가 권력의 패턴에 어떻게 부합하는지 또는 어떻게 도전하는지 질문할 수 있다. 말과 행동이 권력을 위해 또한 반대하는 담론적 행위인 경우 권력의 문제는 담론의 이론적 관점에서 관련이 있다. 화자는 특정 방식으로 말하고 행동할 수 있는 서로 다른 권리와 의무를 부여하는 권력의 사회적 네트워크에서 어떻게 위치하고 있는가? 지위 이론(positioning theory)은 사회적 지위의 문제를 부각시키는 담론 분석의 한 가지이며(Harré & Moghadam, 2003), 농담 사례에서 우리는 Thatcher와 그녀의 각료들 사이의 불평등한 권력 관계에서의 지위를 분명히 보게 된다.

인터뷰에 대한 함의. 담론 분석은 "칼을 가르는 담론"으로 묘사되는 것과 같이 일반적인 인터뷰에 적용될 수 있지만, 구체적인 담론 인터뷰는 8장에서 보듯이 변동성과 다양성, 담론에서 인터뷰 담당자의 적극적인 참여에 초점을 맞춘다. 실제 내면의 의미와 외부 현실에 대한 객관적인 표현에 대한 탐색이 끝나고 대신에 사회적 에피소드의 담론 생산에 초점을 맞춘다.

해체

Derrida는 "파괴(destruction)"와 "건설(construction)"을 결합해서 해체(탈구조, deconstruction)의 개념을 도입했다. 해체에는 텍스트에 대한 하나의 이해를 파괴하고 다른 이해의 구성을 허용하는 것이 포함된다(Norris, 1987). 개념을 사용하는 사람이 무엇을 의미하느냐가 아니라 그 개념을 말하는 것이 무엇이고 말하지 않는 것이 무엇인지에 초점을 맞춘다. 그것은 비판적인 "의심의 해석학"과 관련이 있지만, 대화와 담론 분석과 같이 텍스트에 숨겨진 어떤 진정한 의미나 안정적인 의미를 찾지는 않는다. 의미는 언어적으로 다른 단어의 무한한 네트워크와 관련하여 이해된다.

해체적 독해는 텍스트를 분리시키고 당연하게 받아들여지는 개념을 풀어준다. 그것은 텍스트의 긴장감과 단절, 텍스트가 말하고자 하는 것, 텍스트에서 언급되지 않는 것, 그리고 텍스트의 개념을 사용함으로써 배제되는 것에 초점을 맞춘다. 해체적 독해는 텍스트의 전제 및 내부 계층 구조를 드러내며, 참/거짓, 현실/비현실, 주관적/객관적 등 현대적 사고와 언어에 구축된 이항적 반대(binary oppositions)를 밝힌다. 해체는 텍스트가 분해되는 것뿐만 아니라 텍스트의 재설정으로 이어진다.

예를 들어, 해체적 독해는 선택된 인터뷰 구절과 구절에 초점을 맞추고 표현된 의미뿐만 아니라 선택한 용어에 의해 은폐되거나 배제된 의미를 파악할 수 있다. 여기서 우리는 인터뷰 텍스트를 해체하기보다는 인터뷰 문헌과 본서의 초판인 "the interview dialogue"에서 반복적으로 나타나는 문구를 해체하려고 시도한다.

우리는 왜 **인터뷰**와 **대화**라는 두 가지 유사한 용어가 종종 함께 추가되고 **진품의**, **진정한**, **진실한**, **평등한**, **신뢰하는** 것과 같은 꾸미는 단어들로 드물지 않게 강화되는지에 대해 의아해하는 것으로 시작할 수 있다. **대화**(*Dialogue*)는 **독백**(*monologue*)에 대한 이항적 반대 속에 존재하는데, 오늘날 그것은 구태의연하고 권위적인 의사소통의 형태를 함의할 수도 있다. 현재의 인터뷰 연구에서 대화를 사용할 때, 엄격한 개념적 Socrates 형태의 대화는 드물지만, 더 일반적으로 따뜻하고 배려심 많은 대화가 사용된다. "대화적 인터뷰"는 실험이나 설문지에서 발견되는 것과 같이 소외되고 객관화된 형태의 사회연구와 달리 따뜻한 공감적 배려를 제안할 수 있다. 인터뷰가 대화로 인식될 때, 그것은 연구자와 대상자가 친밀하고 상호 유익한 개인적 관계에서 평등한 파트너가 된다는 것을 의미한다. 여기서 "인터뷰 대화(interview dialogue)"라는 표현은 인터뷰 상호작용의 비대칭적 권력 관계를 얼버무리고, 인터뷰 진행자가 인터뷰를 시작하고 종료하고, 질문을 제기하며, 일반적으로 인터뷰 대상자가 말하는 것의 의미를 해석하는 독점권을 갖는다(Box 2.3).

우리는 오늘날 "관리자와 근로자 사이의 대화"와 "대화적 교육"을 옹호하는 경영과 교육 등 다양한 분야의 텍스트에서 **대화**라는 용어가 사용되고 있다는 점에 주목한다(Kvale, 2006). 이러한 맥락에서, 명백한 권력 차이와 종종 갈등이 있는 상황에서, **대화**라는 용어는 평등과 조화로운 합의의 인상을 줄 수 있다. 우리는 연구 인터뷰와 관련하여 사용되는 **대화적 인터뷰**(*dialogical interviews*)라는 용어가 권력의 비대칭성을 해소하고 연구 인터뷰 참가자와 인터뷰 담당자들의 잠재적 갈등을 덮는 데 도움이 되는지를 질문함으로써 "인터뷰 대화"라는 문구에 대한 간단한 해체로 결론을 내린다.

인터뷰에 대한 함의. 어떤 종류의 텍스트라도 해체의 대상이 될 수 있으므로 인터뷰에 대한 구체적인 요건은 없다. 그러나 인터뷰 텍스트의 해체를 고려할 경우, 인터뷰 진행자는 다양한 관점에서 주요 용어가 사용되는 다양한 맥락을 다루어서, 해체를 위한 다각적인 자료를 제공할 수 있다. 비록, 우리가 아는 바로는, 해체주의자의 인터뷰 연습이 제대로 이루어지지 않았지만, Garfinkle (1967)의 문화기술지 연구 중 일부는 해체적 인터뷰에 가깝다. 일부 실험에서 Garfinkle은 학생들에게 일상적인 대화에 참여하도록 요청했고, 그 사람이 평범한 말의 의미를 분명히 밝혀줄 것을 요청했다.

(S) 안녕, Ray. 네 여자 친구 기분이 어때?
(E) 무슨 뜻이야, "그녀의 기분이 어떠냐고?"신체적? 정신적?
(S) 내 말은 그녀의 기분이 어떠냐고? 너 무슨 문제 있어? (그는 화가 난 것 같았다)
(E) 아니, 네가 한 말이 무슨 의미인지 조금 명확하지 않아서.
(S) 넘어가자. 너 의대 지원서는 어떻게 되어가?
(E) "어떻게 되어가?"란 무슨 의미야?

(S) 무슨 말인지 알잖아.

(E) 나 정말 몰라.

(S) 무슨 문제 있어? 어디 아파? (Garfinkle, 1967, pp. 42-43)

"S"는 대상자(subject)이고 "E"는 "실험자(experimenter)"로서, 의도적으로 통상적인 사회 질서를 위반하는 실험자이다. 당연하게 여겨지는 것을 파괴하고 텍스트의 전제를 드러내는 해체적 분석처럼, 그러한 대화적 실험은 일상생활에서 거의 주제화되지 않는 배경 기대치를 부각시키며, Garfinkle의 위반의 전형적인 결과는 대화자들의 당황, 불편, 불안, 심지어 분노를 가져왔다. 우리는 새로운 방법으로 "해체주의자 인터뷰"를 추천하고 싶지 않지만, 인터뷰에 대한 해체적 입장은 연구자들이 인터뷰의 사회적 관행(5장에서 맥락으로서의 인터뷰에서 다루었던)과 이러한 것들이 생성된 지식에 어떻게 영향을 미치는지에 대한 내적이고 대부분 암묵적인 전제들을 인식하도록 도울 수 있다. 질적 인터뷰의 맥락적 특징은 종종 이 사회적 관행의 규범이 깨졌을 때 가장 잘 드러난다.

14장

인터뷰의 절충적 분석과 이론적 분석

우리는 인터뷰의 특정 분석 도구에서 보다 일반적인 접근방식으로 전환해보고자 한다. 대부분의 인터뷰는 특정한 분석 기법을 따르지 않고 수행된다. 어떤 것들은 방법과 기법을 자유롭게 혼합하기 위해 단일 분석 방식에 의존하지 않는다. 어떤 인터뷰는 구체적인 분석 절차를 적용하지 않고, 다른 철학적 패러다임에서 나온 이론적 해석으로 인터뷰 내용을 전반적으로 읽으면서 분석한다. 여기에서 다루는 인터뷰 분석은 특정 분석 기법의 적용보다 더 많은 비중을 차지한다.

브리콜라주로서의 인터뷰 분석

브리콜라주(*Bricolage*)는 공구가 작업에 맞지 않다면 사용 가능한 공구로 조립하는 것이다. 브리콜라주 해석자는 혼합된 기술적 담론을 분석기법과 개념 사이에서 자유롭게 움직인다. 여러 가지 특별한 방법과 개념적 접근을 통해 의미를 생성하는 절충적 형식은 인터뷰 분석의 공통적인 방식으로, 범주화와 대화 분석과 같은 체계적인 분석 양식과 기법과는 대조된다. 인터뷰 진행의 장인은 인터뷰를 읽고 전체적인 느낌을 얻은 다음 특정 흥미 있는 구절로 돌아가거나, 현상에 대한 다른 태도를 나타내는 진술이 몇 개인지 세거나, 인터뷰의 일부를 내러티브로 선택하거나, 중요한 의미를 포착하기 위해 은유를 사용하거나, 결과를 흐름도에서 시각화하는 등의 작업을 수행한다. 이러한 의미 생성의 전술은 첫 번째 읽기에서 전반적인 의미가 결여된 인터뷰의 경우 연구 프로젝트에 중요한 연결과 구조를 가져올 수 있다. 이러한 형태의 의미 생성의 결과는 단어, 숫자, 그림, 흐름도 또는 이들의 조합으로 표현될 수 있다.

Box 14.1 인터뷰 분석의 임시 기법

(1) 패턴과 주제에 주목하기, (2) 타당성보기, (3) 군집화하기는 분석자가 "무엇과 어떤 관계가 있는가"를 파악하는 데 도움이 된다. 앞의 세 가지 전술과 마찬가지로 (4) 은유 만들기는 다양한 자료 조각들에서 더 많은 통합을 이루는 방법이다. (5) 카운팅하기는 "무엇이 거기에 있는가"를 볼 수 있는 친숙한 방법이기도 하다.

(6) 대조와 비교하기는 이해를 선명하게 하는 만연된 전술이다. (7) 변수나누기와 마찬가지로 때로는 차별화가 필요하다.

우리는 또한 사물과 그들의 관계를 추상적으로 보는 전술이 필요하다. 여기에는 (8) 일반적인 것에 세부사항 포함하기, 익숙한 양적 기법과 유사한 (9) 인수분해하기, (10) 변수들 간의 관계에 주목하기, 그리고 (11) 중개변수 찾기가 있다.

마지막으로 어떻게 하면 일관성 있게 이해할 수 있는 데이터를 체계적으로 조립할 수 있는가? 논의된 전술은 (12) 논리적인 일련의 증거 구축하기와 (13) 개념적/이론적 일관성 형성하기이다.

출처: *Qualitative Data Analysis: A Sourcebook of New Methods* (pp. 245–246), by M. B. Miles & A. M. Huberman, 1984, Beverly Hills, CA: Sage.

Box 14.1에는 Miles와 Huberman (1994)의 저서 *Qualitative Data Analysis*의 특별한 방법에 대한 요약이 포함되어 있으며, 보다 다양한 체계적 분석기법을 개괄적으로 설명한다. 브리콜라주 접근법에 따라, 그들은 묘사적인 것에서 설명적인 것으로, 그리고 구체적인 것에서 보다 개념적이고 추상적으로 배열된 질적 텍스트에서 의미를 생성하기 위한 몇 가지 유용한 임시방편의 전술을 제시한다.

성적 연구에서 혼합된 방법의 브리콜라주가 학생들이 가정한 언어능력과 학점 간의 연관성을 확인하기 위해 적용되었다(1장). 후속 설문조사(Table 6.1)에 따르면, 학생의 82%는 높은 성적이 종종 수업에서 얼마나 많은 이야기를 하는지에 대한 질문이라고 생각했다. 학생들과의 30회의 인터뷰 자료를 읽었을 때 인터뷰마다 하나의 수업 시간을 따로 지정했더라도 길이가 다양했다는 것이 유의하게 나타났다. 직감에 따라 인터뷰는 페이지 수에 따라 순위가 매겨졌고, 페이지 번호는 학생의 평균성적과 상관관계가 있었다. 상관관계 결과는 0.65였고, 유의수준은 $p < .001$이었다. 따라서 인터뷰에서 학생들이 이야기한 정도와 평균성적 사이에 통계적으로 유의한 연관성이 있다. 이 상관관계는 몇 가지의 해석이 가능하다. 일반적으로 학생이 이야기를 많이 하기 때문에 높은 점수를 받은 것인가? 혹은 높은 점수를 받는 학생들은 성적에 대해 인터뷰 진행자와 길게 대화를 나누면서 더 편하게 생각하는가?

이 예는 다양한 기법을 사용하여 성적과 말하는 정도 간의 연관성에 대한 가설을 조사하는 방법을 보여준다. 인터뷰 자체에서 학생의 인터뷰 진술의 진실한 가치에 대해 토론하고 설문지에 대한 믿음의 일반성을 검증하며, 성적에 관한 인터뷰의 기간에 잠재적인 간접 통계적 증거를 찾는 것이다. 이 혼합된 방법의 브리콜라주에는 어떤 방법이나 기법에 대한 인식론적 우월성이 없다. 그들은 성적에 대한 자극적인 진술을 조사하는 다른 수단이다.

인터뷰에 대한 합의. 구체적인 분석 방식이 계획되지 않은 상태에서는 인터뷰와 필사에 대한 특별한 요구사항은 없다. 풍부한 기술과 잘 통제된 정보를 제공해야 한다는 일반적인 요구사항은 여전히 관련되어 있다.

이론적 독해로서의 인터뷰 분석

이론적 독해(Theoretical reading)를 함으로써 우리는 이론적으로 또는 패러다임적으로 정보에 근거한 인터뷰를 읽는 것을 언급하고 있다. 7장의 성적 결정에 관한 수업 인터뷰의 논의에서, 선택된 진술은 Freud, Rogers, Skinner의 패러다임과 같은 다양한 이론적인 입장에서 해석되었으며, 각각은 학생의 성적 관계의 다른 측면을 강조했다. Susan의 미소의 경우(Box 12.2), 이론적 관점이 다른 치료사는 가족 상호작용에 대한 서로 다른 해석에 대해 서로 다른 맥락을 선택했다. 그리고 12장에서 아부에 관한 학생 진술의 의미 해석을 통해, 정신분석학적이고 마르크스주의적 관점으로부터 다소 추측적인 해석이 제기되었다. 여기에는 구체적인 방법이나 기법은 적용되지 않았다.

연구자는 자신의 인터뷰를 반복해서 읽고 관심 있는 특정 주제에 이론적으로 반영하고, 해석을 작성하며, 체계적인 방법이나 기법의 조합을 따르지 않을 수 있다. 지난 수십 년간 여러 차례의 영향력 있는 인터뷰 연구에서 체계적인 분석기법이 인터뷰를 분석하는 데 사용되지 않은 것으로 보인다. 여기에는 앞서 언급한 Bellah 등, Bourdieu 등, 그리고 Sennett의 연구가 포함된다. 이 조사는 주제에 대한 광범위하고 이론적인 지식에 근거를 두고, Bourdieu와 Bellah의 연구에서도 역시 대립하는 Socrates 인터뷰 양식에 기초하고 있었다. 인터뷰를 이론적으로 읽는 동안 정교한 분석기법을 적용하여 풍부한 의미로 발전시키지 않았다. 이것은 아마도 조사의 주제와 이론적 정보에 따른 인터뷰 질문의 이론적 지식과 함께 특정 분석적 도구에 의존하는 것이 덜 중요하다는 것을 시사한다.

포스트모던 관점에서, Lather (1995)는 텍스트를 읽는 동안 의미의 상호관계 구축을 논의했다. 우리는 다양한 관례를 읽었으며, Lather는 독자적인 방식으로 읽는 법을 배울수 있는 방법에 대한 문제를 다루고 있다. 단순한 분석 틀을 거부하면서 그녀의 목표는 여러 층의 자료분석을 위해 여러 가지 읽는 방식에 따라 분리하고 덧붙이고 나란히 두기도 한다. *Tales of the Field*(16장)의 문화기술지 장르에 대한 van Maanen (1988)의 설명에 영감을 받아, Lather는 동일한 텍스트를 다르게 읽은 내용을 설명하고 있다. 그녀의 독해 스타일 묘사는 교과서와 관련이 있지만, 그 스타일은 인터뷰 텍스트를 읽는 것에 맞게 바뀔 수 있다. 현실주의적 읽기에서 "본래의" 견해와 텍스트 본질과 진실을 찾는 것을 탐색한다. 독자는 "신의 관점"을 통해 관찰적이고 설명적인 역할을 가정한다. 비판적 독해(Critical reading)는 의심의 해석학을 통해 이해하기 쉽게 해준다. 그것은 텍스트의 헤게모니 담론을 뒷받침하는 더 깊은 진실을 추구한다. 독자는 이데올로기와 거짓된 의식을 초월한 진실을 추구하면서 자신이나 다른 사람들의 해방자의 역할을 맡는다. 독자는 다른 사람들이 말하고 자신이 원하고 필요로 하는 것을 밝히는 위험을 감수하면서, 옹호자 역할을 전제로 사회적, 정치적, 경제적 이슈에 주의를 환기시킨다. 해체적 독해(Deconstructive reading)는 확산되어 불안정해지고, 탈자연화된다. 무의식적인 침묵과 무언의 가정에 대한 문서로 텍스트를 읽는다. 해체적 독해는 그림, 예술 및 문학 관행을 사용하고 사실/허구의 구별을 흐리게 만든다. Lather (1995)

가 제안한 이러한 다양한 독해는 텍스트에 대한 다양한 질문을 포함하고 텍스트의 의미에 대한 다른 대답으로 이어진다.

Hargreaves (1994)의 연구 *Changing teachers, changing times: Teachers'work and culture in a Postmodern Age*에서 40명의 교사와 교장과의 인터뷰를 통해 약 1,000페이지의 필사본이 작성되었으며, 자료와 친숙해지기 위해 필사본을 읽고 또 읽었다. 각 인터뷰의 요약 보고서는 주요 주제에 따라 작성되었다. 본문에 나오는 주제는 인터뷰에서 증거를 확인하고 불확실성을 조사하기 위해 적극적으로 탐색하여 등록, 분류 및 재분류되었다. Hargreaves는 다양한 개념과 이론을 사용하여 의식적으로 절충적인 접근법을 사용하여 자료를 조사하였다. 그는 자신의 분석 접근법을 교사의 목소리에 귀 기울이고 자신의 작업에 대해 이야기하고 설명을 문학작품에 대한 주장과 비교하는 것으로 기술한다. "이번 연구 전반에 걸쳐 나는 추정된 관점을 검증하지 않고 단순히 교사들이 경험하는 사회적 맥락의 문제를 이해하기 위해 다양한 이론과 자료 사이에서 창의적인 대화를 지속하려고 시도했다"(Hargreaves, 1994, p. 122).

이 책에는 주제에 대한 표나 수량화된 범주화(categorization)가 제시되어 있지 않다. 그 결과는 예기치 않게 필사본을 읽음으로써 나타난 "인위적인 동료관계"(Box 1.2)의 개념으로 이어진 순서와 같이 인터뷰 구절이 산재되어 있는 연속적인 해석적 텍스트로 보고된다. 조사 결과는 연속적인 해석 텍스트로 보고되며, 인터뷰 구절은 다음과 같이 교차된다. 예를 들어, 필사본을 읽으면서 예기치 않게 나타난 "가장된 협력(contrived collegiality)"(Box 1.2)의 개념으로 이어지는 순서가 다음과 같다. "가장된 협력에서, 교사 간의 협력은 자발적인 것이 아니라 강제적인 것이다. 시간과 공간에 묶여서 고정되어 있다. 발전지향적이 아니라 이행지향적이다. 그 결과에서 예측할 수 없는 것이 아니라 예측 가능하다는 것을 의미했다"(Hargreaves, 1994, p. 208). 이 책에서 인터뷰 구절은 교사의 작업, 문헌관리의 그림 및 문화의 포스트모던 분석에 이론적으로 작성된 반영에 통합되어 있다. 그 결과, 포스트모던 문화에서 캐나다 교사의 작업 상황, 특히 시간과 동료관계에 대한 압력 증가, 덴마크 교사가 인식할 수 있는 묘사로 인상적으로 설명되었다.

Bourdieu 등 (1999)은 *The Weight of World*에서 인터뷰에 대한 명백한 텍스트 해석을 조금

제공하고 있다. 비록 다른 곳에서 그는 프랑스의 억압당한 상황에 대해 광범위하고 이론적으로 글을 썼지만, 이 책에서 Bourdieu는 주로 재현된 많은 인터뷰가 그들 자신을 대변하도록 한다. 그러나 독자는 여러 가지 방법으로 도움을 받는다.

> 내가 보기에 우리가 여기에 제시한 연구결과에 대해 우리가 수행한 의도와 절차 원칙을 명시적으로 밝히는 것이 시급해 보인다. 따라서 독자는 본문을 읽음으로써 그것들을 도출한 구성과 이해, 두 가지 작업을 재현할 수 있을 것이다(Bourdieu et al., 1999, p. 607).

이 책에서 인터뷰가 상당 부분 자신의 의견을 말할 수 있을 때, 이것은 인터뷰 대상자의 사회적 상황에 대한 프리젠테이션이 길을 열었기 때문에 가능할 수 있으며 독자는 자신의 삶의 상황과 관련하여 자신의 진술을 해석할 수 있다. 또한 분석의 상당 부분은 이미 인터뷰 대상자의 개방형의 꾸준한 진술에 대한 제안을 공식화하는 것과 같은 설명을 돕는 소크라테스식 조산법을 통해 인터뷰에 이미 구축되었다(인터뷰와의 대면에 대해 8장 참조).

Bourdieu는 또한 두 명의 젊은이와 인터뷰에서 그에게 어떤 정서적 영향을 주었는지와 같은 인터뷰에서 자신이 겪은 몇 가지 느낌을 제시하고 있다(Box 1.3).

> 나는 자신이 감정을 공유하고, 모든 단어, 모든 문장, 특히 목소리 톤, 얼굴 표정 또는 몸짓 언어에 새겨 넣을 필요가 없었다. 이러한 형태의 집단적인 불운의 명백함(obviousness)을 말이다. 운명처럼, 사회적인 강등(social relegation)의 장소에 함께 모인 모든 사람들에게, 고통 받는 사람들과 함께 공존하고 함께 살아가는 모든 고통으로 각자의 개인적 고통이 증폭된다. 많은 고통받는 사람들과 함께, 그리고 아마도 더 중요한 것은 낙인찍힌 집단에 속하는 운명의 영향이다(Bourdieu et al., 1999, p. 64).

인터뷰 텍스트를 이론적으로 읽는 것은 인터뷰 주제와 관련하여 새로운 맥락에서 도출할 수 있으며 친숙한 현상의 새로운 차원을 제시할 수 있다. 그러나 텍스트의 이론적 독해는 편향된 해석을 의미할 수 있으며, 독자는 이론적인 렌즈를 통해 볼 수 있는 현상의 측면만 알 수 있다. 평판이 좋지 않은 그리고 우리의 견해로는 종종 과장된 예시로, 마르크스주의자들만이 계급 갈등과 정신분석학자들이 연구하고 있는 현상에서 무의식적인 성적 힘의 발현만을 보고 있다. 이론적 편견은 대응하기가 어렵다. 12장에서 의미 해석을 다룰 때 제안된 한 가지 방법은 해석에 기반을 둔 분석적 질문을 명시적으로 하고, 해석학적 접근에 따라 연구 주제에 관한 자신의 전제를 신중하게 반영하는 것이다. 또 다른 선택은 자신의 독해와 관련하여 악마를 옹호하고, 위조하려고 시도하며, 이해하려는 거리를 가능하게 하는 대안적인 해석을 개발함으로써 이론적인 편견에 대항할 수 있다. 우리가 우리의 선이해의 관점에서 세계를 이해한다는 것은 우리가 여기서 말하는 이론적 독해에 관한 것이 아니라 인간 조건의 일반적인 특징인 것처럼 보인다.

그러나 이론적 독해는 어떤 경우에는 이전에 조사된 현상의 측면에서 인식되지 않은 새로운 현상을 보지 못할 수도 있다. 인터뷰에서 결론을 미리 내리는 것에 대한 하나의 조치로서, 우리는 7장에서 세심한 경청을 강조하였다. 즉 인터뷰 진행자는 인터뷰 대상자가 말하고 있는 것에 대한 많은 뉘앙스에 개방적이고 민감해야 하는 것이 중요하다. 치료적 인터뷰의 경우 이러한 경청 태도는 자유롭게 떠다니는 주의로 기술되었다. 또한 텍스트 형식의 인터뷰를 읽을 때 연구자는 하나의 표현 방식에 대한 민감성과 인터뷰 텍스트의 다층화된 의미를 포착하고, 현상학적 정지를 채택하려고 하며, 괄호 안에 자신의 개념을 배치하려고 시도할 수 있다. 그들이 제시한대로 텍스트에 최대한의 개방성을 부여하기 위해 시도하였다. Blumer (1954)는 "속성 또는 고정된 벤치마크의 명확한 정의를 통해, 객체의 부류에 공통적인 것이 무엇인지 정확하게"(p. 7) 참고하면서 **결정적인**(*definitive*) 이론적 개념과 다른 한편으로는 **민감화된**(*sensitizing*) 개념을 대조하였다.

> 민감화된 개념은 속성이나 벤치마크의 특성화가 없으므로 사용자가 사례와 관련 내용으로 직접 이동할 수 없다. 대신 경험적 사례에 접근할 때 사용자에게 일반적인 참조와 지침을 제공한다. 결정적인 개념은 보아야 할 처방을 제공하는 반면, 민감화된 개념은 단순히 따라야 할 방향을 제시한다(Blumer, 1954, p. 7).

인터뷰 자료를 이론적으로 읽으려면 이론적인 개념을 민감한 것으로 생각하는 것, 즉 결정적인 것이라기보다는 보아야 할 것을 정의하는 방향을 제시하는 것이 일반적으로 유익하다. 민감하고 결정적인 개념 사이에는 명확한 경계가 없지만, 전자는 특정 언어(예: 주요 우울장애)에 더 가깝고 후자와 비교하여 더 개방적이고 여러 가지의 해석(예: 질병 내러티브, 삶의 문제)을 유도하는 경향이 있다.

인터뷰 분석을 이론적인 독해로 보는 경우, 독자인 사람이 주요한 중요성을 갖는다. 이것은 주제에 대한 자신의 개인적인 민감성뿐만 아니라 인터뷰 텍스트를 읽는데 적용된 이론의 개념 숙달에 관한 것이다. 여기서 창의력은 해석을 시험하는 데 있어 새로운 해석과 엄격함을 제시하는 데 필요하다. 인터뷰 텍스트에 대한 이론적인 해석은 구체적인 방법론적 절차를 따르지 않아도 유효하다. 연구자는 증거의 부담을 지니게 되며, 제시된 해석에 대한 전제를 제시하고 엄격하게 확인하는 능력, 그리고 해석의 신뢰성에 대해 설득력있게 논쟁할 수 있는 능력에 달려 있다. 그러나 우리가 이론적으로 읽는 것이 순진하거나 느슨하게 추측하려는 방식으로 진행하는 것의 변명이 되어서는 안 된다. 인터뷰 연구의 검증과 프리젠테이션에 관한 다음 장에서 이 주제를 다루고자 한다.

인터뷰에 대한 함의. 인터뷰 텍스트에 대한 이론적인 분석을 위해서는 이론적 접근과 관련된 주제의 풍부한 자료가 중요하다(다양한 유형의 이론적 해석에 필요한 괴롭히기(teasing)의 다른 맥락에 대해서는 6장 참조). 이론적 관점이 분석단계까지 고려되지 않는다면, 인터뷰는 이론에 근거하여 구체적인 해석을 하는데 관련 정보가 부족할 수 있다.

Box 14.2 패러다임: 찬성과 반대

인문과학과 사회과학에서, 경험적 자료를 읽고 이해하는 이론적 틀은 종종 패러다임이라고 불린다. 이 용어는 자연과학(특히 물리학)의 역사를 이해하고 실제로 인간과 사회과학에 적용할 수 있는 용어를 찾지 못한 Kuhn(1970)의 과학철학에 소개되었다. 그럼에도 불구하고 이 용어는 사회과학 분야에서 매우 널리 퍼져 있으며, Hacking(1995)은 이러한 과학은 안전하지 못하기 때문에 이렇게 주장했다. "불안한 과학에 대한 조작적 정의는 리더가 패러다임을 추구한다고 말하는 과학, 또는 방

(계속)

금 패러다임을 찾았다"(p. 352). 이러한 과학은 열등감을 느끼고(물리학을 부러워하고 있는가?) 끊임없이 근본을 찾고 있기 때문에, 아마도 사회과학에서 너무 많은 패러다임 이야기가 있을 것이다. 이 책에 제시된 포스트모던 인식론이 유용하다면(3장 참조), 이 근본을 검색하는 것은 소용없다.

그렇다면 왜 패러다임에 대해 이야기해야 하는가? 왜 이론적인 독해에 대한 토론에 그들을 불러내는가? 하나의 합법적인 대답은 다음과 같다. Kuhn의 일반적인 오독으로 가정되는 것과는 달리, 패러다임은 단순히 보는(seeing) 방법이 아니라 하는(doing) 방법, 예를 들면, 세계와 다른 사람들(예: 연구대상자)과 상호작용하고 경험적 자료들을 다루는 것이다. 이것은 이 책의 기법(craft) 철학에 의해 뒷받침된다. 그리고 확실히 과학역사에서 유용하고 가치 있는 것으로 입증된 연구 유형이 있다. 이 책에서 중요한 역사적인 인터뷰 연구에 대한 언급은 이러한 것들을 기술하려는 시도를 나타내고 있다. 전형적으로 철저한 주제 지식에 의해 정보가 제공되는 그러한 유형을 사용하는 것은 이론적 독해가 무엇을 의미하며, 그러한 경우 패러다임의 개념을 적용하는 것이 타당한 것처럼 보인다. 현상학, 담론 분석 등은 사람이 쓸 수 있는 이론적인 "안경(spectacles)"의 의미가 아니라 다양한 기법 전통에 대한 의미에서 볼 때 패러다임이 된다.

Lather (2006)는 "패러다임의 확산"은 질적연구자들과 함께 생각하는 것이 좋은 것이라고 주장했다. 그녀는 모든 방법론적 근본주의자—양적뿐만 아니라 질적—에 반대하며, 다른 패러다임은 단순히 서로 다른 이해관계를 표현하는 도구라고 생각한다고 주장한다. 예측(실증주의), 이해(해석학), 해방(비판이론), 해체(후기구조주의)는 연구수행과 관련하여 가능한 모든 인간의 야망이다. 이것은 장인을 위한 도구로서 이론에 관한 이 책을 강조하는 것에 가깝다. 예를 들어, 패러다임의 패러다임(미안합니다)이 뉴턴의 물리학이라면, 인문과학과 사회과학에서 패러다임의 오해를 불러일으킬 수 있다.

Box 14.2에서, 우리는 질적연구와 관련하여 패러다임 논의에 대한 논증을 제공한다. 그러한 논의가 만연해있지만, 우리는 패러다임 개념의 사용에 대해 보다 주의를 기울여야 한다고 믿는다. 그러나 우리는 패러다임이 시도되고 검증된 도구 상자 모음이 질적 인터뷰 연구자에게 익숙하기 때문에 유용하다고 생각한다.

마지막 3개의 장에서 우리는 먼저 의미에 따른 분석법에 초점을 맞추고, 두 번째로 인터뷰 텍스트의 언어적 및 담론적 형식을, 세 번째로 인터뷰 분석을 브리콜라주와 이론적 독해에 집중하였다. 이러한 분석법을 염두에 두고 우리는 인터뷰 연구를 기법으로 다시 한번 주목하고자 한다. 장인에게는 큰 도구 상자가 있을 수 있지만, 도구는 사회과학 연구방법과 마찬가지로 자신의 응용 프로그램을 지정하지 않으며, 도구의 가용성도 흥미로운 결과를 가져오지 않는다. 제품의 품질은 도구를 사용하는 장인의 능력에 따라 결정된다. 방법을 기계적으로 응용한다고 해서 객관적이고, 신뢰할 수 있으며, 유효하거나 일반화할 수 있는 지식이 보장되는 것은 아니다. 다음 장에서는 이러한 주요 사회과학 개념에 대해 논의하고, 형이상학으로 배우기보다 질적연구의 구체적인 실천과 장인 정신을 살펴보고자 한다.

15장

타당도의 사회적 구성

이제 모든 것이 모든 것을 의미할 수 있는 인터뷰 연구에서 주관적 상대주의의 극단을 넘어서는 방법과, 유일하고 진정한 객관적 의미에 대한 절대주의적 탐구 방법에 대한 이슈로 전환하겠다. 지식의 진실성(trustworthiness), 힘(strength), 전이가능성(transferability)은 객관성, 신뢰도, 타당도 및 일반화의 개념과 관련하여 일반적으로 논의되는 사회과학에 있다. 이 장은 인터뷰 연구를 위한 이러한 개념들의 함축적 의미에 대해 다루고 있다. 주된 강조점은 객관성과 진실에 대한 철학적 이해의 상호의존성—검증에 대한 사회과학 개념, 인터뷰 지식을 검증하는 실제적인 이슈를 다루는 검증에 있다.

이 장의 첫 부분에서 우리는 타당도의 주요 이슈와 객관성과 타당도에 대한 개념을 일상언어와 일상생활로 되돌아가려는 시도에 대해 논의한다. 그런 다음 인터뷰 탐구의 개별 단계에 국한되어서는 안 되며 주제 선정에서 최종 보고까지의 모든 단계에 관여해야 한다고 주장하는 실제 인터뷰 지식의 타당도를 검토할 것이다. 인터뷰 탐구를 통해 연구자의 장인정신의 질에 관한 검증을 설명하고, 의사소통적이고 실용적인 검증 방식을 설명할 것이다. 마지막으로 인터뷰 연구에서 통계적이고 분석적인 일반화를 다룰 것이다.

인터뷰 지식의 객관성

신뢰도와 타당도의 이슈는 기술적 또는 개념적 관심을 뛰어넘어 지식의 객관성과 인터뷰 연구의 본질에 관한 인식론적 질문을 제기한다. 문제는 인터뷰를 통해 생산된 지식이 객관적일 수 있는가이다. 객관성(Objectivity)은 다소 모호한 용어이며, 우리는 신문기사 인터뷰 진행자에 대해 다소 객관적으로 말할 때와 같이 일상 언어와 일상 활동에서 벗어나는 관점을 취함으로써 질적연구와 관련된 다양한 객관성의 의미를 구별한다. 우리는 편견으로부터의 자유, 전제에 대한 반성, 상호주관적 합의, 대상에 대한 적합성, 대상에 대한 객관적 능력과 같은 객관성의 사용을 구분한다.

편견으로부터 자유로울 수 있는 객관성은 신뢰할 수 있는 지식을 지칭하며, 점검되고 통제되며, 개인의 편견과 편향으로 왜곡되지 않는다. 이러한 상식적인 상식의 객관성은 편견이 없다는 것을 의미하며 체계적으로 교차 점검되고 검증된 지식을 생산하는 우수하고 견고한 장인 같은 연구를 의미한다. 원칙적으로, 잘 만들어진 인터뷰는 편견을 갖지 않는 객관적인 연구방법이 될 수 있다. 객관성의 첫 번째 의미는 객관적인 요구가 가장 먼저 윤리적 요구("당신은 이것에 대해 객관적이지 않습니다!")이고, 두 번째는 인식론적 요구로서 일반 언어에서 가져온다. 우리가 과학 이론의 객관성을 중요하게 생각하기 전에, 우리는 다른 사람들을 있는 그대로 보고 자신의 편견을 부과하지 않는 윤리적인 사람을 소중하게 생각한다. Alasdair MacIntyre (1978)는 "객관성은 방법론적 개념이기 전에 도덕적 개념이며, 자연과학은 도덕적 활동의 하나이다"라고 주장했다(p. 37).

우리는 또한 지식 생산에 대한 연구자로서 기여에 대해 반성적(reflexive)이라는 의미에서 반성적인 객관성을 말할 수 있다. 질적 탐구에서 객관성이란 주관성에 대한 객관성을 추구하는 것을 의미한다. 해석학(hermeneutics)의 언어로, 우리는 정보에 근거한 판단만을 할 수 있다. 예를 들어, 연구보고서에서 우리가 무언가를 이해할 수 있게 하는 사전심사[문자 그대로 사전판단]에 기초하여 판단하는 것이다(Gadamer, 1975). 연구자는 피할 수 없는 편견에 대한 통찰력을 얻고, 연구 프로젝트와 관련하여 필요할 때마다 글을 써야 한다. 자신의 편견에 대한 민감성, 즉 주관성을 고취하기 위해서는 반성적인 객관성이 필요하다.

상호주관적 지식을 의미하는 객관적 개념은 사회과학에서 일반적이었다. 객관성을 상호주관적 합의라고 할 때, 우리는 객관성의 산술적 개념과 대화적 개념을 구별할 수 있다. **산술적 상호주관성**(*Arthmetic intersubjectivity*)은 독립적인 관찰자 또는 코더(coder) 간의 일치

정도를 통계적으로 측정된 신뢰도를 나타낸다. 인터뷰 분석은 원칙적으로 수량화가 가능한 범주에서 인터뷰 코딩을 통해 높은 수준의 상호주관적 신뢰도가 문서화되는 것과 같은 상호주관적 일치의 의미에서 객관적일 수 있다. **대화적 상호주관성**(*Diagogicaal intersubjectivity*)은 현상을 해석하는 사람들 사이에서 합리적 담론과 상호 비판을 통한 일치를 가리킨다. 이것은 연구자와 대상자 간의 의사소통뿐만 아니라 연구자 간의 의사소통의 검증 방식을 취할 수도 있다. 연구자와 대상자 사이의 힘의 비대칭을 고려할 때, 인터뷰는 객관성에 관한 특권적인 입장을 대화적 주관성으로 삼는다. 즉 인터뷰는 연구자와 대상자 간의 의미를 협상하는 대화이다.

객관적이란 연구대상의 본질을 반영하고, 대상을 말하고, 조사 대상에 적합하게 하고, 대상에 대한 충실도를 표현하고, 조사 대상의 진정한 본질을 표현하는 것을 의미할 수도 있다. 따라서 인간 세계가 근본적으로 숫자로 존재한다고 생각하면, 객관성의 개념과 측정의 타당도에 대한 제한이 자연스럽다. 단지 양적방법만이 조사된 사회적 대상의 본질을 반영하기 때문이다. 그러나 언어로 구성되고 개인 간 협상된 사회적 세계에 깊이 빠져드는 인터뷰의 대상과 함께, 질적연구 인터뷰는 사회적 세계에 대한 객관적인 지식을 생산하는 특권을 얻는다. 3장에서는 7가지 특성에 따라 인터뷰 지식의 대상을 설명했으며, 인터뷰는 조사 대상인 대화식 인간 세계의 본질에 민감하게 반응할 수 있다. 인터뷰 대화에서 대상자는 말한다.

객관성은 또한 대상이 대상을 허용하도록 할 수 있다. Latour (2000)는 조사대상이 자연과학자의 개입에 반대하여 최대의 객관성이 얻어지도록 허용하는 것을 제안하였다. 이 생각은 Dewey의 실용주의로 돌아가서, 단순히 대상이 "좌절감을 느낄 수 있는 대상"이라고 정의하였다(Dewey, 1925/1958, p. 239). 객관성은 연구자의 선입견을 버림으로써 대상이 스스로를 드러낼 때 달성된다. 그러나 사회과학에서는 "우리가 대상을 드러낼 수 있도록 언급하는 방법을 찾는 것보다 더 어려운 것은 없다"(Latour, 2000, p. 115). 자연과학의 비인간적인 대상과는 달리, 인간은 "과학자의 목표와 목적에 의해 숙련된 것처럼 너무 쉽게 행동한다"(Latour, 1997, p. xv). 따라서 인간과학이 해야 할 일은 인간 대상자가 최적의 통제하에 있거나 연구결과에 영향을 줄 수 없는 경우, 또는 대상자가 조사의 진정한 목적을 알지 못하는 경우를 찾는 것이 아니라 예를 들어, 대부분의 심리학적 실험에서와 같이 "바보 같은(어리석은) 대상의 역할을 완벽하게 잘하는 것이다"(Latour, 2000, p. 116). 오히려 자연과학에서 가능한 정도의 객관성을 얻으려면 사회연구의 대상이 "관심을 갖고 적극적으로 따르지 않으며 다른 사람들이 스스로에 대해 말하는 것과 완전히 관련되어야 한다"(Latour, 2000, p. 116). 사회과학자들이 객관적으로 되기를 원한다면 과학자들은 자연과학자처럼 희귀하고 극단적인 상황을 추구해야 한다. 어떤 대상이 연구자의 용어가 아닌 자신의 용어로 질문하는 경우, 연구자는 이해관계를 공유할 필요가 없다. 사회과학의 한 예로, Latour는 오늘날 페미니즘이 여성을 불쾌하게 만들고 사회연구자의 인터뷰 접근에 반발할 가능성이 있음을 지적하고 있다. 일부 질적연구자가 연구에서 객관성에 대한 생각을 거스르고 주관성을 강조하기는 했지만 객관적으로 대상을 거부한다는 의미의 객관성은 구조적으로 질적 감각에 적합하게 보인다. 따라서 Lather (2006)는 탈구조에서 객관성을 주장한 미술사학자 Steven Melville을 인용하면서 "그 사물에 대한 사고의 부적절함을 진정으로 놀라게 하고 극복할 수 있는 대상의 능력에 대한 존중"(p. 48)을 지적한다. 우리가 인터뷰를 통해 참여한 대화의 세계는 우리가 표현한 것보다 항상 크다. 객관성에 대한 생각은 이것을 상기시키는 역할을 할 수 있다. 우리는 설문지와 달리 질적 인터뷰가 적어도 원칙적으로 연구자의 질문과 해석의 전제에 반대할 수 있는데, 이는 인식론적이고 대립적인 인터뷰에서 특히 가능하다.

우리는 일반적 견해와 달리 인터뷰에서 생산된 지식은 주관적일 필요는 없지만, 질적 인터뷰는 원칙적으로 객관성의 몇 가지 주요 의미에 대한 객관적인 탐구방법이라고 결론을 내릴 수 있다. 이제 신뢰도와 타당도, 일반화에 대해 구체적으로 논의하겠다.

인터뷰 지식의 신뢰도와 타당도

일부 질적연구자들은 창의적이고 자유로운 질적연구를 방해하는 억압적 개념으로 인해 타당도, 신뢰도, 일반화에 관한 질문을 무시하거나 하지 않았다. 그들은 타당성, 신뢰도, 일반화에 대한 질문을 창조적이고 자유로운 질적연구를 방해하는 억압적인 실증주의 개념에서 비롯되었다고 무시하거나 일축했다. 예를 들어, Lincoln과 Guba (1985)와 같은 질적연구자들은 만연하는 반실증주의의 상대주의를 뛰어넘어, 질적연구에 진실성, 신뢰도, 의존가능성 및 확인가능성과 같은 개념을 도입하여 연구결과의 진실성 가치를 논의하기 위해 일반 용어를 재사용하였다. Lather (1995)는 페미니스트의 후기구조의 틀을 가치 있는 실천에서 논증하는 비판적 강박 관념으로 타당도를 언급했고, 실증주의의 주된 코드를 풀기 위해 포스트모던적 문제를 사용하는 방식으로 타당도를 재인정하려고 시도하였다.

이 책에서는 "당신의 여권은 유효하지 않습니다", "당신의 주장은 타당하지 않습니다", "그 사람은 신뢰할 수 있습니까?"등과 같은 문장에 반영된 공통 용어인 신뢰도와 타당도에 관한 전통적인 개념을 유지하고 있다. 신뢰할 수 있는 사람을 말할 때와 마찬가지로, 연구방법뿐 아니라 도덕적 측면에서도 신뢰도의 개념을 가진다. 여기서 우리는 인터뷰에서 지식 생산에 적합한 방식으로 이러한 일상적인 개념을 재해석 할 것이다. 따라서 이 접근법은 신뢰도, 타당도, 일반화라는 개념을 거부하는 것이 아니라 인터뷰 연구와 관련된 방식으로 재개념화하는 것이다. 검증에 대한 이해는 믿을만한 장인과 신뢰할 수 있는 관찰, 타당한 주장, 다른 사례로 전이성이 사회적 상호작용의 일부인 살아있는 세계와 일상 언어에서 시작된다.

신뢰도(*Reliability*)는 연구결과의 일관성과 진실성에 관련된다. 그 발견이 다른 시간이나 다른 연구자들에 의해 재현될 수 있는지에 관한 문제와 관련하여 종종 다루어진다. 이것은 인터뷰 대상자가 인터뷰 중 응답을 변경할지, 다른 인터뷰 진행자에게 다른 응답을 줄지와 관련된다. 인터뷰하고, 필사하고, 분석하는 동안 신뢰도에 관한 이슈는 앞 장에서 다루어졌다. 인터뷰 진행자에 관한 신뢰도는 특히 인터뷰 기법의 의도적 부분이 아닌 주요 질문과 관련하여 논의되었는데, 이는 자동차의 속도에 관해 질문할 때 서로 다른 표현으로 이어나갈 때와 같이 응답에 영향을 미칠 수 있다(9장 참조). 성적 연구에서 인터뷰 진행자의 신뢰도는 대상자 응답의 범주화를 토대로 논의되었다(12장 참조). 인터뷰의 필사와 관련하여, 두 사람이 같은 구절을 똑같이 필사했을 때 필사본의 상호주관적 신뢰도에 대한 예가 제시되었다(10장 참조). 성적 인터뷰를 범주화하는 동안 동일한 인터뷰에서 두 코더 간의 상호주관적 동의에 대한 비율이 보고되었다. 무의미한 주관성에 대처하기 위해서는 인터뷰 결과의 신뢰도를 높이는 것이 바람직하지만, 신뢰도를 강조하다보면 창의적 혁신과 변화를 저해할 수 있다. 인터뷰 진행자가 자신의 인터뷰 스타일을 따르고 유망한 새로운 직감을 따라간다면 즉시 따라갈 수 있다.

타당도(*Validity*)란 일반적인 말로 진실, 정확성, 진술의 강도를 나타낸다. 타당한 추론은 그 전제로부터 정확하게 유도된다. 타당한 논증은 건전하고, 근거가 있으며, 정당하고, 강하고, 설득력이 있다. 타당도는 사회과학 분야에서 조사의 취지에 근거하여 조사하는지와 관련이 있다. 사회과학에 대한 방법론적 실증주의적 접근에서 타당도는 측정에 국한되었다. 예를 들어, "타당도는 측정하고자 하는 것을 측정하고 있는지를 질문함으로써 정의내릴 수 있다"(Kerlinger, 1979, p. 138). 질적연구는 측정결과가 나오지 않으면 타당하지 않다. 광의적 개념에서 타당도는 "우리의 관찰이 실제로 우리에게 흥미로운 현상이나 변수를 반영하는 정도"(Pervin, 1984, p. 48)이며 조사하고자 하는 것을 조사하는 정도와 관련이 있다. 이러한 타당도의 개방된 개념으로 인해 질적연구는 원칙적으로 타당한 과학 지식으로 이어질 수 있다.

방법론에 관한 많은 사회과학 교재는 진실에 대한 일치 이론을 바탕으로 실증주의적 인식론적 가정에 기초해왔다. 타당도의 표준 정의는 Cronbach와 Meehl (1955)에 의해 공식화된 심리 검사를 위해 개발된 기준에서 취해진 것이다. 심리학에서 타당도는 심리 검사의 동시 타당도(concurrent validity)와 예측 타당도(predictive validity)가 상관계수로 산출되어 검사 결과와 외부 기준 간의 일치를 나타내는 것과 관련이 있다. 지능 검사와 같은 이러한 정신분석 검사는 학업성취를 예측하기 위해 자주 적용되었다. Cronbach와 Meehl은 원래 지능과 권위주의와 같은 이론적 구조의 측정에 관련된 "구성 타당도(construct validity)"의 개념을 도입하였다. 관계의 구성 및 논리적 분석에 대한 다른 측정과의 상관관계를 포함한다. 이후 Cronbach에 의해 양적 점수뿐만 아니라 질적 설명까지 확장되었는데, 검증은 검증을 위한 공개된 과정으로 조사하는 것이다. "검증은 확증 이상이다. 그것은 관찰에 대한 소리의 해석을 개발하는 과정이다"(Cronbach, 1971, p. 433). Cherryholmes (1988)는 구성 타당도를 현상학적, 해체적 분석을 위한 논리적이고 수사학적인 개념이라고 주장하였다.

장인 정신의 질에 대한 타당도

우리는 여기서 철학적 추상화에서 일상적으로 과학 연구에 이르기까지 타당도의 개념을 명확하게 설명하고, 그것이 질적 인터뷰 연구에 어떻게 적용되는지를 보여준다. 장인 정신의 질에 대한 타당도의 개념은 포스트모던적 접근에 국한하지 않고 지식이 측정되어야 하는 객관적 현실의 포스트모던을 벗어나서 중추적인 역할을 한다. 연구자의 장인 정신과 신뢰도는 필수적이다. 이 분야에서의 과거 연구의 질에 기초하여 연구자의 신뢰도는 보고된 결과에 타당도를 부여하는 동료 연구자가 중요하다. 타당도란 개념화와 사용된 방법의 문제일 뿐만 아니라, 도덕적 통합(Smith, 1990)을 포함하여 연구자(Salner, 1989), 특히 우리가 윤리에 대한 논의에서 과학적 지식의 질을 평가하는데 실질적인 지혜가 중요하다.

타당화는 이 장에서 다루어졌지만, 별도의 단계가 아니라 연구의 모든 과정에 반영된다. 우리는 여기서 최종 산물에서 지속적인 과정의 타당화에 이르기까지 중점을 두고 있다.

Box 15.1 타당화의 7단계

1. **주제 선정:** 타당도는 연구가 이론적 전제를 갖추고, 연구문제가 이론에서 논리적으로 이끌어져야 한다.

2. **설계:** 연구주제와 목적에 맞게 연구가 설계되고 방법이 적절해야 한다. 윤리적 관점에서 연구는 유해한 결과를 최소화하면서 인간의 상황에 유용한 지식을 생산할 수 있어야 한다.

3. **인터뷰:** 타당도는 해당 주제에 대한 진실성과 인터뷰의 질에 관한 것이며, 여기에는 무엇이 의미가 있는지에 대한 신중한 질문과 현장에서 타당도 확인으로 얻은 정보를 지속적으로 점검해야 한다.

4. **필사:** 말한 것을 문서로 옮기는 타당도는 필사본의 언어를 선택하는 것과 관련있다.

5. **분석:** 연구질문에 맞게 텍스트를 적용해야 하고, 해석이 논리적이어야 한다.

6. **확인:** 연구에서 어떤 형태의 타당도를 확인했는지, 구체적으로 어떤 절차에 따라 적용했는지, 적절한 집단의 대화를 통해 객관적으로 판단하여 결정했는지 확인한다.

7. **보고:** 보고서 작성 시 연구의 주요 결과에 올바른 설명을 제공하고, 독자에게도 결과를 검증할 수 있도록 해야 한다.

Box 15.1은 인터뷰 조사를 통해 타당도 문제에 대한 틀을 제공하고 있다. 현재의 접근방식에서, 타당화는 지식 생산의 최종 상태에서 검토하는 것이 아니라 지식 생산의 전 단계에 걸친 질 관리 측면에서 강조하고 있다. 연구 과정의 단계가 합리적이고 방어 가능하며 연구자의 결론을 지지하는가? 타당화는 연구결과를 지속적으로 확인하고, 질문하며, 이론적으로 해석하면서 연구자의 장인 정신의 질에 달려 있다.

타당화는 확인하는 것이다. 타당도는 타당하지 않은 원인을 조사함으로써 확인된다. 지식의 명제를 위조하려는 시도가 강할수록 그 지식은 더욱 강력하고 타당하다. 연구자는 비판적 자세로 분석하고, 연구주제에 대한 자신의 관점과 선택적 지각, 편향된 해석을 통제해야 한다. 여기 인터뷰 진행자는 자신의 연구결과에 대한 악마의 옹호자 역할을 한다. 결과를 확인하는 다양한 모드가 제안되었다.

타당화의 조사 개념은 Glaser와 Strauss (1967)의 근거이론 접근법에 내재되어 있다. 타당화는 최종 검증이나 산물의 통제가 아니다. 검정은 신뢰도, 개연성 및 결과의 진실성에 대한 지속적인 점검을 통해 전체 연구과정에서 이루어진다. Kinsey 등(1948)은 자신의 주제에 대한 보고서의 타당도를 교차 점검하고, 기억과 고의적이고 무의식적인 은폐와 같은 요소를 다루는 데 많은 시간을 보냈다. 인터뷰에서 대상자 히스토리의 내적 일관성에 대한 지속적인 관심이 있었고, 나중에 이루어진 인터뷰와 배우자의 히스토리와 함께 비교하였다.

Miles와 Huberman (1994)은 질적연구의 타당도를 확립하기 위한 표준이나 확실한 의사결정 규칙이 없다고 강조한다. 그들의 접근방식은 질적 관찰과 해석을 타당하지 않게 할 수 있는 잠재적인 편견의 여러 원인을 분석하는 것이다. 그들은 질적 결과를 검증하고 확인하기 위한 전략을 자세하게 설명하고 있다. 이러한 전략에는 대표성 확인 및 연구자 효과, 다각화(triangulating), 증거측정, 이상치(outliers)의 의미 확인, 극단적인 사례 사용, 놀라움에 대한 후속조치, 부정 증거 찾기, if-then 검정하기, 거짓관계 배제, 결과 중복, 경쟁자의 설명 점검, 정보제공자로부터 피드백을 얻는 것이 포함된다.

Box 15.2 왜 van Gogh는 자신의 귀를 잘랐을까?

1888년 크리스마스 이브 전날 van Gogh는 왼쪽 귀를 자르고 창녀에게 주었다. 이 행위에 대해 12가지 이상의 설명이나 해석이 정신분석학 문헌에 제시되었다. 그들은 Jack the Ripper의 신문기사에서 영감을 얻었으며 Arles의 투우장 방문에서 침략에 이르기까지, 동정심을 호소하고 오이디푸스 주제를 재현하는데 이르기까지 다양하다.

Runyan (1981)은 정신분석학에서 다중 해석의 타당도를 검증하는 관점에서 이러한 해석을 다루었다. 그는 모든 해석이 사실인지, 어떤 것이 진실이고 어떤 것이 거짓인지, 아니면 아무것도 사실이 아닌지, 그리고 다양한 해석이 출돌하는지, 그것들 중 일부가 서로 보완하는지를 물었다. 한 가지 관점에서 볼 때, 다양한 해석은 풍부한 부연 설명을 통해 훌륭한 태피스트리를 제공한다. 여러 해석을 이해하는 두 번째 방법은 더 큰 에피소드의 다양한 측면에 관심을 기울이는 것이다. 세 번째 접근법은 해석 중 일부는 타당할 수 있지만 어떤 해석은 타당하지 않을 수도 있다는 가정하에 작동한다. 네 번째 가능한 방법은 상징적인 해석 과정이 절망적으로 임의적이라는 것이다.

(계속)

Runyan은 세 번째 접근방식을 채택하고 다른 해석의 사용 가능한 증거를 비판적으로 평가한다. 창녀들의 시신을 가려내고, 때로는 귀를 잘라 버리는 Jack the Ripper의 영감에 관해서, van Gogh가 현지 신문에서 귀 절단에 관한 이야기를 읽은 적이 없다. 이에 비해 van Gogh는 편지에서 Arles의 투우 경기에 참석하여 투우사가 자신의 아내에게 황소의 귀를 주는 것을 보고 영향을 받았다고 한다. 정서적, 재정적 지원을 해 준 형 Theo의 동정을 호소하기 위해 귀를 찢는 에피소드에 관한 한, Runyan은 그들의 관계에서 강력한 증거를 발견한다. 자해 전날 van Gogh는 한 집에 살며 아버지처럼 느끼는 Gauguin에게 면도칼로 위협했던 오이디푸스 해석에 대해 Runyan은 면도칼 에피소드에 대한 전기적 증거가 빈약하다고 생각한다.

다른 해석을 거친 후 불완전한 설명을 확인하려고 시도하면서, 그리고 다른 사람들이 지지할 수 있는 확증적인 증거를 모으면서 Runyan은 (a) 논리적 타당도, (b) 포괄성, (c) 시도된 위조의 생생한 검증 (d) 가능한 증거와의 일관성, (e) 그 사람이나 현상에 대한 보다 일반적인 지식으로부터의 지지, (f) 다른 설명적 가설들에 비례한 신뢰도 관점에서 평가 해석에 대한 기준을 제안한다.

Box 15.2.는 van Gogh가 귀를 자르면서 여러 해석의 타당도에 접근하는 방법과 행동에 대한 여러 해석의 신뢰도와 강도를 비교하는 장면이 그려졌다. 여기에는 해석에 대한 경험적 증거를 확인하는 것과 동일한 행동에 대해 주어진 다른 해석의 상대적 개연성을 비판적으로 평가하고 비교하는 것이 포함된다. 일반적으로 해석을 위조하려는 시도가 있을수록 더욱 강력해진다.

타당화는 질문하는 것이다. 타당도 확인—조사하고자 하는 것을 조사하는지 여부—연구의 내용과 목적은 방법에 대한 질문보다 우선한다. 인터뷰 텍스트는 "무엇"과 "왜"에 관한 질문은 해석의 타당도를 검증하는 방법에 대해 답을 이끌어낸다. "사진은 진실을 말하는가?"라는 질문에 대해 토론한다. Becker (1979)는 "사실인가?"라는 일반적인 질문을 "이 사진이 무엇에 대해 진실을 말하고 있는가?"라는 구체적인 질문을 한다. 그리고 어떤 그림이 우리에게 진실을 말하고 있는지 결정하며, 그는 우리가 어떤 질문에 답할지 스스로에게 물어야 한다고 제안한다. 인터뷰 응답과 관련하여, 인터뷰 대상자는 실제 상황에 대해 "진실을 말하지" 않을 수도 있지만, 자신의 관점에서 진실을 말할 수 있다. 마찬가지로, Hamlet의 Polonius와의 인터뷰는 구름의 형태에 대한 객관적인 진실을 밝히지는 못했지만 Polonius에 대한 타당한 지식으로 우리를 이끌 수 있었다.

연구 인터뷰에 대한 공통적인 비판은 대상의 보고서가 틀릴 수 있기 때문에 연구결과가 타당하지 않다는 것이다. 이는 특정 사례를 점검할 필요가 있다는 가능성이다(Dean & Whyte, 1969 참조). 타당도의 문제는 "무엇"이라는 연구자의 질문에 달렸다. 해석학적 해석에서, 텍스트에 제기된 질문은 모두 중요하게 된다. 따라서 성적 연구에서 한 가지 유형의 연구질문은 고등학교 성적에 대한 학생들의 진술을 경험적으로 읽음으로써 성적에 대한 개별 경험의 다양성을 다루었다. 또 다른 유형의 질문은 순식간에 읽는 것으로 이어졌으며, 인터뷰 대상자는 성적이 자신의 학급에서 사회적 상호작용에 미치는 영향에 대해 증인이나 정보원으로 간주했다. 또한 인터뷰 대상자 자신과 주어진 진술을 한 이유에 초점을 둔 증상적(symptomatic) 독해에 대해 질문한다. 여기에서 타당화는 인터뷰 텍스트에 제기된 질문에 따라 다르다(Table 12.2 참조).

타당화는 이론화하는 것이다. 타당도는 단지 방법의 이슈가 아니다. 타당화의 방법론적 이슈를 추구하면 조사되는 현상의 본질에 관한 이론적인 질문이 생긴다. 근거이론의 관점에서, 해석을 검증하는 것은 이론의 일반화라는 본질적인 부분이다. 타당화의 방법론적 이슈를 추구하는 것은 조사되는 현상의 본질에 관한 이론적이고 인식론적 질문을 발생시킨다. 13장의 담화 분석을 다룰 때, 대상자들, 예를 들어 이민자들이 인터뷰하는 동안 자신의 태도에 대해 진술을 자주 바꾼다면 이것이 신뢰할 수 없거나 부적합한 인터뷰 기법 때문일 수는 없지만, 여러 가지 뉘앙스와 사회적 태도의 유동성을 포착하는 인터뷰 기법의 민감성을 검증할 수 있다고 논하였다.

학생들이 말하는 것과 성적 사이의 연관성에 대한 학생들의 믿음을 다각화하고 검증하도록 하는 성적 연구의 결론에 이르지 못한 결과는 단지 방법의 문제를 나타낼 필요가 없다는 것을 의미한다(12장 참조). 그것은 또한 학교 현실의 사회적 구성에 관한 이론적인 의문을 제기한다. 학생과 교사는 학생 행동이 좋은 성적을 내는 다른 사회적 현실에서 있을 수 있다. 일종의 "미신적인" 행동으로 학생들은 아무것도 없는 곳에서의 연결을 믿을 수 있다. 교사는 실제로 존재하는 관계를 간과하거나 부정할 수 있다. 성적에 대한 교사 기반의 모호함과 좋은 성적을 이끄는 행동에 대한 학생과 교사의 모순된 믿음은 학교의 사회적 현실의 본질적 측면으로 보인다. 타당도 있는 질적연구의 복잡성은 질적방법의 내재적 약점에 기인할 필요는 없지만, 반대로 그들의 놀라운 능력을 파악하고 조사된 사회적 현실의 복잡성에 의문을 제기할 수 있다.

인터뷰 결과를 확인하고, 질문하고, 이론화하는 장인 정신의 질은 이상적으로 투명한 연구절자와 확실한 연구결과를 이끌게 된다. 인터뷰 탐구를 통해 지식 생산의 모든 단계에 검증이 포함되므로 외부 인증에 대한 이견을 제기하거나 공식적인 타당도 승인 절차가 이차적으로 적용된다.

의사소통 타당도

의사소통 타당도(Communicative validity)는 대화에서 지식 주장을 확인하는 것이다. 타당한 지식은 대화에서 상반되는 주장이 충돌될 때 이루어진다. 무엇이 타당한 관찰인지는 담론에서 참여자들의 논증을 통해 결정된다. 텍스트로서의 의미 있는 행동에 대한 해석적 접근에서 Ricoeur (1971)는 텍스트의 모든 해석이 동일하다는 입장을 거부했다. 즉 검증의 논리는 우리가 독단주의와 회의주의의 두 한계 사이를 움직일 수 있게 해준다. 해석학적인 순환과 위조 정도의 기준을 제시하면서, 그는 검증이란 합법적인 해석의 법적 절차에 필적하는 논쟁적인 규율이라고 설명하였다. 검증은 불확실성의 논리와 질적 확률의 논리에 기반을 두고 있으며, 해석을 위해 또는 해석에 대해 논쟁할 수 있고, 해석에 직면하고, 해석을 중재할 수 있다.

타당도에 대한 의사소통 접근법은 사회과학의 여러 접근법에서 찾아볼 수 있다. 정신분석에서 해석의 타당도는 환자와 치료자의 상호작용에서 확인된다. 또한 사회 체계의 평가 연구에서도 볼 수 있다. 따라서 House (1980)는 체계 평가에서 연구가 주로 사건 예측에 관한 것이 아니라 보고서를 읽는 독자들이 새로운 관계를 볼 수 있고 새롭지만 관련 있는 질문에 답할 수 있는지 강조했다. Cronbach (1980)는 공개 토론에 타당도가 있는 담론적 접근을 주장했다. 검정의 해석은 검정을 기반으로 한 가치 때문에 더 개방적이고 불안정하게 유지

될 것이다. 연구 보고서의 목표는 합리적인 논의를 이끄는 것이다. "더 많이 배울수록 자신과 대상자에게 더 솔직해지고, 더욱 타당한 검정의 사용이 가능해질 것이다"(Cronbach, 1980, p. 107). 내러티브 연구에 대한 논의에서, Mishler (1990)는 타당성을 지식의 사회적 구성으로 개념화 하였다. 타당한 지식 주장은 연구결과가 다른 연구자가 자신의 연구에 의존할 수 있을 만큼 충분히 신뢰할 수 있는 것으로 간주되는 담론에서 성립된다.

Rorty가 주장한 바와 같이 대화가 지식이 이해되어야 하는 궁극적인 맥락이라면(3장 참조), 담화의 본질이 중요해진다. 진실을 대화와 의사소통 타당도의 개념으로 이해하는 것은 비어 있는, 보편적이고 구별되지 않은 용어로 변질될 위험이 있다. 반드시 개념적이고 이론적으로 구체화되어야 하는데, 현재는 타당도에 관한 의사소통의 방법, 이유, 그리고 주체에 대한 몇 가지 구체적인 질문들이 제기되고 있다.

방법(*How*). 의사소통은 합리적인 논쟁을 통한 설득 또는 대중적인 선동을 통한 설득과 관련될 수 있다. 지식 주장에 대한 설득의 형태는 철학적 대화에서의 엄격한 논리적 논쟁, 법정에서의 사법 절차 및 법적 해석, 청중을 사로잡는 내러티브, 긍정적인 감정과 상호 감정에 기반한 인문학적 요법에서 모두 다르다.

철학적인 담론은 Socrates의 대화와 같이 합리적인 논증으로 특징지어진다. 참과 거짓에 관한 주장들을 논쟁된 관점을 바탕으로 확인하는 것이 참여자들의 의무이며, 최선의 주장이 이기는 것이다. 이러한 담론은 이상적으로 사회적인 권력의 발현이 없는 논쟁의 형태이며, 유일한 권력 형태는 더 나은 주장의 힘이다.

이유(*Why*). 여기에서의 질문은 진정한 지식에 대한 담론의 목적에 관한 것이다. 진정한 지식에 도달하기 위한 목적과 기준은 무엇인가? Habermas (1971)의 규범적 담론 이론은 진실에 대한 합의 이론을 의미한다(따라서 Foucault의 전통에 대한 기술적 담론 분석과는 다르다). 이상적인 담론은 보편적으로 타당한 진실을 이상적인 것으로 목표를 둔다. Eisner (1991)는 예술적 판단과 비평을 기반으로 한 질적연구를 옹호하며, 개인적인 측면, 문학적인 측면, 심지어 시적인 측면을 지식의 타당한 출처로 인정하였다. 이러한 접근 방식은 합의를 이루는 것을 목표로 한다. "합의 타당도(Consensual validity)는 교육적 상황의 설명, 해석, 평가, 그리고 주제에 대해 유능한 사람들 간의 합의" (Eisner, 1991, p. 112)라고 기술한다. 포스트모던 관점에서 Lyotard (1984)는 일반적으로는 토론의 목표가 아닌 단계에 불과하다고 주장했다. 그는 이를 파롤로지로 제시하며, 이는 새로운 아이디어, 새로운 구분, 담론을 위한 새로운 규칙을 창조하는 것이다. Lyotard에게 담론은 파트너 간의 대화보다는 적대적으로 대립하는 주체 간의 게임이라고 보는 것이다.

주체(Who). 의사소통의 타당성은 한 커뮤니티의 다른 참여자를 타당도 검사에 포함시킨다. 인터뷰 진행자의 해석이 주제에 대한 자신의 이해를 언급할 때, 인터뷰 대상자는 올바른 해석에 대한 대화에서 적절한 파트너가 된다. 이를 "구성원 타당도(member validation)"라고 한다(Table 12.2 참조). 연구자의 해석은 주제 자체의 이해를 벗어날 수도 있다. 그들 자신이 어떻게 생각하고 느끼는지와는 다른 관점을 취하면서도 비판적인 상식적 이해 내에 머물 수 있다. 이는 경쟁의 여러 부정을 확인과 판결에 따른 배심원들의 신뢰성에 대한 근거 등과 같은 상황에서 나타날 수 있다. 이 경우 일반 대중은 해당 "청중 타당도(audience validity)"의 커뮤니티가 된다. 세 번째 맥락에서는 문장의 의미를 해석하는 데에 이론적 틀이 적용된다. 이러한 해석은 인터뷰 대상자의 자기 이해를 초월하고 또한 상식적 이해를 뛰어넘을 수 있다. 예를 들어 교육 시스템의 통화로서의 성적을 해석하는 경우 지식의 사용가치와 교환가치의 내부 모순 등과 같은 사안이 발생할 수 있다. 이러한 경우 타당화의의 적절한 커뮤니티는 인터뷰 주제에 익숙하고 인터뷰 텍스트에 적용된 이론에 익숙한 학자들로 이루어진다. 이를 "동료 타당도(peer validity)"라고 할 수 있다. 현재의 시각에서는 이 세 가지 맥락 중 어느 하나도 다른 것보다 더 정확하거나 진정한 또는 타당한 지식을 제공하지 않는다. 각각은 다른 연구질문과 관련하여 인터뷰 진술에 적합하다.

연구자가 상호주관적인 타당화에 과도하게 의존하면 그들의 노력이 충분하지 않고 해석에 대한 자신감이 부족해질 수 있다고 언급한다. 또한, 독자들에게 해석의 타당화를 맡기는 독자 응답 타당화(reader response validation)와 같은 방식은 연구자가 해석에 대한 책임을 회피하는 것으로서 대중적인 경향을 가져올 수 있다고 설명한다. 이는 소비자 사회의 이념에 따라 "고객은 항상 옳다"라는 이념과 유사한 상황일 수 있다.

권력과 진실(*Power and truth*). 여러 전문 커뮤니티는 지식을 다르게 구성할 수 있으며, 예를 들어 건강과 같은 분야에서 어떤 전문가가 어떤 지식이 유효한지를 결정하는 데 갈등이 발생할 수 있다. 또한, 해석 커뮤니티의 유능하고 합법적인 구성원은 누가 결정하는지와 같은 구체적인 문제가 있다. 진실과 가치에 관한 이슈를 결정하기 위해 커뮤니티 구성원을 선택하는 것은 많은 경우에 중요하게 고려되며, 예를 들어 배심원의 선발, 박사과정 지원자를 선발하는 위원회, 또는 학술위원회의 구성원을 선정하는 경우와 같이 결과에 영향을 미칠 수 있다.

Habermas의 진실에 대한 합의 이론은 지배 없는 이상적인 대화에 기초하고 있는데, 이것은 과학적인 대화를 힘의 게임으로 이해하는 Lyotard의 포스트모던과 대조적으로 실제 생활 담론 내의 권력 관계의 거미줄로부터 의도적으로 추출한 것이다. 더 일반적으로, Lyotard는 과학자들은 진리를 찾기 위해 구매하는 것이 아니라 힘을 키우기 위해 구매한다고 주장한다. "과학 언어의 게임은 부유층의 게임이 된다. 부유한 사람은 누구나 옳다고 여겨지는 최고의 기회를 갖는다. 따라서 부, 효율성과 진리 사이의 방정식이 성립된다"(Lyotard, 1984, p. 45).

실용적 타당도

실용적 타당도(Pragmatic validation)는 말 그대로 "진실하게 만드는" 것을 의미하는 과정이다. 실용주의자들에게 진실은 원하는 결과를 이끌어내는 데 도움이 되는 것이라고 여겨진다. 지식은 관찰보다는 행동이다. 즉 우리 지식에 대한 신념의 효과는 행동의 효과에 의해 입증된다. 실용적 타당도에서는 지식 주장의 타당화가 적용으로 대체된다. Marx (1845/1998)는 Feuerbach에 대한 그의 두 번째 논문에서 인간의 사고가 객관적 진실을 이끌어낼 수 있는지에 대한 문제는 이론적인 것이 아니라 실용적인 문제라고 강조했다. 인간은 진실, 즉 그들의 사고의 현실성과 힘을 실천에서 입증해야 한다. 그리고 그의 열한 번째 논문에서 더 두드러졌다. 철학자들은 세상을 단지 다르게 해석할 뿐이고, 중요한 것은 세상을 변화시키는 것이라고 말한다.

해석학적 관점에서 Taylor (1985)는 사회과학에서 실용적인 타당도를 강조하고 있다. 그는 사회이론 자체가 인간 활동의 의미를 해석하고 명료하게 표현하는 일종의 실천적인 행위라고 주장하지만, 이러한 해석은 다시 행위자의 자기 이해에 영향을 미쳐 그들이 관심을 가지는 현실을 변화시킬 수 있다고 말한다. Taylor의 주장은 사회과학에서의 타당도는 연구 대상이 되는 독립적인 대상들을 그저 반영하는 것이 아니라, 인간의 이해로 형성된다는 것이다. 따라서 그는 사회과학에서의 타당도는 고려되는 실천작인 행위를 개선하는 것을 의미한다고 주장하며, 이는 영향력의 이슈뿐만 아니라 도덕적, 정치적, 지식론적 이슈이기도 하다. 새로운 질적 해석은 그들을 묘사하는 대상들의 자기 이해를 변화시킬 수 있으며, 따라서 사회이론의 타당성은 해당 이론이 영향을 미치고 촉진하는 실천적인 행위의 질을 검토함으로써 검증될 수 있다고 한다. 최근 Flyvbjerg (2001)는 Aristotle의 실천지(phronesis, 4장 참조) 개념을 기반으로 하여 "실천지의 사회과학"이라고 하는 틀을 발전시켰다. 이는 연구 대상에 가까이 접근하고 가치에 집중하며 사례연구와 내러티브 탐구를 사용하여 "최종적이고 명백히 확인된 지식을 생성하는 것"이 아니라 "사회에서 계속되는 사회적 대화와 실천에 기여하는 것"을 목표로 한다(p. 139). 따라서 이러한 실용적 실천지 관점에서의 타당한 질적 설명은 사회에서 가치와 목표에 대한 공공의 논의에 역할을 유익하게 기여하는 것이라고 할 수 있으며, Flyvbjerg는 Bellah 등(1985)의 연구를 "실천지의 사회과학"의 중요한 사례로 언급하였다.

실용적 타당도의 개념은 의사소통보다 훨씬 더 중요하다. 그것은 대화를 통한 합의보다 더 강력한 지식 주장을 대변한다. 실용적 타당도는 관찰과 해석에 기반하며, 그 해석에 따라 행동할 의지가 있음을 나타낸다. 즉 "행동은 말보다 더 중요하다." 변화를 촉진하는 것을 강조하는 실용주의적 지식의 관심은 사회 구성주의의 무한한 해석에 빙빙 돌아가는 경향과 경향과 포스트모던 분석의 무한한 해체에 빠지는 경향을 억제할 수 있다.

Freud는 치료적 해석을 검증하기 위해 환자의 자기 이해와 언어적 의사소통에 의존하지 않는다. 그는 환자가 그의 해석에 대해 "예"나 "아니오"라고 말하는 것만으로 충분한 확인이나 부정을 볼 수 없다고 여겼다. "예"나 "아니오"는 치료과정에서 제안이나 저항의 결과일 수도 있었다. Freud는 해석한 다음 환자의 반응을 관찰하는 것과 같은 보다 간접적인 형태의 타당도를 권고하였다. 예를 들어, 환자의 자유 연상, 꿈, 잊혀진 기억의 회상, 신경증 증상의 변화 등의 방식으로 반응을 관찰하였다(Freud, 1963, p. 279). Spence (1982)는 해석의 실용적 효과에 중점을 두었다. 내러티브의 진실은 치료적 만남에서 이루어진다. 그것은 좋은 이야기를 전하는 확신을 가지고 있으며, 미적 가치와 수사적 힘의 치유 효과에 의해 판단되어야 한다. 치료적인 작업에서 특정 행동에 대한 다양한 해석은 유연한 접근방식으로 적용될 수 있으며, 이는 Scheflen의 Box 12.1에서 Susan의 미소에 대한 논의와 같이 특정 행동을 변경하는 데 전략적으로 사용될 수 있다.

방법(*How*). 실용적 타당도의 형태는 다양할 수 있다. 이는 치료사가 환자의 꿈을 해석한 것에 대한 환자의 행동 반응이 될 수도 있고, 시스템 평가 보고서에 대한 청중의 반응이 될 수도 있으며, 행위연구에서 연구자와 대상자들의 협력적 상호작용이 될 수도 있다.

이유(*Why*). 과학적 담론은 원칙적으로 불확정적이다. 즉각적인 행동이 필요하지 않다. 이전의 지식을 변경하거나 무효화시킬 수 있는 새로운 논쟁이 항상 나타날 수 있다. 과학적 담론의 비압박적 합의와는 달리, 실용적인 맥락에서는 합의를 강요하는 행동과 결정이 필요할 수 있다. 이는 배심원단의 절차, 학위논문 지도위원회의 협상, 치료적 개입에 대한 결정, 행위연구에서의 제도적적 변화 등을 포함한다.

실용주의적 접근은 진리가 우리가 원하는 결과를 얻는 데 도움이 되는 것이라고 말한다. 원하는 결과가 무엇인지 결정하는 것은 가치와 윤리를 수반한다. 타당화에서 가치의 중요성은 사회연구의 강조 변화를 통해 따라온다. 이전에는 사회세계를 주로 묘사하는 것이었지만, 이제는 가능성에 초점을 맞추는 것으로 변화하고 있다. 따라서 Gergen (1992)의 포스트모더니즘 생성 이론의 개념은 문화를 변형시키는 수단으로서 새로운 사고와 행동의 가능성을 열어주는 연구를 포함한다.

주체(*Who*). "누구"에 대한 문제는 연구자와 지식을 생성하는 사용자들을 포함한다. Patton (1980)은 연구자의 신뢰성이 행동의 기초로서의 연구보고서의 수용 여부에 중요한 기준이라고 강조한다. 여기서 연구 장인 정신의 질과 사람으로서의 연구자의 신뢰도는 연구보고서의 타당성 판단에 결정적인 역할을 한다. "누구"라는 질문은 또한 윤리적, 정치적 이슈를 수반한다. 누가 변화의 방향을 결정할 것인가? 치료에서 변화에 대한 개인적인 저항뿐만 아니라 시스템 평가나 행위연구의 결과에 대한 이해관계자들 간의 충돌하는 이해관계도 존재할 수 있다. 따라서 시스템 평가에서 청중 타당화와 관련하여 어떤 이해관계자들이 결정적인 청중으로 포함되어야 하는가? 자금 지원 기관, 시스템의 리더들, 종업원들 또는 고객들이 그 예가 될 수 있다.

권력과 진실(*Power and truth*). 실용적 타당도는 사회연구에서 권력과 진실의 문제를 제기한다. 연구에서 원하는 결과가 무엇인지 또는 변화의 방향을 결정하는 권력은 어디에 있는가? 어떤 가치가 행동의 기초가 되어야 하는가? 그리고 더 일반적으로, 어떤 종류의 진실 탐색이 추구되어야 하는가? 어떤 연구문제들이 자금 지원에 가치가 있는가? Foucault를 따라 우리는 권력을 특정 인물과 그들의 의도로 국소화하는 것을 조심해야 하며, 대신 권력-지식 역동의 그물 모양 조직과 다중 분야를 분석해야 한다.

Box 15.3 타당도: 찬성과 반대

우리는 장인의 연구에 타당도를 통합하고, 관찰뿐만 아니라 지식 주장에 대한 의사소통과 실용적 영향도 포함하여 타당성의 개념을 확장하는 것을 주장했다. 또한 타당도의 개념을 더 해체하려고 시도하며, 정보와 해석의 검증이 일상생활의 상호작용에서의 정상적인 활동임을 강조했다. 그러나 지나치게 타당도에 집착하는 것은 오히려 역생산적일 수 있으며, 일반적인 무효화로 이어질 수 있다. 산물, 지식 주장, 스스로 말하기보다 타당성은 타당도를 부식시킬 수 있는 합법화 마니아를 포함할 수 있다. 타당한 것이 많을수록 타당성의 필요성이 커진다. "그들이 진실을 말한다고 맹세할 때 조심하라"는 속담에 나타난 것처럼, 어떤 주장이 강조적으로 반복하여 진실임을 주장하는 것은 사실과는 반대로 그 주장의 진실성을 의심할 필요가 있음을 경고하는 것이다.

이상적으로는 장인 정신의 질은 자체적으로 강력하고 설득력 있는 지식 주장을 만들어 낸다. 말하자면, 훌륭한 예술 작품처럼 이러한 지식 주장은 스스로 타당도를 함께 갖고 다닐 것이다. 이러한 경우, 그 이슈 자체가 중요하지 않기 때문에 “타당도에 위배되는” 이유가 없을 것이다. 즉 연구 절차가 투명하고, 결과가 분명하고, 결론이 본질적으로 사실로 입증되고 아름답고 선하게 느껴질 것이다. 이런 의미에서 타당한 연구는 타당성에 대한 의문을 무의미하게 만드는 연구가 될 것이다.

인터뷰 연구의 일반화

인터뷰 연구의 결과가 상당히 신뢰할만하고 타당하다고 판단되는 경우, 여전히 남아 있는 질문은 이러한 결과가 주로 국소적인 관심사에 해당하는지 아니면 다른 주제, 맥락 및 상황에 이전 가능한지 여부이다. 인터뷰에 대한 끊임없는 질문은 결과가 일반화될 수 있는지다. 일상생활에서 우리는 더나은 또는 적게 자연스럽게 일반화한다. 하나의 상황이나 사람과의 경험으로부터 우리는 새로운 경우를 기대한다. 우리는 다른 유사한 상황이나 비슷한 사람에게 일어날 일에 대해 기대한다. 과학 지식 역시 일반화(generalizability)를 주장한다. 방법론적 실증주의에서, 사회과학의 목적은 인간 행도의 법칙을 만들어 보편적으로 적용할 수 있는 것이다. 대조적인 인본주의적 견해는 모든 상황이 독특하다는 것을 의미한다. 각 현상은 고유한 내재적 구조와 논리를 가지고 있다. 심리학에서, 행동주의와 같은 자연과학 중심의 학파는 행동의 보편적인 법칙을 찾고자 하였으며, 번면 인본주의 심리학에서는 개인의 독특성이 우세하다. 포스트모던적 접근법에서 보편적 지식에 대한 탐구와 개개인의 독특한 것에 대한 숭배(cult)는 지식의 다양성과 맥락성에 중점을 두며, 일반화에서 맥락화로의 전환을 의미한다.

인터뷰 연구에 대해 공통적으로 반대 의견을 제기하는 것은 연구결과를 일반화하기에 대상자가 너무 적다는 것이다. 이 반대 의견에 대한 첫 번째 답변은 "왜 일반화해야 하는가?" 이다. 사회과학이 보편적으로 적용 가능한 지식을 생산하도록 지속적으로 요구하는 것은 과학적 지식을 모든 장소와 모든 시간에, 영원부터 영원까지 모든 인류에게 필연적으로 보편적이고 타당한 것으로 가정하는 것을 포함할 수 있다. 대조적으로, 실용주의자, 구성주의자, 담론적 접근은 사회 지식을 사회적으로, 역사적으로 맥락화된 이해와 사회적 행동의 형태로 여긴다.

일반화의 형태. 질적연구에서, 일반화는 종종 사례 연구와 관련하여 다루어졌다. 한 사례에서 다른 사례로 일반화할 수 있는 시기와 방법은 무엇인가? Stake (2005)는 세 가지 유형의 사례 연구, 본질적 사례 연구(이 특별한 사례를 더 잘 이해하기 위해 수행), 수단적 사례 연구(보다 일반적인 이슈에 대한 통찰력을 제공하기 위해 수행), 다중 또는 집단적 사례 연구(여러 사례로 확장된 수단적 사례 연구)를 구분한다. 전통적인 과학적 일반화 요구와 달리, Stake는 본질적 사례 연구가 그 자체로 가치가 있다고 주장하며, 이는 인문학에서 일반적인 것으로, 예를 들어 작가의 작품을 이해하기 위해 단순히 이해 자체를 위해서라도 가치를 의심하지 않는 것과 비슷하다.

그러나 우리가 일반화에 관심이 있다면, 인터뷰 결과가 전 세계적으로 일반화될 수 있는지가 아니라, 특정 인터뷰 상황에서 생성된 지식이 다른 관련 상황으로 이전될 수 있는지를 물을 수 있다. 이른바 이의 제기에 대한 두 번째 답변은 일반화될 수 있는 대상이 너무 적다는 것이다. "어떻게 일반화할 수 있는가?" 이곳에서는 사례 연구로부터의 일반화에 대한 Stake의 논의를 기반으로 자연주의적, 통계적, 분석적으로 일반화하는 세 가지 형태의 일반화가 개요로 설명된다.

자연주의적 일반화는 개인적인 경험에 기반한다. 개인이 경험을 통해 개발되며, 사물이 어떻게 되어있는지에 대한 암묵적 지식으로부터 유래하며, 형식적 예측보다는 기대에 따라 이루어진다. 이는 구두로 표현될 수 있으며, 이로 인해 암묵적인 알고 있는 것에서 명시적인 명제적 지식으로 전환될 수 있다.

통계적 일반화는 형식적이고 명시적이다. 이것은 모집단에서 무작위로 선발된 대표적인 대상자를 기반으로 한다. 통계적 일반화는 무작위로 선정되어 결과가 양적으로 측정되는 한, 인터뷰 연구에서 조차 소수의 대상들을 사용하여 실행 가능하다(6장 참조). 추론 통계를 사용하여 선택된 표본에서 모집단 전체로의 일반화에 대한 신뢰 수준은 확률 계수로 정할 수 있다. 인터뷰 대상자를 무작위로 선발하고 인터뷰 결과를 수량화하면 결과는 통계적으로 일반화될 수 있다. 따라서 말수와 평균성적 간의 상관관계를 발견한 경우, 이는 성적 연구에서 무작위로 선택된 30명의 학생들에게 한정된 우연한 발견일 가능성이 1,000분의 1뿐이라는 것을 알아냈다(12장 참조). 그러나 강력한 통계 검정을 위해서는 대부분의 인터뷰 연구에 적용 가능한 것보다 더 큰 표본이 필요하다.

더욱이 관련된 통계적 가정 때문에, 치료를 위해 자발적으로 참여한 자체 선택된 표본의 결과는 일반 대중에게 적용될 수 없다. 많은 경우 인터뷰 대상자는 대표성이나 극단성, 또는 단순히 접근성과 같은 기준으로 선택된다. 예를 들어, 폭력의 피해자를 위한 쉼터로 온 여성의 인터뷰 표본은 모집단에서의 무작위 표본이 아니라 자발적으로 선택된 표본이다. 그들의 강력한 도움에 참여 동기는 폭력에 시달리는 경험에 대한 소중한 지식을 제공할 수 있다. 그러나 자체 선택된 표본의 결과는 통계적으로 일반 대중에 일반화될 수 없다.

분석적 일반화는 한 연구의 결과가 다른 상황에서 어떤 일이 발생할지를 가이드로 사용할 수 있는 정도에 대한 합리적인 판단을 포함한다. 이것은 두 상황의 유사성과 차이를 분석을 바탕으로 한다. 자발적인 자연주의적 일반화와 달리, 연구자는 일반화 주장을 단언적 논리에 기반하여 수립한다. 법정에서의 논증이나 이론에 기반한 일반화를 위한 논쟁과 같은 여러 가지 형태의 단언적 논리가 있다. 증거를 명시하고 논증을 명백하게 함으로써, 연구자는 일반화 주장의 타당성을 판독할 수 있도록 한다(Yin, 1994, 귀납적 일반화 참조). 여기서 우리는 인터뷰 연구로부터 연구자 기반과 독자 기반의 분석적 일반화를 구분할 수 있다. 첫 번째 경우에는 연구자가 풍부한 구체적인 설명 외에도 연구결과의 일반성에 대한 논증을 제공한다. 후자의 경우에는 독자가 인터뷰 연구의 상세한 맥락적 설명을 바탕으로 결과가 새로운 상황으로 일반화될 수 있는지를 판단한다.

시스템 평가에서 사례 연구의 사용에 관한 논의에서, Kennedy (1979)는 합리적인 사람들이 동의할 수 있는 추론 규칙을 수립하는 것을 주장한다. 모델로서 법률 및 임상 실무에서의 일반화를 살펴본다. 판례법에서는 가장 유사한 이전 사례, 즉 실제 사례와 가장 유사한 속성을 가진 사례가 가장 관련 있는 선례로 선택된다. 일반화의 타당도는 원래의 것과 현재 사례 간의 유사성과 차이를 분석하고 비교하는 속성의 중요성에 따라 결정된다. 다시 말하면 사례에 대한 풍부하고 자세하며 상세한 기술을 전제로 하며, 우리는 4장에서 "심층적인 서술"이라고 언급했다. Kennedy는 법률 및 임상 사례에서 유의한 비교 속성의 기준을 제안한다. 임상 상황에서는 기술의 정밀성, 종단적인 정보, 다학새적 평가가 해당된다. 정보 수신자가 결과를 새로운 상황에 적용 여부를 결정한다. 판례법에서 법원은 이전 사건이 재판 중인 사건에 일반화될 수 있는 선례를 제공하는지 여부를 결정한다.

> 법률과 마찬가지로 임상적 일반화는 원래의 정보 생성자가 아닌 정보 수신자의 책임이며, 평가자는 그러한 일반화를 가능하게 하기 위해 충분한 정보를 제공해야 한다 (Kennedy,

1979, p. 672).

사회연구에서 사례 연구를 사용하는 것은 종종 전통적인 연구자들에 의해 비판을 받아 왔다. Flyvbjerg는 이러한 비판을 받았고, 이는 사례 연구에 대한 많은 오해에서 비롯되었다.

Box 15.4 사례 연구에 대한 오해

Flyvbjerg (2006)는 사례 연구에 관한 다섯 가지 오해를 거부한다.

1. **일반적이고 문맥과 무관한 지식이 구체적이고 문맥에 종속적인 지식보다 더 중요하다는 오해.** 인간 활동이 지역적인 실천 맥락에 놓여 있기 때문에 단순히 인간 대상의 연구에서 보편성을 발견할 수 없다고 주장할 수 있다. 그래서 인간 세계의 본성 때문에 문맥에 종속적인 지식이 보편적이고 예측적인 이론을 헛된 탐구보다 더 가치가 있다고 주장할 수 있다.

2. **개별 사례를 바탕으로 일반화할 수 없다는 오해.** Flyvbjerg는 여러 사례들을 언급하며, 개별 사례 연구로부터 일반화하는 것이 가능한 경우들을 언급한다. 예를 들어, Galileo의 실현 실험에 기반한 Aristotke의 중력 법칙 반박과 같은 경우가 있다(Galileo는 무게가 다른 물체가 동일한 속도로 떨어질 것이라고 증명했다). 사례 연구의 일반화 가능성은 사례들의 전략적 선택을 통해 높일 수 있다. 예를 들어 "비판적 사례"를 선택함으로써 "만약 이 사례에 대해 타당하다면(타당하지 않다면), 그것은 모든(아무) 사례에 적용된다"는 유형의 논리적 추론을 허용하는 연구설계에 접근 할 수 있다(Flyvbjerg, 2006, p. 230). 사례 연구는 예를 들어, 과학적 귀납에 의해 도달한 일반적으로 받아들여지는 믿음(예: 모든 백조가 흰색이다)을 거짓으로 증명하는 "검은 백조"로 기능할 수 있다.

3. **사례 연구는 가설 생성에만 유용하다는 오해.** 두 번째 오해를 거부한 것에서 우리는 사례 연구가 단순히 가설을 생성하는 것이 아니라 가설을 검증하고 반증하는 데에도 사용될 수 있다는 주장을 갖게 된다. 예를 들어, 극단적이거나 비판적인 사례를 고려함으로써 연구자들은 때때로 인간 행동에 대해 당연하게 받아들여지는 가정을 반증할 수 있다.

4. **사례 연구는 검증을 향한 편향이 있다는 오해.** 이 네 번째 흔한 오해에 반하여, Flyvbjerg는 자신의 선입견적인 견해가 자동적으로 검증되는 것이 아니라 사례 연구에 의해 반증되었다고 보고한 많은 연구자(예: Campbell, Ragin, Geertz)를 인용하였다. 사례 연구에서 편

(계속)

견이 있다면, 검증보다는 반증으로 향하는 것처럼 보인다.

5. **특정 사례 연구를 바탕으로 일반적인 이론을 개발하기 어렵다는 오해.** 마지막 오해와는 달리 Flyvbjerg는 소규모의 질적연구가 종종 이론개발의 최전선에 있다고 주장한다. Flyvbjerg의 직관을 지지하는 대부분의 학문 분야에서 쉽게 예를 찾아볼 수 있다. 고전 심리학의 경우 Freud와 같은 질적연구자를 언급할 수 있다. 사례 연구를 기반으로 둔 이론은 여전히 논쟁 중이다. 현대 교육 연구에서는 도제제도에 관한 사례 연구를 기반으로 하는 일부 가장 영향력 있는 연구들이 학습이론의 중요한 발전을 이끈 바 있다(Lave & Wenger, 1991).

Box 15.4에서 우리는 사례 연구에 관한 몇 가지 일반적인 오해에 대한 Flyvbjerg의 주장을 요약하고 확장했다. 많은 경우나 사례를 연구하는 것이 언제나 필요하지는 않다는 것이 자연과학에서 잘 알려져 있다. 심장이 펌프라는 Harvey의 발견은 원칙적으로 하나의 심장을 주의 깊게 분석하여 도달할 수 있었다. 인터뷰를 기반으로 하는 단일 사례 연구는 잘 수행되면 가치가 있을 수 있으며, Freud의 저서에서는 Anna O., Wolf man와 Rat man의 분석과 같은 몇 가지 유명한 예시들을 찾을 수 있다.

분석적 일반화는 표본과 분석 방법과는 상관없이 인터뷰 조사에서 얻을 수 있다. 분석적 일반화는 풍부한 맥락적 기술에 근거하며, 연구자의 인터뷰 결과를 다른 대상자와 상황으로 이전할 수 있는지에 대한 연구자의 논증뿐만 아니라 독자들의 보고서로부터의 일반화를 포함한다. 분석적 일반화와 의사소통의 타당도는 모두 인터뷰 과정과 결과물에 대한 양질의 설명을 전제로 한다. 이는 인터뷰 연구의 보고 방식이 중요하다는 점을 지적하며, 다음 장에서 다룰 것이다.

16장

인터뷰 지식의 보고

연구 인터뷰를 보고하는 것은 단순히 인터뷰 대상자들의 의견을 연구자의 해석과 함께 나타내는 것을 의미하지 않는다. 인터뷰 보고서 자체가 저자의 글쓰기 스타일과 문학적 장치를 통해 주제들의 생활세계에 대한 특정한 시각을 제공하는 사회적 건설이다. 글쓰기 과정은 인터뷰에서 얻은 지식의 사회적 건설의 한 측면이며, 인터뷰 결과의 검증과 일반화가 독자와의 소통을 포함할 때 인터뷰 보고서의 질은 핵심적인 위치에 도달한다.

이 장에서는 먼저 인터뷰를 보고하는 데 있어 몇 가지 이슈를 다룰 것이다. 다양한 독자들에게 보고하기, 인터뷰 보고서의 지루함, 그리고 보고의 윤리에 관한 것들이다. 그런 다음 인터뷰 보고서를 작성하는 실제적인 이슈를 살펴보고, 연구과정 전반에 걸쳐 글쓰기를 통합하는 것에 대해 논할 것이다. 우리는 인터뷰 보고서의 표준적인 보고 방식과 이를 개선하는 방법을 자세하게 소개하며, 인터뷰 인용문의 사용과 같은 방법을 제시할 것이다. 동료와의 대화를 통해 인터뷰 보고서를 풍부하게 하는 다양한 양식의 예를 제공함으로써 이 장을 마무리하고자 한다.

인터뷰 보고서에 대조적인 청중

이 책에서 우리는 인터뷰와 인터뷰 연구를 대화의 형태로 다루어왔다. 인터뷰 연구자는 외국 여행자로서 주민들과의 대화를 통해 배우는 모습으로 묘사되었다. 여행자가 먼 나라에서의 만남을 가지고 집으로 돌아왔을 때, 여행자는 현지 청취자들의 반응이 꽤 다르다는 것을 발견할 수 있다. 인터뷰 연구자가 자신의 응답자와 대화를 진행하는 것이 그들의 인터뷰 대화에 대해 동료들과 대화를 나누는 것보다 더 쉬울 수도 있다.

인터뷰 연구에서 보고서를 작성할 때, 지역의 사회과학 커뮤니티 내에서 다양한 요구사항을 인식하는 것이 유용할 수 있다. 사회과학 보고서의 권위 있는 요구사항은 부서, 학문 분야, 국가, 시대에 따라 크게 다를 수 있다. 인터뷰 질에 대한 이전의 논의에서 질적 인터뷰 연구의 객관성에 대한 주류 반대의견이 다루어졌다(Box 9.3 참조). 이러한 반대의견들은 인터뷰 주제의 깊이에서 사전에 존재하는 자료와 의미를 발굴하는 것으로서의 인터뷰를 모던적 개념과 일치시킨다. 대조적인 청중은 질적 분야와 인문학 분야에서 작업하는 연구자들로서, 먼 나라에서의 대화에서 이야기를 가지고 돌아가는 여행자로서 인터뷰 진행자의 포스트모던적 이해에 가까이 다가갈 수 있는 분류이다.

인터뷰는 Holstein과 Gubrium (1995)이 주장하는 것처럼 어쩔 수 없이 해석적으로 활동적인 의미 형성의 실천이다. 포스트모던 감성을 가진 연구자는 인터뷰 대상자의 생활이 인터뷰 보고서에 어떻게 묘사되는지와 같은 대표성의 실천에 특히 민감하다. “오늘날 우리는 문화를 쓴다는 것을 이해하며, 쓰기는 결코 순진한 실천이 아니라는 것을 알고 있다. 우리는 세계를 우리의 표상을 통해서만 알게 된다”(Denzin, 2001, p. 23). 우리는 문화를 쓰고, 인터뷰 연구자로서 우리는 인터뷰하고 연구결과를 보고할 때 주관성을 함께 말하고 쓰며 실현시킨다.

일상 생활과 가까운 인터뷰 연구의 특성은 종종 생동감 있는 묘사와 매력적인 내러티브를 함께 한다. 경우에 따라 일반 대중에게 인터뷰 보고서가 흥미로울 수 있다. 이 경우에는 과학 공동체와 일반 공동체 간의 요구 사항 및 과학적으로 문서화되고 통제 가능한 형식으로 결과를 제시할지, 그림과 매력적인 대중 형태로 제시할지 사이에서 충돌이 있을 수 있다. 매혹적인 이야기를 제시하는 것과 방법과 결과의 공식적인 문서화를 대조시키는 딜레마는 보고서를 위한 두 가지 대조적 장면인 아트 갤러리와 법정에서 상고되는 장면을 통해 상상해 볼 수 있다. 인터뷰 보고서는 이상적으로 예술적인 표현의 요구를 충족시키면서 법정에서 반대 심문의 엄격함에도 부합할 수 있어야 한다.

예술에서는 작품의 최종산물인 그림이나 조각이 중요하며, 생산 과정의 방법은 중요하지 않다. 사용된 회화 기법은 동료 예술가와 미술사학자들에게 흥미로울 수 있지만, 기법은 예술 작품을 진지하게 받아들이는 이유가 아니다. 그림은 그 자체의 메시지를 담고 있다. 그것은 그 표현과 스타일을 통해 설득력을 가지게 된다. 문학에서는 Shakespeare의 드라마의 내용과 형식이 오늘날에도 우리를 사로잡지만, 그 드라마의 기원이나 Shakespeare의 글쓰기 방법에 대해서는 알려진 바가 거의 없다.

반면에 심리학자가 아동 학대에 관한 인터뷰로부터 법정에 보고하는 경우, 설득력과 스타일은 중요하지 않다. 검찰과 변호인이 강령식 질문의 영향과 같은 심문 형식을 포함하여 인터뷰와 그들의 해석에서 약점을 찾으려고 강력한 교차 심문을 할 것이다. 법정에서 중요한 것은 변호사나 증인이 믿는 것뿐만 아니라 도전받을 때 그들의 믿음을 좋은 이유로 정당화할 수 있는지 여부이다. 이로 인해 법정에서의 대화는 3장에서 논의된 것처럼 지식이 대화를 통해 논증적으로 정당화된 지식인 에피스테메의 차원을 가지게 된다. 이 절차는 검토를 받을 것이며, 증인의 신뢰성을 떨어뜨릴 시도가 이루어질 것이다. 이는 질문의 주도적 영향과 같은 심문 형식들, 그리고 이에 대한 해석의 논리를 포함한다.

지루한 인터뷰 보고서

약 3,000년 전, Odysseus는 먼 나라에서의 연구를 마치고 그리스에 돌아왔다. 후에 기록된 Homer의 항해 이야기는 오늘날에도 여전히 매료시키는 형태로 펼쳐졌다. 100년 전, Freud의 치료 사례는 아직도 뜨거운 논쟁을 일으키는 것이다. 현재 인터뷰 연구는 그리 오랫동안 지속되지 않을 수 있다. 보고서는 출판 후에도 생명을 가지려면 읽혀져야 한다. 현재의 인터뷰 보고서를 읽으면서 얻은 몇 가지 인상을 소개하겠다.

지루한 인터뷰 결과. 인터뷰 연구는 때때로 읽기 지루할 수 있다. 이들은 종종 긴, 어려운 직접 인용문으로 특징지어지며, 조각난 방식으로 제시되며, 종종 지나치게 길게 분류된다. 인터뷰 필사본에서 인용된 수백 페이지의 인용구는 때로 몇 가지 의견과 몇 가지 범주화에서 나온 숫자를 포함하며 흥미로운 독서를 만들어내기 어렵게 한다.

주제의 흥미로운 이야기는 분석과 보고 단계를 통해 원자적인 인용과 고립된 변수로 파편화되었다. 이러한 인터뷰 보고 스타일은 많은 인터뷰 인용을 기본 사실로 활용하는 질적 과도 경험주의(qualitative hyperempiricism)의 영향을 받았을 수 있다. 상세한 축어적 필사본은 인터뷰에서 실제로 말한 내용을 최하위(rock-bottom)로 문서화하는 것으로 여겨진다. 축어적 필사본은 인터뷰의 구성에서 구두와 서면 언어의 서로 다른 수사적 형태가 무시되었으며, 지루한 반복과 채우기, 불완전한 문장들이 포함되어 있다.

일련의 인터뷰 보고서를 읽은 후에는 재미있고 도발적인 새로운 통찰력을 발휘할 수 있는 극적인 내러티브 치료적 사례 연구뿐만 아니라 일부 사회학적, 인류학적 사례 연구를 간절히 기다리게 될 것이다. 심지어 실험실 실험에 관한 이야기도 읽고 싶어지며, 그들의 체계적인 논리적 엄격함, 세련된 디자인, 명확한 프레젠테이션, 연구결과에 대한 엄밀한 논의와 결과를 타당하지 않게 할 수 있는 가능한 오류 원인을 고려하는 엄격한 토론이 포함될 수 있다.

이러한 기술이 지나치게 부정적으로 느껴진다면, Richardson의 인터뷰 보고서에 대한 더욱 파괴적인 비판을 참조하기 바란다. "나는 수년 동안 질적연구의 많은 모범적 사례를 읽고 하품하며 시간을 보냈다. 나는 반만 읽다가 포기하고, 수많은 텍스트들을 반 훑기로 버렸다. 나는 큰 기대감으로 새로운 책을 주문하기도 했지만... 텍스트가 지루하다는 것을 알게 되었다"(Richardson & St. Pierre, 2005, p. 959).

특색 없는 인터뷰 보고서에는 몇 가지 이유가 있을 것이다. 글쓰는 사람이 광범위하고 복잡한 인터뷰 텍스트에 너무 압도되어 인터뷰에 대한 개인적인 관점을 잃을 수 있다. 연구자는 인터뷰 대상자와 강한 연관성을 느끼며, "원주민이 되어" 주체의 이야기와 개념적, 비판적 거리를 유지할 수 없을 수 있다. 주관적 해석에 대한 두려움으로 인해, 연구자는 이론적 해석을 피하면서 위험한 형태의 사색에서 벗어나지 않는다는 듯이 해석되지 않은 인용문의 지루한 일련의 보고서를 작성할 수 있다. 인터뷰 보고서의 페이지가 늘어나는 것은 연구자가 어떤 이야기를 전하고 싶은지 모르기 때문일 수 있다. 따라서 연구자는 청중에게 전달하고자 하는 주요 지점을 선택하지 못할 수 있다. 이야기의 "무엇"과 "왜"를 모르는 상태에서 이야기의 형식인 "어떻게"가 문제가 될 수 있다.

블랙박스로서의 방법. 실제로 독자가 인터뷰 결과에 흥미를 느낀다면, 이 흥미로운 지식을 만들어 낸 설계와 방법을 알고 싶어할 것이다. 그때 그들은 블랙박스를 마주하게 될 것이다. 독자는 인터뷰의 사회적 맥락, 인터뷰 대상자에게 주어진 지침, 제기된 질문, 인터뷰를 필사하고 분석하는 과정에서 사용된 절차에 대해 추측해야 할 것이다. 연구결과의 진실성을 평가하고 결과를 재해석하거나 적용하려는 독자에게는 연구의 방법적 단계에 대한 정보가 필수적이다. 그러나 인터뷰 보고서에서 원래 대화와 최종 보고서 간의 연결이 종종 누락된 경우가 있다.

질적 인터뷰는 대상자의 생활 상황, 경험과 행동에 대한 자세한 설명을 포함할 수 있지만, 인터뷰 상황 및 연구자가 주제에 관한 정보를 얻기 위해 사용한 조치에 대한 설명이 거의 없을 수 있다. 질적연구의 장점은 상세한 설명과 도구로서 연구자가 이용되지만, 지식을 생산하는 동안 연구자 자신의 활동은 종종 눈에 띄게 부재할 수 있다.

방법을 무시하는 이유 중 하나는 인터뷰 연구가 별도의 형식적 절차를 따르지 않는다는 것일 수 있다. 대부분이 즉흥적으로 진행되며, 인터뷰 진행자와 해석자의 직관에 많이 의존한다. 또 다른 이유는 질적연구를 보고하기 위한 공통된 규정이 없다는 것이다. 방법에 대한 침묵으로 이어지는 것보다는, 인터뷰 연구의 독특한 특성은 특정 연구에서 취한 특정 단계, 절차, 결정을 실제로 가능한 한 정확하게 설명하는 도전을 연구자에게 제시해야 한다. 모든 것은 지식 생산의 과정을 이해하는 데 잠재적으로 중요하며, 최종 보고서에 포함될 수 있다. 관련성이 있을 때마다 이러한 요소를 설명하는 것이 질적연구의 미덕이다. 방법론적 투명성에 대한 이러한 요구는 극단으로 가는 것이 가능하다. Latour의 조언에 따르면, 연구자로서 우리는

> 움직임을 추적해야 하고, 심지어는 보고서의 제작 자체와 관련된 것까지 추적해야 한다. 이것은 인식론적 반성이나 자기 일에 대한 자기애적인 포용을 위해서가 아니라, 지식 생산의 과정에 대한 것이기 때문이다. 앞으로 모든 것은 자료이다. 잠재적 인터뷰 대상자와의 첫 번째 전화, 조언자와의 첫 번째 약속, 연구비 제안에 대한 클라이언트의 첫 번째 수정 모두가 자료다(Latour, 2005, pp. 133-134).

만약 모든 것이 자료라면, 인터뷰 연구자는 자신이 하고 있는 일을 추적하는 실용적인 방법을 개발해야 한다. 이는 다양한 종류의 로그북(logbooks)과 일기를 포함할 수 있다. 여기에서는 종종 현장조사를 하는 인류학자들로부터 배울 점이 있다. 인류학자들은 종종 관찰하고 배운 내용을 기록하며 보고할 때 중요하고 유용할 수 있는 개인적인 생각을 기록하는 여러 종류의 책을 사용한다.

과학적 엄격성 기준과 예술적 우아함 기준에 관한 인터뷰 보고서를 개선하기 위한 가능한 방법에 눈을 돌리기 전에 인터뷰 출판에 따른 도덕적 이슈 중 일부를 다루겠다.

보고의 윤리

연구보고서의 출판은 보고서가 어떤 종류의 영향을 불러일으키는지에 대한 도덕적 질문을 제기한다. Richardson (1990)은 글쓰기 자체가 가치를 창출한다고 강조한다. 언어가 단순히 외부의 현실을 반영하는 것이 아니라 특정한 현실의 관점을 창출한다고 말한다. 저자는 내레이터로서, 다른 사람을 대신하여 이야기하는 사람이다.

> 글쓰기 자체가 항상 가치를 형성하므로 권위와 저작권의 문제가 항상 존재한다. 내러티브의 설명은 실제로 한 사람의 목소리—작가의 목소리—가 다른 사람의 목소리를 말해주는 것을 의미한다... 물론 이러한 관행은 연구자의 권위와 특권에 관한 포스트모더니즘 이슈를 제기한다. 우리는 누구를 대표하고 누구에게 말을 하고, 어떤 목소리로 무엇을 말하고, 어떤 목적을 달성하기 위해 어떤 기준을 사용하는가?(Richardson, 1990, pp. 26-27).

Bourdieu는 또한 인터뷰 보고서를 쓴 저자의 윤리적 책임에 대해서도 지적하고 있다. 저자는 분석가로서, 자신의 [···] 상징적 효력의 전달자 역할을 받아들이는 것뿐만 아니라 무엇보다도 사람들이 읽는 것을 위해 게임 내에서 자유롭게 놀이할 수 있는, 즉 독자가 필연적으로 읽는 것에 덧붙이는 자발적인(심지어 야생적인) 구조 속에서 자유롭게 놀이할 수 있는 위험을 허용한다고 언급한다(Bourdieu et al., 1999, p. 623).

여기서 우리는 4장에 설명된 바와 같이 사전동의, 비밀유지 및 결과의 윤리적 지침과 관련하여 인터뷰를 보고하는 것에 대해 논의하겠다.

사전동의(*Informed consent*). 앞서 논의한 바와 같이, 인터뷰 상황 전에 인터뷰 이후의 활용과 가능한 출판에 대해 명확한 이해가 요구되며 가급적 서면동의를 통해 협의해야 한다(6장과 7장 참조).

비밀유지(*Confidentiality*). 대상자의 개인정보 보호를 위해, 출판된 결과물에서는 가명과 때로는 대상자의 특성에 변경 사항을 도입한다. 이를 위해서는 의미를 크게 변경하지 않고 정보의 형식을 변경해야 한다. 그럼에도 불구하고 대상자를 가리는 것은 위험을 수반한다. 오해의 소지가 있는 위장은 덴마크 문화에 적응하는 난민들의 인터뷰 연구에서 찾아볼 수 있다. 한 학생은 자신의 석사학위 논문에서 난민들의 이름과 국적을 바꾸었고, 이 책의 제2저자이자 그녀의 지도교수의 제안에 따라 오랫동안 인용했다. 외부 심사위원은 논문에서 칠레 출신 난민의 사회적, 심리적 상황을 분석하는 데 있어 심각한 이해 부족을 지적했다. 더 자세히 살펴보면 칠레 출신의 난민을 폴란드 난민으로 위장했음이 드러났다. 학생 자신도 이민자로서 1970년대 덴마크의 폴란드인 난민은 강하게 반공산주의자이고, 칠레 난민들은 또한 강하게 사회주의적이거나 공산주의적인 경향이 있다는 점을 고려하지 않았다. 이름과 국적을 위장하는 것은 사회 상황의 의미와 대상자의 정체성에 현저한 변화가 생겨서 몇 가지 해석이 별 의미가 없게 되었다. 이 예는 의미를 실질적으로 변경하지 않고 정보를 은폐하는 문제를 지적하고 있으며, 문제를 해결하기 위해 조사된 현상에 대한 광범위한 지식이 필요하다.

질적 탐구의 글쓰기 단계에서 사생활의 특별한 문제에 대해 Glesne과 Peshkin (1992)은 가명 등을 사용하더라도 연구자와 다른 사람들이 실제 인물을 파악할 수 있는 사회과학 연구에 대해 언급하고 있다. 보다 쉽게 해결된 비밀유지의 이슈 중 하나는 익명의 대상이 되고 싶지 않은 인터뷰 대상자들과 관련이 있다. 그들은 프로젝트에 참여하고 있으며 자신의 전체 이름을 사용하여 자신의 진술에 책임지고 싶어 한다.

결과(*Consequences*). 질적연구는 이상적으로 과학 지식을 생산하고 인간의 상황을 개선하는데 기여해야 한다(4장 참조). 여기에는 과학적으로나 윤리적으로 타당한 형태로 결과를 전달하는 것을 포함한다. 연구자가 인터뷰 보고서의 잠재적인 윤리적, 정치적 결과를 예상하기가 어려울 수 있다. 성적 연구의 의도하지 않은 결과 중 하나를 언급해야 한다. 인터뷰 결과를 포함한 챕터 사본을 받은 프랑스어 교사는 그 책에서 자신의 진술을 사용하지 않도록 두 번째 저자에 의뢰했다. 고등학교에서는 프랑스어가 많은 학생들에게 인기가 없는 과목이었다. 이 교사는 학생들을 프랑스어 학습에 동기 부여하기 위해 성적을 사용하는 방법을 잘 알고 있다. 그의 말은 동기부여의 장치로서 성적을 활용한 실례가 되었으며, 독자들이 쉽게 이해할 수 있었다. 그러나 출판 당시, 덴마크의 고등학교에서 프랑스어를 교과목으로 유지하는 타당성에 관한 공개토론이 시작되었다. 교사는 이제 그의 학생들이 비인기 언어를 배우기 위해 성적을 사용하는 방법에 대한 묘사가 공개 토론에서 프랑스어 교과목을 제외하는 논거로 사용될 수 있다고 우려했다. 부정적 결과는 교사 자신과 직접 관련된 것이 아니라, 오히려 교과목으로 프랑스어의 대중적 이미지에 대한 자신의 직업과 관련이 있었다. 그의 요청이 수락되어 "프랑스어"는 "영어"로 바뀌어 그의 표현력의 일부가 손실되었다.

예상되는 결과로 보고서를 변경할지에 대한 다른 결정은 그렇게 쉽게 해결되지 않을 수 있다. Glesne과 Peshkin (1992)은 일반적인 질문을 제기한다.

> 연구결과를 출판할 때 연구 참여자에 대한 연구자의 의무는 무엇인가? 연구자의 분석이 참여자의 분석과 다른 경우, 둘 중 어느 쪽 또는 둘 다 출판해야 하는가? 비록 응답자들이 자신들의 공동체의 어떤 측면이 좋지 않다고 생각한다 하더라도, 연구자는 이 정보를 공개해야 하는가?(p. 119).

성적 연구의 의도된 목적은 학생의 독립성과 창의력, 협력, 평생학습에 관한 관심 증진과 같은 공식적인 덴마크의 교육과정 목표와 달리 성적의 효과를 문서화하는 것이었다. 당시 두 번째 저자는 새로운 성적 기반의 제한적인 입학에 대한 대중의 지식을 통해 해방 효과가 있다고 믿었다. 이 연구는 그와 같은 결과를 가져 오지 못했다. 책이 출판될 무렵에는 이러한 이슈에 대한 대중의 관심이 줄어들었다. 게다가 이 책은 학술적 스타일로 쓰여졌고, 인용문으로 풍부하게 기록되었고, 방법론적 논의도 상당했다. Kvale은 질적 인터뷰 연구에 대한 공통적인 비판을 기대하면서 흥미롭지만 좀 더 추측성의 해석을 자제했다. 그 결과, 학생들의 학교 상황에 대한 생생한 현실이 그려지지 않은 그 책은 학생이나 일반 대중 어느 쪽에도 매력을 느끼기 못했다. 이 책에 대한 몇 가지 리뷰가 있다. 보수적인 신문들의 리뷰는 비판적이며, 대상자가 너무 적었고, 유도적인 질문으로 인해 유발되었을 수 있다고 주장했다. 또 다른 비판은 추측성의 해석이 저자의 좌파적인 견해에 의해 편향되었다는 것이다.

최종 보고서를 염두에 둔 조사

인터뷰 보고서는 오랜 과정의 최종 산물이다. 인터뷰 대화의 풍부한 부분에서 다른 사람들과 의사소통 할 가치가 있는 것은 논문이나 책의 제한된 페이지에서 전달되어야 하며, 인터뷰 탐구의 주요 목적, 방법, 결과와 함의를 제시해야 한다. 보고서 작성은 이 장에서 인터뷰 연구방법의 7단계 중 마지막 단계로 제시된다. 인터뷰 보고서를 보다 쉽게 읽을 수 있는 한 가지 접근방법으로, 탐구가 시작될 때부터 최종 보고서를 고려할 것을 제안한다. 연구자는 연구단계 전반에 걸쳐 독자에게 말하고자 하는 이야기의 원래 비전을 염두에 두어야 한다.

인터뷰 탐구의 시작부터 최종 보고를 향해 작업하면 방법론적으로 충분히 입증된 흥미로운 결과물의 읽기 쉬운 보고서에 기여할 수 있다. 원래의 주제 선정에서 최종 보고까지의 방법 단계는 연구의 주제와 목적에 대한 인터뷰 설계의 관련성을 독자가 확인하고 결과의 진실성을 평가하며 원칙적으로 연구를 반복할 수 있는지 평가하기에 충분한 세부 정보로 설명된다.

Box 16.1 최종 보고서를 염두에 둔 조사

1. **주제 선정:** 연구자가 연구의 최종 결과물, 즉 전달하려는 이야기를 미리 예측하고 명확히 하면 보고서 작성은 더욱 쉬워질 것이다.

2. **설계:** 연구자는 설계 절차를 계획적으로 기록하여 최종 보고서의 방법 섹션의 기반이 되도록 해야하며, 연구를 설계할 때는 인터뷰의 출판 양식을 고려해야 한다. 이는 향후 주제의 이야기를 출판하거나 그에 따른 잠재적 결과에 대한 사전동의의 윤리적 지침을 포함한다.

3. **인터뷰:** 이상적인 인터뷰는 녹음기가 꺼질 때 독자에게 전달 가능한 형태로 되어 있다.

4. **필사:** 출판될 인터뷰의 가독성을 염두에 두어야 하며, 동시에 참여자들의 비밀을 보호해야 한다.

5. **분석:** 결과 발표는 인터뷰 분석, 과정 중에 염두에 두어야 하며, 어떤 분석 형태에서는 분석과 보고가 통합될 수 있다(예: 내러티브 분석).

6. **확인**: 의사소통과 행동으로서의 타당성에 대한 개념을 가지고 연구보고서의 작성이 핵심이슈가 된다.

7. **보고:** 인터뷰 연구의 시작부터 최종 보고를 향해 작업하면 방법론적으로 충분히 입증된 흥미로운 결과를 읽을 보고서에 기여할 것이다.

Box 16.1에서는 인터뷰 탐구의 7단계에 걸쳐 최종 보고서의 일관된 방향성이 그려진다. 우리는 인터뷰 연구를 통해 글쓰기를 탐구 양식으로 간주한다. "무엇을 말하고 싶은지 알 때까지 글을 쓰지 말라"(Richardson & St. Pierre, 2005, p. 960)는 가르침을 받았다고 보도한 Richardson과 마찬가지로, 글쓰기는 질적연구자에게 있어 중점적인 방법이라고 생각한다. 단순히 보고하는 것뿐만 아니라 마지막 사례에서 일부 결과는 물론, 분석, 텍스트 자료에 대한 다양한 관점과 제시 방법을 탐구방법으로 시도할 수 있다. 따라서 글쓰기는 연구방법론의 필수적인 부분으로 다루어져야 하며, 마지막에 "후기"가 아닌 것으로 간주되어야 한다. 우리는 무엇을 말하고 싶은지 글쓰기를 통해 알아가며, 글쓰기는 사고를 위한 도구가 된다.

그러나 최근까지 인터뷰 연구의 결과를 어떻게 전달하는가에 대해서는 거의 관심이 없었다. 인터뷰 보고서를 쓰는 것은 독자와 그들의 보고서 사용에 거의 상관없이 수행과 발견된 내용만 단순히 재배치하는 것으로 간주해 왔다. 대조적으로, 시스템 평가 및 시장 조사 연구자는 보고서의 길이와 양적 및 질적 자료의 영향의 차이 등 의도된 청중에 대한 보고서 형식의 영향을 충분히 인식하고 있다. Patton (1980)은 널리 잘 문서화된, 형식적으로 정교한 평가 보고서가 수신자의 휴지통에 들어갈 수 있다고 언급한다. 아마 몇 페이지의 보고서 요약을 포함한 면대면 의사소통이 수신자와 그의 결정에 훨씬 더 강력한 영향을 미칠 수 있다.

표준 보고서와 이를 강화하는 방법

인터뷰 결과의 질, 타당도, 적용 가능성을 평가하기 위해 연구의 방법론적 단계에 관한 정보가 필요하다. 그러나 이에 관심을 가진 독자는 인터뷰의 지식이 어떻게 생성되었는지에 대한 어떤 정보도 찾지 못하거나 희미하게 흩어진 설명만 발견할 수도 있다. 사람들은 인터뷰 연구자가 자신의 방법론적 절차에 대해 불안해서 언급하지 않은 채 남겨두었다고 받아들일 수 있다. 방법에 대한 침묵을 유지하는 대신, 질적 인터뷰 연구의 독특한 성격, 특정 연구의 단계, 절차, 결정을 가능한 한 정확하고 주의 깊게 기술하는 것에 대한 도전을 제시한다.

인터뷰 보고서를 읽는 독자는 다양한 관점을 텍스트에 적용할 수 있다. 결과는 흥미로운가? 연구주제에 대한 새로운 지식, 참신한 통찰력을 제공하거나 새로운 관점을 불러일으키는가? 결과의 이론적 함의는 무엇인가? 새로운 지식은 이 분야의 현재 이론을 지지하거나 반대하는가? 방법론적 입장에서도 의문이 생긴다. 결과는 얼마나 신뢰할 수 있는가? 보고된 결과의 방법론적인 근거는 무엇인가? 그리고 실용적인 관점에서 또 다른 의문이 생긴다. 연구의 실용적인 영향은 무엇인가? 결과는 충분히 신뢰할 만하여 적용할 수 있는 수준인가?

이 섹션에서 인터뷰 보고를 위한 표준 형식에 대해 간략히 설명하고, 다음 섹션에서는 인터뷰 보고서를 풍부하게 만드는 방법을 제안하고자 한다.

Box 16.2 인터뷰 보고서 구성

I. 서론—주제 선정

연구의 일반적인 목적을 언급하여 조사 현상의 개념적이고 이론적 이해를 개요로 제시하고, 연구주제에 관한 관련 문헌 검토를 제공하며, 조사를 위한 구체적인 연구질문을 공식화 한다.

II. 연구방법—설계, 인터뷰, 필사, 분석

연구를 통해 적용된 방법으로, 독자가 연구주제와 목적에 대한 연구설계의 관련성을 확인하고, 결과의 신뢰성을 평가하며, 원칙적으로 연구를 재현할 수 있도록 충분히 자세하게 설명한다.

III. 연구결과—분석, 확인

결과는 주요 발견을 명확하고 잘 구조화된 개요 형태로 보고하며, 결과의 신뢰성, 타당성 및 일반화 가능성을 비판적으로 평가한다.

IV. 논의

결과의 전반적인 함의에 관해 설명한다. 여기에는 결과의 원래 연구질문에 대한 관련성과 결과의 이론적이고 실용적인 함의를 포함된다.

Box 16.2에서 7단계의 인터뷰 연구는 과학적인 보고서의 표준 제목, 즉 서론, 연구방법, 연구결과 및 논의에 따라 보고된다. 이제부터 인터뷰 연구의 방법과 결과를 보고하는 표준양식을 보다 상세하게 다룰 것이다.

연구방법

인터뷰 보고서를 읽는 독자는, 연구결과의 진실성을 평가하기 위해 방법론적 절차를 알 필요가 있다. 연구방법에 대한 세부 지식은, 연구결과를 재해석하거나 적용할 때도 필요하다. 그리고 흔하지 않지만, 독자는 연구를 확장시키거나 연구의 일부를 활용하기 위해 방법론에 관심을 가질 수 있다. Box 16.3은 블랙박스 같은 연구방법 섹션에 대한 독자의 불만족스러움을 해소할 정보를 제공하고 있다.

Box 16.3 연구방법에 관한 독자의 질문

설계 연구대상자는 무작위 표본추출인가, 이론적 표본추출인가, 자가 추출인가, 아니면 접근 용이성을 고려하여 선택하였는가? 이러한 정보는 결과를 통계적으로 분석하고, 독자가 연구결과로부터 일반화를 끌어내는데 선행조건이 된다.

인터뷰 상황 인터뷰 전에 연구대상자에게 어떤 정보가 주어졌는가? 인터뷰 당시의 인터뷰 진행자와 대상자의 사회적 및 정서적 환경, 유대 정도는 어느 정도였는가? 어떤 질문이 주어졌는가? 인터뷰 지침은 어떻게 구성되었는가? 이러한 정보는 인터뷰에서 오간 내용의 의미를 해석하는 데 필수적이다.

필사 필사자에게 주어진 유의사항, 특히 어구 선택과 관련한 유의사항은 무엇이었는가? 이러한 정보는 특히 언어적 분석과 심리학적 해석에 필요하다.

분석 분석의 단계는 무엇이었는가? 분석이 개인의 직관적인 해석인가 아니면 공식화된 절차를 적용한 것인가? 범주화 작업은 누구에 의해 어떻게 이루어졌으며, 범주는 어떻게 정의되었는가?

확인 인터뷰, 필사, 분석의 신뢰도를 확보하기 위해 어떤 검토가 이루어졌는가? 편향적이고 선택적인 해석을 방지하기 위해 어떤 통제 방식을 이용했는가? 연구결과의 타당성에 대해서는 어떤 논의가 이루어졌는가?

연구결과

평론가의 문학작품에 대한 비평과는 달리(시나 소설과 같이 독자가 이미 알고 있거나 읽어볼 수 있는) 인터뷰 해석자는 해석된 텍스트를 독자를 위해 선택하고 압축해야 한다. 흥미를 끌고 구성이 탄탄하며, 풍요롭고 “탁월한” 문학 작품들과는 반대로, 일부 인터뷰는 심오한 의미나 내적 논리를 갖추지 않아, 읽기에 따분하고, 사소하며 반복적일 수 있다. 인터뷰가 독자의 관심을 끌 수 있도록 관점이나 맥락을 제공하는 것은 연구자의 몫이다.

인터뷰 연구의 결과를 제시하는데 표준 양식은 없다. 양적 자료를 제시하는 표준 방식은 존재한다. 예를 들어, 행동을 측정하는 Table 12.1에서는 간단한 컴퓨터 프로그램이 수치를 제시하는 방식에 대해 8개의 옵션을 제공하였다. 질적 인터뷰 연구를 보고함에 있어 표준 방식은 없어도, 몇 가지 편리한 옵션들은 마련되어 있다. 여기에서는, 인터뷰 결과를 인용의 형태로 제시하는 유형을 다루고 난 뒤, 인터뷰 보고를 풍성하게 해줄 유형을 제안할 것이다.

인터뷰 인용. 인터뷰 결과를 제시하는 일반적 양식은 적합한 인용을 선택하는 것이다. 독자는 인터뷰 인용문을 통해 대화 당시의 상호작용을 경험하게 되고, 분석에 사용된 자료를 인용하여 활용한다. 인터뷰 인용문을 제시하는 양식은 연구의 목적에 따라 다르며, 대화 분석과 같이 정확하게 말 그대로 인용하는 방법(Box 10.2 참조)부터 내러티브 재구성과 같은 방법(Box 8.3과 13.1 참조)이 있다. Box 16.4는 인터뷰 결과를 인용문과 함께 제시할 때 편집 작업을 위한 지침을 제공한다.

Box 16.4 인터뷰 인용문 보고를 위한 지침

1. 인용문은 전체 본문과 관련되어야 한다.

연구자는 말하고 싶은 이야기를 통해 연구의 최종 결과물이 초기에 명확해질수록 보고서 작성은 더욱 쉬워질 것이다.

2. 인용문은 맥락화되어야 한다.

인용은 전체적인 인터뷰 맥락의 조각이다. 연구자는 이런 사실을 잘 알고 있지만, 독자는 그렇지 않다. 대답을 촉구하는 질문을 포함해서 인용문의 인터뷰 맥락을 언급하는 것이 바람직하다. 그러면 독자는 특정 주제가 인터뷰 실행자 혹은 대상자로부터 진행되었는지, 어떤 방식으로 특정 응답에 이르게 되었는지를 알게 될 것이다.

3. 인용문은 설명되어야 한다.

연구자는 인용문이 어떤 관점을 설명, 입증하거나 반박하는지 분명히 밝혀야 한다. 왜 이 진술이 표출되고 있는지, 연구자가 그 진술에 대해 흥미를 갖는 점은 무엇인지에 대한 추측을 독자에게 맡겨두어선 안 된다. 이와 동시에, 연구자의 설명은 약간 다른 단어를 사용해서 단순히 인용문을 재생산해서는 안 되며, 인용된 내용에 대한 특정 관점을 제시해야 한다.

4. 인용문은 본문과 균형을 맞추어야 한다.

인용문이 한 장에서 본문의 절반 이상을 차지해서는 안 된다. 각각 독특한 표현양식을 가지고 있는 몇 명의 대상자로부터 인터뷰를 인용하는 경우, 인용문이 많고 이들을 연결하거나 설명하는 것은 적어 혼란스럽고 오해의 소지를 줄 수 있다.

5. 인용문은 간결해야 한다.

인터뷰 인용의 최대 길이는 대개 반 페이지이다. 반 페이지가 넘어가면, 독자는 흥미를 잃을 수 있

(계속)

다. 특히, 인터뷰 단락들은 서로 다른 일면들을 포함하고 있어 독자들이 연결 고리를 찾는데 어려움을 줄 때 그러하다. 이보다 긴 단락이 인용되어야 한다면, 인터뷰 내용을 나누어서 연구자의 설명과 해석을 덧붙여 연결시키도록 한다. 단, 이야기로 읽힐 수 있는 생생한 내러티브 인터뷰 단락의 경우는 예외이다.

6. 최선의 인용문만을 사용한다.

둘 이상의 인터뷰 단락들이 동일한 요지를 설명하고 있는 경우에는 가장 광범위하고, 명쾌하고 잘 구성된 최선의 인용문 하나만 사용한다. 기록으로 얼마나 많은 연구대상자가 동일한 관점을 표했는지 언급하는 것으로 족하다. 어떤 질문에 대한 대답이 여러 가지로 다른 경우엔, 관점들의 범위를 보여주는 몇몇 인용들을 제시하는 것이 유용하다.

7. 인터뷰 인용문은 문어체로 제시되어야 한다.

되풀이, 여담, 휴지, "음~"같은 구술을 받아 적은 것은 문어체로 간주하기 어렵다. 속어, 특히 지방 사투리로 된 인터뷰 발췌는 읽기에 힘들다. 최종 보고서에서 이해를 돕기 위해 인터뷰 대상자의 구술은 읽기 쉬운 문어체로 본문에 제시해야 한다. 그러나, 사회언어학 혹은 대화 분석과 같이 언어의 형태가 중요한 경우는 예외이다.

8. 인용문의 편집을 위해 간단한 기호체계가 있어야 한다.

최종 보고서에 제시된 인터뷰 단락은 거의 편집된 것이다. 비밀을 보장하기 위해서 이름과 장소를 바꾸어야 하는 경우도 있다. 독자가 인용문의 편집의 범위를 알 수 있도록, 말의 멈춤, 생략과 같은 간단한 편집 기호들에 대한 원칙이 주어져야 한다.

이 지침은 Borum과 Enderud (1980)에서 인용되었으며, 번역, 편집, 확장되었다.

Box 16.4에는 인터뷰 보고서에 어떻게 그리고 무엇을 인용할 것인가와 관련된 몇 가지 원칙을 나열하였다. 그러나 이것들은 항상 적용되는 규칙들이라기보다는 경험에 근거한 규칙들(rules of thumb)이며, 숙련되고 참신한 전문가는 어떤 경우에 이러한 경험에 근거한 규칙들을 지키지 않아도 되는지 알고 있다는 것을 아는 것이 중요하다. 예를 들어, 이 책에서 자주 언급된 *The Weight of the World* (Bourdieu et al., 1999)에는 연구자의 설명이 거의 없이 주로 인터뷰 진술문으로 구성되어 있다. 이것은 프랑스에서 사회적으로 고통받는 이들의 관점에서 문제를 보여주기 위한 고유한 스타일로 책의 목적에 적합한 방법이었다. 이 책에는 인터뷰 내용이 상당히 많이 있으며, 인터뷰의 주요 문구들로 부제목을 붙였다.

> 여기에 제시된 개정의 형태: "자명한" 자연스러운 환상에 대한 담론을 깨는 것은, 독자의 관심을 방심했거나 산만해서 인지하지 못했던 사회적으로 관련 있는 특색으로 환기시키는, 의도적인 실용적 글쓰기(특히, 인터뷰의 문구를 그대로 제목과 부제목으로 사용함으로써)로 작용한다(Bourdieu et al., 1999, pp. 621-622).

Bellah 등(1985) 혹은 Lather와 Smithies (1997)의 다른 인터뷰 연구들 역시 '규칙'을 다른 방법으로 위반한다. 전자는 인용 자체를 명확하게 보고하지 않음으로서(다만 약간은 책의 부록에 상세하게 논의되어있다) 책을 읽는데 호기심을 일으키는 경험적 철학(저자는 이 접근방법을 "대중 철학으로서 사회과학"이라고 칭한다)으로서, 후자는, 다음에 제시되는 것과 같이, Box 16.5에 목소리를 포스트모던 방식으로 콜라주 하여 제시함으로써 책을 연구자와 대상자의 코멘트가 섞여져서 보이게 한다.

페이지 수. 분량의 문제는 질적연구자에게 끊임없이 제기되는 듯하다. 어떤 연구자들은 수량적 데이터가 없는 것을 순전히 페이지 수로 정당화할 수 있다고 느끼는 것 같다. 인터뷰 연구자들은 종종, 소논문이나 일반규격의 책으로는 풍부한 연구결과를 보고하는 것은 불가능하다고 불평한다. 특히 그들은, 자신의 결론을 뒷받침할 필사를 다량 포함시키고 싶어 한다. 짧은 보고형식의 경우, 간단한 표나 그림에 넣은 수량 데이터를 갖춘 명료한 연구에 대한 보고가 더 용이하다고 지적한다. 노르웨이의 한 의학전문지 편집장은, 많은 지면을 요구하는 질적연구자에 대해 다음과 같이 반응했다. "모든 사람은 특별하다." 따라서 실험연구자들도 연구설계에 대한 정교한 설명과 연구 장비에 대한 섬세한 기술을 할 수 있는 충분한 공간을 원한다. 또한 통계학자는, 제시된 통계 결과가 함축한 수리적 가정을 발전시켜 나갈 수 있는 여분의 공간을 필요로 한다.

질적연구는 본래 여분의 공간을 필요로 하지 않는다. 이 책에 활용한 바 있는 몇몇 질적연구들(예: Giorgio, 1975; Runyan, 1981; Scheflen, 1978)은 소논문의 형태를 띤다. 심리치료사들은, 간단한 사례 연구나 작은 일례를 통해서도 고무적인 연구결과들을 제시할 수 있다(예: Laing, 1962). 그들은, 환자의 이야기를 오랜 시간 경청해왔기 때문에, 그들이 듣는 이야기 가운데 핵심적인 면을 선별해내는 유능함을 갖추고 있기 때문이다. 반대로, 자신의 연구주제와 인터뷰 방법에 관해 초심자나 다름없는 인터뷰 연구자들은, 그들이 경청한 내용에 대해 비판적이고 선택적으로 거리를 유지해 나가기 어렵다.

예술은 다각적인 인간 상황에 대한 함축적이고 감정을 드러내는 서술을 담고 있다. 예술 작품의 질과 그 영향력은 작품의 양적 규모를 확장해 나간다고 해서 증가하는 것은 아니다. Hemingway의 단편소설들이 분량이 두 배로 늘어난다고 해서 호소력이 더 짙어지는 건 아니다. Leonardo da Vinci의 Mona Lisa 역시 두 배 크기의 화폭에 담긴다고 해서 우리의 관심을 더 자극하는 것이 아니다.

풍부한 인터뷰 보고서

어떤 종류의 묘사, 글쓰기 혹은 보고서라도 순수한 것은 없다. 모든 종류의 방식에는 연구자의 관심과 의도가 깔려있다. 사회과학의 현재 개발물은 연구보고서 작성에 관심을 증대시켰다. 객관적 현실에 나온 지식에 반하여 포스트모던 움직임으로부터 나온 지식은, 관찰을 강조하는 것에서부터 사회적 세상과 더불어 의사소통과 상호작용을 통해 현실을 사회적으로 구성하는 것으로 바꾸는 것이다. 타당성이 일상에서 의미가 타협되어, 지식이 사회적으로 구성된다는 의미로 개념화될 때, 의사소통은 연구 프로젝트의 중심이 된다. 포스트 모더니즘에 감명받은 창의적이고 예술적인 형태의 글쓰기와 탐구로서 글쓰기를 취급하면서 질적연구자는 글쓰기 기술을 연마하는 데에는 노력을 기울인다.

Van Maanen (1988)의 *Tales of the Field*는 문화연구에 대한 사회적 현실을 기술하는 문화기술지의 내러티브 관습에 대해 다룬다. 경찰부서에 대한 연구에서 Van Maanen은 사실적, 고백적, 인상주의적인 세 가지 종류의 현장 이야기를 묘사하고 있다.

사실적(*realistic*) 이야기는 냉철한 3인칭 화자로서 기술되었으며, 작가는 텍스트에 드러나지 않는다. "시각이 없는 원칙"에라도 기초한 듯 사실적 이야기에서 작가는 "멀리 있는 한 사람"일 뿐이다. 내러티브의 관점은 사실적 이야기의 성격을 결정하는 인용을 통해 드러난다. 인용은 이야기를 독특하게 만들어주며, 구두로 된 대화로부터 원고를 만드는 데 있을 많은 기술적, 개념적 문제들을 간과하게 한다. 문화기술학자가 어떻게 문화를 해석할 것인가에 대해 최종 결정을 하게 되며, 그 혹은 그녀는 해석에 대한 전능한 역할을 하게 된다.

1인칭으로 기술되는 **고백적**(*confessional*) 이야기는 매우 개인적이고 자아도취적이다. 현장 연구에서 겪은 역경과정을 극복하는 작은 멜로드라마가 역경의 교훈에 대한 설명과 함께 고백적 이야기의 주요 특징을 이룬다. 오늘날 연구자가 회고하는 형식을 갖추어 주어진 문화적 상황에 대한 그 혹은 그녀의 회고적 경험이 주가 되는 자문화기술지 방법을 추가할 수 있다(Ellis & Berger, 2003).

사실적 이야기가 알려진 이야기에 초점을 맞추고, 고백적 이야기가 이야기를 알고 있는 연구자에 초점을 맞춘다면, 세 번째 이야기인, **인상주의적**(*impressionistic*) 이야기는 알게 되는 행위에 초점을 맞춤으로써 알려진 이야기와 이야기를 알고 있는 연구자 사이의 융합을 꾀한다. 인상주의적인 이야기는 연구하는 자 혹은 연구한 것보다는 현장에서 연구하는 것을 보여준다. 인상주의 이야기는 인상주의 회화처럼 자의식적이고, 테크닉과 스타일의 혁신적 사용과, 우연적이고 복잡하며 불확실한 현실 묘사에 관심을 둔다. 인상주의적 이야기는 배워 나가는 과정을 제시해주며, 매 사건을 펼쳐 보인다.

Van Maanen (1988)이 3가지 글쓰기 스타일을 설명한 목적은 문화 기술지를 쓰는 한 가지 진정한 방법을 확정하기 위한 게 아니라, 문화기술지 학자들이 인칭, 문체, 독자와 같은 수사학의 고전적 사용을 자각하고, 이러한 지식으로부터 의식적으로 조심스럽게 자신이 하고자 하는 이야기의 인칭을 선택하기 위함이다.

이제 인터뷰에 관한 보고서의 가독성을 좋게 만드는 몇 가지 방법을 살펴보고자 한다. 인터뷰 보고서를 작성하는 것을 지식의 사회적 구성으로 인식할 때 이와 같은 방법은 인터뷰 진술에 있어서 탁월한 방법이 될 것이다. 질적연구 보고 시 좀 더 유연한 구조에 관한 내용은 Parker (2005)를 참고하면 된다.

저널리스트 인터뷰

인터뷰 보고의 한 방법은 단순히 **인터뷰** 자체로 제시하는 것이다. 이 방면에서는 각각의 인터뷰를 시작할 때부터 구체적인 청중을 마음에 두고 있으며, 한정된 지면과, 타협의 여지가 없는 마감 시간을 고려하는 저널리스트로부터 사회과학 연구자들이 배울 수 있다. 신문 저널리스트와 라디오 리포터는 상황과 그 해석을 엮어 그것이 인터뷰 자체가 될 수 있게 한다. 지역적 상황과 사회적인 상황이 인터뷰 진행자의 질문을 통해서 나타난다. 예를 들면 "우리는 지금 자작나무 숲에서부터 협만까지 보이는 전망을 가진, 당신이 정년퇴임 했을 때 지은 집의 거실에 앉아 있습니다. 저에게 ...에 대해 이야기 해주실 수 있으시겠습니까?" 주요 요점들과 해석들은 저널리스트의 질문에 대한 대상자의 답변을 통하여 더 진행되기도 하고, 긍정 혹은 반대의견을 듣기 위해 저널리스트가 제안하기도 한다. 그러므로 저널리스트와 인터뷰 대상자 모두 의도한 청중을 염두에 두고 맥락화와 해석을 대화에 포함시킬 수 있다. 인터뷰, 필사, 편집 전반에 대한 지침은 예상되는 청중에게 가능한 한 자신의 이야기를 설득력 있게 말하도록 인터뷰를 도와준다.

저널리즘의 기법을 어떻게 연습할 것인가에 대한 영감은 Walt Harrington이 편집한 *Intimate Journalism: The Art and Craft of Reporting Everyday Life* (Brinkmann, 2012a, p. 156 참조)에서 찾아볼 수 있다. Harrington은 에세이 서두에서 친숙한 저널리즘에 대한 몇 가지 기본적인 글쓰기의 기술을 설명하며, 이는 질적 인터뷰 진행자들이 연구결과를 작성할 때 도움이 된다(Harrington, 1997, pp. xx-xxi; 여기에 기술 중 일부가 설명되어 있음).

현장에서 생각하고, 보고하고, 글쓰기. 일은 사회적 물질적 진공상태에서 절대 일어나지 않는다. 사회 사건은 특정 상황에서 연출된다. 질적 인터뷰 진행자들에게는 초심자가 그러하듯이 인터뷰 사건의 배경을 기술하는 것이 도움이 된다(Box 5.3에 Murakami 책의 인용을 이용하여 예시가 있다).

내레이터의 목소리를 포착하여 사용하기. 연구 의사소통은 항상 기술되지만, 내레이터의 목소리는 매우 종종 비인칭이다. 이것은 제한된 몇 개의 맥락에서 유용할 수 있지만, 일반적으로 이야기는 특별한 개인의 목소리로 서술될 때 가독성이 있으며 더 흥미롭다. 대상자의 목소리에 저자의 목소리를 포함하는 것은 당연히 가능하다. Wolcott는 그의 질적 글쓰기 책에서 질적연구자들은 글쓰기를 할 때는 항상 1인칭으로 기술해야 한다고 말한다(Wolcott, 2009).

대상자의 삶에서 이야기의 세부사항을 모으기. 인터뷰에서 말한 것을 그대로 기술하거나 단어가 어떻게 사용되었는지, 사람들이 말할 때 어떻게 보였는지, 사람들이 어떻게 옷을 입었고 어떻게 행동했는지 단순히 기술해서는 안 된다. 무엇이 연관이 있고 무엇이 연관이 없는지 명확하지는 않다(5장의 맥락으로서의 인터뷰 참조). 모든 것은 특정한 상황, 지식에 관한 흥미, 그리고 연구자의 민감도에 따라 달라진다.

실제 삶의 대화를 수집하기. 사회적인 삶은 문답체로 이루어지며, 어떤 발언이라도 그 전의 것에 대한 답으로서 이해되어야 한다. 만약 실제 문답이 의사소통으로 되었다면, 이는 연구결과에 생명을 주고 신뢰도를 높인다. 이것은 단순히 인터뷰에 참여한 사람의 대답이 중요하다는 것뿐 아니라, 대화의 흐름에서 대답이 나오고 그 안에서 대답은 이치에 맞게 이해된다는 것이다. 왜냐하면, 대답은 대화의 흐름 안에서만 존재하기 때문이다.

"내부자"의 독백 수집하기. 연구 텍스트는 인터뷰 대상과 그들이 말하는 것에 관한 연구자 고유의 생각을 표현한다. "내부자"의 독백은 인터뷰 동안 혹은 *Troubling the Angels*(Lather & Smithies, 1997)의 분석적 해석이 진행되는 동안 혹은 연구자가 하나 이상의 목소리로 글을 쓰는 **여러 겹의 설명**(*layered accounts*)이 진행되는 동안(Rambo Ronai, 1995) 의사소통된다.

내러티브를 생성할 수 있는 타임라인을 설정하기(시작, 중간, 끝). 만약 사회생활이 대화이며 단편적인 사건들로 이루어졌다면, 시작, 중간, 끝으로 이루어지고, 내러티브는 인간이 삶을 추구하는 방식을 근본적으로 보여주기 때문에(13장에 설명), 인터뷰 결과가 이야기로 보고된다면 지식을 창출하고 의사소통을 하는 데 어느 정도 도움이 될 것이다(우리는 다시 내러티브로 잠시 돌아간다).

이야기가 독자에게 반향을 불러일으키도록 하기. 포스트모던과 실용주의 관점에서는 연구가 변화를 촉진할 때 유의미하다. 그러므로 누군가의 이야기는 말 그대로 독자를 **움직일 때**만 효과적이다. 질적 인터뷰 보고는 잘 기술되고 독자의 반향을 불러일으키는 경우 실질적으로 자주 읽히고 사용된다. 누구도 이해하지 못하거나 움직이지 않는 환상적인 분석은 결국엔 그리 환상적이지 않을 수 있다.

이야기를 만들어 내지 않기. 많은 윤리적 고려 중, 이것이 가장 기본적이다. 그러나, 질적연구에서 연구되는 현실에 대한 가감이 되기 쉽다. 다른 사람들은 연구자가 이야기를 만들어 냈는지 확인하기 어렵다. 만약 인터뷰 진행자가 연구도구라면, 진실성은 주요한 도덕적 덕목이 된다(4장 참조).

사회과학은 저널리즘과 같지 않다. 사회과학 연구자는 인터뷰를 편집하고 연구하는 데 취한 절차를 밝혀야 하는 책임을 갖는다는 점이 저널리즘과 다르다. 저널리스트는 또한 그들의 자료의 출처를 보호할 수 있는 권리를 지니는데 이것이 증거를 과학적으로 다루어야 하는 원리를 거스르기도 한다. 그러나 인터뷰 진행자는 결과를 진술하는 기술에 있어 아직까지는 훌륭한 저널리즘으로부터 배울 것이 많다.

대화

저널리즘에 고취되지 않더라도, 인터뷰를 대화(dialogues)의 형태로 보고될 수 있다. 다시 말하면, 정보는 인터뷰 상호 반응을 통해 전달되지만 일정한 형식으로 가다듬어져 솜씨 있게 편집되기도 한다. Socrates가 그의 철학적인 적수들과 나눈 대화는 철학적인 대화의 고전적인 예들이다. Plato가 약간의 주석과 더불어 보고한 대화 안에는 모든 정보가 들어가 있다. 역사 철학자들은 Socrates의 어떤 대화가 실제로 일어났던 철학 논쟁을 직접적으로 설명하고 있는지, 또는 부분적으로 혹은 전체적으로 Plato에 의해 만들어졌는지에 관해서는 견해를 달리한다. 이들이 말 그대로 재현된 것인지 아니면 문학적으로 만들어진 것인지에 상관없이, 이 철학적인 대화 내용은 오늘날 그들이 진, 선, 미에 대해 제기하는 날카로운 문제와 함께 우리의 흥미를 지속적으로 이끈다. Socrates의 대화는 탁월한 예술적인 형태를 띠고 있다. 그래서 오늘날 사서들은 그들의 내용에 비추어 철학으로 분류해야 할지 아니면 예술적인 형태에 따라서 문학에 포함시켜야 할지 고심하게 되는 것이다.

인터뷰 결과는 인터뷰 텍스트와 함께 연구자의 대화 형태로도 보고될 수 있다. Hargreaves (1994)는 학교 교사들과의 인터뷰를 보고하면서 문헌의 이론적, 개념적 논의를 포함하여 교사의 인터뷰 진술문을 확인, 반증, 혹은 추가적으로 설명하였다. 지속되는 이론적 질문과 교사의 진술에 대한 정련화 과정은 독자들에게 통찰력과 흥미를 주었다.

치료적 사례 역사

치료적 인터뷰 보고서에서는 대화와 이야기 서술에 관한 자연스럽고 사려 깊은 접근방식을 발견할 수 있다. Freud의 치료 연구 사례 이야기들은 매력적이고 예술적인 대화 진술의 한 예이다. 그는 그 기록으로 Goethe 상을 받았다. 1962년 Laing의 사례는 또한 이론적으로는 이중 구속이론, 정신 분석이론, 존재론으로 해석되는 짧은 대화들을 주의 깊게 사용함으로써 단순히 납득시킬 수 있는 형태로 치료를 이해하는 새로운 방식을 급진적으로 전달할 수 있다는 것을 보여주었다.

심리학 학술지에서는 좀 더 비개인적이고 공식적인 문체를 요구해왔다. 왜냐하면 실험연구에 대한 개인적인 서술은 Skinner (1961)의 "A Case History in Scientific Method (1961)"와 같은 예외에 다다르게 하기 때문이다.

사례 연구는 하나의 훌륭한 표본이 될 수 있다. 이런 표본을 사용하는 것은 단순히 이론적인 면을 인기 있게 하거나 한 연구의 '통계적인 골자에 몇 점의 살을 붙이는 것'이 아니다. 오히려 사례는 표본 그 나름대로의 가치를 지니고 있다. 이것은 Lovlie의 윤리학에 관한 토론(4장 참조)에서처럼 학습에 하나의 수단이 된다. Donmoyer (1990)는 가르치는 데에 이야기를 사용하는 것을 무언의 개인적인 지식과 형식적인 진술 지식의 타협이라고 지적하였다. 사례 이야기는 또한 법률, 임상 분야에서 일반화를 위한 기반으로 쓰인다.

인터뷰 상황 중의 관계에 관한 것이나, 함의적인 면은 명백한 말의 형태로 나타내기 어렵다. 치료에서 얻은 구어 지식은 쉽게 문어적인 형태로 변형되지 않는다. 치료학 지식의 중요한 면들은 우화, 사례, 이야기 서술, 은유를 통하여 가장 효과적으로 전달된다(Ploking-horne, 1992). 치료사들이 그들의 경험적인 지식을 사례나 이야기 서술로 공식화하는 것은 개개의 사람들과 군중을 연결시켜 주는 고리가 된다. 이런 전달 방식은 형식적인 과학 보고의 전형적인 표준보다는 기교나 예술에 더 가깝다.

내러티브

내러티브 접근에서, 인터뷰 연구자는 처음부터 끝까지 이야기 방식으로 체계적으로 그들의 연구를 보고할 수 있다. 보고서는 대상자의 자연스러운 이야기에서 만들어지는 내러티브일 수 있고(Box 8.3 기능공의 담론 참조) 혹은 구체적인 내러티브 형식으로 구성될 수 있고 혹은 연구자에 의해서 재구성된 새로운 이야기일 수 있다. Scheflen (1978)의 Susan의 미소를 해석한 글에 관해서는(12장 참조) 차례로 새로운 해석을 하는 치료사들, 각각의 해석의 실타래를 하나의 천으로 엮어내는 해설자인 Scheflen과 함께 치료한 팀들이 녹화해 놓은 한 가족의 치료 과정을 보면서 설명하는 내러티브 방식을 적용시키고 있다. 치료학 전통에서 역시 Spence (1982)는 내러티브 형식을 치료의 과정과 진술 양쪽에 사용하였다.

내러티브는 분석을 하는 동안 인터뷰를 구조화하는 역할을 할 수 있다(13장 참조). 인터뷰 보고는 그 자체가 대상자의 자연발생적인 이야기가 될 수도 있고, 그들의 이야기를 구체적인 내러티브 형식으로 조직화시킬 수도 있으며, 또한 새로운 이야기들로 재배열할 수도 있다. 마지막 경우에 있어서는 보고자가 전달하기 원하는 중요 부분에 관해서 이야기가 재구성되어진다. 내러티브 서술 방식에 있어서 연구자는 인터뷰를 처음부터 끝까지 이야기 형식으로 자신들의 연구를 구상할 것이다. 내러티브 인터뷰 진행자는 인터뷰 대상자를 이야기하게 격려하며 그들의 이야기를 발전시키고 명료화하는 데에 도움을 주고, 분석 시에는 인터뷰 이야기가 담론 서술 구조를 갖게 하여 최종 보고에서 보고될 이야기를 만들어낸다.

"내러티브는 추리와 진술 양식 둘 다를 취한다. 사람들은 내러티브적으로 세계를 이해할 수 있고 담론으로 세계에 관해 이야기할 수 있다"(Richardson, 1990, p. 21). 이야기체 서술은 인간 존재의 시간 영역에 잘 접근할 수 있게 한다. Richardson은 하루하루의 삶, 자서전, 전기 그리고 문화적이고 집단적인 이야기들에 있어서 내러티브에 관한 다양한 방식의 사용에 대하여 언급하고 있다.

은유

소설가는 복잡한 사회현실을 전달하는 데에 있어 질적연구자를 능가한다. "소설가는 사회 현상을 단순히 설명하기보다는 극화, 확장, 묘사를 통하여 설명한다. 자체의 언어는 활자적이고 지시적이기보다는 종종 비유적이고 함의적이다. 이런 부분에는 은유, 유추, 상징, 그리고 다른 함의적인 기술이 사용된다."(Miles & Huberman, 1984, p. 221). 연구의 주요 요점은 선명한 은유를 사용했을 때 좀 더 쉽게 이해되고 기억된다. 은유를 통해서 사물의 한 종류가 다른 용어로 이해된다. 정신분석학에는 오이디푸스 컴플렉스나 엘렉트라 컴플렉스와 같이 종종 신화나 문학에서 끌어낸 은유로 가득 차 있다. 은유는 또한 대개 눈에 띄지는 않으나, 이론 '구축하기'나, 지식을 '계몽'으로서 표현하는 식으로 사회과학적인 글에 스며들어 있다.

Miles와 Huberman (1994)은 질적연구 보고에 있어 은유를 사용하는 데 힘썼다. 은유가 풍부해질수록 자료의 설명은 더욱 완벽해진다. 은유는 정보를 줄이고 패턴을 만들어낸다. 그러므로, Miles와 Huberman은 학교 향상 연구에서 학력 부족을 보충하는 교실이 그곳에 보내진 학생들에게는 하나의 '오아시스'로 느껴졌다는 것을 발견하였다. "오아시스"라는 은유는 분리된 정보를 합쳐낸다. 즉, 상대적으로 큰 학교는 혹독하고 재원이 사막과 같이 부족하나, 학생들의 학력 부족을 보충하는 교실은 작지만, 오아시스의 물과 같이 재원이 풍부하다는 의미를 나타낸다.

시각화

인터뷰 자료가 비록 구두적인 성질을 지닐지라도 그 결과를 시각적인 형태로 표현할 수 있다는 가능성을 간과해선 안 된다. 오늘날 양적 자료는 종종 그래프나 그림의 형태를 통해 시각적으로 표현된다. 표현의 전형적인 시각 형태를 상대적으로 선택하는 것은 질적인 연구에 있어서는 존재하지 않는다. 그러나 상위범주와 그에 따른 하위범주를 나타내는 수형도(tree graph), 한 이야기의 주요 관계를 나타내는 네모상자와 화살표 모양의 다이어그램 등을 취사선택할 수 있다. Peter Dahler-Larsen (2008)은 질적 자료를 시각적으로 보여주는 유용한 방법을 개발하였다. 시각화(visualizing)의 목적은 독자들에게 자료와 결론을 연결짓는 근거의 고리를 보여주기 위함이다. 종종 그는 연구자들이 자료 분석에서 결과까지 어떻게 진행하였는지 독자들이 이해하기 어렵다고 하였다. 특히, 많은 양의 질적 자료 세트일 경우 그러하다. 시각화는 질적 자료를 그래프 형태로 제시하는 것이며, 예를 들어, 다른 주제들을 화살표로 연결하는 다이어그램(만약, 연구자가 현상에 대한 특별한 관계에 대해 표현하고 싶다면) 혹은 매트릭스(만약, 연구자가 자료로부터 범주를 개발한 다양한 방법을 표현하고 싶다면)를 이용하는 것이다. 디스플레이에 대한 Dahler-Larsen의 시각은 연구자가 자료를 범주화하며 해석하는 방법으로만 구성되어서는 안 되며, 자료 자체를 주요한 형식으로 이용해야 한다. 질적연구 인터뷰를 하는 자들은 아마도 언어에 기반한 연구방법론을 사용하며, 연구결과를 옹호하는 글을 쓰는 것은 능숙하지만, 모델을 구축하거나 그들이 분석한 자료가 어떻게 구성되었는지를 디스플레이 하는 데에는 그렇지 못하다. 디스플레이를 활용하여 이 부분을 증진시킬 수 있다. Dahler-Larsen은 질적연구결과에 대해 디스플레이를 통해 소통하는 방법에 대한 3가지 규칙을 개발했다. 그는 자료의 출처가 확실하고, 포괄적이며, 투명하게 제시해야 한다고 주장한다.

진본(*Authenticity*)은 자료가 디스플레이에서 고유하고 진실된 형태로 나타나야 함을 의미한다. 질적연구자들은 필사 자료를 자료로 이용하는데, 이것은 인터뷰 필사의 일부가 디스플레이에 포함되어야 함을 의미한다. 인터뷰 대상자의 진술문에 대한 연구자의 해석이 아니라, 진술문 그 자체가 디스플레이 되어야 한다. 두말할 것 없이, 연구결과 보고서는 연구자의 해석과 개입의 여지가 있지만, Dahler-Larsen은 디스플레이에는 그렇게 되어서는 안 된다고 한다.

포괄(*Inclusion*)은 모든 자료가 주어진 범주의 디스플레이에 포함되어야 한다는 의미이다. 특정 범주를 대변하지 않는 자료가 없다면, 연구자는 그 부분을 비워두어야 한다(예: 매트릭스 디스플레이). 이것은 인터뷰에서 내용의 부재를 표현하는 강력한 방법이다. Dahler-Larsen 자신도 민주주의에 대해서 노동조합의 대표를 인터뷰할 때 인터뷰 대상자들이 **민주주의**라는 단어를 사용하지 않고 민주주의에 대해서 자발적으로 말하지 않는 것을 발견하고 디스플레이에서 이 부분을 비워두었으며, 이 방법은 노동조합에게 그들이 대표자에게 민주주의 과정에 관한 교육을 시행하지 않았다고 수사적으로 질문하는 효과적인 방법이었다.

투명(*Transparency*)하다는 것은 디스플레이가 어떻게 구성되었는지가 독자에게 명백하다는 것이다. 즉, 디스플레이를 형성하는 전제에 대한 일부 설명이 독자에게 제공되는 것이 좋다(예: 다른 2개의 규칙과 관련하여서도). 디스플레이 작업을 할 때, 원자료로부터 자료의 개념화, 최종적으로는 연구되는 현상에 대한 이론적 모델의 구축으로 이어지는 과정을 독자가 연구자의 어깨너머로 살짝 볼 수 있도록 해주는 것이 목적이다. 다시 말하면, Dahler-Larsen의 규칙은 경험에 근거한 규칙이며, 풍부하고 강력한 보고서를 개발하는 데 종종 도움이 되지만 그렇지 않을 경우도 있다.

콜라주

우리는 새로운 경지를 개척한 인터뷰 보고 *Troubling the Angels: Women living with HIV/AIDS*(Lather & Smithies, 1998)를 인용하며 결론을 지으려고 한다. 연구자는 HIV 양성인 여성과 지지그룹과 개인적으로 이야기를 하여 감염으로부터 증상, 질환, 쇠약 및 죽음의 여정을 기록했다. 책은 다양한 종류의 정보들로 이루어졌다. 주요 내용은 여성들을 위한 지지그룹과의 대화로 구성되었으며, 대화에는 연구자의 질문과 코멘트가 포함되었다. 이 보고형식은 엉망이고 변화하는 포스트모던 삶의 특성에 충실하다. 여성들의 이야기는 천사들의 텍스트 사이에 배치되었고, 질환에 대한 문화사회적 이슈들이 연대기적으로 나열되었다. HIV/AIDS에 대한 사실적인 정보들이 텍스트 도처에 상자의 형태로 제시되었다. 책의 아랫부분에는 공동연구자의 코멘트와 연구방법과 이론적 틀에 관한 탐구에 대해 연구주제에 대한 반응에 대한 자서전적 서술이 전체적으로 포함되었다.

Box 16.5 HIV/AIDS 여성과의 인터뷰 보고

Ana: 그것에 대해서 간단하게 코멘트 하고 싶어요. 제 친구를 검사하게 하려고 데려갔고, 검사 결과는 음성으로 나왔어요. 거기 있는 사람은 양성이면 죽기 때문에 음성이어서 운이 좋다고 했어요. 제 친구는 제가 양성인지 몰랐어요.

Geneva: 그것을 알았을 때 저는 20살이었어요. 저는 전문대학에서 간호학을 이수하는 중이었어요. 저는 학교에서 직업훈련센터에 지불한 검사를 했어야 했는데, AIDS 검사가 필수였어요. 그쪽에서 저를 호출하였을 때, 저는 다른 세 명과 함께 대기실에서 꽤 오랜 시간 기다렸어요. 그러다 그들이 AIDS 검사를 모두 받았다는 사실을 알고 극심한 공포가 몰려왔어요. 한 명씩 들어가서 검사 결과가 양성이라는 것을 들었어요. "법적으로 우리는 당신에게 결과를 알려주었습니다"라고 말할 정도로 정말 냉정했어요. 저는 많이 울고 있었어요. 결과를 알게 되는 과정이 충격적이었어요.

Maria: 제가 어떻게 알게 되었는지 정말 간단하게 이야기하고 싶어요. 87년도였어요. 제 생일이고, 저는 제가 음성인 것을 확인하면 좋은 일이라고 생각했어요. 저는 검사하는 곳까지 운전하고 싶지 않아서, 전화했어요. "제 생일인데, 도심까지 운전해서 가고 싶지 않아서 그러는데요, 결과를 그냥 알려주시면 안 될까요?"라고 이야기했어요. 그는 말했어요. "그럴 수 없습니다. 직접 오셔야 합니다." 저는 애원했고, 그는 전화로 말했어요. 그리고, 저는 잠시 조용히 있었습니다. 저는 직장에 있었는데, 주위를 둘러보고 갑자기 쓰러질 것 같다는 생각이 들었습니다.

◆◆◆◆

Patti: 1993년 9월 30일 Rolling Stone 인터뷰에서 *And the Band Played on*의 저자인 Randi Shilts는 그가 집필을 마치면서 HIV 양성이라는 것을 알게 되었다고 고백했습니다. 저의 HIV 상태가 이 연구에서 저의 위치를 결정짓는 중요한 요인이라는 것을 알고 있습니다. 저는 1993년 8월 12일에 검사를 했고, 9월 8일 음성이라는 결과를 통보받았습니다. 검사를 받으러 가는 중, 특히 결과를 기다리는 동안의 긴장으로 인하여 저는 만약 양성이라면 한편으로는 제가 결과를 알고 싶어 하지 않아 한다는 것을 알았습니다. 그러나, 음성일 경우 결과를 꼭 알고 싶었습니다. 제 말은, 검사를 받기까지 신경쓰지 않았던 피부 반점과 피곤함 등의 증상들을 걱정하는 것으로부터 "안전"하고 싶었습니다. 그것이 단순히 운이라도, 얼마나 쉽게 제가 양성이 될수 있는지를 아는 것은 중요합니다. 그것은 마치 포커 카드를 들고 과거의 일들로부터 운명을 뽑는 것과 같습니다. 제가 음성이라면 매우 감사하고 조심할 것이라고 내 자신과 약속했으며, 유행병이 시작하는 1993년을 가능하면 벗어나고 싶었습니다.

만약 양성이라면, 이 프로젝트에 대한 나의 관점을 포함하여, 많은 정체성의 변화를 거쳤으며, 세상이 지금과 너무 다를 것 같습니다. 저는 1992년도 벤쿠버와 칠레에서 게이남성을 연구한 Francisco Ibañez-Carrasco와 비슷할 것입니다. 이 연구에서 저의 이야기는 "하단"이 아닌 "상단"에 있을 것입니다. 혹은 그렇지 않습니다...

(계속)

회고적 종결(*Reflexive Coda*): 고백적 글쓰기는 내가 좋아하는 것이 아니지만, 나는 이것이 작업의 일부 감정의 형태로 진행하는 데 유용하여 꽤 만족한다.

출처: *Troubling the Angels: Women living with HIV/AIDS* (pp. 30-31), P. Lather & Smithies, 1997, Boulder, CO: Westview Press.

Box 16.5는 Lather와 Smithies 책의 한 페이지이다. 이 경우 책의 상단에는 여성들이 AIDS라는 것을 어떻게 알게 되었는지가 보고되었으며, 하단에는 연구자 중 한 명이 자신의 결과를 받아들이는 반응이 기술되었다.

저자들은 이 책을 통해서 여성과 그들의 친구와 가족들에게 지지와 정보를 제공하고, 이들의 이슈에 대해서 대중의 의식을 고취시키기 원했다. 그들은 여성들이 편집위원에 들어갈 것임을 약속했으며, 여성들에게 결과물 확인을 위해 책을 출력하여 제공하였다. 그들은 연구 과정에 열정적으로 참여했고, "책이 어디 있어요? 우리 몇 명은 마감에 임박해 있어요!"라고 하면서 조급함을 숨기지 않았습니다. 최종 결과물로 나온 책은 여성들의 삶을 공정하게 보여주며, 독자들의 생각, 당연시 여겨지는 것들에 대한 도전, 세상의 이성적이지 않은 것들에 대해 열려있음으로, 쉽게 읽혀지는 것과 몇 겹의 의미들을 기술하는 스타일로 바꾸는 것에 도전한다.

질적연구 출판

다행스럽게도, 오늘날 사회과학의 대부분의 학계는 인터뷰 보고서를 출판할 수 있는 고유의 질적연구 저널들이 있다. *Qualitative Inquiry*, *Qualitative Research*, *Qualitative Sociology*, *Qualitative Research in Psychology*, *International Journal of Qualitative Studies in Education*, *Qualitative Health Research* 등이 질적연구를 전문으로 출판하는 저널이며, 다른 저널에서도 질적연구뿐 아니라 양적연구를 출판한다.

그러나, 질적연구자들은 *Psychological Review*나 *American Sociological Review*와 같은 "최

상위 저널"에는 질적연구는 출판하기 힘들 수도 있다. Richardson (1990)은 후자의 저널에 어떻게 인터뷰를 이용한 질적연구를 최종적으로 출판하였는지 설명하였는데 그녀의 충고는 오늘날에도 유용할 수 있다. 첫 번째, 저자의 포스트모더니즘적 관심보다는 특정 이론적 전통과 연구방법론적 접근을 설명하면 좋은데, 그녀의 경우 미국 사회학에서 전통적으로 내려오는 상징적 상호작용주의였다. 두 번째, 그녀는 통계적 표현에 대해서 제한된 주장을 한 반면에, 일반성과 이론적 유의성에 대해서는 무제한적인 주장을 하였다. 이것이 가능했던 것은, 세 번째, 범주에 대상자 집단이 어떻게 분포되었는지 양적인 자료를 제공하지 않더라도 질적으로 분류된 범주가 그녀의 경험적 자료에서 도출된 유형분류체계(typologies: Max Weber의 이상적 유형에 기반하여)를 이용하여 타당성이 있었기 때문이다. 네 번째, 연구방법에서 구체적으로 그녀가 무엇을 했으며, 어떻게 인용문을 선택했는지(예: 그녀는 일반적인 주제를 대표하는 인용만 선택했음을 명확하게 하였다) 상세하게 설명하였다. 질적연구자들은 Richardson의 설명을 읽음으로써 도움을 받을 수 있으며, 각자의 분야에서 최상의 저널에 투고하도록 고취될 수 있다. 그러나 오늘날에는 *Qualitative Inquiry*나 *International Journal of Qualitative Studies in Education*과 같이 질적연구를 보고하는 관습에 얽매이지 않은 저널들이 있다.

17장

인터뷰에 관한 대화

이 책에서 우리는 질적연구 인터뷰가 대화의 한 형태인 듯 취급하였다. 이제는 질적연구로부터 창출된 지식의 가치와 질에 대해서 다른 연구자들과 인터뷰 연구의 사용자들과 대화를 할 때이다. 인터뷰 연구로부터 창출된 지식의 내적 비평으로부터 시작한다. 다음에는, 이 책의 이전 장에서 인터뷰 연구의 질을 강화하는 방법에 관한 논의를 종합하여 제안한다. 먼저, 학문적 환경에서 인터뷰의 기술을 어떻게 배우고 적용하는지 논의한다. 그리고, 처음에 논의했던 질적연구의 지식의 풍부함을 강화시키고 유지하기 위한 지식의 개념화인 인터뷰 지식의 인식론적 개요로 되돌아간다. 마지막으로, 질적연구 인터뷰를 특정 문화적 맥락에 위치한 사회윤리적 실천으로 설명한다.

인터뷰 지식의 질에 대한 비평

우리는 인터뷰 연구가 인터뷰 기술의 완성이 아닌 인터뷰 수행에 대한 전문가의 회고를 포함하며, 인터뷰로부터 창출된 지식에는 인식론적 의식과 윤리적 이슈의 가치가 포함되었음을 알게 되었다. 인터뷰 연구에 대해서는 논란이 있으며 다른 독자들은 그들의 인식론적 관점에 따라서 인터뷰 탐구에 대한 가치를 다르게 판단할 것이다. 인터뷰 연구에 대해서 종종 반복적으로 논의되는 주요 이슈는 Box 9.3에 기술되어있다. 오늘날, 비판은 주로 질적 인터뷰 연구에 동조적인 사람들, 즉 인문학 연구자들이나 치료사들과 같은 전문직 사람들에 의해 가해지고 있다.

Box 17.1 인터뷰 연구에서 발생 가능한 문제

담론 분석적 관점에서, Potter와 Hepburn (2005)는 질적 인터뷰가 심리학에서 널리 퍼진 것에 대해 비평했지만, 이들의 비평은 다른 학문 분야에도 해당된다. 그들은 질적 인터뷰에서 여지가 있는 문제와 필연적인 문제를 구분한다. 발생 가능한 문제는 일반적이지만, 수정할 수 있는 문제이기에 대처할 수 없는 것은 아니다. 발생 가능한 문제는 다음과 같다(p. 285).

인터뷰 진행자의 부재
상호작용을 대변하는 관습
관찰의 특수성
인터뷰 설정 상황을 알 수 없음
인터뷰를 상호작용으로 간주하지 않음

인터뷰 보고에서 인터뷰 진행자가 부재한 것은 문제이다. 왜냐하면, 대상자의 말은 어떤 인간관계나 관심도 없는 맥락에서 발췌된 것이 되기 때문이다. 우리는 이론적 이유로 접근방법이 중요하기 때문에 Potter와 Hepburn이 인터뷰 대화를 과거 경험의 보고로 간주하는데 회의적이었다는 것을 알 수 있다. 이 책에 쓰여진 것처럼, 대부분의 질적연구는 맥락에 기반한다(Box 5.1 참조). 질적연구자들이 연구하는 현상(인간 경험, 작용, 혹은 담론)은 그 맥락 안에서만 그 현상이다. 그러므로, 다른 맥락적 철학을 가지고 있는 많은 인터뷰 연구자들이, 보고서에 대상자의 진술을 맥락 없이 지속적으로 보고하는 것이 이상한 일이다. 다행히도, 이것은 인터뷰 분석과 보고에 많은 양의 질문과 답이 포함된 상호작용의 흐름을 포함함으로써 고쳐질 수 있다. 이것은 인터뷰 결과로 분석된 말에 상호작용 과정에 대해 인터뷰 진행자가 회고하도록 만들기 때문에, 마지막에 언급된 문제(인터뷰를 상호작용으로 간주하지 않는 것)를 해결하는 데에서 사용될 수 있다.

두 번째는 발성 중 강조, 말을 잠시 멈춤, 들숨과 날숨, 음의 높낮이, 동시에 말하는 소리 등과 같이 대화의 상호작용과 관련된 요소들을 필사에 넣음으로써 해결될 수 있다(Box 10.2 참조). 내용이 어떻게 말해지는지에 따른 상호작용의 형태를 분석하는 대화 분석을 할 때, 대화의 이러한 특징을 신중하게 필사하는 것은 매우 중요하다. 이것이 항상 필수적이지는 않지만, 연구의 핵심 관심 사항이 무엇인지에 따라 달라진다. 그래서, 다른 연구에서는 해당하지 않을 수 있지만, 어느 정도 상호작용 분석에 좌지우지되는 프로젝트에서 상호작용은 세밀하고 신중하고 표현되어야 한다는 Potter와 Hepburn의 비평을 존중한다.

세 번째로 인터뷰에 관한 주장이 질적연구로부터 확증되는 것에 대한 걱정이 언급되었다. Potter와 Hepburn은 인터뷰 분석의 어려움을 "당신의 주장이 일반적인 주제가 아닌, 특정한 말로 인해 어떻게 뒷받침된다는 것을 보여줄 것인가"라고 하였다(Potter & Hepburn, 2005, p. 289). 이 문제

(계속)

에 대한 단순한 답은 필사의 줄번호를 사용하고 연구자의 해석에 이것을 언급하는 것이다. 결론에 대해 경험적 자료인 인용문으로부터 지지받는 것을 보여주어야 한다. 16장에 제시된 디스플레이에 대해 제시된 것이 그 예이다.

마지막으로, 제기된 문제는 인터뷰 설정 상황이 적절히 묘사되지 않은 것에 대한 것이다. 대상자는 어떻게 모집되었는가? 대상자가 이해한 연구의 목적은 무엇이었는가? 이러한 인터뷰 실행의 중요한 특징은 자주 보고되거나 논의되지 않는다. 다시 말하면, 위에 나열된 요소들을 포함하고 필요하다면 이들은 분석에 포함시키는 것으로서 이 문제를 해결할 수 있다.

Box 17. 1에서 Potter와 Hepburn이 지적한 질적연구 인터뷰에서 해결가능한 여지가 있는 문제를 나열하였다. 추가적으로, 쉽게 해결하기 어려운 필연적인 문제들에 대해서도 언급했다(Potter & Hepburn, 2005, p. 291). 이것은 현재 창출되고 있는 인터뷰 지식에 대한 내부적인 비평들과 함께 Box 17. 2에 기술되었다.

Box 17.2 인터뷰 지식에 대한 내부적인 비평

현재 인터뷰 연구는

개인적이다. 개인에게 지나치게 치우치고, 흔히 각 개인이 사회에 뿌리를 두고 있음을 간과한다.

이상적이다. 인간의 경험과 행동이 현실적, 물질적 세계에 영향을 받는다는 것을 간과한다.

믿기 쉽다. 비평적인 태도 없이 인터뷰 대상자가 이야기하는 것 그대로 모든 것을 받아들인다.

이성 중심적이다. 지식의 정서적인 측면을 무시하고, 앎의 양태로서의 감정이입을 간과한다.

인지주의적이다. 행위를 무시하고 사고와 경험에 초점을 맞춘다.

움직이지 않는다. 대상자들은 앉아서 말하고, 그들은 이 세계에서 움직이거나, 행동하지 않는다.

장황하다. 말의 상호작용과 원고를 맹신하고, 인터뷰의 총체적 상황을 무시한다.

비언어적이다. 비록 그 매체가 언어임에도 불구하고, 언어에 대한 언어적 접근이 이루어지지 않는다.

이론적이지 않다. 인터뷰 진술을 지나치게 중요하게 생각한 결과, 관련 분야의 이론을 무시하였다.

(계속)

지나치게 이론적이다. 인터뷰는 사회과학의 아젠다와 범주로 가득차 넘친다.

수사적이지 않다. 발간된 보고서는 설득력 있는 이야기이기보다는 인터뷰 인용의 지루한 모음집이다.

중요하지 않다. 보고서는 사소한 일들만을 생산해내고, 논할 가치가 있는 어떤 새로운 지식도 만들지 못하고 있다.

합법화. 새로운 지식을 생산하기보다는 정당화하는 것에 집착한다.

Box 17.2에서 묘사된 내부적 비평은 최근의 인터뷰 연구에 적용하기 적절하다. 이러한 비판을 극복하는 방법은 앞 장에서 언급한 바 있다. 몇 가지 예들은 비판된 것이 반드시 인터뷰 질문에만 적용될 수 있는 것이 아니며 오히려 인터뷰를 이해하고 인터뷰 연구에 적용하는 평범한 한 방법임을 보여줄 것이다.

오늘날 대부분의 인터뷰 연구는 개인 인터뷰로서 행해지고 있다. 즉, 그룹 인터뷰를 사용하면, 생생한 인터뷰의 역학관계를 볼 수 있고, 사회적 상호작용을 볼 수 있어 자연스럽게 인터뷰 결과를 제시해준다(Barbour, 2007 참조). 인터뷰는 대상자의 삶의 문화적, 역사적, 사회적 그리고 물질적 배경을 묘사하는 데에 사용될 수 있다. 인류학적 인터뷰는 응답자의 문화에 초점을 맞추고, 구술된 역사를 기록한다.

대상자의 물질적, 사회적 상황을 포함하는 인터뷰 연구의 몇몇 예들은 앞에서도 언급되었는데, 예를 들면, Oscar Lewis의 멕시코 농부의 삶에 대한 묘사인 *The Children of Sanchez* (1964)나 Bourdieu의 프랑스에서 짓밟힌 역경에 대한 연구인 *The Weight of the World* (1999)가 최근 예이다. 후자의 경우, 연구자는 책의 전반에 언급된 지위와 임금노동의 요건에 대해서 배우는 것은 더 넓은 사회적 경제적 맥락에서 인터뷰의 진술과 관련됨을 시도하였다.

몇몇 인터뷰 연구자들은 대상자의 대답을 의심하고 도전하면서 많은 인터뷰 연구가 믿기 쉽다는 것에 반대작용을 하며 인터뷰 접근방법에 능동적으로 참여한다. 연구를 위한 치료적 인터뷰의 사용은 감정이입과 감정적 상호작용을 인간 실존에 대한 중요한 지식을 얻는 것에 적용할 수 있다는 가능성을 보여준다. 최근의 페미니스트 질적연구에서는 인터뷰 연구를 포함하여 인간의 상호작용에서 감정들과 감정이입에 관한 동정심의 잠재적 지식에 강조를 두고 있다(Ellis & Berger, 2003).

오늘날에는 지식이 창출된 대상자의 사회적 상황으로 돌아가서, 지식을 다시 제공하는 경향이 있다. 이것은 인터뷰의 체계 평가에 이용된다. 행동 연구와 여성주의 연구에서는 특히, 인터뷰로부터 얻은 지식은 종종 조사된 상황을 변화시키기 위해 실질적으로 사용된다. 비록 오늘날 대부분의 인터뷰 연구가 앉아서 할 수 있는 것이지만, 연구자들은 대상자들의 직장이나 집과 같이 인터뷰 대상자의 자연스러운 환경 속에서 대상자들과 함께 거닐며 이야기를 나누고 있는 라디오나 TV 속의 연구자들에게서 많은 것들을 배울 수 있을지도 모른다. 대상자들 일상의 자연스러운 행동들과 통합될 수 있는 대화들은 사무실에 기반을 둔 관점들보다는 대상자들의 배경에 대해 좀 더 이해 가능한 그림을 제공한다.

말로만 기록된 인터뷰는 비디오테이프를 통해 기록된 인터뷰들과 어느 정도 다르게 기록될 수 있고, 신체의 언어나 인간관계의 상호 역동성을 쉽게 포착할 수 있다. 녹음이나 녹화 자료를 직접 분석할 수 있는 컴퓨터 프로그램의 개발은 원고를 사용했을 때 발생할 수 있는 소외된 대화들로부터 대화를 듣는 것으로 진보할 수 있게 하였다. 인터뷰 대화들의 비언어적 측면을 포함시키려는 경향과 동시에 사회언어학에 대한 지식을 가지고 있는 사회과학 인터뷰에서의 무절제한 언어의 사용을 배격하려는 경향이 있다. 이것은 인터뷰들의 구어적 측면과 글로 쓰여진 텍스트에 대한 차이점에 대해 점점 더 명료하게 인식하게 되었음을 보여준다. 실제 사회의 언어적 구조에 대한 포스트모던적인 분석은 인터뷰 연구에서 언어가 차지하는 역할의 중요성에 주의를 둘 수 있는 계기를 마련하였다.

Glaser와 Strauss의 근거이론이 현행 질적연구에 끼친 영향은 경험적 인터뷰에 기초한 이론들을 공식화할 수 있는 가능성을 제시하여 주었다는 것이다. 정신분석적 전통의 범위 내에서 환자와의 인터뷰에 기반을 둔 개혁적인 이론의 개발은 세기말 Freud의 독창적인 업적에만 국한되는 것이 아니라 1930년대와 1940년대의 권위주의적인 성격에 대한 치료적 인터뷰와 함께 시작된 이론들로 이어져 1970년대와 1980년대의 자기애적 연구로 그 맥이 이어지고 있다. 이와 반대되는 문제는, 인터뷰는 과도하게 이론적이고 연구자의 이론적 범주와 아젠다로 차고 넘친다는 것이며, 대상자의 이야기에 대한 기술적 입장을 추구하거나 (Box 5.3의 Murakami와 같다) 인터뷰 대상자와 인터뷰 진행자에서 어떤 사회적 인터뷰가 실행되는지에 대한 신중하게 수행한 회고를 포함함으로써 논의할 수 있다. 질적연구의 상호소통은 과거 몇 년간 관심의 대상으로 급부상하였으며, 그것은 주로 담론이나, 수사학적 전통, 그리고 인터뷰 연구를 보고하는 기술적 형태들에 대한 실험을 통해 이루어지고 있다.

인터뷰 결과가 중요하지 않다는 것에 대한 비평에 대해서는, 16장에서도 논의가 되었지만, 현재 재미없는 인터뷰 보고서에 대한 문제는 인터뷰 연구의 결과뿐 아니라 보고의 수사적인 문제도 포함이 된다. 정신분석학적 인터뷰와 사회학적 및 문화기술지적 현장 연구와 같은 광범위하게 기여하는 것과 반대로, 현재 질적 인터뷰 연구로부터 창출되는 지식의 중요성에 대하여 주목하는 것은 어렵다. 진술에 의하면, 질적연구자들은 종종 "고정관념과 일반적인 상식에 갇힌 낮은 질의 연구와 연구결과"를 생산한다(Seale, Gobo, Gubrium, & Silverman, 2004 p. 2).

질적 인터뷰가 1970년대에 사회과학의 급진적인 새로운 연구방법이라는 시선과 현재 새롭게 창출되는 지식의 양에 대한 시선은 엇갈린다. 질적연구 패러다임과 연구방법론에 관한 교과서가 많이 출판되었지만, 지식 창출을 위한 돌파구로는 거의 없었다. Bellah, Bourdieu, Hargreaves, Sennett, Schön이 인터뷰에 관해 언급한 책은, 방대한 이론적 지식에 기반하여 인터뷰 주제가 도출되었으며 예외적이다. 사회과학의 좁은 틀이 아닌 넓은 사회적 맥락에서 몇몇 연구가 영향을 받았다. 예를 들어, *The Weight of the World* (Bourdieu et al., 1999)는 프랑스에서만 140,000권이 판매되었다. 게다가, 현재의 인터뷰 연구들이 종종 연구방법론의 패러다임이 적법하다는 것을 광범위하게 설명하는 것과 달리, 질적 패러다임의 다양성에 대해 일반적으로 언급하고 방법론을 짧게 기술했다. *Habits of the Heart* (Bellah et al., 1985)와 *The Weight of the World* (Bourdieu et al., 1999) 모두에서, 연구방법론에 대한 부분은 다소 짧고 제한적이다(그러나 도움이 되고 읽기 쉽다). 이들 연구에서 주요 강조점은 인터뷰 결과와 결과의 이론적 및 실질적 적용에 있다. 아마도, 현재의 인터뷰 연구에서 연구방법론 패러다임에 할애한 페이지 수와 현장에 실질적으로 기여하는 새로운 지식에 할애한 페이지 수는 반비례할 것이다. 현장 연구에 대한 대표적인 안내서에 의하면, "질적연구는 Denzin과 Lincoln의 *Handbook*에 표현된 것처럼, 질적연구의 활용과 묘사의 적법성에 대해서 지속적인 위기에서 번창한다. 이론가는 매우 많지만, 실무자는 거의 없다. 주장은 우세하지만 그것들을 이성적으로 지지하는 증거는 거의 없다"(Ho, Ho, & Ng, 2007, p. 382).

비록 위에서 언급한 비평들이 몇몇 인터뷰 연구에는 적용되기는 하지만, 질 높은 인터뷰 연구의 개발은 이론적 추정과 함축에 대한 회고가 필요하다. 연구 인터뷰로부터 창출된 지식의 질을 높이는 것은, 단순히 연구자 개인의 연구 기술을 증진시키거나 인터뷰의 방법론적 범위를 확대시키는 것이 아니다. 인터뷰의 질을 강화하는 것 역시 탐구 시 주관적 문제에 대한 이론적 지식의 범위 밖에 있는 개념적 이슈이며, 역시 사적인 삶의 대화를 연구를 통해 공적으로 소비한다는 연구자의 인식론적 의식과 윤리적 이슈를 야기한다.

Box 17.3 질적연구의 맥도날드화?[1)]

사회학자 George Ritzer (2008)은 현대 사회의 중요한 집합체에 대해 **맥도날드화**(*McDonaldization*)라는 용어를 만들면서 유명해졌다(Brinkmann, 2012b, 이 box의 내용이 여기에 근거한다). Ritzer는 전통적인 사회학자인 Max Weber를 이어가며, 사회의 "합리성"을 Franz Kafka의 유명한 소설의 예에 나온 관료주의적 "강철 우리(iron cage)"로 설명하였다. 산업사회에서 소비사회로 이동하는 것은 강철 우리로부터 맥도날드와 같은 패스트푸드 식당으로 이동하는 것과 같다. Clive Nancarrow, J. Vir와 A. Baker (2005)의 최근 분석에서, 질적 마케팅 연구에 대해 특별히 언급하였으며, 이러한 종류의 연구가 맥도날드화 과정을 거쳤다고 주장하였다. 질적 인터뷰 연구는 소비사회의 영향을 받는 산업이 될 때 광범위하고 세계적으로 맥도날드화로 빠지는 위험에 처해있다.

Ritzer는 맥도날드화에 관한 그의 책에서, 맥도날드 식당에서 완벽하고 소비 사회에서 퍼져나간 네 가지 요인을 강조한다. 첫 번째 요인은 효율성이며, 목적에 다다르기 위해서 최적화되고 낭비를 가장 적게 하는 길을 선택하는 것을 의미한다. 현재 질적연구에서 방법론(아마도 환자의 노동을 희생으로 한)이 강조되며, 어떤 경우에는 "methodolatry" 혹은 방법론에 대한 경배로 특징되며, 효율성과 맥락을 같이 한다. 연구방법은 A로부터 B까지 가능하면 빨리 효율적으로 우리를 데려다주어야 한다. Nancarrow 등(2005)은 포커스그룹이 특징적으로 점점 많이 이용되는데, 자료를 획득하는 데 빠르고 효율적인 방법이기 때문이다.

효율성과 관련지어 생각할 수 있는 문제는 질적연구의 시간과 지속성에 대한 요구이다. 연구수행 시 모든 것이 최소한의 시간으로 설계되기를 바랄 수 없다. 적절한 현장 연구는 몇 달 혹은 몇 년

(계속)

1) 효율성과 미국화를 상징하는 맥도날드의 패스트푸드 문화가 현대사회의 지배적인 특성을 이루는 현상을 가리키는 말이다. 맥도날디제이션(맥도날드화)이란 맥도널드로 대표되는 패스트푸드를 뜻한다(역자 주).

이 걸릴 수 있으며, 사회인류학에서는 드문 일은 아니다. 다른 사람들에 대해 알고 싶고 이해하고 싶다면, 그들과 시간을 보내야 한다. 그러나, 오늘날 우리는 질적연구자라기보다는 다른 사람들을 짧게 방문하고(아마 약 한 시간), 스냅 촬영을 하고(예: 대화 녹음), 다음 목적지를 향해 떠나는 관광객과도 같다. 연구질문에 답하는 것이 항상 최적의 방법이기 때문이 아니라 문화기술지 현장 연구보다 시간을 덜 쓰는 방법이기 때문에 인터뷰하는 것이 질적연구에서 최선의 선택이 되었는지 중요한 질문을 할 수 있다. 만약, 마켓 질적연구가 주도적인 연구방법이라면, 일대일 인터뷰가 자료수집에 있어서 비용이 덜 들고 더 빠른 포커스그룹 인터뷰에 비하여 덜 사용될 것이라고 추측할지 모른다.

두 번째 요인은 **계산가능성**(*calculability*)이며, 맥도날드화의 일부인 audit 문화에 신호를 보낸다. 원래, 계산가능성은 질적연구의 걱정과는 굉장히 멀어 보인다. 그러나, 누구든지 질적연구 제안서를 읽는다면, 이러한 변화를 인지할 것이다. 예를 들어, 30명, 즉 남성 15명과 여성 15명이 인터뷰될 것이다"와 같이 기록되어 있다면, 왜 30명인지, 왜 3명이나 300명이 아닌지에 대해서 생각할 것이다. 사전에 몇 명의 대상자가 필요한지 어떻게 알 수 있는가? 이러한 질문은 종종 질적연구자들이 양적연구의 장점인 계산가능성을 모방할 때 간과하기 쉽다.

계산가능성과 관련지어 생각할 수 있는 첫 번째 사실은 도출되며 창의력이 있는 질적연구의 과정을 우려한다는 것이다. 일반적으로, 다른 사람을 알고 이해하는 것이 목적이면, 계산가능성은 질적연구의 잠재력을 제한할 것이다.

다음 요인은 **예측가능성**(*predictability*)이며, Ritzer는 이것을 장소와 시간에 구애받지 않는 고정불변이라고 하였다. 예측가능성은 맥도날드의 경우로 설명하면, 사람들이 맥도날드에 갔을 때 어디를 가던지 갈 때마다 같은 서비스를 제공 받는다. 계산가능성과 같이 예측가능성은 질적연구가 귀납적이고 유연하다는 약속에 종종 반한다. 예측가능성의 덕목은 놀라움을 제공하지만, 패스트푸드 산업에서의 덕목이며, 질적 인터뷰 연구에서는 덕목이 악이 된다! 그렇지 않다면, 왜 연구를 수행하는가? 질적연구는 점차 표준화되고 있지만, 상당한 양의 기술적 입문서가 존재한다. 맥도날드의 빅맥버거가 세상 어디서나 동일하듯이, 가나에 거주하는 미혼모를 인터뷰하던지 덴마크의 노인을 인터뷰하던지 다른 사람들을 인터뷰하는 과정이 표준화될 수 있다고 종종 믿어진다. 이것에 반박하기 위해서, 이 책에서는 인터뷰 형태의 다양성을 강조하며 세부적인 사항에 인터뷰 수행을 조정해야 한다고 주장한다.

경험의 맥락과 도출되어 만들어지는 의미에 관심이 있는 질적연구에서는 예측가능성이 만들어질 수 없다는 것이 예측가능성의 가능 큰 문제이다. 질적연구자가 필요할 때는 정확하게 통제된 요인들을 항상성을 유지하게 하지 못할 때이다.

마지막 요인은 **통제**(*control*)이며, Ritzer는 통제를 조작을 가속화시킨 것 혹은 부정적으로 표현하면 사람들의 기량을 빼앗아 가능 비인간적 기술이라고 한다. 질적연구에서, CAQDAS-컴퓨터 지원 질적 자료분석 소프트웨어를 이용하는 프로젝트의 수가 늘어나고 있다. 소프트웨어를 사용하는

(계속)

것은 많은 양의 자료를 다룰 때 통제감을 높여준다. 그러나 앞에 제기된 것과 같이, 주요한 분석의 일부를 컴퓨터 프로그램에 위탁하는 것에는 위험이 따른다.

사람들의 기량을 빼앗아 통제하는 통제의 문제는 현존하는 컴퓨터 프로그램이 우리가 앞서 주장한 바와 같이 코딩 전략에 맞추어 져 있다는 것이다. 예를 들어, 내러티브나 담론 분석과 같은 분석은 다양한 방법의 분석이 존재하지만, 컴퓨터 지원 프로그램의 텍스트 분석은 그렇지 못하다. 현존하는 컴퓨터 프로그램을 이용한 코딩은 효과적이기 때문에(근거이론이 그 예이다), 코딩이 연구자들이 선호하는 분석의 지름길이 되는 것은 분석의 다양성을 희생하는 위기에 빠지는 것이다. Nancarrow 등이 질적연구의 맥도날드화에 대해 결론 지은 것이 아래에 기술되어 있다.

> 맥도날드의 세계가 "공통된 로고와 홍보, 슬로건, 별, 노래, 브랜드 이름, 반짝거림과 트레이드마크 안에서 공통된 세계의 맛"을 창조하듯이, 질적연구의 세계 역시 즉각적으로 인지하고 빠르게 재사용 될 수 있는 용인된 연구방법의 공통된 세계의 맛으로 이동하고 있다 (Nancarrow et al., 2005, p. 297).

Box 17.3에서는 현재의 질적 인터뷰가 맥도날드화로 빠지는 위험에 대한 의문을 제기했다. 이 책의 제안과 인터뷰 연구에서 다양성과 맥락화에 대한 고집이 맥도날드화를 반대할 수 있다고 희망한다. 맥도날드화에 대한 대립은 이 책에서 지속적으로 질적연구의 이상으로 강조해 왔으며, 우리가 다시 논의할 장인 정신이다.

연구 인터뷰의 기법 개발

연구 인터뷰를 하는 것은 기술이며 기계적인 규율을 따라야 하는 체계적인 방법이 아니라고 주장해 왔다. 인터뷰는 숙달된 자들이 인터뷰하는 것을 보고, 탁월한 인터뷰 보고서를 읽으면서 끈기 있게 수행하면서 배우는 기술이다. 인터뷰 기법을 구상하는 것은 엄격성으로부터 안도감을 갖는 것이 아니며, 엄격성을 기술 수준에 놓고 인터뷰 진행자에 대한 개인적 판단이 방법 안에 내재한다. 기법은 책을 읽음으로써 배울 수 없지만, 인터뷰 기법을 설명하기 위해 노력하며, 경험 법칙의 예를 제시하고, 초심자를 위해 인터뷰 연구수행 시 인터뷰에 능할 수 있도록 배움의 기술을 제안하였다. 교역(trade)에 대한 역사적인 대가를 인터뷰의 예시로 들었을 때, 독자들은 석사와 박사 프로그램과 같이 짧은 시간 안에 그러한 인터뷰 수준에 도달 불가능할 것이라고 걱정했을 수 있다. Socrates와 같은 대가 인터뷰의 예들은 일반적인 연구 인터뷰의 수준을 형성하지 않으며 배움의 이상적인 형태로 제시되었다.

인터뷰는 지식을 창출한다. 견실한 인터뷰는 인터뷰로부터 창출된 지식의 종류뿐 아니라 인터뷰 주요 문제에 대한 개념적인 이해를 할 수 있다. 이 책에서, 인터뷰를 어떻게 할 것인가에 대한 구체적인 실행 결정은 인터뷰로부터 취득하고 싶은 지식의 구상에 달렸다고 하였다. 관련된 개념적인 지식을 얻기 위해 연구 인터뷰의 기법을 실행하는 것은 인터뷰 연구자들이 보고서에 현재의 질적연구 분야를 합법화하는 여러 패러다임에 대해 파악해야 하는 것을 의미하지는 않는다. 인식론의 기초적인 익숙함을 제공하는 것 이외에도, 인터뷰 진행자들은 그들의 연구 프로젝트를 고수해야 하며 그들이 창출하고자 노력하는 특정 지식의 방식을 반영해야 한다. "어떻게" 지식을 창출하는지에 대한 구체적인 반영은 인터뷰 연구의 질을 강화한다.

그러므로, 인터뷰 기법에 관해 책을 쓰는 것은 실무적인 기술과 함축적인 개인의 노하우를 포함하는 기법에 대한 일반적인 지침을 명확하게 제시하는 어려움을 포함한다. 4장에서 윤리에 대해서 논의할 때 이와 관련된 역설이 나왔다. 명확한 윤리 지침과 규칙은 절대 이의 적용을 요구하지 않으며 그것들의 실질적 기술과 노하우에 따라 적용 여부가 달렸다. 규칙과 원칙을 적용하는 것은 구체적이고 상황적인 문제이며, 특정 상황에 대한 능숙한 판단에 따라 달렸다. 인터뷰와 윤리에 관한 책을 읽음으로써 좋은 인터뷰를 하거나 윤리적인 사람이 되지 않는 것처럼, 책은 인터뷰 여정이 어떻게 진행되는지, 가능한 딜레마가 언제 나타나는지, 인터뷰 여정을 위한 개념적, 기술적 장비가 무엇인지에 대한 정보를 제공하지 않으며, 인터뷰 진행자가 가지고 와야 할 지식의 수준을 강화하거나 인터뷰 여정을 촉진시키지 않는다.

이 책에서는 인터뷰에 기반한 사회과학의 중요한 연구의 예시를 제시함으로써, 가능한 인터뷰 연구자들을 어깨너머로 보는 것을 목적으로 하였다. 윤리적 행동뿐 아니라 인터뷰의 실질적인 기술을 배우는 것은 **수행**(*doing*)함으로써 이루어진다. 훌륭한 인터뷰 연구의 예를 공부하는 것은 역시 중요하며, 초보 건축가가 문화적으로 훌륭한 건물을 방문하여 배우는 것과 같다. 연구 인터뷰를 하는 것은 우리가 이미 가지고 있는 대화의 기술을 최대로 함양하는 것을 포함한다. 그러나, 대부분의 인간이 노래할 수 있더라도, 그중 몇 명만이 다른 사람의 시선을 끌 정도로 잘할 수 있다. 다른 사람이 몇 시간씩 그들에게 집중할 정도로 노래를 잘하는 사람들을 훨씬 수가 적다.

지식을 아는 것이 실질적인 도움이 되고 더 나아가 사회의 상황을 변화시킬 일반적인 상식 밖의 지식을 인터뷰를 통해서 창출하는 것은 어렵다. Box 17.3에 제시된 맥도날드화와 일맥상통하게, 어떤 인터뷰 연구는 인터뷰 연구자가 사전에 충분한 훈련 없이 대상자를 매우 짧은 시간 동안 만나서 대화를 스냅사진 찍듯이 녹음하고 그로부터 흥미로운 무언가를 말하려고 하는 "여행자 인터뷰"로 특징된다. 이에 반하여, 앞서 지적한 바와 같이, 마켓 조사를 위한 포커스그룹이나 치료사와 같이 장인 정신에 기반하여 인터뷰를 생업으로 하는 사람들은 대상자가 그들의 삶에 대해 어떤 의미 있는 것들에 대해서 말하는지 알기 위해 대상자와 밀접하게 오랜 기간(인류학자의 현장 연구도 적용) 밀접하게 알고 지내는 것뿐 아니라, 집중적으로 광범위하게 -특히 치료사들- 인터뷰 훈련을 받았다. 이렇게 전문적으로 대화를 하는 사람들은 맥도날드화된 "여행자 인터뷰"에 대립된다.

기법으로서 연구 인터뷰 개념에 대한 실질적인 문제는 방법 중심의 학문 문화 내에서 기법에 대한 적법성을 얻는 방법에 관한 것이다. 박사 또는 연구 지원금을 신청할 때, 종종 연구가 잘 정리된 과정인 것처럼 해야 하는데, 이 책은 인터뷰 프로젝트의 7단계와 함께 부분적으로 체계적인 단계로 체계화될 수 있다(Box 6.6참조). 이러한 단계와 절차는 분석도구로서 타당하고 도움이 될 수 있지만, 이러한 별개의, 선상 범주로 드러나기보다는 유동적이고 역동적인 과정으로 나타난다.

많은 인터뷰 연구들이 실제 인터뷰 전에 한 번에 설계되지 않는다. 예를 들면, 연구자들은 인터뷰를 하며 점점 현명해지고 프로젝트를 일부 재설계한다. 앞에서 강조했듯이, 분석전략은 이미 면대면 인터뷰를 수행하는 중에 시작되는 것이 선호된다. 인터뷰 연구자가 대화 자체를 해석하는 것을 검증하기 위한 단계를 확인하는 것이 역시 포함된다. 이와 같이, 보고하는 것도 마지막 최종적인 별개의 단계가 아니며, 방법을 작성하는 것은 프로젝트 내내 진행되는 것이 좋다. 인터뷰를 통해 창출된 새롭고 통찰력 있는 지식은 연구방법에 대한 기술적인 측면이 아닌, 개인, 기술, 능력, 지적 덕목으로서의 연구자의 역할 덕분이다. 인터뷰로부터 창출된 지식의 질은 인터뷰 지식의 본질에 대한 이해에 있으며, 이것에 대해 이제 논의한다.

인터뷰 지식에 대한 인식론

이 책에서 질적연구는 인간 세계에 대해 질적으로 타당한 묘사를 주도할 수 있고 질적 인터뷰는 대화의 현실에 대한 타당한 지식을 제공할 수 있다고 주장해 왔다. 따라서, 인구 인터뷰는 지식을 창출하는 활동이지만, 질적연구 인터뷰로부터의 지식을 어떠한 형태로 특징지을 것인가는 의문이다. 인식론에 대해서 논의한 3장에서, 지식을 사회적으로 구성된 광산에서 물질을 캐는 것과 같으며, 인터뷰 연구자가 여행자로서 여행에 관한 이야기를 구성하는 것에 비유하였다. 질적연구 인터뷰를 하는 것은 Glaser와 Strauss (1967)가 이전에 제시한 것처럼 연구방법과 연구자와 별개로 존재하던 자료의 수집을 통한 귀납적 이론 구축이라고 주장하던 비유에 의지할 수 있다. 담론 분석과 같은 사회적 구성주의 접근법에 의하면, 자료는 주어지는 것이 아니라 대화를 통해 만들어지고 인터뷰는 의미를 만드는 행위이다(Holstein & Gubrium, 1995).

인식론이 다르다는 것은 케이크 위에 장식이 다른 것과는 다르다. 인터뷰 연구자가 프로젝트에서 실질적으로 내려야 하는 결정이 그들이 가지고 있는 지식으로부터 내재적으로 또는 명백하게 영향을 미치기 때문이다. 주어진 자료에서 지식이 도출될 것이라는 추정은 질적 인터뷰 수행에서 편견이 있는 질문을 하는 것으로 이어지며, 객관적 지식을 습득하는 과정에 치명적이다(예: 현실적이지 않은 인터뷰 보고서). 지식이 사회적으로 구성된다고 추정하는 것은 대상자의 신념의 강인함과 정당성을 탐구하는 하나의 방법으로 질문을 이끌 수 있으며, 반대하는 대상을 자극한다는 의미에서 또 다른 형태의 객관성을 산출함으로써 그 자체의 흥미로움을 보여주게 된다(예: 인터뷰 대상자가 근거를 대는 것에 대한 흥미로운 측면을 보여주는 것).

광산에서 지식을 캐는 자의 인식론은 "접근에 대한 방법(pipeline approach)"으로 이어지며, 대화가 정보가 이동되는 중립적 채널이지만, 여행자의 인식론은 대화를 지식이 구성되는 장소로 간주하게 한다. 인터뷰를 통한 지식의 창출은 다양한 형태를 취할 수 있다. 아마도, 극단적인 형태는 믿음이 담론의 형태로 정당화될 때만 지식이 앎(episteme)이 된다는 소크라테스식 접근이다(예: 적극적이고 때로는 대화 상대에게 정면으로 반박한 결과).

3장에서, 인터뷰 지식은 인터뷰 진행자와 인터뷰 대상자의 상호작용으로 창출된다고 하였다. 관계적으로는 구체적인 인간관계를 통해서, 대화적으로는 질문, 답변, 설명을 통하여 도달하고, 맥락적으로는 특정 맥락에 의미가 다소 묶여 있으며, 언어적으로는 말해지거나 기록된 언어로 전달되며, 내러티브적으로는 생생한 인간 세계의 본질에 관해 축적된 것이 밝혀지면서, 실용적으로는 우리가 살아가는 사회적 세상에서 대처할 수 있게 하는 합법성을 전달한다. 이제, 이 책에서 거론된 몇 개의 인식론적 관점을 여러 관점이 엮어진 특색이 있는 인터뷰 지식과 관련하여 종합한다.

창출된 지식(*Produced knowledge*). 인터뷰하는 것이 적절한 컴퓨터 프로그램을 사용하여 분석하는 지식을 수집하는 것이라는 견해와 반대로, 이 책에서는 현재의 자료수집과 자료분석의 분리를 넘어선 설명을 하였다. 인터뷰 지식은 수집되는 것이 아니라 인터뷰 연구자와 인터뷰 대상자의 상호작용에서 구성되며, 상호작용으로 구성된 의미는 다시 인터뷰 질문에 의하여 후에 재구성된다. 인터뷰 질문으로부터 창출된 지식을 강조하는 것은 인터뷰 상황의 질에 집중하는 것뿐 아니라 필사의 구성적 특징 및 인터뷰가 독자들에게 보고될 때 지식을 풍부하게 만들려는 노력도 포함된다.

관계적 지식(*Relational knowledge*). 이 책에서는 연구 인터뷰를 말 그대로 inter-views로 간주하였고, 이것은 인터뷰 대상자의 독백을 녹음하는 것이 아니라 양쪽 모두를 포함하는 공동 구성주의로 보는 것이다. 그러므로, 인터뷰 진행자와 인터뷰 대상자의 관계와 개인 간의 상호작용은 인터뷰의 핵심이 되고, 이것은 인터뷰 진행자와 인터뷰 대상자가 달라지면 다른 지식이 창출되는 것을 의미한다. 인터뷰 장인은 중대한 지식이 창출되도록 인터뷰에서 관계를 창조한다. 그리고 다른 방식의 인터뷰는 다른 종류의 지식으로 이끄는 또 다른 인간

관계를 포함한다. 그러므로 인터뷰는 표준화되고 기계적으로 접근하는 것이 아니라, 인간들 간의 독특한 관계로 결과가 결정된다.

대화형 지식(*Conversational knowledge*). 우리는 대화로 가득한 사회에 산다. 사회과학에서 대화의 연관성은 인터뷰 대화를 추가적인 경험적 방법으로 사용되기 이전으로 거슬러 올라간다. 연구자와 대중이 인터뷰로 창출된 진실과 지식의 가치에 관해 대화하는 것을 포함한다. 객관성을 객관성 그 자체로 이해하는 것으로, 질적연구 인터뷰는 대화로 가득한 사회에서 객관적 지식을 창출하는 이점을 갖는다. 이 책의 관점에서, 대화는 기술의 세트이며 안다는 것은 존재론의 근본과 연관된다. 먼저, 2장에서 질적연구 인터뷰를 이해하는 방법으로 개괄적으로 설명된 연구 인터뷰는 인터뷰의 상호작용을 통해 지식이 구성되는 대화기술의 특정 전문적 형태로 간주할 수 있다. 상호교환이 일어나는 매일의 삶과 철학적 대화와 반대로, 인터뷰 진행자는 전문가로서 인터뷰 질문을 하고 인터뷰 대상자는 대답한다. 두 번째, 대화는 앎의 방식의 기본이라고 간주한다. 사회 지식의 확실성은 인간 이외의 현실에서의 상호작용에 대한 것이 아닌 개인 간의 대화이다. 세 번째, 인간의 현실은 대화에서 개인이 존재론적 수준에서 이해한 것일 수 있다. 우리는 대화를 하는 존재이며 언어가 근본적인 현실이다. 대화는 단순한 특정적 경험적 방법이 아니다. 또한 지식을 구성하는 기본적인 방법과 인간 세계를 대화적 현실로 보는 것을 포함한다.

맥락적 지식(*Contextual knowledge*). 인터뷰 지식은 특정 대인관계 상황에서 창출된다. 인터뷰 담론 분석과 대화 분석의 예처럼(5장 참조), 오늘날에는, 상황과 상호작용 요인이 지식의 창출에 미치는 영향을 고려하여야 한다. 맥락에서 독립된 보편적인 지식에 도달하는 것이 중요한 것이 아니라, 인터뷰로부터의 상황적 지식에 대한 풍부한 설명을 창출하는 것이 중요하다. 지식이 다른 상황으로 전이되는 가치는 다른 연구자와 일반 독자들에 의해서 중요하게 평가되어야 한다. 이와 비슷하게, Aristotle을 따라, 4장에서 논의된 바와 같이, 이곳에서 어떻게 행동해야 하는지 아는 것과 일반적으로 보편적인 규칙과 원칙에 머물러있으면 안 된다는 것을 아는 것인 윤리적 지식은 기본적으로 맥락적이며 상황적이다.

언어적 지식(*Linguistic knowledge*). 인터뷰를 대화의 특정 형태라고 이해하는 것과 같은 맥락으로, 숙련된 인터뷰를 하는 연구자는 대화의 매개체인 언어에 능통해야 한다. 인터뷰와 필사를 전문적으로 분석하기 위해서 연구자는 언어적 도구인 언어 분석을 위해 사용되는 언어에 친숙해야 한다. 통계학과 같이 숫자를 분석하는 사회과학자들은 숫자의 분석을 위한 다양한 전문적 도구를 사용한다. 사회과학 대학원 과정에서는 통계 수업은 필수과목이고 언어에 관련된 과목은 존재하지 않는다. 오늘날 질적연구에서 양적 분석과 비슷한 수준의 전문성에 도달하기 위하여, 질적 사회 연구자들은 인터뷰 기술의 언어적 매개를 습득하는 것에서부터 숙련되게 함으로써 질적 인터뷰 연구를 강화할 필요가 있다.

내러티브적 지식(*Narrative knowledge*). 사람들이 그들의 삶과 경험에 관해 이야기하는 경향은 객관적 사실에 대한 주관적 왜곡으로 받아들여져서는 안 된다. 오히려 인간 삶과 경험의 중요한 부분은 이야기가 되고, 내러티브는 이러한 중요한 특색을 포착하는 표현이다. 인터뷰 연구자는 이것을 기회로 삼아 인터뷰 대상자들에게 이야기하도록 격려할 수 있다. 그들이 보고서를 작성할 때, 인터뷰 연구자들은 내러티브 형식을 고수하고 워낙에 연구자와 대상자의 상호작용으로 공동으로 구성한 이야기로서 자료를 전달할 수 있다. 그러므로 내러티브 접근법은 인터뷰, 분석, 인터뷰 보고의 순으로 진행될 수 있다.

실용적 지식(*Pragmatic knowledge*). 이 책에서는 역사적인 인터뷰 연구의 수행뿐 아니라 자기 자신의 인터뷰를 수행하는 현장에서 인터뷰를 배우는 것이 우리가 사회 현상에 대해서 중대하게 다른 길로 안내했다고 강조를 해왔다. 이것은 연구방법을 보장하면서 인터뷰 연구의 방법론적 규율을 따르는 것으로부터 연구수행 기법으로서 인터뷰 수행 중에 장인정신을 배우는 것까지 내포하며, 창출된 지식의 가치는 주요한 질적인 기준이다.

연구 인터뷰와 이로부터 창출되는 모든 지식을 실용적인 입장에서 바라보았다. 실용주의자들은 나무는 열매로 알 수 있어야 한다고 믿으며, 우리는 질적 인터뷰의 최고의 정당성은 미묘한 실용주의적인 논의보다는 인터뷰를 통해 생산된 지식의 질과 가치에서 발견된다고 믿는다. 이것은 지난 20년간 사회과학에서 이루어진 주요한 인터뷰 연구에 대한 참고문헌에서 설명하고 있다(예: Bellah, Bourdieu, Hargreves, Schon, and Sennett). 실용주의에 의하면, 인간은 그들이 원하는 방식으로 행동할 때 지식을 처리할 수 있다. 아는 것은 행동하는 것의 일부이며, 행동하는 것은, Dewey에 의하면, 의식의 반영보다는 회고하기 이전의 습관에 기반한다(Brinkmann, 2004; Dewey, 1922/1930). 실용주의적 관점에서 지식은 인터뷰의 기법과 인터뷰를 수행하는 것과 함께 일어나며, 인터뷰로부터의 지식의 창출은 주로 어렵게 "수행(doing)"함으로써 실용적으로 지식을 습득하는 문제이다.

실용적 접근은 지식의 실용적 효과에 대한 철학적 적합성에 대한 전이를 포함한다. 오늘날에는 인터뷰 지식의 객관성과 타당성에 대한 질문으로부터 지식 창출에 대한 질과 가치에 대한 질문으로 이동하는 것을 어렴풋이 알 수 있다. 실용적 질문은 "인터뷰는 과학적인 방법인가?" 혹은 "질적 인터뷰로부터의 지식은 객관적인가?"라는 일반적인 실용적 질문과 반대로, "인터뷰로부터 창출된 지식이 유용한가?", "누구에서 어떻게 유용한가?"와 같이 구체적이고 실질적이다. "이 결과는 가치가 있는가? 귀중한가? 도움이 되는가?", "결과가 강건한가(sound)?", "결과가 믿을만한가?" 창출된 지식은 윤리적, 사회정치적 질문을 야기하면서, 어떤 목적으로 누구에게 유용성하고 유익성이 있는지가 적용성의 문제와 함께 이슈가 된다. 인터뷰 지식의 질은 단순히 방법론적 혹은 인식론적 이슈가 아니며 윤리적인 이슈를 포함한다. 인터뷰하는 것을 사회적 관행으로 생각하기 전에, 간단하게 인터뷰 연구에서 주요 방법의 내용과 양적연구 언어가 지배적인 것에 대해 언급하려 한다.

목표에 따른 방법 결정

질적연구 인터뷰로 인하여 창출된 지식의 주요 특성에 대하여 개요를 서술하였다. 질적연구로부터 창출된 것의 목표 혹은 주요한 사안은 현실의 일부로서 상대주의적, 대화적, 맥락적, 언어적, 내러티브적, 실용적(혹은 행동기반)이라는 것이다. 이 책에서는 주제의 본질이 무엇인지가 우선시 되며, 이에 따라 어떤 방법이 사용될지 결정된다는 입장을 고수하였다. 우리가 어떻게 알아야 하는지에 대한 결정을 하기 전에 우리는 무엇을 알기 원하는지 고려해야 한다. 통계학자인 Karpatschof는 양적방법과 질적방법은 관심 있는 주제의 본질에 기반하여 선택되어야 한다고 주장하였다(Karpatscholf, 2006). 그룹과 시리즈에 관한 Sartre의 *Critique of Dialectical Reason*에 고취되어, Karpatschof는 복잡한 사회적 상호작용을 하는 맥락적으로 존재하는 현상(예: 함께 일하는 그룹에서)과 동시에 행동하지만 서로 독립적인 행동의 시리즈로 존재하는 개인의 일부로서의 현상(예: 버스 정류장에서 줄을 서서 기다리는 행위)에는 근본적인 존재론적 차이가 있다고 주장하였다. 시리즈로 특성화된 현상은 세분화 되며 개인적 개성이 중요하지 않은 반면에, 맥락으로 특성화된 현상은 독특함이 중요하다(Karpatscholf, 2007). Karpatschof의 주장은 양적방법은 시리즈의 현상을 조사하는 데 적합하고(예: 개인이 시리즈의 일부로서 가장 두드러질 때 사람들의 측면), 질적방법은 개인이 사르트르의 관점에서 사회 그룹의 일원으로서 간주하는 맥락적 현상을 조사할 때 가장 적합하다.

Karpatschof는 포스트모던 사회에서 사회가 어떻게, 유기체적 그룹의 관계를 통하여 조직되어 현대의 관료체제 사회로, 시리즈로 변화되었는지에 대해, 그리고 이 변화는 인구집단에 대한 통계적 정보에 대한 요구와 가능성을 만들었는지에 대해 추가적으로 이야기하였다. 본래, 통계는 인구집단을 통제하기 위한 "국가의 과학"으로서 개발되었다(Rose, 1996 참조). 이러한 관점에서, 문화기술지 연구자들이 종종 질적방법을 주로 사용하는 것은 우연이 아니다(문화기술지 연구에서 연구주제는 종종 시리즈화되지 않은 사회이다). 이와 반면에, 사회학자들은 통계학에 기반한 양적방법으로 현대의 매우 시리즈화된 사회를 연구해왔다. 이러한 역사적 관점에서, 점점 규율이 적용되지 않는 포스트모던 시대의 소비 사회에 경험주의 경제가 중심이 되며 질적연구의 맥락화가 요구되기 때문에 질적연구가 선두에 다시 설 것이라고 부연설명을 한다.

Karpatschof (2006)의 시리즈와 그룹의 존재론적 구별에 기반하여, 심리학의 양적방법은 인지적 현상과 시리즈적 사회 현상의 연구에 적합하지만, 다른 모든 영역에서는 주요 문제들은 구체적이고 시리즈가 아니기 때문에 질적연구의 사용이 요구된다. Harré (2004)는 더 나아가 심리학과 다른 사회 현상들은 숙련된 인간 행위자의 의미 있는 수행으로 집합적이고 담론적인 행위이며(Sartre와 Karpatschof에 의하면 "그룹 현상") 질적연구자들은 단순히 주류의 심리학에서 그들의 방법이 "비과학적"이라는 이유로 반대되는 것을 일축해야 한다고 주장한다. 그들은 "자연과학의 이상을 충족시키는 것은 [주류의 심리학보다] 질적 기술과 형이상학적 가정이다"(Harré, 2004, p. 4)라는 것을 언급해야 한다(15장 논의 참조). Harré에 의하면, 질적방법은 질적인 인간 세계에 대한 적절한 조사방법이기 때문에 과학적이다. 만약 이것이 사실이라 하더라도, 우리는 왜 많은 연구자들과 연구비가 "양적연구를 필수"로 하는지 의문을 갖는다. 이제 다음의 질문으로 돌아간다.

수량화에 대한 사회과학의 정설

사회과학과 건강과학에서는 연구자료에 대한 수량화의 요구가 우세하다. 반면에, 질적 접근법은 제외되거나 하위 과학으로 간주하였다. 사회과학에서 광범위하게 사용되는 교재에는 수량화에 대해 아래와 같이 대표적으로 표현되었다.

> 과학자는 개별적 사례와 관련하여 관심을 가지지 않으며, 관심을 가질 수도 없다. 그들은 현상에 대한 법칙, 체계적 관계, 설명을 추구한다. 그리고, 그들의 결과는 언제나 통계적이다. … 개성이 핵심이 되는 개인의 존재는 영원히 과학자로부터 벗어나 있다. 개인은 그룹 자료, 통계적 예측, 확률적 추론으로 연결되어 있다(Kerlinger, 1979, pp. 270, 272).

저명한 심리학자는 이를 간략하게 설명했다. "과학에 대한 지식은 자신이 말하는 것에 대해 측정할 수 있고 숫자로 표현할 수 있는 데서 시작한다."(Eysenck, 1973, p. 7).

사회과학에서 수량화 규칙의 책임은 종종 실증주의에 두고 있다. 20세기 중반의 실증주의에서는 지식의 수량화라는 방법론의 주요 요소였지만, 사회과학 정설에 있어서 수량화는 본래 실증철학의 일부가 아니다. 고전 실증주의의 창시자인 Comte는 사회 현상이 수학적으로 분석하기에 너무 복잡하며, 실증주의 과학에서는 수학적 분석의 적용이 전혀 필요하지 않다고 하였다.

> 우리의 업무는 우리에게 보여지는 현상의 특성과 관계를 연구하는 것이며, 우리의 능력 밖으로 수량, 수학적 법칙을 적용하는 것을 고려하는 것을 지양한다(Comte, 1975, .112: Michell, 2003, p 13에서 인용).

사회과학자의 자연과학 오류의 코메디. 양적연구가 우세하는 사회과학은 종종 순수과학을 양적 과학이라고 주장하며 정당화하였다. 그러나 이것은 전혀 근거가 없다. 왜냐하면, 순수과학 연구수행은 오랫동안 양적 분석과 질적 분석이 모두 유용하게 사용된 혼합연구로 이루어졌다. 어떤 경우에는 주요 근거가 질적인 성격을 띠고 있으며, Darwin의 진화론이 그 예이다. 그러므로 경험적 질적연구자들은 자연과학에 대해 일부 철학자들과 사회과학자들이 기록한 것에 대해 믿을 필요는 없지만, 대학에서 진행되는 연구 프로젝트 자연과학자들과 인터뷰할 수 있다. 혹은 대학 교내서점에 가서 질적 분석에 관한 책을 찾아봐도 되며, 사회과학이 아닌 화학 섹션에서 발견할 것이다. 물리용어 대한 철저한 연구를 수행한 "물리학자의 물리"와 "심리학자의 물리"가 전혀 다른 세계에 있다고 결론지었다(Brandt, 1973). 순수과학의 실험실에서 관차 연구수행을 한 인류학자는 다음과 같이 간결하게 결론지었다 "사회과학에서 보는 순수과학의 한계는 이제까지 오류의 코메디였다"(Latour, 2000, p. 14).

종교적인 수량화. 그러므로 사회과학자들의 수량화에 대한 정설은 실증주의 철학과 순수과학을 벗어나서 생각해야 한다. 서구문화의 많은 중요한 현상 중 하느님이 "모든 것은 숫자와 무게로 측정하라고 명하였다(지혜서 11:21)"라는 성경에서 시작할 수 있다. Michell (2003)은 수량화에 대한 우세함을 성경과 그리스의 Pythagoras가 존재하는 모든 것은 수로 존재한다는 숫자에 대한 신비한 종교에서 추적한다. St. Augustine은 Plato의 철학적 대화편(Timaeus: Plato가 기원전 4세기에 우주 창조설을 작성하였으며, 피타고라스파의 천문학자가 주인공으로 등장)의 Pythagoras의 수량화 우주론을 성경과 연결시키며 "최고의 척도, 최고의 수 그리고 최고의 명령"은 신의 특성이라고 결론지었다(St. Augustine, 1991). St. Augustine의 수량화로 구성된 세계가 세상의 신의 본성을 반영한다는 금언은 중세에 우세하였다(Michell, 2003, p. 11). 수천 년 후에 Galileo가 "측정할 수 있는 것은 측정하고 측정할 수 없는 것은 측정할 수 있게 만들어라"라며 옹호하였을 때, 가톨릭교회에 반하는 것이 아니었지만 St. Augustine의 신적 수량화 우주론에는 급진적인 것이었다.

양적연구 연구비. 그리스와 기독교 종교에서 수량화 정설에 관한 기원을 찾는 것은 현재의 사회과학자들에게 양적연구가 정설로 퍼진 것을 설명하지 못한다. Michell (2003)은 20세기 중반부터 양적연구가 우세한 것을 Stevens와 같은 정신을 측정하는 심리학자가 양적연구를 옹호하면서 심리학 연구에서 연구비 지원을 받는 경제를 구축한 것으로 거슬러 올라간다. 수량화에 기반한 통일된 방법론적 기반에서 실증주의 철학과 순수과학은 창문의 역할을 하였으며, 심리학 연구의 연구비 지원의 역할을 수행하였다.

오늘날의 사회과학에서 수량화 정설은 현재의 회계감사 문화로 개념화되는 사회의 합리화와 관료주의와 맥을 같이 한다. 포스트모던 자본주의 경제에서 만연한 모든 존재하는 것들이 금전적으로 측정되고 그렇지 않으면 사라지는 경제성과에 순응한다. Lyotard (1984, p. xxiv)에 의하면, "가동할 준비를 갖추어라(즉, 같은 기준으로 측정할 수 있게 하라) 아니면 사라진다"이다. 과학적 증거를 수량화 된는 것으로 제한하는 것은 순수과학과 전혀 관련 없는 것이라고 종합하지만, 경제적으로 유도된 지식의 상품화는 현대사회과학자들의 정설이 되며, 열정적으로 추구할 미션으로 "나가서 인류를 측정가능하게 만들어라!"가 된다.

수량화를 필연적으로 간주하는 것의 우세함은 과학을 수량화와 연결하는 것으로 오늘날 주로 과학 내부의 혹은 철학적 문제는 아니지만 경제적이고 정치적인 이슈이며, 논의되어야 한다. 양적 접근방법으로 연구하는 연구자는, 양적연구방법과 질적연구방법의 철학적 혹은 과학적 맥락에 대한 끊임없는 논쟁을 하지 않더라도, 순수 과학자들의 실용적 접근방법을 취해야 하며 연구주제와 연구목적이 조사에서 양적과 질적인 접근을 결정하도록 해야 하고, 양적 근거가 지식의 상위에 놓여지고 질적연구가 지식의 하위에 놓여지는 인간 행동의 수량화에 대한 연구비 지원기관의 경제적, 사회정치적 요구와 인간 행위에 대한 근거기반에 대한 요구를 다루어야 한다. 그러므로 인터뷰로부터 창출된 지식을 이해하는 것은 단순히 인식론적 혹은 존재론적 이슈가 아니며, 양적연구를 필연적으로 간주하는 현존하는 사회, 문화, 경제적 조건의 이슈를 이해하는 것이다. 다음은 인터뷰를 사회적 관행으로 간주하고, 이러한 조건들에 대해 알아본다.

사회적 관행으로서의 인터뷰

연구 인터뷰를 이해한다는 것은 인터뷰가 기술을 숙련하는 것과 지식을 개념화하는 것이상임을 이해하는 것이다. 인터뷰는 사회적 관행이다. 인터뷰는 매일의 대화가 발전된 것이다. 그것은 특정한 형식의 지식 추구이며, 특정 윤리적 이슈를 야기한다. 인터뷰를 이해한다는 것은 또한 인터뷰의 사회적 관행과 인터뷰가 어떻게 영향을 받았는지, 그 자체가 어떤 영향이 있는지, 인터뷰가 수행되는 더 큰 사회적 상황 안에서 이해하는 것이다.

이전의 장에서 논의된 사회적 관행으로서 인터뷰의 측면에 대해서 상기한다. 이것은 연구 인터뷰를 수행하는 현지의 기관의 영향뿐 아니라 더 큰 사회적 세력의 영향에 대한 것이다. 그리고 인간 행위에 대한 학문적 대중적 개념을 형성하는 것뿐 아니라 인간 행위를 통제하는 기술을 연구 인터뷰에서 제공하는 윤리적 역할에 관한 것이다.

사회적 맥락에서의 연구 인터뷰

사회적, 과학적 입장에서 인터뷰는 역사적으로 고려되었다. 일반적인 사회적 관행으로서, 인터뷰는 지난 몇 세기에서 온 새로운 수행이다. 이러한 고백은 종교적 관행으로서 오랜 역사를 가졌지만, 기자로서, 치료적으로, 그리고 연구로서 인터뷰의 적합성은 대화형 수행으로 세상의 문화에 최근에 추가되었다. 그러나 인터뷰는 현대 사회의 셀 수 없는 부문에서 탁월하게 성공적으로 수행되었다(Box 1.5 참조). 우리의 사회는 인터뷰 사회로 묘사되었고, 광범위한 사회적 관행으로서 인터뷰는 현재 인터뷰 연구자들에게 기회와 도전을 제공하였다. 앞에서 논의된 바와 같이, 기회는 인터뷰가 우리의 대화형 현실을 밝혀주는 데 대단히 관련성이 있는 수행이라는 생각이며, 현대의 인터뷰 사회의 극단으로 가져온다. 인터뷰는 인터뷰 사회로 이어지는 자연스러운 길이며, 사람들은 (최소한 대부분의 중산층 시민들) 그들에 대해서 말하기 원하며, 대화적 관행을 통하여 그들이 경험, 성격, 그들 자신의 측면에 대해서 공개하고 이야기를 구성한다. 이와 다른 측면은 인터뷰 연구의 도전으로, 인터뷰가 핵심에 대해 무비평적이고 아직 알려지지 않은 것을 강조하는 것을 피하여, 포스트모던 소비사회의 관행에서 문제가 될 수 있다는 것이다.

비록 연구 인터뷰는, 학문적 수행과 마찬가지로, 인터뷰 사회에서 일반적인 사회적 관행의 일부이지만, 상세하고 지엽적으로 결정된 관행이다. 학계, 기관, 국가, 시기에 따라 질적 연구 인터뷰의 위치는 매우 다양하다. 이 책에 쓰여진 많은 것들이 구식이고 인류학자들에게는 너무 세심한 것 같지만, 심리학과 경제학의 일부 전공에서는 무정부주의자나 비과학적으로 보여질 수 있다. 우리의 영역인 심리학에서는, 1970년대 덴마크와 1980년대 스칸디나비안 국가들과 영국과 미국에서 질적연구방법이 적합한 연구방법이 되었다. 일반적으로 사회과학에서, 1970년대에 질적연구에 대한 강한 움직임이 있었으며, 오늘날 특히 미국에서 관료주의의 실증주의가 내재화되어 수행의 근거기반과 기관윤리위원회의 윤리적 연구수행에 대한 요구로 인하여 위협받고 있다. 연구방법이 연구주제에 적합하도록 선택할 수 있다는 과학자의 자유가 학계에서 위협받고 있으며, 이와 반대로 경영과 마케팅에서는 연구가 단체의 목적과 일맥상통한다면 연구자는 적절한 연구방법을 선택할 자유가 있다.

인터뷰는 인간 상황에 대한 지식을 창출하는 강력한 방법이며, 윤리적으로 중립적이지 않다. 지식은 힘이다. 연구 인터뷰의 사회적 관행은 자유 민주주의를 창조하는 것에 활용될 수 있는 급진적 민주주의적 수행이 될 수 있다(Denzin & Lincoln, 2005). 그러나 인터뷰의 사회적 관행은 또한 근로자와 소비자를 통제하기 위해 경영의 힘을 강화하는 데 사용될 수 있다. 힘은 지식이다. 어떤 연구방법이 허용되고 기관에서 연구비를 받을 수 있는지 역시 어떤 종류의 지식을 창출하는가에 따라 기관의 힘으로 결정된다. 질적연구 인터뷰는 사람들에게 그들의 언어로 그들의 의견, 희망, 걱정을 표현하게 함으로써 목소리를 부여한다. 다시 말하면, 상업적인 연구자들은 사람들의 목소리에 귀를 기울일 수 있는 자유가 있지만, 이러한 목소리는 근거에 기반한 수행과 기관윤리위원회를 거쳐야 한다는 역설에 맞닥뜨리며, 사회과학 학문의 범위를 벗어나게 된다.

학계에서 수행되는 연구 인터뷰의 사회적 관행이 제한적이라는 것에서 돌아온다. 연구 인터뷰는 인터뷰하는 것이 대상을 설명하는 일반적인 인터뷰 문화와 맥락을 같이 한다. 이러한 측면에서, Atkinson과 Silverman (1997)이 가정한 것처럼, "인터뷰 추종문화(cult)"가 일반적인 "자신의 추종문화"의 반영인지에 대해 의문을 가질 수 있다. 그러므로, Sennett (1977)의 *The Fall of Public Man*에서는 "나는 누구인가?"에 대한 질문이 끊임없이 추구되고 정치적이고 다른 사회적인 질문들인 믿음, 공감, 따뜻함, 사적인 의견의 밝히는 것에 대한 질문이 줄어드는 사회를 거대하고 심리적인 시스템으로 간주하는 것에 대해 경고한다. Sennett이 "친밀함의 폭군"이라고 설명하는 이러한 상황에서, 사회 현상은 성격, 개인 전기,

개인적인 내러티브로 전환된다. 인터뷰 상황에서 친밀한 인간 상호작용에 관한 연구 인터뷰에 대해 강조하는 것이 인터뷰 수행 시 더 큰 사회적 맥락을 부정한 것으로 이어지면 안 된다. 그러므로 사회과학 인터뷰 연구자들은 그들의 지식을 창출하는 행위가 친밀함의 폭군과 관련되거나 이를 강화할 수 있는 가능성이 있는지 회고해야 한다.

사회적 맥락에서의 인터뷰 윤리

인터뷰 연구에서 윤리적 이슈는 대상자에 대한 개인적 영향과 관련되어 제기되기 쉬운 반면에, 더 큰 인터뷰의 사회적 결과는 주목을 덜 받는다. 일반적인 연구윤리와 관련하여, 4장에서 인터뷰 상황에서의 미시윤리학(microethics)과 관련된 대상자의 가능한 결과에 대해 집중하였다. 이제 미시윤리학적인 관심에서 더 큰 사회적 상황에서 지식 창출 시 생길 수 있는 사회정치적 결과를 도출하려고 한다(Brinkmann & Kvale, 2005).

윤리적 이슈는 미시적 혹은 거시적 관점에 따라 달라질 수 있다. 대상자는 전문적 권위가 있는 연구자가 그 혹은 그녀가 말하는 것에 매우 관심을 가질 때 인터뷰 상황을 긍정적으로 경험할 수 있다. 이러한 인터뷰에서는 광범위한 사회 결과에 대한 지식이 창출될 수 있지만, 몇몇 사례의 경우에서는 문제가 될 수 있다. 근로자를 어떻게 더 효과적으로 관리하고 성과를 더 내도록 할 수 있는가에 대한 Hawthorne 연구와 소비를 증진시키기 위한 특정 인터뷰에서 이것은 명확해진다. 개인의 동기에 관한 소비자 개인 혹은 그룹 인터뷰에서 표준 윤리 지침을 따르고 대상자들이 인터뷰를 즐길 수 있다. 그러나, 거시적 관점에서는 결과가 의문스럽다. 흡연에 대한 10대의 태도에 대한 포커스그룹 인터뷰에서는 10대에게 흡연을 홍보하기 위한 지식이 나올 수 있으며, 혹은 흡연을 저하시키기 위한 건강 캠페인을 위한 지식이 창출될 수 있다. 자본주의 소비자 사회에서는 담배의 사용을 줄이는 공공 캠페인을 위해서라기보다는, 더 많은 자본이 담배산업을 홍보하고 담배의 소비를 증진시키기 위해 흡연에 대한 태도와 관련된 지식을 창출하기 쉽다.

학계의 인터뷰 연구에서도 미시적 수준과 거시적 수준에 따른 윤리적 긴장감이 역시 존재한다. 반유대주의 고전적 연구인 Andorno, Frenkel-Brunswik, Levinson, Sanford (1950)의 *The Authoritarian Personality*의 예이다. 제 2차 세계대전이 일어나 연구자들은 반유대주의와 권위주의 훈육의 가능한 관계에 대하여 조사하였다. 정신분석 인터뷰에서 유래된 연구에서 연구자들은 타당성이 있는 자료를 얻기 위해서 질적 개방질문 인터뷰와 고도로 구조화된 질문을 하였다. 조사의 중요한 부분은 인터뷰를 이용한 정신분석이었으며, 연구자들은 그들의 선입견과 권위주의적 성격을 알기 위해 대상자의 방어기재를 무력화하기 위한 치료적 기술을 이용하였다. 미시적 수준에서, 이 연구는 분명하게 연구동의서의 윤리적 규칙을 위반하였지만, 반유대주의의 기원에 대한 지식을 얻기 위한 연구는 사회적으로 유용하고 인종차별과 종교적인 선입견에 반하는 정치적 결과에 대한 거시적 수준에서 지식을 창출하였다.

거시적 수준에서 윤리적 이슈는 사회결과와 창출된 지식의 사용에 대한 대중 논의로 접근하는 것이 이상적이다. 우리는 다시 Bellah 등(1985)의 개인주의와 미국에 헌신에 대한 인터뷰의 예를 들수 있다. 연구자는 사회과학 연구의 목표를 대중 철학의 수행으로 보았고, 대중과 목표와 사회 가치에 대해 논의하는 데 참여하였다.

> 이러한 인터뷰의 자료가 잘 제시된다면, 도출된 내용에 대해 독자가 대화를 시작하도록 촉구할 것이다. 이상하게도, 이러한 인터뷰는 열린 토론의 장에서 검증된 여론을 촉진한다 (Bellah et al., 1985, p. 305).

인터뷰를 사회적 관행으로 간주하는 것은 연구자를 인터뷰 상황에 대한 미시적 맥락을 벗어나게 하고 더 큰 문화적 맥락에서 인터뷰의 효과를 개념화하게 한다. 사회적 관행으로서 질적 인터뷰는 사회적 맥락의 영향을 받으며 맥락을 형성하고, 지지하고 변화시키는 데 기여할 수 있다. 다시 말하면, 우리는 대화의 원 안에서 존재하며, 우리가 이해하는 사회세계는 대화와 우리가 이해하는 대화에 기반한다. 이것은 잔인한 원이 아니며, 해석학적 감각인 **성인의 원**(*circulus fructuosis*)이다. 문제는 대화의 원에서 벗어나는 것이 아니며 즉시 대화의 원으로 들어가는 것이다.

우리는 이것을 "세 번째" 혹은 "세 개의"해석학에 숙달하는 과업으로 생각할 수 있다. 첫 번째의 해석학은 인터뷰 대상자의 삶의 자가-해석에 이미 존재하는, 자신의 대화 현실에 대한 이해로 구성된다. 다음으로 인터뷰 연구자는 두 번째로 대상자가 인터뷰 대화에서 표현한 첫 번째 의미에 대한 해석학적 해석을 한다. Giddens (1976)은 이것을 수행자 자신의 해석에 대한 해석적 과정으로 "이중 해석학(double hermeneutics)"이라고 설명했다. 이제는 세 번째 해석학으로 넘어간다. 만약 인터뷰 연구자가 그 혹은 그녀의 두 번째 해석을 인터뷰 대상자에게 제공한다면, 해석은 세 번째로 이동하며 대상자가 그들 고유한 행위의 해석에 관한 수정을 한다. 만약 인터뷰 연구자의 해석이 사회의 공공 대화에 추가적으로 보고된다면, 대중이 자신, 기관, 행위, 사람들의 매일의 세계에 대한 이해의 변화가 이루어질 수 있다. 그러므로 우리는 세 번째 해석학적 과정의 원으로 들어간다. 명백한 예를 제시하기 위하여, 오늘날 해석은 어느 범위까지는 정신분석 인터뷰로 수행되며, 서구에서 대상자가 그들을 이해하는 것의 일부가 된다.

인터뷰 연구에 대한 대중적 영향은 결과가 다시 누군가에게 유익하였는지 윤리적 대화를 이끈다. 우리는 대중의 유년기, 성격, 성적 취향에 대한 정신분석의 대단위 영향은 윤리적으로 어떻게 평가할 것인가? 정신분석 질적연구는 미덕보다는 자신에게만 관심이 있는 "심리적 인간"의 웰빙이 증가하는 사회에서 "치료에 성공"하도록 기여하였는가? (Rieff, 1966) 혹은 자기-회고 학문으로서 정신분석 연구는 사회과학에 해방적 가능성의 모델을 개발하는가? (Habermas, 1971) 이러한 질문들을 제기하는 한 영역은 Bella 등이 인터뷰를 대중의 대화를 강화하기 위해 사용한 것으로 이어질 수 있다. 인터뷰는 잘 수행되고 잘 제시되었을 때, 독자가 대화에 참여하게 하고 무엇이 말하여지는지 논의하도록 조장하여, 여론이 대중토론의 장에서 검증되게 한다. 이와 동시에, 인터뷰 진행자들은 질적 사회과학의 모든 질문이 인터뷰를 통해서 답해지지는 않는다는 것을 인지하여야 한다. 이전에 주장한 것처럼 목표가 방법을 결정하고, 목표가 특정 행위에 대한 사회적 상호작용이라면, 예를 들어 현장 연구 혹은 대상자 관찰이라면, 이러한 연구수행은 목표가 관심을 가지는 지식을 더 창출할 것이다.

4장에서 논의한 질적연구의 윤리적 이슈에서 우리는 현대의 질적 문헌고찰의 위험은 질적연구방법론과 해방적 의제에 암묵적이고 의심할 여지가 없는 연결고리를 제공한다고 하였다. 역사연구와 현대의 질적연구 모두를 고려할 때, 질적 인터뷰 연구와 명확한 윤리적 양심 간에 필연적인 연결고리는 없다고 믿는다. 다른 모든 연구의 형식과 마찬가지로, 질적연구는 윤리적, 정치적 약속을 한다 - 알려지지 않은 불평등과 인종차별에 관해 밝히는 것, 억압된 자들에게 목소리를 부여하는 것, 개발하고 있는 지역사회를 긍정적인 방향으로 돕는 것, 우리에게 단순하게 우리의 세상을 더 잘 이해하도록 하는 것. 그러나 또한 윤리적, 정치적 위험을 포함한다(예: 경영과 소비 행위에 관한 조작 테크닉에 기여하고 최근 몇 년간 정치적으로 포커스그룹을 이용한 것을 추가).

질적연구 인터뷰는 개인 연구자가 연구 과정에 어떤 회고를 하는지를 통하여(예: 자기분석을 통하여 밝혀짐) 지식을 창출하는 사회적 수행으로 더 나아질 수 있을 뿐 아니라 인간 현실에 대한 가정과 이것이 인간 현실에 어떻게 영향을 미치는지에 대한 인터뷰를 지식창출의 사회적 관행으로 회고하면서 더 나아질 수 있다. 단순히 자기분석뿐 아니라 사회적 관행 분석이 요구된다. 인터뷰를 통한 지식 창출의 사회적 관행에 대해서 반성(reflexivity)을 하는 것은 연구 인터뷰의 내재적인 기술이 되어야 한다. 만약 이것이 숙련된 인터뷰 연구자에 의해 잘 수행되었다면, 인터뷰 연구는 인류가 그들의 의미 있는 사회적 세상에 대해 배울 수 있는 독특한 가능성을 제공한다.

부록
학습 과제

다음의 학습 과제는 질적연구 인터뷰에 대한 지식을 적용하고, 탐색하며, 확장하기 위한 것이다. 이 책의 처음 5개의 장에 대한 개념 과제는 연구 인터뷰의 본질에 대한 성찰을 자극하는 데 있다. 나머지 장에서는 인터뷰 탐구의 7단계 수행을 위한 특정 과제가 있으며, 그 과제는 인터뷰를 수행함으로써 인터뷰 학습을 촉진할 수 있다. 가능하다면, 동료와 함께 과제를 수행하시오. 그 과제는 수업에서 그룹 활동을 위한 출발점이 될 수도 있다.

처음 5개의 장은 과제를 수행하기 전에 각 장을 읽는 것을 전제로 한다. 인터뷰를 실습하는 장에서는 도제 학습에 가까운 방식으로, 인터뷰 기법을 배우고 싶은 독자는 먼저 제시된 과제를 수행한 후 해당 장을 읽어야 한다. 인터뷰 연구의 학습은 자기 스스로 실습을 통해 이루어지며, 관련 장을 읽고 자신의 학습에 대한 성찰을 자극할 뿐만 아니라 수행한 과제에 대한 폭넓은 관점을 제공할 수 있다.

개념 과제

1장

질적 인터뷰 연구의 참고문헌과 관련하여 자신의 학문 분야에서 일반적으로 활용되는 교재를 확인하시오. 학문 분야별로 참고문헌의 주제는 어떤 기여를 하고 있습니까? 그리고 교재에서 인터뷰 연구는 당신이 속한 학문 분야에서 어떻게 다루어지고 있습니까?

2장

기자 인터뷰, 취업 인터뷰, 법적 심문 또는 구두시험과 같은 특정 방식의 전문 인터뷰를 선택하고 구체적인 이해 방식을 기술하시오. 그런 다음 Box 2.2에 묘사된 질적연구 인터뷰에 대한 이해 방식과 자신이 기술한 이해 방식을 비교하시오.

3장

인터뷰에 근거한 지식을 보고하는 책이나 논문을 찾으시오. 지식에 관한 텍스트에서 함의하거나 명시하고 있는 것은 무엇입니까? 텍스트는 주제에 관한 지식이나 주관적인 의견을 나타내고 있습니까? 그렇다면 그 이유는 무엇입니까?

이 장에서 필사 과제를 수행하시오. Box 3.3에는 이 과제의 잠재적인 학습 내용이 제시되어 있습니다. 여기에 제시된 많은 학습 과제에 상응하는 학습 내용을 제안하는 것은 너무 지나칠 수 있습니다. 이러한 과제에 대해 독자는 학습의 잠재적인 이익을 스스로 판단하고, 나중에 책의 각 부분과 비교하시오.

4장

윤리적 지침뿐만 아니라 광범위한 윤리적 함의에 관한 다음의 예시에 대해 논하시오. 인터뷰 대상자가 자신의 업무나 동료들과 어떤 경험을 하였는지 인터뷰를 한 후 녹음기를 끄고, 인터뷰 대상자와 비공식적으로 대화를 하면 새로운 관점으로 인터뷰와 그 동료를 볼 수 있는 새로운 정보를 얻을 수 있습니다. 인터뷰를 한 후, 인터뷰 대상자는 이전 진술의 일부를 부인하고 동료를 비판하기도 합니다.

당신은 이러한 정보를 연구에 사용할 수 있습니까? 그렇다면 어떻게 할 것입니까? 새로운 정보가 그 동료와의 후속 인터뷰에 영향을 주어야 합니까?

5장

대략적인 인터뷰 지침을 사용하여 관심 있는 주제에 대해 짧은 인터뷰(예: 약 15분 정도)를 수행하시오. 인터뷰 대상자 3명을 정하고 동일한 지침을 사용하여 상황을 바꾸면서 인터뷰를 하시오. 첫 번째 인터뷰는 대화 상대가 서로 마주 보는 전통적인 방식으로 수행하시오. 두 번째는, 인터뷰 대상자 옆에 앉아 같은 방향을 바라보며 인터뷰를 수행하시오. 마지막으로, 인터뷰 대상자와 함께 산책하면서 인터뷰를 수행하시오. 3가지 상황에서의 유사점과 차이점에 주목하고 각 상황에서 당신이 행동한 방식에 주의를 기울이시오. 가능하다면, 관찰자는 3회의 인터뷰에 도움을 주면서 메모를 하시오.

실습 과제

6장

1. 당신이 인터뷰하고 싶은 주제를 수행하거나 계획하고 있거나, 또는 생각하고 있는 인터뷰 연구를 떠올려 보시오. 처음 아이디어에서부터 결과에 이르는 의사소통까지 연구설계 전반의 개요를 1페이지에 적으시오. 그런 다음 개요를 Box 6.2에 설명된 단계와 비교하시오.
2. 동료에게 연구주제에 관하여 당신이 경험한 것, 관심사, 개념과 편견에 대해 이 연구설계의 개요를 사용하여 당신을 인터뷰하도록 요청하시오.

7장

1. 대략 1시간 30분 정도의 예비 인터뷰를 하시오. 녹음된 인터뷰를 여러 번 들을 때, 처음에는 주의를 기울이지 않고 특정한 것에 신경 쓰지 말고 들으시오. 그런 다음 다시 들을 때는 인터뷰에서 어떤 새로운 지식이 생성되었는지와 같은 특정 관점에 초점을 맞춰 들으시오. 인터뷰 동안 어떻게 상호작용이 일어났습니까? 당신의 인터뷰는 어떻게 개선될 수 있습니까?

2a. 몇몇 흥미로운 TV 인터뷰를 선택해서 녹화하시오. 그것을 여러 번 보고 그런 인터뷰의 특정한 유형에 관해 설명하시오. 그들의 질문 방식, 일시 정지의 사용, 몸짓과 같은 것에 주목하시오.

2b. 또 다른 TV 인터뷰를 보는데, 처음에는 소리를 끄고 몸짓에 주목하시오. 또 다른 인터뷰를 선택해서 화면을 등지고 듣고 소리로만 인터뷰를 분석한다. 그런 다음 돌아서서 말을 들으며, 그리고 화자의 몸짓을 보며 2개의 인터뷰를 다시 분석하시오.

8장

연구질문을 정한 다음, 생활세계, 사실, 개념, 내러티브, 담론, 대면, 포커스그룹 중에서 2개 이상의 인터뷰 방식을 선택하고, 선택된 인터뷰 방식의 연구질문에 답하기 위한 인터뷰 지침을 작성하시오.

가능하다면, 일부 인터뷰 방식을 실제로 수행하시오.

9장

Box 9.1과 9.2의 인터뷰와 인터뷰 진행자에 대한 질 기준을 이 책에 제시된 하나 이상의 인터뷰 예시에 적용하시오. 그 기준은 유용합니까? 변경하거나 보완해야 합니까?

10장

1a. **필사자 간 상호주관적 신뢰도**(*Intersubjective transcriber reliability*). 연구 인터뷰에서 1페이지 분량의 시퀀스를 필사하시오. 동료에게 동일한 시퀀스를 필사하도록 하시오. 그런 다음 필사본을 비교해서 불일치가 있는지, 전체 연구 프로젝트에서 이러한 차이를 어떻게 해결할 수 있는지 논의하시오.

1b. **필사자 내 주관적 신뢰도**(*Intrasubjective transcriber reliability*). 연구 인터뷰에서 1페이지 분량의 시퀀스를 필사하고, 한 달 동안 옆에 둔 다음 동일한 시퀀스를 다시 필사하시오. 필사본을 비교하고, 불일치를 반영하고, 전체 연구 프로젝트에서 이러한 차이를 어떻게 해결할 수 있는지 생각해 보시오.

2. **상호운용**(*Intermodality*). 연구 인터뷰를 녹화하고 약 1페이지 분량의 시퀀스를 선택하시오. 인터뷰의 기초가 되는 연구질문과 관련된 비디오 시퀀스를 분석하시오. 그런 다음, 바람직하게는 동료와 함께, 시퀀스에 대한 참여자의 기억, 녹음, 녹화, 필사본 중에

서 주어진 양식 내에서 시퀀스를 분석하시오. 분석에서 잠재적인 차이점이 무엇인지, 그리고 인터뷰의 시퀀스를 보여주는 다양한 양식들의 장단점에 대해 생각해 보시오.

12장

다음은 1978년에 이루어진 인터뷰입니다. 고등학교 교사는 50대 남자이고, 인터뷰 진행자는 심리학과 남학생입니다.

인터뷰 진행자:	성적이 학생들과의 관계에 어떤 의미가 있다는 것을 생각해 본 적이 있습니까?
교사:	저는 전혀 그렇게 생각하지 않아요. 전혀. 물론 학생들이 서로 언쟁한다는 사실을 부인할 수 없지만, 학생들 사이에서 적대감을 느끼는지 묻는 건가요?
인터뷰 진행자:	네, 예를 들면.
교사:	아니면 칼을 꺼내고 그런 것을 모두요?
인터뷰 진행자:	음, 그런 것이 경쟁이나 협력으로 이어질 수 있을까요?
교사:	저는 그것이 어떤 해로운 경쟁으로 이어질 거라고 눈치채지 못했어요. 그때도 지금도 마찬가지예요. 학생들 생각에 내가 너무 낮은 점수를 줬을 때, 학생들은 "난 그 친구만큼 잘했다고 생각해요. 그 친구는 8점을 받았고[B], 난 겨우 7점을 받았어요[C]."라고 말할 수 있지요. 하지만 저는 8점 받은 학생이 다른 친구들은 7점을 받아야 한다고 말하지 않는다고 생각해요.

1. 덴마크 고등학교 교사의 진술은 학생들 사이에서 더 많은 경쟁을 평가한다는 가설을 보여주고 있습니까? 왜—아니라면 왜 그렇습니까?
2. 교사가 표현한 성적의 의미를 분석하시오.
3. 인터뷰의 시퀀스에서 사회적 상호작용에 대해 논하시오.

13장

1. 2장에서의 학습에 관한 현상학적 인터뷰는 현상학적으로 영감을 받은 의미 응축을 통해 12장에서 분석되었습니다. 이 인터뷰에 대한 내러티브를 다시 분석하시오.
2. Box 1.3에 제시된 Bourdieu의 인터뷰는 자기 설명적으로 제시되었습니다. 이 인터뷰에 대한 담론 분석을 수행하시오.

14장

다른 학습이론의 관점에서, 2장에 있는 학습에 관한 현상학적 인터뷰를 읽고 분석하시오.

15장

1. 12장에서 교사의 인용문에 대한 의미 분석으로 돌아가서 당신의 분석이 어떻게 타당한지에 대해 논하시오.
2. 현상학적 인터뷰가 있는 12장의 Giorgi의 의미 응축으로 돌아가서 이 응축의 타당성에 대해 논하시오.
3. Box 1.3의 Bourdieu의 인터뷰로 돌아가서 이 인터뷰의 타당성에 대해 논하시오.

16장

1. 7장의 성적에 관한 수업 인터뷰에서 3페이지의 시퀀스를 가져와서 다른 방식으로 하는 인터뷰를 실험해보고, 논문의 주요 결과는 3페이지를 넘지 않도록 하시오.
2. 16장의 Lather와 Smithies의 콜라주에 관한 인터뷰에 기반하여 수행하거나 계획하고 있는 인터뷰 연구에서 비슷한 콜라주를 마음속에 그려보시오.

용어 해설

- **객관성**(Objectivity): 개인의 감정이나 의견에 편향되지 않고 사실과 정보를 고려하거나 표현할 수 있는 능력
- **거시윤리학**(Macroethics): 사회정치적 맥락에서 연구를 통해 생산된 지식의 가치와 효과에 관한 윤리
- **결과주의**(Consequentialism): 행위의 도덕적 정당성은 행위의 결과가 선함에 따라 결정된다는 주의
- **공동체주의**(Communitarianism): 자율적이고 자유민주적인 자아를 거부하는 대신 공동체와 전통 내에서 구성된 자아를 생각하는 사회윤리 운동
- **공리주의**(Utilitarianism): 사람들이 취할 수 있는 다른 행동에 비하여 이 행동을 취할 때 최소한 비슷한 정도의 선행이 나타나는 경우에만 그 행동이 도덕적으로 옳다는 도덕이론
- **구성원 타당성**(Member validation): 연구자 해석의 타당성에 대한 논의를 위해 연구 대상자에게 제시함
- **근거이론**(Grounded theory): 사전에 이론적 개념틀 없이 이론개발을 위한 체계적인 전략; 근거이론은 추론과 가설 검정이 아닌 사실들을 함께 묶는 개념화를 통해 개발됨
- **기관윤리위원회**(Institutional Review Board, IRB): 윤리적 가이드라인 준수와 관련하여 연구제안서를 검토하는 위원회
- **기법**(Craft): 훈련과 오랜 연습을 통해 개발된 특별한 기술과 개인의 노하우가 요구되는 작업
- **내러티브 분석**(Narrative analysis): 텍스트의 의미와 언어 방식에 초점을 둔 분석; 인터뷰

이야기와 시간적, 사회적 구조에 대한 줄거리를 그려냄

- **내러티브 인터뷰**(Narrative interviewing): 인터뷰에서 뚜렷한 줄거리, 사회적 상호작용, 시간적 전개에 따른 이야기를 이끄는 내러티브를 도출하거나 함께 구성하기 위한 인터뷰
- **단계화**(Staging): 대상자에게 인터뷰의 주제와 목적에 대한 브리핑과 디브리핑을 통해 인터뷰의 단계를 정하는 것
- **담론 분석**(Discourse analysis): 담론 속에 있는 상호작용에 대한 분석으로, 대화가 어떻게 구성되어 있는지, 광범위한 맥락에서 주제에 대한 다양한 담론적 표현의 강력한 효과가 무엇인지에 대해 분석
- **담론적 인터뷰**(Discursive interviewing): 인터뷰 상황에서 언어적, 사회적 상호작용에 초점을 맞추는 적극적인 인터뷰 방식
- **대면 인터뷰**(Confrontational interview): 인터뷰 진행자가 인터뷰 대상자의 견해에 적극적으로 직면하고 도전하는 인터뷰
- **대본**(Scripting): 인터뷰 질문과 시퀀스에 대한 제안으로 인터뷰 지침을 준비하는 것
- **대화**(Conversation): 관찰, 의견 및 아이디어에 대한 구두 교환
- **대화**(Dialogue): 논쟁을 통해 진정한 지식을 얻고자 대등한 상대와 나누는 대화
- **대화 분석**(Conversation analysis): 상호작용의 대화를 연구하는 미세한 방법; 단어와 문장이 무엇을 말하고 있는지 보여주며, 진술의 의미는 특정 사회적 관행에서 역할을 하는 것으로 이해됨
- **덕 윤리**(Virtue ethic): 아리스토텔레스 이후에, 연구자의 개인적 통합성과 커뮤니티와의 상호작용이 매우 중요하다는 실천적 추론의 윤리
- **돌봄 윤리**(Ethic of care): 개인적인 관계에서의 공감과 연민, 커뮤니티의 관심을 강조하는 윤리
- **동료 타당성**(Peer validation): 연구자가 표현한 해석의 타당성에 대한 동료 연구자들 간의 논의
- **미시윤리학**(Microethics): 연구상황에서의 사회적 상호작용과 연구대상자의 보호와 관련된 윤리

- **방법**(Method): 관찰과 자료의 분석을 위한 체계적이고, 어느 정도 규칙에 기반한 절차
- **방법론**(Methodology): 특정 분야나 영역에서 방법에 관한 학문
- **범주화**(Categorization): 체계적으로 진술을 범주로 코딩하여 수량화 가능
- **브리콜라주**(Bricolage): 해석자가 분석 기술과 이론 사이에서 자유롭게 움직이는 기술적이고 개념적인 담론의 혼합
- **비밀유지**(Confidentiality): 연구대상자를 확인할 수 있는 개인 자료가 보고되지 않을 것이라는 합의
- **사전동의**(Informed consent): 연구 전반의 목적과 설계에 대해 연구대상에게 정보를 주고 참여 동의를 얻는 것
- **상호주관성**(Intersubjectivity): 관찰이나 논쟁에 관한 2명 이상의 사람들 간의 합의나 이해
- **생활세계**(Life world): 일상생활에서 접하고 직접적이고 즉각적인 경험에서 주어지는, 과학적 설명과는 무관한 세계
- **생활세계에 대한 반구조적 인터뷰**(Semistructured life world interview): 인터뷰 대상자의 생활세계에 대한 설명을 얻어 설명된 현상의 의미 해석을 위한 계획적이고 유연한 인터뷰
- **신뢰도**(Reliability): 연구의 일관성과 진실성; 다른 시간에도 결과가 반복되는지의 내적 주관적 신뢰도와 동일한 방법을 사용한 다른 연구자들에 의해 결과가 반복되는지의 상호주관적 신뢰도
- **실용적 타당도**(Pragmatic validity): 해석의 사용자 반응; 연구자의 해석에 기반한 중재가 실제로 행동의 변화를 일으키는지에 관심을 둔 강력한 방식
- **실용주의**(Pragmatism): 지식의 철학적 합법화에서 지식의 실천적 효과로 이동; 지식은 적용을 통해 정당화되며, 우리의 지식 신념의 강점은 행동의 효과로 입증됨
- **실증주의**(Positivism): 자료의 관찰이 그 의미의 해석과 분리되어야 하는 자료 관찰의 과학에 근거를 둔 철학; 진리는 조사의 내용과 맥락에 거의 독립적으로 일반적인 방법의 규칙을 따르면서 밝혀지게 됨
- **실천지**(Phronesis): 상황에서 가장 중요한 것을 인식하고 반응하는 지적 도덕; 그리스어로 "신중함" 또는 "실천적 지혜"를 뜻함

- **언어 분석**(Linguistic analysis): 문법과 언어 방식의 적용, 암묵적 화자와 청자의 위치, 은유의 사용과 같이 말이나 텍스트 분절에서 언어의 특징적인 사용을 다루는 분석
- **에피스테메**(Episteme): 대화와 변증법적 질문하기를 통해 타당화된 지식
- **엘리트 인터뷰**(Elite interviews): 커뮤니티 내에서 일반적으로 강력한 지위를 가진 리더나 전문가와의 인터뷰
- **연구 인터뷰**(Research interview): 구조와 목적을 가진 대화; 검증된 지식을 통해 철저히 구할 목적으로 신중하게 질문하고 경청함
- **연구질문**(Research questions): 조사 중인 주제에 관한 연구자의 개념적이고 이론적인 질문
- **의도적 순진함**(Deliberate naiveté): 인터뷰 진행자는 이미 만들어진 범주나 해석의 틀보다는 새롭고 예상치 못한 현상에 대해 개방성을 드러냄
- **의무 윤리**(Ethic of duty): 결과에 상관없이 의도에 따라 행동을 판단하는 Kant의 윤리 원칙
- **의미 응축**(의미 함축, Meaning condensation): 인터뷰 대상자의 이해와 언어 속에 있는 일반적인 진술의 의미를 더 짧은 형식으로 축약
- **의미 해석**(Meaning interpretation): 텍스트의 명확한 의미를 구조화하는 것 이상의 심층적이고 비판적인 해석
- **의사소통 타당도**(Communicative validity): 대화에서 주장하고 있는 지식의 타당성 검정
- **이차 질문**(Second questions): 인터뷰 현장에서 인터뷰 대상자의 답변에 따른 연구자의 질문
- **인식론**(Epistemology): 지식의 본질과 정당화에 관한 연구
- **인터뷰 진행자의 질문**(Interviewer questions): 인터뷰 진행자가 인터뷰 대상자에게 던지는 일상적인 언어의 질문
- **일반화가능성**(Generalizability): 한 상황에서 얻은 결과가 다른 상황으로 전이될 수 있는 정도
- **존재론**(Ontology): "존재"와 "되어감"에 관한 연구; 존재의 근본적인 본질과 관련된 연구
- **주제화**(Thematizing): 연구자의 주제에 대한 개념화와 조사 목적에 관한 명시적 공식화
- **청중 타당성**(Audience validation): 연구자가 해석한 표현에 대해 대중이 논의한 타당성
- **코딩**(Coding): 나중에 진술의 분절을 검색하기 위해 관리할 수 있는 분절로 나누고 하나

이상의 키워드를 텍스트 분절에 붙이는 것

- **타당도**(Validity): 진술의 강도와 안전성; 사회과학에서 타당도는 방법이 조사하고자 하는 것을 조사하는지를 의미함
- **포스트모더니즘**(Postmodernism): 현대의 보편적 지식 체계를 믿지 않는 철학; 대화적, 내러티브적, 언어적, 맥락적, 상호관계적 지식의 본질을 강조함
- **포커스그룹 인터뷰**(Focus group interview): 중재자가 연구 관심 분야의 특정 주제에 대한 그룹 토의에 초점을 맞춘 그룹 인터뷰
- **해석학**(Hermeneutics): 인문학에서 텍스트 해석에 관한 연구; 해석학적 해석은 텍스트의 의미에 대해 타당한 해석에 도달하려고 노력
- **해체**(탈구조, Deconstruction): 텍스트에 대한 하나의 이해를 파괴하고 또 다른 이해를 재구성하기 위해 열어두는 것
- **현상학**(Phenomenology): 대상자의 생활세계에 초점을 두면서 의식에 대한 세심한 설명과 분석에 근거한 철학적 관점; 선지식을 괄호치기하면서 설명된 현상에 대한 불변의 본질적인 의미에 관한 탐구
- **혼합방법**(Mixed methods): 연구할 때 다른 종류의 방법을 조합하는 것으로, 때로는 양적 방법과 질적 방법의 패러다임의 대조적인 방식으로 나타남

참고문헌

Abbott, A. (2007). Against narrative: A preface to lyrical sociology. *Sociological Theory, 25,* 67–99.

Adorno, T. W., Frenkel-Brunswik, E., Levinson, D. J., & Sanford, R. N. (1950). *The authoritarian personality.* New York: Norton.

Alldred, P., & Gillies, P. (2002). Eliciting research accounts: Re/producing modern subjects. In M. Mauther, M. Birch, J. Jessop, & T. Miller (Eds.), *Ethics in Qualitative Research* (pp. 140–156). London: Sage.

American Psychological Association. (1981). Ethical principles of psychologists. *American Psychologist, 36,* 633–638.

American Psychological Association. (2002). *Ethical principles of psychologists and code of conduct.* Retrieved June 7, 2007, from www.apa.org/ethics/code2002.html#preamble

Annas, J. (2001). Ethics and morality. In L. C. Becker & C. B. Becker (Eds.), *Encyclopedia of ethics* (2nd ed., pp. 485–487). London: Routledge.

Aristotle. (1994). *Nichomachean ethics.* Cambridge, MA: Harvard University Press.

Atkinson, P., & Silverman, D. (1997). Kundera's immortality: The interview society and the invention of the self. *Qualitative Inquiry, 3,* 304–325.

Atkinson, R. (1998). *The life story interview.* London: Sage.

Barbour, R. (2007). *Doing focus groups.* London: Sage.

Bauman, Z. (1996). From pilgrim to tourist—or a short history of identity. In S. Hall & P. du Gay (Eds.), *Questions of cultural identity* (pp. 18–36). Thousand Oaks, CA: Sage.

Becker, H. S. (1979). Do photographs tell the truth? In T. D. Cook & C. S. Reichardt (Eds.), *Qualitative and quantitative methods in evaluation research* (pp. 99–117). Beverly Hills, CA: Sage.

Bellah, R. N., Madsen, R., Sullivan, W. M., Swidler, A., & Tipton, S. M. (1985). *Habits of the heart: Individualism and commitment in American life.* Berkeley: University of California Press.

Berger, P. L., & Luckmann, T. (1966). *The social construction of reality.* Garden City, NY: Doubleday.

Bernstein, R. J. (1983). *Beyond objectivism and relativism.* Philadelphia: University of Pennsylvania Press.

Birch, M., Miller, T., Mauthner, M., & Jessop, J. (2002). Introduction. In M. Mauthner, M. Birch, J. Jessop, & T. Miller (Eds.), *Ethics in qualitative research* (pp. 1–13). London: Sage.

Blumer, H. (1954). What is wrong with social theory? *American Sociological Review, 19,* 3–10.

Bornat, J. (2000). Oral history. In C. Seale, G. Gobo, J. F. Gubrium, & D. Silverman (Eds.), *Qualitative research practice* (pp. 34–47). Thousand Oaks, CA: Sage.

Borum, F., & Enderud, H. (1980). Organisationsforskeren som reporter. Om analyse og rapportering af interview. *Tidsskrift for Samfunnsforskning, 21,* 359–382.

Bourdeau, M., Braunstein, J.-F., & Petit, A. (Eds.). (2003). *Auguste Comte aujourd'hui.* Paris: Kimé.

Bourdieu, P., et al. (1999). *The weight of the world: Social suffering in contemporary society.* Stanford, CA: Stanford University Press.

Bowles, S., & Gintis, H. (1976). *Schooling in capitalist America.* London: Routledge & Kegan Paul.

Brandt, L. W. (1973). The physics of the physicist and the physics of the psychologist. *International Journal of Psychology, 8,* 61–72.

Briggs, C. (1986). *Learning how to ask: A sociolinguistic appraisal of the role of the interview in social science research.* Cambridge, UK: Cambridge University Press.

Briggs, C. (2003). Interviewing, power/knowledge, and social inequality. In J. A. Holstein & J. F. Gubrium (Eds.), *Inside interviewing: New lenses, new concerns* (pp. 495–506). Thousand Oaks, CA: Sage.

Briggs, C. (2007). Anthropology, interviewing and communicability in contemporary society. *Current Anthropology, 48,* 551–567.

Brinkmann, S. (2004). Psychology as a moral science: Aspects of John Dewey's psychology. *History of the Human Sciences, 17,* 1–28.

Brinkmann, S. (2006). *Psychology as a moral science.* Unpublished doctoral dissertation, University of Aarhus, Department of Psychology, Aarhus, Denmark.

Brinkmann, S. (2007a). Could interviews be epistemic? An alternative to qualitative opinion polling. *Qualitative Inquiry, 13,* 1116–1138.

Brinkmann, S. (2007b). The good qualitative researcher. *Qualitative Research in Psychology, 4,* 127–144.

Brinkmann, S. (2011). Interviewing and the production of the conversational self. In N. K. Denzin & M. Giardina (Eds.), *Qualitative inquiry and global crisis.* (pp. 56–75). Walnut Creek, CA: Left Coast Press.

Brinkmann, S. (2012a). *Qualitative inquiry in everyday life: Working with everyday life materials.* London: Sage.

Brinkmann, S. (2012b). Qualitative research between craftsmanship and McDonaldization: A keynote address from the 17th Qualitative Health Research Conference. *Qualitative Studies, 3,* 56–68.

Brinkmann, S. (2013). *Qualitative interviewing.* New York: Oxford University Press.

Brinkmann, S., & Kvale, S. (2005). Confronting the ethics of qualitative research. *Journal of Constructivist Psychology, 18,* 157–181.

Burman, E. (1997). Minding the gap: Positivism, psychology, and the politics of qualitative methods. *Journal of Social Issues, 53,* 785–801.

Carter, S. K., & Bolden, C. L. (2012). Culture work in the research interview. In J. F. Gubrium, J. A. Holstein, A. B. Marvasti, & K. D. McKinney (Eds.), *Handbook of interview research: The complexity of the craft* (2nd ed., pp. 255–268). Thousand Oaks, CA: Sage.

Charmaz, K. (2005). Grounded theory in the 21st century: Applications for advancing social justice studies. In N. K. Denzin & Y. S. Lincoln (Eds.), *The Sage handbook of qualitative research* (3rd ed., pp. 507–535). Thousand Oaks, CA: Sage.

Charmaz, K., & Belgrave, L. L. (2012). Qualitative interviewing and grounded theory analysis. In J. F. Gubrium, J. A. Holstein, A. B. Marvasti, & K. D. McKinney (Eds.), *Handbook of interview research: The complexity of the craft* (2nd ed., pp. 347–365). Thousand Oaks, CA: Sage.

Cherryholmes, C. H. (1988). *Power and criticism: Poststructural investigations in education.* New York: Teachers College Press.

Chrzanowska, J. (2002). *Interviewing groups and individuals in qualitative market research.* Thousand Oaks, CA: Sage.

Coleman, R., & Ringrose, J. (Eds.). (2013). *Deleuze and research methodologies.* Edinburgh: Edinburgh University Press.

Comte, A. (1975). *Auguste Comte and positivism: The essential writings.* (G. Lenzzer, Ed.). Chicago: University of Chicago Press.

Couper, M. P., & Hansen, S. E. (2002). Computer-assisted interviewing. In J. F. Gubrium & J. A. Holstein (Eds.), *Handbook of interview research* (pp. 557–575). Thousand Oaks, CA: Sage.

Cronbach, L. J. (1971). Test validation. In R. L. Thorndike (Ed.), *Educational measurement* (pp. 442–507). Washington, DC: American Council of Education.

Cronbach, L. J. (1980). Validity on parole: How can we go straight? *New Directions for Testing and Measurement, 5,* 99–108.

Cronbach, L. J., & Meehl, P. J. (1955). Construct validity in psychological tests. *Psychological Bulletin, 52,* 281–302.

Dahler-Larsen, P. (2008). *Displaying qualitative data.* Odense: University Press of Southern Denmark.

Dale, P. A. (1989). *In pursuit of a scientific culture: Science, art, and society in the Victorian age.* Madison: University of Wisconsin Press.

Dean, J. P., & Whyte, W. F. (1969). How do you know if the informant is telling the truth? In G. J. McCall & J. L. Simmons (Eds.), *Issues in participant observation* (pp. 105–115). London: Addison-Wesley.

Denzin, N. K. (2001). The reflexive interview and a performative social science. *Qualitative Research, 1,* 23–46.

Denzin, N. K., & Giardina, M. D. (Eds.). (2006). *Qualitative inquiry and the conservative challenge.* Walnut Creek, CA: Left Coast Press.

Denzin, N. K., & Lincoln, Y. S. (Eds.). (2005). *The SAGE handbook of qualitative research* (3rd ed.). Thousand Oaks, CA: Sage.

Denzin, N. K., & Lincoln, Y. S. (Eds.). (2011). *The SAGE handbook of qualitative research* (4th ed.). Thousand Oaks, CA: Sage.

Derrida, J. (1970). *Of grammatology.* Baltimore: Johns Hopkins University Press.

Dewey, J. (1930). *Human nature and conduct: An introduction to social psychology.* New York: Modern Library. (Original work published 1922)

Dewey, J. (1958). *Experience and nature.* Chicago: Open Court. (Original work published 1925)

Dewey, J. (1960). *The quest for certainty.* New York: Capricorn Books. (Original work published 1929)

Dichter, E. (1960). *The strategy of desire.* Garden City, NY: Doubleday.

Dilley, R. (1999). Introduction: The problem of context. In R. Dilley (Ed.), *The problem of context* (pp. 1–46). Oxford, UK: Berghahn Books.

Dinkins, C. S. (2005). Shared inquiry: Socratic-hermeneutic interpre-viewing. In P. Ironside (Ed.), *Beyond method: Philosophical conversations in healthcare research and scholarship* (pp. 111–147). Madison: University of Wisconsin Press.

Donmoyer, R. (1990). Generalizability and the single-case study. In E. W. Eisner & A. Peshkin (Eds.), *Qualitative inquiry in education* (pp. 175–200). New York: Teachers College Press.

Douglas, J. D. (1985). *Creative interviewing.* Beverly Hills, CA: Sage.

Duncombe, J., & Jessop, J. (2002). "Doing rapport" and the ethics of "faking friendship." In M. Mauthner, M. Birch, J. Jessop, & T. Miller (Eds.), *Ethics in qualitative research* (pp. 107–122). London: Sage.

Dreyfus, H. L., & Dreyfus, S. E. (1986). *Mind over machine.* New York: Free Press.

Dreyfus, H. L., & Dreyfus, S. E. (1990). What is morality? A phenomenological account of the development of ethical expertise. In D. Rasmussen (Ed.), *Universalism vs. communitarism: Contemporary debates in ethics* (pp. 237–263). Cambridge: MIT Press.

Eder, D., & Fingerson, L. (2002). Interviewing children and adolescents. In J. F. Gubrium & J. A. Holstein (Eds.), *Handbook of interview research* (pp. 181–201). Thousand Oaks, CA: Sage.

Edwards, D. (2004). Analyzing racial discourse: The discursive psychology of mind-world relationships. In H. van den Berg & M. Wetherell (Eds.), *Analyzing race talk: Multidisciplinary perspectives on the research interview* (pp. 31–48). Cambridge, UK: Cambridge University Press.

Eisner, E. W. (1991). *The enlightened eye.* New York: Macmillan.

Eisner, E. W., & Peshkin, A. (Eds.). (1990). *Qualitative inquiry in education.* New York: Teachers College Press.

Ellingson, L. L. (2012). Interview as embodied communication. In J. F. Gubrium, J. A. Holstein, A. B. Marvasti, & K. D. McKinney (Eds.), *Handbook of interview research: The complexity of the craft* (2nd ed., pp. 525–539). Thousand Oaks, CA: Sage.

Ellis, C., & Berger, L. (2003). Their story/my story/our story: Including the researcher's experience in interview research. In J. A. Holstein & J. F. Gubrium (Eds.), *Inside interviewing: New lenses, new concerns* (pp. 467–493). Thousand Oaks, CA: Sage.

Elmholdt, C. (2006). Cyberspace alternativer til ansigt-til-ansigt interviewet. *Tidsskrift for kvalitativ metodeudvikling, 41,* 70–80.

Elster, J. (1980). Metode. In *PaxLeksikon* (Vol. 4). Oslo: Pax.

Evans, J., & Jones, P. (2011). The walking interview: Methodology, mobility and place. *Applied Geography, 31,* 849–858.

Evidence-based practice in psychology: APA Presidential Task Force on Evidence-Based Practice. (2006). *American Psychologist, 61*(4), 271–285.

Eysenck, H. (1973). *The measurement of intelligence.* Lancaster, UK: Medical and Technical Publishing.

Feyerabend, P. (1975). *Against method.* London: Verso.

Fielding, N. (Ed.). (2003). *Interviewing* (Vols. 1–4). Thousand Oaks, CA: Sage.

Fischer, C., & Wertz, F. (1979). Empirical phenomenological analyses of being criminally victimized. In A. Giorgi, R. Knowles, & D. L. Smith (Eds.), *Duquesne studies in phenomenological psychology* (Vol. 3, pp. 135–158). Pittsburgh, PA: Duquesne University Press.

Fisher, S., & Greenberg, R. P. (1977). *The scientific credibility of Freud's theories and therapy.* New York: Basic Books.

Flick, U. (2007). *Designing qualitative research.* London: Sage.

Flyvbjerg, B. (2001). *Making social science matter: Why social inquiry fails and how it can succeed again.* Cambridge, UK: Cambridge University Press.

Flyvbjerg, B. (2006). Five misunderstandings about case-study research. *Qualitative Inquiry, 12,* 219–245.

Fog, J. (2004). *Med samtalen som udgangspunkt* (2nd ed.). Copenhagen: Akademisk Forlag.

Foley, L. J. (2012). Constructing the respondent. In J. F. Gubrium, J. A. Holstein, A. B. Marvasti, & K. D. McKinney (Eds.), *Handbook of interview research: The complexity of the craft* (2nd ed., pp. 305–315). Thousand Oaks, CA: Sage.

Fontana, A., & Frey, J. H. (2005). The interview: From neutral stance to political involvement. In N. K. Denzin & Y. S. Lincoln (Eds.), *The Sage handbook of qualitative research* (3rd ed., pp. 695–727). Thousand Oaks, CA: Sage.

Fontana, A., & Prokos, A. H. (2007). *The interview: From formal to postmodern.* Walnut Creek, CA: Left Coast Press.

Foucault, M. (1972). *The archaeology of knowledge.* London: Routledge.

Foucault, M. (1997). On the genealogy of ethics. In P. Rabinow (Ed.), *Essential works of Michel Foucault: Vol. 1. Ethics, subjectivity, and truth* (pp. 253–280). New York: Free Press.

Freud, S. (1963). *Therapy and technique.* New York: Collier.

Frosh, S. (2007). Disintegrating qualitative research. *Theory & Psychology, 17,* 635–653.

Gadamer, H. G. (1975). *Truth and method.* New York: Seabury Press.

Garfinkel, H. (1967). *Studies in ethnomethodology.* Englewood Cliffs, NJ: Prentice Hall.

Gee, J. P. (2005). *An introduction to discourse analysis: Theory and method* (2nd ed.). London: Routledge.

Geertz, C. (1973). *The interpretation of cultures.* New York: Basic Books.

Gergen, K. J. (1992). Toward a postmodern psychology. In S. Kvale (Ed.), *Psychology and postmodernism* (pp. 17–30). London: Sage.

Gergen, K. J. (1994). *Realities and relationships. Soundings in social constructionism.* Cambridge, MA: Harvard University Press.

Gibbs, G. (2007). *Analyzing qualitative data.* London: Sage.

Giddens, A. (1976). *New rules of sociological method.* London: Hutchinson.

Giorgi, A. (1970). *Psychology as a human science.* New York: Harper & Row.

Giorgi, A. (1975). An application of phenomenological method in psychology. In A. Giorgi, C. Fischer, & E. Murray (Eds.), *Duquesne studies in phenomenological psychology* (Vol. 2, pp. 82–103). Pittsburgh, PA: Duquesne University Press.

Giorgi, A., & Giorgi, B. (2003). The descriptive phenomenological psychological method. In P. Camic, J. Rhodes, & L. Yardley (Eds.), *Qualitative research in psychology: Expanding perspectives in methodology and design* (pp. 275–297). Washington, DC: American Psychological Association Press.

Glasdam, S. (2007). Interview. En diskussion af ligheder og forskelle i Pierre Bourdieus og Steinar Kvales metodeovervejelser. In K. A. Petersen, S. Glassdam, & V. Lorentzen (Eds.), *Livshistorieforskning og kvalitative interview* (pp. 128–143). Viborg, Denmark: Forlaget PUC.

Glaser, B. G., & Strauss, A. M. (1967). *The discovery of grounded theory: Strategies for qualitative research.* New York: Aldine.

Glesne, C., & Peshkin, A. (1992). *Becoming qualitative researchers: An introduction.* White Plains, NY: Longman.

Gubrium, J. F., & Holstein, J. A. (2012). Narrative practice and the transformation of interview subjectivity. In J. F. Gubrium, J. A. Holstein, A. B. Marvasti, & K. D. McKinney (Eds.), *Handbook of interview research: The complexity of the craft* (2nd ed., pp. 27–43). Thousand Oaks, CA: Sage.

Gubrium, J. F., Holstein, J. A., Marvasti, A. B., & McKinney, K. D. (Eds.). (2012). *Handbook of interview research: The complexity of the craft.* Thousand Oaks, CA: Sage.

Guidelines for the protection of human subjects. (1992). Berkeley: University of California Press.

Gumbrecht, H. U. (2004). *Production of presence: What meaning cannot convey.* Stanford, CA: Stanford University Press.

Habermas, J. (1971). *Knowledge and human interests.* Boston: Beacon Press.

Hacking, I. (1995). The looping effect of human kinds. In D. Sperber, D. Premack, & A. J. Premack (Eds.), *Causal cognition: A multidisciplinary debate* (pp. 351–383). Oxford, UK: Clarendon Press.

Hammersley, M. (1999). Some reflections on the current state of qualitative research. *Research Intelligence, 70,* 16–18.

Hammersley, M. (2004). Teaching qualitative method: Craft, profession, or bricolage? In C. Seale, G. Gobo, J. F. Gubrium, & D. Silverman (Eds.), *Qualitative research practice* (pp. 549–560). Thousand Oaks, CA: Sage.

Hammersley, M. (in press). On the ethics of interviewing for discourse analysis. *Qualitative Research.* Published online before print, July 22, 2013, doi:10.1177/1468794113495039

Harding, J. (2013). *Qualitative data analysis from start to finish.* Thousand Oaks, CA: Sage.

Hargreaves, A. (1994). *Changing teachers, changing times.* New York: Teachers College Press.

Harré, R. (2004). Staking our claim for qualitative psychology as science. *Qualitative Research in Psychology, 1,* 3–14.

Harré, R., & Moghaddam, F. M. (2003). Introduction: The self and others in traditional psychology and in positioning theory. In R. Harré & F. M. Moghaddam (Eds.), *The self and others: Positioning individuals and groups in personal, political, and cultural contexts* (pp. 1–11). London: Praeger.

Harrington, W. (1997). A writer's essay: Seeking the extraordinary in the ordinary. In W. Harrington (Ed.), *Intimate journalism: The art and craft of reporting everyday life* (pp. xvii–xlvi). Thousand Oaks, CA: Sage.

Heidegger, M. (1962). *Being and time* (First published 1927). New York: HarperCollins Publishers.

Heritage, J. (1984). *Garfinkel and ethnomethodology.* Cambridge, UK: Polity Press.

Hertz, R., & Imber, J. B. (Eds.). (1995). *Studying elites using qualitative methods.* Thousand Oaks, CA: Sage.

Ho, D. Y. F., Ho, R. T. H., & Ng, S. M. (2007). Restoring quality to qualitative research. *Culture & Psychology, 13,* 377–383.

Hollway, W., & Jefferson, T. (2000). Biography, anxiety and the experience of locality. In P. Chamberlayne, J. Bornat, & T. Wengraf (Eds.), *The turn to biographical methods in social science* (pp. 167–180). London: Routledge.

Holstein, J. A., & Gubrium, J. F. (1995). *The active interview.* Thousand Oaks, CA: Sage.

House, E. R. (1980). *Evaluating with validity.* Beverly Hills, CA: Sage.

Howe, R. (2004). A critique of experimentialism. *Qualitative Inquiry, 10,* 42–61.

Hvolbøl, C., & Kristensen, O. S. (1983). Bivirkninger ved karaktergivning. *Psychological Reports Aarhus, 8*(1). Aarhus, Denmark: Aarhus Universitet.

Illouz, E. (2007). *Cold intimacies: The making of emotional capitalism.* London: Polity Press.

Jacobsen, B. (1981). *De højere uddannelser mellem teknologi og humanisme.* Copenhagen: Rhodos.

James, N., & Busher, H. (2012). Internet interviewing. In J. F. Gubrium, J. A. Holstein, A. B. Marvasti, & K. D. McKinney (Eds.), *Handbook of interview research: The complexity of the craft* (2nd ed., pp. 177–191). Thousand Oaks, CA: Sage.

Jensen, K. B. (1989). Discourses of interviewing: Validating qualitative research findings through textual analysis. In S. Kvale (Ed.), *Issues of validity in qualitative research* (pp. 93–108). Lund, Sweden: Studentlitteratur.

Johnson, M. (2007). *The meaning of the body: Aesthetics of human understanding.* Chicago: University of Chicago Press.

Jonsen, A. R., & Toulmin, S. (1988). *The abuse of casuistry: A history of moral reasoning.* Berkeley: University of California Press.

Kaiser, K. (2012). Protecting confidentiality. In J. F. Gubrium, J. A. Holstein, A. B. Marvasti, & K. D. McKinney (Eds.), *Handbook of interview research: The complexity of the craft* (2nd ed., pp. 457–464). Thousand Oaks, CA: Sage.

Karpatschof, B. (2006). *Udforskning i psykologien I–De kvantitative metoder.* Copenhagen: Akademisk Forlag.

Karpatschof, B. (2007). Bringing quality and meaning to quantitative data, bringing quantitative evidence to qualitative observation. *Nordic Psychology, 59,* 191–209.

Kawamura, S. (1959). The process of sub-culture propagation among Japanese macaques. *Primates, 2,* 43–60.

Keats, D. M. (2000). *Interviewing: A practical guide for students and professionals.* Buckingham, UK: Open University Press.

Kennedy, M. M. (1979). Generalizing from single case studies. *Evaluation Quarterly, 3,* 661–678.

Kerlinger, F. N. (1979). *Behavioral research.* New York: Holt, Rinehart and Winston.

Kimmel, A. J. (1988). *Ethics and values in applied social science research.* Newbury Park, CA: Sage.

Kinsey, A. C., Pomeroy, W. B., & Martin, C. E. (1948). *Sexual behavior in the human male.* Philadelphia: Saunders.

Kuhn, T. S. (1970). *The structure of scientific revolutions.* (2nd ed., enlarged). Chicago: University of Chicago Press.

Kusenbach, M. (2003). Street phenomenology: The go-along as ethnographic research tool. *Ethnography, 4,* 455–485.

Kvale, S. (1972). *Prüfung und Herrschaft.* Weinheim, Germany: Beltz.

Kvale, S. (1980). *Spillet om karakterer i gymnasiet: Elevinterviews om bivirkninger af adgangsbegrænsning.* Copenhagen: Munksgaard.

Kvale, S. (1997). Research apprenticeship. *Nordisk Pedagogik: Journal of Nordic Educational Research, 17,* 186–194.

Kvale, S. (2003). The psychoanalytic interview as inspiration for qualitative research. In P. Camic, J. Rhodes, & L. Yardley (Eds.), *Qualitative research in psychology: Expanding perspectives in methodology and design* (pp. 275–297). Washington, DC: American Psychological Association Press.

Kvale, S. (2006). The dominance through interviews and dialogues. *Qualitative Inquiry, 12,* 480–500.

Labov, W. (1972). *Language in the inner city.* Philadelphia: University of Pennsylvania Press.

Labov, W. (2001, March). *Uncovering the event structure of a narrative.* Paper presented at the Georgetown University Round Table, Washington, DC. Retrieved May 24, 2007, from www.ling.upenn.edu/~wlabov/uesn.pdf

Labov, W., & Waletzky, J. (1967). Narrative analysis. In J. Helm (Ed.), *Essays on the verbal and visual arts* (pp. 12–44). Seattle: University of Washington Press.

Laing, R. D. (1962). *The self and others.* London: Tavistock.

Lather, P. (1995). The validity of angels: Interpretive and textual strategies in researching the lives of women with HIV/AIDS. *Qualitative Inquiry, 1,* 41–68.

Lather, P. (2006). Paradigm proliferation as a good thing to think with: Teaching research in education as a wild profusion. *International Journal of Qualitative Studies in Education, 19,* 35–57.

Lather, P., & Smithies, C. (1997). *Troubling the angels: Women living with HIV/AIDS.* Boulder, CO: Westview Press.

Latour, B. (1993). *We have never been modern.* Cambridge, MA: Harvard University Press.

Latour, B. (1997). Foreword: Stengers's shibboleth. In I. Stengers (Ed.), *Power and invention* (pp. vii–xx). Minneapolis: University of Minnesota Press.

Latour, B. (2000). When things strike back: A possible contribution of "science studies" to the social sciences. *British Journal of Sociology, 51,* 107–123.

Latour, B. (2005). *Reassembling the social.* Oxford, UK: Oxford University Press.

Lave, J., & Kvale, S. (1995). What is anthropological research? An interview with Jean Lave by Steinar Kvale. *Qualitative Studies in Education, 8,* 219–228.

Lave, J., & Wenger, E. (1991). *Situated learning: Legitimate peripheral participation.* Cambridge, UK: Cambridge University Press.

Leavy, P. (2011). *Oral history.* New York: Oxford University Press.

Lee, R. M. (2008). David Riesman and the sociology of the interview. *Sociological Quarterly, 49,* 285–307.

Levine, P. (1998). *Living without philosophy: On narrative, rhetoric, and morality.* Albany: State University of New York Press.

Lewis, O. (1964). *The children of Sanchez.* Harmondsworth, UK: Penguin.

Lillrank, A. (2012). Managing the interviewer self. In J. F. Gubrium, J. A. Holstein, A. B. Marvasti, & K. D. McKinney (Eds.), *Handbook of interview research: The complexity of the craft* (2nd ed., pp. 281–294). Thousand Oaks, CA: Sage.

Lincoln, Y. S. (2005). Institutional review boards and methodological conservatism: The challenge to and from phenomenological paradigms. In N. K. Denzin & Y. S. Lincoln (Eds.), *The Sage handbook of qualitative research* (3rd ed., pp. 165–181). Thousand Oaks, CA: Sage.

Lincoln, Y. S., & Guba, E. (1985). *Naturalistic inquiry.* Beverly Hills, CA: Sage.

Loftus, E. L., & Palmer, J. C. (1974). Reconstruction of automobile destruction: An example of the interaction between language and memory. *Journal of Verbal Learning and Verbal Behavior, 13,* 585–589.

Lovibond, S. (1995). Aristotelian ethics and the "enlargement of thought." In R. Heinaman (Ed.), *Aristotle and moral realism* (pp. 99–120). London: UCL Press.

Løvlie, L. (1993). Of rules, skills, and examples in moral education. *Nordisk Pedagogik, 13,* 76–91.

Lyotard, J-F. (1984). *The postmodern condition: A report on knowledge.* Manchester, UK: Manchester University Press.

MacIntyre, A. (1978). Objectivity in morality and objectivity in science. In H. Tristram Engelhardt Jr. & D. Callahan (Eds.), *Morals, science and sociality* (pp. 21–39). Hastings-on-Hudson, NY: Institute of Society, Ethics and the Life Sciences.

MacIntyre, A. (2006). *A short history of ethics.* London: Routledge.

MacLure, M. (2013). Classification or wonder? Coding as an analytic practice in qualitative research. In R. Coleman & J. Ringrose (Eds.), *Deleuze and research methodologies.* (pp. 164–183). Edinburgh: Edinburgh University Press.

Marecek, J. (2003). Dancing through minefields: Toward a qualitative stance in psychology. In P. Camic, J. Rhodes, & L. Yardley (Eds.), *Qualitative research in psychology: Expanding perspectives in methodology and design* (pp. 49–69). Washington, DC: American Psychological Association Press.

Marshall, C., & Rossman, G. B. (2006). *Designing qualitative research.* Thousand Oaks, CA: Sage.

Marx, K. (1998). *The German ideology: Including theses on Feuerbach and introduction to the critique of political economy.* Amherst, NY: Prometheus Books. (Original work published 1845)

Marzano, M. (2012). Informed consent. In J. F. Gubrium, J. A. Holstein, A. B. Marvasti, & K. D. McKinney (Eds.), *Handbook of interview research: The complexity of the craft* (2nd ed., pp. 443–456). Thousand Oaks, CA: Sage.

Mayo, E. (1933). *The social problems of an industrial civilization.* New York: Macmillan.

Merleau-Ponty, M. (1962). *Phenomenology of perception.* London: Routledge & Kegan Paul.

Michael, M. (2004). On making data social: Heterogeneity in sociological practice. *Qualitative Research, 4,* 5–23.

Michell, J. (2003). The quantitative imperative: Positivism, naïve realism, and the place of qualitative methods in psychology. *Theory & Psychology, 13,* 5–31.

Miles, M. B., & Huberman, A. M. (1984). *Qualitative data analysis: A sourcebook of new methods.* Beverly Hills, CA: Sage.

Miles, M. B., & Huberman, A. M. (1994). *Qualitative data analysis: An expanded sourcebook.* London: Sage.

Mishler, E. G. (1986). *Research interviewing: Context and narrative.* Cambridge, MA: Harvard University Press.

Mishler, E. G. (1990). Validation in inquiry-guided research: The role of exemplars in narrative studies. *Harvard Educational Review, 60,* 415–442.

Mishler, E. G. (1991). Representing discourse: The rhetoric of transcription. *Journal of Narrative and Life History, 1,* 255–280.

Mishler, E. G. (1999). *Storylines: Craftartists' narratives of identity.* Cambridge, MA: Harvard University Press.

Morse, J. M. (2006). The politics of evidence. In N. K. Denzin & M. D. Giardina (Eds.), *Qualitative inquiry and the conservative challenge* (pp. 79–92). Walnut Creek, CA: Left Coast Press.

Mulhall, S., & Swift, A. (1996). *Liberals and communitarians: An introduction.* Oxford, UK: Blackwell.

Murakami, H. (2003). *Underground: The Tokyo gas attack and the Japanese psyche.* London: Vintage Books.

Murray, J. A. H., Bradley, H., Craigie, W. A., & Onions, C. T. (Eds.). (1961). *Oxford English Dictionary* (Vol. 5). Oxford, UK: Oxford University Press.

Murray, M. (2003). Narrative psychology and narrative analysis. In P. Camic, J. Rhodes, & L. Yardley (Eds.), *Qualitative research in psychology: Expanding perspectives in methodology and design* (pp. 95–112). Washington, DC: American Psychological Association Press.

Nancarrow, C., Vir, J., & Barker, A. (2005). Ritzer's McDonaldization and applied qualitative marketing research. *Qualitative Market Research, 8,* 296–311.

Nielsen, K., Brinkmann, S., Elmholdt, C., Tanggaard, L., Musaeus, P., & Kraft, G. (Eds.). (2008). *A qualitative stance: Essays in honor of Steinar Kvale.* Aarhus: Aarhus University Press.

Norris, C. (1987). *Derrida.* London: Fontana Modern Masters.

Nussbaum, M. C. (1986). *The fragility of goodness: Luck and ethics in Greek tragedy and philosophy.* Cambridge, UK: Cambridge University Press.

Nussbaum, M. C. (1990). The discernment of perception: An Aristotelian conception of private and public rationality. In *Love's knowledge* (pp. 54–105). Oxford, UK: Oxford University Press.

Ong, W. J. (1982). *Orality and literacy: The technologizing of the word.* London: Methuen.

Palmer, R. E. (1969). *Hermeneutics.* Evanston, IL: Northwestern University Press.

Parker, I. (2005). *Qualitative psychology: Introducing radical research.* Buckingham, UK: Open University Press.

Pascale, C.-M. (2011). *Cartographies of knowledge: Exploring qualitative epistemologies.* Thousand Oaks, CA: Sage.

Patton, M. Q. (1980). *Qualitative evaluation methods.* Beverly Hills, CA: Sage.

Pervin, L. A. (1984). *Personality.* New York: Wiley.

Piaget, J. (1930). *The child's conception of the world.* New York: Harcourt, Brace and World.

Plato. (1953). *V. Lysis, Symposion, Gorgias* (W. R. M. Lamb, Trans.). Cambridge, MA: Harvard University Press.

Plato. (1987). *The republic.* London: Penguin.

Poland, B. D. (2003). Transcription quality. In J. A. Holstein & J. F. Gubrium (Eds.), *Inside interviewing: New lenses, new concerns* (pp. 267–287). Thousand Oaks, CA: Sage.

Polkinghorne, D. E. (1992). Postmodern epistemology of practice. In S. Kvale (Ed.), *Psychology and postmodernism* (pp. 146–165). London: Sage.

Potter, J. (2003). Discourse analysis and discursive psychology. In P. Camic, J. Rhodes, & L. Yardley (Eds.), *Qualitative research in psychology: Expanding perspectives in methodology and design* (pp. 73–94). Washington, DC: American Psychological Association Press.

Potter, J., & Hepburn, A. (2005). Qualitative interviews in psychology: Problems and possibilities. *Qualitative Research in Psychology, 2,* 281–307.

Potter, J., & Wetherell, M. (1987). *Discourse and social psychology.* London: Sage.

Radnitzky, G. (1970). *Contemporary schools of metascience.* Gothenburg, Sweden: Akademiforlaget.

Rambo Ronai, C. (1995). Multiple reflections of child sex abuse: An argument for a layered account. *Journal of Contemporary Ethnography, 23,* 395–426.

Rapley, T. J. (2001). The art(fulness) of open-ended interviewing: Some considerations on analysing interviews. *Qualitative Research, 1,* 303–323.

Reinharz, S., & Chase, S. E. (2002). Interviewing women. In J. F. Gubrium & J. A. Holstein (Eds.), *Handbook of interview research* (pp. 221–238). Thousand Oaks, CA: Sage.

Richardson, L. (1990). *Writing strategies.* Newbury Park, CA: Sage.

Richardson, L., & St. Pierre, E. A. (2005). Writing: A method of inquiry. In N. K. Denzin & Y. S. Lincoln (Eds.), *Handbook of qualitative research* (pp. 959–978). Thousand Oaks, CA: Sage.

Ricoeur, P. (1970). *Freud and philosophy: An essay on interpretation.* New Haven, CT: Yale University Press.

Ricoeur, P. (1971). The model of the text: Meaningful action considered as a text. *Social Research, 38,* 529–562.

Ricoeur, P. (1991). Life in quest of narrative. In D. Wood (Ed.), *On Paul Ricoeur: Narrative and interpretation* (pp. 20–33). London: Routledge.

Rieff, P. (1966). *The triumph of the therapeutic: Uses of faith after Freud.* Chicago: University of Chicago Press.

Riesman, D., & Benney, M. (1956). The sociology of the interview. *Midwestern Sociologist, 18,* 3–15.

Ritzer, G. (2008). *The McDonaldization of society* (5th ed.). Thousand Oaks, CA: Pine Forge.

Roethlisberger, F. J., & Dickson, W. J. (1939). *Management and the worker.* New York: Wiley.

Rogers, C. (1945). The non-directive method as a technique for social research. *The American Journal of Sociology, 50,* 279–283.

Rogers, C. (1956). *Client-centered therapy.* Cambridge, MA: Houghton Mifflin.

Rorty, R. (1979). *Philosophy and the mirror of nature.* Princeton, NJ: Princeton University Press.

Rose, N. (1996). Power and subjectivity: Critical history and psychology. In C. F. Graumann & K. J. Gergen (Eds.), *Historical dimensions of psychological discourse* (pp. 103–124). Cambridge, UK: Cambridge University Press.

Rosenau, P. (1992). *Post-modernism and the social sciences.* Princeton, NJ: Princeton University Press.

Rosenthal, G. (2004). Biographical research. In C. Seale, G. Gobo, J. F. Gubrium, & D. Silverman (Eds.), *Qualitative research practice* (pp. 48–64). Thousand Oaks, CA: Sage.

Roulston, K. (2010). *Reflective interviewing: A guide to theory and practice.* Thousand Oaks, CA: Sage.
Roulston, K. (2011). Interview "problems" as topics for analysis. *Applied Linguistics, 32,* 77–94.
Rubin, H. J., & Rubin, I. S. (2005). *Qualitative interviewing.* Thousand Oaks, CA: Sage.
Runyan, W. M. (1981). Why did van Gogh cut off his ear? The problem of alternative explanations in psychobiography. *Journal of Personality and Social Psychology, 40,* 1070–1077.
Ryen, A. (2002). Cross-cultural interviewing. In J. F. Gubrium & J. A. Holstein (Eds.), *Handbook of interview research* (pp. 335–354). Thousand Oaks, CA: Sage.
Salner, M. (1989). Validity in human science research. In S. Kvale (Ed.), *Issues of validity in qualitative research* (pp. 47–72). Lund, Sweden: Studentlitteratur.
Sartre, J-P. (1963). *The problem of method.* London: Methuen.
Scheflen, A. E. (1978). Susan smiled: On explanations in family therapy. *Family Proceedings, 17,* 59–68.
Scheurich, J. J. (1997). *Research method in the postmodern.* London: Falmer Press.
Schön, D. A. (1987). *The reflective practitioner: How professionals think in action.* New York: Basic Books.
Schön, D. A. (1991). *Educating the reflective practitioner.* San Francisco: Jossey-Bass.
Schulze, G. (1992). *Die Erlebnisgesellschaft: Kultursoziologie Der Gegenwart.* Frankfurt: Campus.
Schwandt, T. A. (2000). Three epistemological stances for qualitative inquiry: Interpretivism, hermeneutics, and social constructionism. In N. K. Denzin & Y. S. Lincoln (Eds.), *Handbook of qualitative research* (pp. 189–213). London: Sage.
Schwandt, T. A. (2001). *Dictionary of qualitative inquiry.* Thousand Oaks, CA: Sage.
Scientists and thinkers. (1999, March 29). *Time* [Special issue].
Seale, C. (2004). Quality in qualitative research. In C. Seale, G. Gobo, J. F. Gubrium, & D. Silverman (Eds.), *Qualitative research practice* (pp. 407–419). Thousand Oaks, CA: Sage.
Seale, C., Gobo, G., Gubrium, J. F., & Silverman, D. (Eds.). (2004). *Qualitative research practice.* Thousand Oaks, CA: Sage.
Seidman, I. E. (1991). *Interviewing as qualitative research.* New York: Teachers College Press.
Sellars, W. (1956). *Empiricism and the philosophy of mind.* (This edition published 1997.). Cambridge, MA: Harvard University Press.
Sennett, R. (2003). *The fall of public man.* London: Penguin. (Original edition published 1977)
Sennett, R. (2004). *Respect.* London: Penguin.
Sennett, R. (2006). *The culture of the new capitalism.* New Haven, CT: Yale University Press.
Shaffer, T. L., & Elkins, J. R. (2005). *Legal interviewing and counseling.* St. Paul, MN: West.

Siegel, S. (1956). *Nonparametric statistics for the behavioral sciences.* New York: McGraw-Hill.

Silvester, E. (Ed.). (1993). *The Penguin book of interviews: An anthology from 1859 to the present day.* London: Penguin.

Skårderud, F. (2003). Sh@me in cyberspace. Relationships without faces: The e-media and eating disorders. *European Eating Disorders Review, 11,* 155–169.

Skinner, B. F. (1961). A case history in scientific method. In B. F. Skinner (Ed.), *Cumulative record* (pp. 76–99). New York: Methuen.

Smith, L. M. (1990). Ethics in qualitative field research: An individual perspective. In E. W. Eisner & A. Peskin (Eds.), *Qualitative inquiry in education* (pp. 258–276). New York: Teachers College Press.

Smith, L.T. (1999). *Decolonizing methodologies: Research and indigeneous people.* London: Zed Books.

Sontag, S. (1990). Against interpretation. (First published 1964.). In S. Sontag, *Against interpretation and other essays.* (pp. 3–14). New York: Anchor Books.

Spence, D. P. (1982). *Narrative truth and historical truth. Meaning and interpretation in psychoanalysis.* New York: Norton.

Spiegelberg, H. (1960). *The phenomenological movement* (Vol. 2). The Hague, The Netherlands: Martinus Nijhoff.

Spradley, J. (1979). *The ethnographic interview.* New York: Holt, Rinehart and Winston.

Stake, R. E. (2005). Case studies. In N. K. Denzin & Y. S. Lincoln (Eds.), *Handbook of qualitative research* (pp. 443–466). Thousand Oaks, CA: Sage.

Strauss, A. M., & Corbin, J. (1990). *Basics of qualitative research.* Newbury Park, CA: Sage.

St. Augustine. (1991). *Saint Augustine on Genesis: Two books on Genesis against the Manichees and on the literal interpretation of Genesis: An unfinished book (The Fathers of the Church, 84)* (p. 74). Washington, DC: Catholic University of America Press. Original work written around AD 393

St. Pierre, E. A. (2008). Decentering voice in qualitative inquiry. *International Review of Qualitative Research, 1,* 319–336.

St. Pierre, E. A. (2011). Post qualitative research: The critique and the coming after. In N. K. Denzin & Y. S. Lincoln (Eds.), *Handbook of qualitative research* (4th ed., pp. 611–626). Thousand Oaks, CA: Sage.

Sullivan, H. S. (1954). *The psychiatric interview.* New York: Norton.

Talmy, S. (2010). Qualitative interviews in applied linguistics: From research instrument to social practice. *Annual Review of Applied Linguistics, 30,* 128–148.

Tanggaard, L. (2007). The research interview as discourses crossing swords. *Qualitative Inquiry, 13,* 160–176.

Taylor, C. (1985). Social theory as practice. In *Philosophical papers: Vol. 2. Philosophy and the human sciences* (pp. 91–115). Cambridge, UK: Cambridge University Press.

Taylor, C. (1995). Overcoming epistemology. In *Philosophical arguments* (pp. 1–19). Cambridge, MA: Harvard University Press.

ten Have, P. (1999). *Doing conversational analysis.* Thousand Oaks, CA: Sage.

Tesch, R. (1990). *Qualitative research: Analysis types and software tools.* London: Falmer Press.

Thomsen, D. K., & Brinkmann, S. (2009). An interviewer's guide to autobiographical memory: Ways to elicit concrete experiences and to avoid pitfalls in interpreting them. *Qualitative Research in Psychology, 6,* 294–312.

Tilley, S. A. (2003). Transcription work: Learning through coparticipation in research practices. *Qualitative Studies in Education, 16,* 835–851.

Toulmin, S. (1981). The tyranny of principles. *Hastings Center Report, 11,* 31–39.

Trinh, T. M. (1999). Write your body: The body in theory. In J. Price & M. Shildrick (Eds.), *Feminist theory and the body* (pp. 258–266). New York: Routledge.

Valsiner, J. (2007). *Culture in minds and societies: Foundations of cultural psychology.* New Delhi: Sage.

van Kaam, A. (1959). Phenomenal analysis: Exemplified by a study of the experience of "really feeling understood." *Journal of Individual Psychology, 15,* 66–72.

Van Maanen, J. (1988). *Tales of the field.* Chicago: University of Chicago Press.

Warren, C. A. B. (2002). Qualitative interviewing. In J. F. Gubrium & J. A. Holstein (Eds.), *Handbook of interview research: Context and method* (pp. 83–101). Thousand Oaks, CA: Sage.

Warren, C. A. B. et al. (2003). After the interview. *Qualitative Sociology, 26,* 93–110.

Weitzman, E. A., & Miles, M. B. (1995). *Computer programs for qualitative data analysis.* Thousand Oaks, CA: Sage.

Wengraf, T. (2001). *Qualitative research interviewing.* Thousand Oaks, CA: Sage.

Wetherell, M., & Potter, J. (1992). *Mapping the language of racism: Discourse and the legitimation of exploitation.* Hemel Hempstead, UK: Harvester Wheatsheaf.

Wolcott, H. (2009). *Writing up qualitative research* (3rd ed.). Thousand Oaks, CA: Sage.

Wright Mills, C. (2000). *The sociological imagination.* Oxford, UK: Oxford University Press. (Original edition published 1959)

Yin, R. K. (1994). *Case study research.* Newbury Park, CA: Sage.

Yow, V. R. (1994). *Recording oral history.* Thousand Oaks, CA: Sage.

Zuckermann, H. (1972). Interviewing an ultra-elite. *Public Opinion Quarterly, 36,* 159–175.

찾아보기

(나)

(다)

(라)

(마)

(바)

(사)

(아)

(자)

(차)

(카)

(타)

(파)

인명 찾아보기

(I)

(J)

(K)

(L)

(M)

(N)

저자 소개

SVEND BRINKMANN은 덴마크 Aslborg 대학의 커뮤니케이션·심리학과 교수로 질적연구센터의 공동책임자을 맡고 있다. 그는 Aarhus와 Oxford 대학에서 심리학과 철학을 공부했다. 2012년부터 2015년까지 노르웨이 University of Bergen에서 파트타임 교수로 재직했다. 그의 연구 분야는 심리학과 기타 인문학 및 사회과학의 철학적, 도덕적, 방법론적 이슈들이다. 최근 그는 '정신의학적 진단이 개인과 사회에 미치는 영향'에 대한 연구로 덴마크 연구위원회(Danish Research Council)로부터 *Sapere Aude* 엘리트 연구원 지원금을 받았다. 그는 수많은 논문과 저서를 출판했으며, 그중에는 *Psychology as a Moral Science: Perspectives on Normativity* (2011), *Qualitative Inquiry in Everyday Life* (2012), *John Dewey: Science for a Changing World* (2013), *Qualitative Interviewing* (2013) 등이 있다.

역자 소개

정승은
한국교통대학교

신수진
이화여자대학교

권유림
안산대학교

김건희
이화여자대학교

김윤주
인천재능대학교

박금주
수원대학교

서금숙
가야대학교

차지영
이화여자대학교

인터뷰 3판

초판 1쇄 발행 2019년 12월 10일
초판 2쇄 발행 2023년 12월 14일

지은이 | Svend Brinkmann, Steinar Kvale
옮긴이 | 정승은, 신수진, 권유림, 김건희
김윤주, 박금주, 서금숙, 차지영
펴낸이 | 소정영

펴낸곳 | 도서출판 하나의학사
출판신고 | 1988년 4월 1일 제2022-000082호

주소 | 서울특별시 송파구 동남로 159, 302호(한홍빌딩)
전화 | 02-730-2555, 2556 **팩스** | 02-730-2557
이메일 | hanampc1@naver.com
홈페이지 | www.hanampc.co.kr

ISBN 979-11-85696-79-9 93300